中华历史与传统文化论丛

第6辑

（2021年卷）

主办单位：东北大学秦皇岛分校

主编　董劭伟　秦飞　柴冰

ZHONGHUA LISHI YU CHUANTONG WENHUA LUNCONG

燕山大学出版社

·秦皇岛·

图书在版编目（CIP）数据

中华历史与传统文化论丛. 2021 年卷 / 董劭伟，秦飞，柴冰主编．— 秦皇岛：燕山大学出版社，2022. 3（2026. 1 重印）

ISBN 978-7-5761-0314-4

Ⅰ. ①中… Ⅱ. ①董…②秦…③柴… Ⅲ. ①中国历史—文集②中华文化—文集 Ⅳ. ①K207-53②K203-53

中国版本图书馆 CIP 数据核字（2022）第 027585 号

中华历史与传统文化论丛（2021 年卷）

董劭伟　秦 飞　柴 冰　主编

出 版 人：陈 玉
责任编辑：柯亚莉
封面设计：方志强
责任印制：吴 波
出版发行：燕山大学出版社 YANSHAN UNIVERSITY PRESS
地　　址：河北省秦皇岛市河北大街西段 438 号
邮政编码：066004
电　　话：0335-8387555
印　　刷：廊坊市印艺阁数字科技有限公司
经　　销：全国新华书店

开　　本：710 mm×1000 mm　1/16　　**印　　张**：23
字　　数：360 千字
版　　次：2022 年 3 月第 1 版　　**印　　次**：2026年 1 月第 2次印刷
书　　号：ISBN 978-7-5761-0314-4　　**定　　价**：98. 00 元

学术顾问

（按拼音顺序排列）

目　录

冷门绝学

古代文献研究

语言文化

文史专题

秦皇岛地域文化

近代档案整理与研究

张金龙教授新著《宋武帝传》学术特色笔谈专栏

学术著作评介

冷门绝学

清初满洲乌苏氏祁充格事功考论

穆崟臣

（东北大学秦皇岛分校　中国满学研究院）

祁充格，满洲乌苏氏，生年无考，满洲正白旗人，后改隶镶白旗，“世居瓦尔喀地方，国初来归”①。因其娴习文史，担任文墨工作，充任礼部启心郎，累官至弘文院大学士，翻译汉文化典籍，担纲《明史》《清太宗实录》总裁官，册封为朝鲜正使，主考会试，颇有勋绩。后陷睿亲王政治风波，谳成身死。《满汉名臣传》《清史列传》《八旗满洲氏族通谱》等均立有简传。学界于此着墨不多，鲜有专论。下文拟就祁充格一生主要事迹予以考述，希冀有助于推进清初人物的考察。

一、充任礼部启心郎

努尔哈赤起兵后，在统一女真各部的战争中，祁充格随其族吉思哈等来归，被编入满洲八旗。其汉字对应写法有异，文献典籍中有写为齐充格、祈充格、祁充额等，均系满语不同汉译，实为一人。

※　本文系国家社科基金重大项目“满族民间历史档案资料整理研究与数据库建设”（19ZDA181）、河北省“三三三人才工程”资助项目“家国一体：清代满洲乌苏氏研究”（A202101008）、国家民委项目“冀辽民族-文化走廊的多维考察（2020-GMF-009）”阶段性成果。

①　（清）弘昼、鄂尔泰等修：《八旗满洲氏族通谱》卷三七《乌苏氏》，辽沈书社1989年版，第452页。

(一)负有启迪、规谏、监察之责

皇太极在藩邸时,以祁充格“娴习文史,令掌书记”[①],担任文墨工作。天聪五年(1631)七月,厘定官制,设立六部,以祁充格为礼部启心郎。[②]六部之设,各有专司,事体渐有端绪,国家机构日趋完善。六部官署工竣,太宗召索尼及布丹、祁充格等诸启心郎,令“启迪诸贝勒,俾勤事改过,毋旷厥官”[③],“各部诸贝勒,凡有过失,尔等见之,即以明言启其衷,否则,勿得退而有恶言。似此行为,永为下作也。尔等先自治其身,俟身正而后以言谏上。不治其身,不勤部事,虽言之,上亦不听,人亦不信”[④]。

天聪六年二月,太宗至诸子避痘所,未具仪仗,礼部启心郎祁充格以之前曾定罚羊例为言,于是皇太极命索尼、霍托以羊交付礼部贝勒,并解释曰:“非忘举旗伞也,因往忌地而不用耳。然未转告部员知之,其咎在我。我若违法,法将何以施行。此羊,尔等可收之。嗣后,凡往忌地,免用仪仗。”[⑤]

天聪七年十月,皇太极召文馆满汉儒臣、六部满汉启心郎谕曰:“启心郎之设,欲其随事规谏,启贝勒、大臣之心也。”[⑥]“如朕与诸贝勒或不理国政,贪货利,耽酒色,贻误机务,尔等言之。朕若不听,朕之过也。至尔等既任启心郎之职,遇本部贝勒有过,言之不从,遂默而不言,可乎?当再三言之,终不见从,方可奏朕。尔等见部务差谬,不能整饬,并无一言启贝勒之心,何以辄来渎奏乎?”[⑦]鲍承先等曾言:“我皇上所设启心者,原为检举不公不法事。”[⑧]凡此均表明皇太极颇为器重启心郎一职,贵为大汗、贝勒者,亦需启心郎予以“启迪”,若有阙失,还有职责当面规谏,俾其勤于

---

① 王钟翰点校:《清史列传》卷四《大臣画一传档正编一·祁充格》,中华书局1987年版,第222页。

② 《清太宗实录》卷九,天聪五年七月庚辰,中华书局1985年版,第124页。

③ 王钟翰点校:《清史列传》卷六《大臣画一传档正编三·索尼》,第360页。

④ 中国第一历史档案馆整理编译:《内阁藏本满文老档》(太宗朝汉文译文),辽宁民族出版社2009年版,第655—656页。

⑤ 中国第一历史档案馆整理编译:《内阁藏本满文老档》(太宗朝汉文译文),第617页。

⑥ 清国史馆汇编:《清国史·太宗本纪》卷二,嘉业堂钞本,第1册,中华书局1993年版,第34页。

⑦ 《清太宗实录》卷一六,天聪七年十月己巳,第213—214页。

⑧ (清)鲍承先、宁完我、范文程:《鲍承先等议考察启心郎优劣奏》,罗振玉编辑:《天聪朝臣工奏议》卷上,《史料丛刊初编》本,文海出版社1964年版,第180页。

政事、改过自新。祁充格身为礼部启心郎，在启迪、监督、规诫诸王贝勒，加强皇权等方面无疑发挥了重要作用。

（二）随军从征，奏报军情

明清易代之际，努尔哈赤终其一生也未突破明山海关防线。皇太极承位以后，与明朝继续争夺辽西，但战争策略上也做出重大调整。天聪六年三月，皇太极亲率大军远征察哈尔部，林丹汗闻风西遁。宁完我、范文成、马国柱建议和战并举，皇太极接受建议。六月，致书明守边各官，“惟愿两国和好，戢兵息战，兆庶敉宁，财货丰足，互相贸易，各安耕猎，以乐太平”[①]，遣爱巴礼、喀木图诣大同、阳和、宣府等处议和。是月二十八日，与宣府巡抚沈启时订立盟约，乃刑白马乌牛，焚书誓告天地。翌日，明议和使者还，命启心郎祁充格“率差役八人送之”[②]。三十日，“送明二守备之祁充格还，因去送行，赠祁充格及从者八人缎十、毛青布四十四”[③]。天聪九年五月，多尔衮、岳托、萨哈廉、豪格等“命礼部启心郎祁充额持疏往盛京向苏勒汗奏报军情”。翌日，赐宴巴林部塞特尔等人，席间祁充格奏报远征察哈尔汗部始末，未及奏毕，巴林部布堆散金持樽跪曰：“天父仁恤我汗明德，悉令察哈尔汗之子及妻并部众归附。酒宴之日闻此喜讯，谨以喜庆之礼敬酒一杯。”[④]祁充格捕捉时机，以察哈尔举部归附一事，抬升皇太极的威严，其政治头脑可见一斑，实乃出类拔萃的智能之士。

崇德元年(1636)八月，往征锦州的和硕豫亲王多铎“遣启心郎祁充格率十人前来报信，并擒明国人一名，请圣汗讯问”[⑤]。太宗命巩阿岱率每旗护军参领一员，每牛录护军一名，“往援出征明国锦州一带之和硕睿亲王及和硕豫亲王，启心郎祁充格、穆成格与之同往”[⑥]。九月，往征明朝宁锦防线的多尔衮、多铎班师，于义州先遣“祁充格、苏拜前来报信”[⑦]。崇德元年十二月，皇太极以朝鲜败盟，亲统大军往征，代善、多尔衮、多铎、岳托、豪格、杜度等随征。其间，多铎遣启心郎祁充格奏言：“朝鲜外道有

---

① 《清太宗实录》卷一二，天聪六年六月己卯，第165页。

② 中国第一历史档案馆整理编译：《内阁藏本满文老档》（太宗朝汉文译文），第646页。

③ 中国第一历史档案馆整理编译：《内阁藏本满文老档》（太宗朝汉文译文），第648页。

④ 关嘉录、佟永功、关照宏译：《天聪九年档》，天津古籍出版社1981年版，第69页。

⑤ 中国第一历史档案馆整理编译：《内阁藏本满文老档》（太宗朝汉文译文），第746页。

⑥ 中国第一历史档案馆整理编译：《内阁藏本满文老档》（太宗朝汉文译文），第746页。

⑦ 中国第一历史档案馆整理编译：《内阁藏本满文老档》（太宗朝汉文译文），第758页。

援兵来,我军三次击败之。南汉城兵出,我军亦二次击败之。”[①]崇德三年七月,新附总兵官沈志祥率部入见,“命礼部承政满达尔汉、姜新、启心郎祁充格迎于五里外,杀牛宰羊宴之。宴毕,入盛京城”[②]。凡此,祁充格均有效地履行了启心郎的职责。

(三)司掌修礼乐、行仪制之职

六部既立,各有事责,礼部掌朝会、舆服、仪卫、朝觐、祠祭、精膳等仪制,使之达于天下,导于万民,凡进称尊号、主持朝贺、引见、筵宴等仪典,祀祖祭神,颁行新仪,迎送使臣诸事宜均需礼部承担。天聪九年正月,皇太极率诸贝勒、大臣至堂子拜天,行三跪九叩头礼毕,还家拜神,“叩拜时,礼部启心郎祁崇额立于右侧,每次叩拜,告诉各大臣职名、唤‘某大臣率众叩拜汗’。唤时一言不差。”[③]天聪九年二月,远征察哈尔部,意外获得元朝“传国玉玺”,令皇太极和诸臣欣喜若狂,“天心默佑,大可见矣”[④]。十二月二十八日,诸贝勒、大臣议定,遣弘文院希福、刚林及秘书院罗硕、礼部启心郎祁充格奏曰:“今察哈尔汗之太子及部众悉降,又获历代帝王争夺之玉玺,天助我国之象实可见矣。今请仰体天眷,早定尊号。”[⑤]皇太极几番固辞不允,礼部萨哈廉贝勒复遣希福、刚林、罗硕、祁充格等奏,“汗未受尊号,咎在我等诸贝勒”,“请诸贝勒发誓各修其身,汗当受尊号”。奏毕,皇太极称善嘉许。是晚,召满汉诸文官,命希福、刚林、罗硕、祁充格等传谕汉儒臣,均建言皇太极“当顺天应人,受尊号以定大统”[⑥],皇太极仍未允准。直至天聪十年四月五日,皇太极才受“宽温仁圣皇帝”尊号,改元崇德,定国号大清。

崇德元年五月,有以新樱桃献上者,“命遣秘书院大学士范文程、国史院学士罗硕、弘文院学士胡球、办理内府事务大臣宁塔海、礼部启心郎祁充格先享太庙”[⑦]。是年十一月十五日,“太祖、太后实录告成,进呈”,

---

① 中国第一历史档案馆整理编译:《内阁藏本满文老档》(太宗朝汉文译文),第804页。

② 季永海、刘景宪译:《崇德三年满文档案译编》,辽沈书社1988年版,第132页。

③ 中国第一历史档案馆编:《清初内国史院满文档案译编》(上),光明日报出版社1989年版,第130页。

④ 中国第一历史档案馆编:《清初内国史院满文档案译编》(上),第221页。

⑤ 关嘉录、佟永功、关照宏译:《天聪九年档》,第147页。

⑥ 关嘉录、佟永功、关照宏译:《天聪九年档》,第148页。

⑦ 中国第一历史档案馆整理编译:《内阁藏本满文老档》(太宗朝汉文译文),第703页。

文武各官左右序立，礼部官入奏。礼毕，奉谕旨，“礼部承政萨比干、金玉和、姜新及启心郎祁充格，杀牛设宴，召诸文官入国史院，依次就座毕，以礼宴之”[①]。十一月二十五日，皇太极为征伐明朝，亲率臣僚“斋戒三日，刑乌牛祭天”，至天坛供献行礼；礼毕，“礼部启心郎祁充格跪于上帝神位前读祝文”；读毕行礼，“祁充格跪于上帝神位前，宣读出征告天之文”；祭告礼毕，皇太极诣太庙上香，率众官跪拜，“礼部启心郎祁充格执出征祝文跪于神位前宣读”。[②]

（四）考满授职，缘事黜革

天聪五年六月，“敕定考课黜陟等差”[③]，制定了系列考察官员的规范要求。八年十一月，部院设置已达三载，始行考满，“令部院衙门官，所有过犯，备开考核”[④]，“以六部各官三年考绩，分别升授官职”[⑤]，礼部启心郎祁充格“考绩，居上等”[⑥]，“以白身授牛录章京”[⑦]，“病故不袭，阵亡准袭”[⑧]，以资鼓励。

崇德三年九月初四日，多尔衮、豪格、阿巴泰等率左翼兵大举征明，太宗亲饯于郊，谒堂子，行三跪九叩礼，拜纛，赐敕印，十分隆重，但和硕豫亲王多铎不至，皇太极盛怒，及问启心郎祁充格，“亦是日往屯中”[⑨]。寻后，申饬其过，“和硕墨尔根亲王出师远征，圣上及诸王、贝勒、贝子出送时，祁充格不请王出送，罪一；师行时，祁充格本身不相送行，竟往庄屯，罪二，祁充格应论死”。因念其功勋，从宽处理，免其死刑，“鞭一百，贯耳，革世职，解启心郎任”[⑩]，“给隶睿亲王府”[⑪]。祁充格是当时年轻有为的满洲

① 中国第一历史档案馆整理编译：《内阁藏本满文老档》（太宗朝汉文译文），第793页。

② 中国第一历史档案馆整理编译：《内阁藏本满文老档》（太宗朝汉文译文），第797、798页。

③ 《皇朝通志》卷七四《选举略三·考绩》，《万有文库》十通本，商务印书馆1935年版，第7191页。

④ 康熙《大清会典》卷一〇《吏部八·考功清吏司》，《近代中国史料丛刊三编》本，第72辑，文海出版社1992年版，第401页。

⑤ 《清太宗实录》卷二一，天聪八年十一月乙丑，第277页。

⑥ 王钟翰点校：《清史列传》卷四《大臣画一传档正编一·祁充格》，第222页。

⑦ 《清太宗实录》卷二一，天聪八年十一月乙丑，第277页。

⑧ 中国第一历史档案馆编：《清初内国史院满文档案译编》（上），第120页。

⑨ 中国第一历史档案馆编：《清初内国史院满文档案译编》（上），第371页。

⑩ 中国人民大学清史研究所、中国第一历史档案馆编译：《盛京刑部原档》，群众出版社1985年版，第138—139页。

⑪ 清国史馆汇编：《清国史·大臣画一传档正编一》卷一六《祁充格》，第5册，第264页。

政治人物,曾为皇太极所赏识,任职而且褒奖。显然,这一处置过重,只因没参加出师送行,就被革职解任,贯耳鞭责,罪罚不太相称。若把这一问题置于当时政治格局的大背景下考察,立显清晰明朗。天聪、崇德年间,启心郎一职"利与害、是与非交织在皇太极与主事贝勒之间的矛盾中","祁充格从任职的那一天开始,功过任黜,即政治生命同多铎紧紧相连。多铎早有悖谬不义之罪,而且一直不改。这次爱新觉罗家族为多尔衮送行,他却闭门不出,仍表现出敌意和对抗情绪。祁充格没有将其请出,自己反而躲起来,附和多铎的情绪,激怒了皇太极"。[①]

二、擢升内弘文院大学士

皇太极因与多铎的矛盾迁怒于祁充格,祁充格被革世职,但其政治生涯并未完结。顺治二年(1645)二月,"以祁充格为内弘文院大学士"[②]。内弘文院系清朝行政新体制的有机组成部分,其主要职责为注释历代成败得失的事例,进讲于汗、皇帝,讲侍皇子,教亲王读书,宣谕礼仪制度于大众,权责颇重。[③]

(一)充《明史》《清太宗文皇帝实录》总裁官

顺治元年,清军入关,定鼎燕京,诸措并举,接续明朝之统绪,诏修《明史》即为重要一端。顺治二年五月,命内三院大学士冯铨、洪承畴、李建泰、范文程、刚林、祁充格等纂修《明史》[④]。寻后,他们奏言,"臣等钦奉圣谕,总裁《明史》。查旧例设有副总裁、应用学士、讲读学士等官"[⑤],请以詹霸、宁完我、胡世安、高俨等十一员为副总裁官,郎廷佐、图海、罗宪汶、刘肇国等九员为纂修官,石图等七员为收掌官,古禄等十员为满字誊录官,吴邦豸等三十六员为汉字誊录并负责收发草本等事宜,得蒙允准。顺治四年五月,谕大学士刚林、祁充格曰:"尔等纂修《明史》,其间是非得失,务宜据事直书,不必意为增减,以致文过其实。"[⑥]顺治八年闰二月,大

① 王冬芳:《清初"启心郎"官制初探》,《民族研究》1988年第4期。

② 《清世祖实录》卷一四,顺治二年二月己巳,中华书局1985年版,第128页。

③ 《皇朝通典》卷二三《职官一》,《万有文库》十通本,商务印书馆1935年版,第2160页。

④ (清)王士禛:《池北偶谈》卷二《谈故二·国初明史总裁》,中华书局1982年版,第32页。

⑤ 《清世祖实录》卷一六,顺治二年五月癸未,第141页。

⑥ 《清世祖实录》卷三二,顺治四年五月丁卯,第265页。

学士刚林、祁充格等奏，纂修《明史》所缺材料，宜敕内外各官广示晓谕，“凡钞有天启、崇祯实录，或有汇集邸报者，多方购求，期于必得。或有野史、外传、集记等书，皆可备资纂辑，务须广询博访，汇送礼部。庶事实有据，信史可成”[①]。顺治朝《明史》纂修虽未告竣，但并非全无成果，一部编年体《明史》业已撰辑成书。据学者研究，《明史》的纂修“在顺治朝多数时间都没被重视起来，真正集中人力进行修史也就是顺治三四年间，此后基本人浮于事，没什么作为”。[②] 在此时间段，祁充格正是《明史》总裁官之一，其地位和作用不难想见。实际上，顺治朝撰修《明史》是否成书、该书在后来纪传体《明史》纂修过程中是否起到作用并不重要。这是新王朝做出的一种政治姿态，开局诏修《明史》，向世人展示“满洲贵族继承新朝为前朝修史的传统，表明清代已经成为明朝之后的续统之新王朝”[③]。

顺治六年正月，命大学士范文程、刚林、祁充格、洪承畴、冯铨、宁完我、宋权等充任总裁官，纂修《太宗文皇帝实录》[④]。这是第一次设实录馆，不过，这次修纂进展不大。[⑤] 然将清太宗文德武功载于史册的工作刻不容缓，此次开馆拉开了纂修太宗实录之序幕。

（二）代为晓谕，参与典仪

顺治二年五月丙戌日，多尔衮肩舆入朝，满洲诸臣皆跪迎。多尔衮见状，引舆而还。寻谓大学士刚林、祁充格曰：“予未有言，诸臣何故皆跪。今予乃人君之朝也，汝等即欲行礼，当于他处行之，乃行之朝门，予岂有径受之理。若予竟前进，诸王亦如此行礼，予心更何安，遂引舆而返。”于是令大学士刚林、祁充格、学士詹霸等传语大学士冯铨、李建泰等，晓谕诸汉官。[⑥]

同年五月，科尔沁土谢图亲王巴达礼离京，多尔衮遣大学士刚林、祁充格、宁完我谕之曰：“天下大业已定，正黎庶休养之时。然恐蒙古造衅，缓则密奏候旨。其有急不及奏者，尔即便宜行之，吾惟尔是恃。”巴达礼

---

① 《清世祖实录》卷五四，顺治八年闰二月癸丑，第 426 页。
② 参阅武玉梅：《顺治朝官修〈明史〉新考》，《史学史研究》2010 年第 3 期。
③ 徐凯：《满洲“汉文化”化与接续中华文明之统绪》，《云南师范大学学报》2012 年第 4 期。
④ 《清世祖实录》卷四二，顺治六年正月丁卯，第 336 页。
⑤ 谢贵安：《清实录研究》，上海古籍出版社 2013 年版，第 180 页。
⑥ 《清世祖实录》卷一六，顺治二年五月丙戌，第 142 页。

对曰:“臣昔蒙太宗皇帝宠眷,今又沐王殊恩,敢不誓死以报。”[①]

顺治二年七月甲子日,“上太祖武皇帝、孝慈武皇后、太宗文皇帝玉册、玉宝于太庙”,“授内院大学士刚林、祁充格、学士伊图跪接,置于各案”[②],祁充格参与陪祭、跪迎册宝、奏乐行礼、敬献几筵等典仪环节。

顺治三年四月,多尔衮谕户部尚书英俄尔岱,刑部尚书吴达海,大学士刚林、祁充格、宁完我等曰:“兹天潢诸王昆弟,咸太祖、太宗二圣之子弟也,际斯崇贵,正宜优养安荣,坐立拜跽之文,殊为可省。”[③]令英俄尔岱、祁充格等替其善谕之。

顺治四年十二月,多铎、济尔哈朗、博洛、尹图、何洛会等考虑到多尔衮体有风疾,不胜跪拜,商议遣索尼、范文程、刚林、祁充格等建言,“今国家既定,享有昇平,皆皇叔父王福泽所致。其元旦节皇叔父王于皇上前行礼,及百官行礼起立以待。进酒时,入班行跪礼俱应停止”,多尔衮从其言,以后凡行礼处,跪拜永行停止。[④]

顺治五年正月,因大学士范文程、刚林、祁充格等处事得宜,深符人心,谕吏礼二部,此三人“可用珠顶玉带,以示优崇”[⑤]。

(三)主考科举,祭先师孔子

清朝推行科举制度,振兴文治,彰显“以文治国”之传统。顺治三年四月,大学士刚林等疏请于八月再行科举,来年二月再行会试,以达收揽人才之目的。[⑥] 是年九月,“命弘文院大学士祁充格充武会试第一场监试官”[⑦]。翌年二月,命大学士范文程、刚林、祁充格、冯铨、宁完我、宋权为会试主考官。[⑧] 三月,殿试天下贡士李人龙等。殿试结束,命内院大学士冯铨、范文程、刚林、祁充格、宋权、宁完我等“充殿试读卷官”[⑨]。因出色

---

① 《清世祖实录》卷一六,顺治二年五月丁未,第147页。

② 《皇朝文献通考》卷一〇八《宗庙考·二》,《万有文库》十通本,商务印书馆1936年版,第5792页。

③ 《清世祖实录》卷二五,顺治三年四月戊子,第215页。

④ 《清世祖实录》卷三五,顺治四年十二月丙申,第290页。

⑤ 《清世祖实录》卷三六,顺治五年正月壬寅,第291页。

⑥ 《清世祖实录》卷二五,顺治三年四月乙酉,第215页。

⑦ 《清世祖实录》卷二八,顺治三年九月庚戌,第235页。

⑧ (清)法式善:《清秘述闻》卷一《乡会考官类一·顺治四年丁亥科会试》,中华书局1982年版,第8页。

⑨ 《清世祖实录》卷三一,顺治四年三月丙辰,第255页。

完成阅卷工作,范文程、刚林、祁充格、宁完我、冯铨、宋权等被赐蟒缎有差。[①] 顺治六年二月,命大学士范文程、刚林、祁充格、洪承畴、宁完我、宋权、学士王文奎等为会试主考官。[②] 可见,祁充格在清初开科取士、安民选才的过程中扮演了重要角色。

关外时期,皇太极即崇文重道,于崇德元年建孔庙于盛京,遣大学士范文程致祭。满洲统治者入主中原,逐渐建立了规范的国家祭祀典制,行释奠礼,祭祀孔子乃此中重要事项。顺治四年二月,"遣大学士祁充格祭先师孔子"[③]。七年八月,祁充格复被委以重任,遣去祭先师孔子。[④] 祭先师孔子是将尊孔重道作为治国政治理念的体现,被遣致祭之祁充格必定是精通儒学、深谙祀礼之人。

(四)出使朝鲜,命为正使

由于祁充格兼通数种语言,又深受信任,常被委以外交之任。顺治二年十一月,礼部奏言朝鲜国世子袭封,查有兄终弟及之例,今其国王李倧请以次子李淏承袭,相应以淏袭封,议上,命封李淏为朝鲜国王世子,遣内翰林宏文院大学士祁充格为正使,礼部郎中朱世赴、户部主事固尔马浑为副使,赍敕诰往其国。[⑤]

顺治七年正月,清廷因不满朝鲜国王李淏奏内言及倭情、欲修筑训练、遇沿海漂流汉人船送于倭馆、缓贡布棉等情,认为此"实非出于王心,必由奸臣造意","此特在下奸臣朋比结党启无穷之乱源耳!一切谕旨,悉令遣去大臣面述"。于是,"遣大学士祁充格等赍敕责问"[⑥]。同年七月,朝鲜国王李淏向清廷奏报,其国与日本交恶,欲修城集兵,整顿器械,清廷因不能确信,遣巴哈纳、祁充格等赍敕往问真伪。巴哈纳、祁充格等详细讯问庆尚道观察使、东莱府使,回奏:"倭国朝鲜素相和好,并无怨乱兵戈之事,前奏系欺罔巧诈等语。"[⑦]

---

① 《清世祖实录》卷三一,顺治四年三月己未,第255页。
② (清)法式善:《清秘述闻》卷一《乡会考官类一·顺治六年己丑科会试》,第11页。
③ 《清世祖实录》卷三〇,顺治四年二月丁丑,第249页。
④ 《清世祖实录》卷五〇,顺治七年八月丁亥,第396页。
⑤ 《皇朝文献通考》卷二九三《四裔考·一》,第7424页。
⑥ 《清世祖实录》卷四七,顺治七年正月壬午,第378页。
⑦ 《清世祖实录》卷四九,顺治七年七月辛未,第395页。

(五)翻译汉文典籍

翻译《洪武宝训》。清朝定鼎燕京,若要被中原士人承认,须祖述前谟,以昭一代文明之治,效法治典,积极吸纳汉文化,翻译汉文典籍即为其中一项具体举措。为此令大学士范文程、刚林、祁充格、冯铨、宁完我等翻译《洪武宝训》。顺治三年三月,翻译完成,因其深裨治理,“御制序文,载于编首,仍刊刻满汉字,颁行中外”[①]。是年四月,“以翻译明《洪武宝训》成,赐大学士范文程、刚林、祁充格、冯铨、宁完我等,鞍马各一匹,银各五十两”[②]。十二月,将《洪武宝训》颁赐给诸王以下甲喇章京理事官以上的官僚。[③] 这是清入关后用满文翻译刊刻的第一部汉文典籍,清廷十分重视。

译刻《三国演义》。满译《三国演义》是清朝肇兴文治的重要例证。清太宗喜读文史,曾令达海翻译《三国演义》,未竟达海病卒。[④] 顺治初年,遵多尔衮之命,满译《三国演义》复又启动。“皇父摄政王旨。谕内三院:着译《三国演义》,刊刻颁行。此书可以忠臣、义贤、孝子、节妇之懿行为鉴,又可以奸臣误国、恶政敌朝为戒。文虽粗糙,然甚有益处,应使国人知此兴衰安乱之理也。”满文译本于顺治七年完成,为此大学士祁充格等于是年正月十七日特上奏章,“我等恭承皇父摄政王谕旨,校勘《三国演义》,学士查布海、索那海、伊图、霍力、庆泰、何德翻译,主事能图、叶成额等恭抄缮写,主事更泰等与博士科尔科泰等恭抄,成二十四册,分为六函,颁行于众,为此谨奏。总校:大学士祁充格、范文程巴克什、刚林巴克什、冯铨、洪承畴、宁完我、宋权”。[⑤] 该年四月十八日,“以翻译《三国志》告成,赏赐内翰林院大臣。赏予大学士范文程巴克什、刚林巴克什、祁充格、宁完我、洪承畴、冯铨、宋权七大臣带彩鞍、雕辔、后秋、攀胸、缇胸、翠蓝布制鞍龙、红毡马鞧之头等马各一匹、银各五十两”。[⑥] 据上可知,《三国演

---

① 《清世祖实录》卷二五,顺治三年三月辛亥,第 209 页。

② 《清世祖实录》卷二五,顺治三年四月辛卯,第 215 页。

③ 《清世祖实录》卷二九,顺治三年十二月壬辰,第 243 页。

④ 《清太宗实录》卷一二,天聪六年七月庚戌,第 168 页。

⑤ 黄润华、王小红译辑:《满文译本〈唐人小说〉〈聊斋志异〉等序言及译印〈三国演义〉谕旨》,《文献》1983 年第 2 期。

⑥ 中国第一历史档案馆编:《清初内国史院满文档案译编》(下),光明日报出版社 1989 年版,第 80 页。

义》的翻译与校勘工作是繁复的，由大学士、巴克什、学士等满汉兼通、学识超群的文臣领衔主持校勘、翻译、誊抄缮写等具体工作，清廷重视程度不言而喻。满译《三国演义》使满洲臣民了解了汉文化仁义、忠君之传统，又可作为临政规范，以此书为兵略，“国初满洲武将不识汉文者，颇多得力于此”①。此书对满洲学习汉族历史知识和军事战略起到了重要作用，祁充格得预其中，作为总校之一，其作用不难想见。

此外，祁充格还主持刊刻了《辽史》《金史》《元史》。天聪九年五月，皇太极召集文馆诸臣，令“于辽宋金元四史内，择其勤于求治，而国祚昌隆，或所行悖道，而统绪废坠。与夫用兵行师之方略，以及佐理之忠良，乱国之奸佞，有关政要者，汇纂翻译成书，用备观览”②。这项工作于崇德四年告成。顺治三年，祁充格等人将《辽史》《金史》《元史》刊刻成帙，颁行天下。

三、深陷睿王政治风波

顺治七年十二月初九日，多尔衮病逝于边外喀喇城。多尔衮英年早逝，消息传至京师，不同派系、不同阶层均为之震惊。福临亲率诸王、贝勒、文武大臣换易缟服，举行“国丧”，发下哀诏，合依帝礼下葬，荣哀备至。多尔衮之死打破了清初统治阶级上层的权力秩序，对其政敌济尔哈朗、两黄旗大臣，甚至是少年天子福临来说无疑是福音。一场针对多尔衮的政治风波已在酝酿。翌年二月，追论睿王多尔衮罪状，昭示中外③。次月，刑部尚书韩岱等审议刚林、祁充格等，议定祁充格擅改原修《太祖实录》，欲尊睿王为帝，附睿王谋逆等罪状。④ 世祖福临下旨，“刚林、祁充格著即正法”⑤。

综括上文，祁充格，满洲乌苏氏，国初来归，娴熟文史，“他在某种程序上悉心于用汉族的组织形式来加强文官政治”。清朝定都北京后，“多

---

① （清）陈康祺：《郎潜纪闻二笔》卷一〇，中华书局 1984 年版，第 514 页。

② 《清太宗实录》卷二三，天聪九年五月己巳，第 303 页。

③ 《清世祖实录》卷五三，顺治八年二月己亥，第 422 页。

④ 参阅中国第一历史档案馆编：《清初内国史院满文档案译编》（下），第 175—176 页。

⑤ 《清世祖实录》卷五四，顺治八年闰二月乙亥，第 433 页。

尔衮把那些不能托付汉官的事务,都委派给了他们"[①]。祁充格曾是皇太极、多尔衮的得力助手,文武兼备,首任礼部启心郎,擢为内弘文院大学士,被授予牛录额真,率旗兵从军伐明,亦曾作为正使,往谕朝鲜,主考会试,审读殿试试卷,翻译汉文化经典,叱咤于清初的历史舞台。多尔衮暴毙而亡,福临亲政,兴起大狱,祁充格深陷诡谲的政治风波之中,成为权力斗争的牺牲品。

① [美]魏斐德著,陈苏镇、薄小莹等译:《洪业——清朝开国史》,江苏人民出版社2008年版,第579—580页。

清宫档案中的安宁宫探析

柴　冰

（东北大学秦皇岛分校　马克思主义学院）

安宁宫是清代较为神秘的一处皇家宫殿，杨乃济在《西华门札记（一）》[①]一文中利用中国第一历史档案馆所藏的一则档案介绍过安宁宫的兴建情况，令人眼前一亮。但诚如杨乃济所说，安宁宫不见于史籍，史料缺失。幸运的是，清宫档案里还留有不少关于安宁宫的记载。目前关注到安宁宫相关档案的学者依然较少，且关注到的学者多是为自己研究的主题服务，并非针对安宁宫的专题研究。故而，笔者拟对安宁宫相关档案[②]做一专题研究，补充安宁宫陈设物品的名称、来源、规格、用料等细节，以及介绍雍正皇帝的旨意内容和审美意趣方面的信息，以期为安宁宫这一皇家宫殿的研究提供一些材料上的便宜和支撑，进而裨益清雍正时期宫廷文化、中西交流等方面的研究。

※　本文系中国博士后科学基金项目"同文之治：清代多语种文献译传的政治文化意义探究——以《楞严经》的译制与颁发为中心"（2020M680961）阶段性成果。

①　杨乃济：《西华门札记（一）》，北京市文物研究所编：《北京文物与考古 2》，北京燕山出版社 1991 年版，第 305—315 页。

②　笔者已对安宁宫相关档案做了整理辑录，计 45 条。参见柴冰：《安宁宫档案辑录》，《中华历史与传统文化论丛》第 5 辑，中国社会科学出版社 2020 年版。所辑档案主要见于：中国第一历史档案馆、香港中文大学文物馆编《清宫内务府造办处档案总汇》，人民出版社 2005 年版；中国第一历史档案馆编《圆明园（下）》，上海古籍出版社 1991 年版；朱家溍选编《养心殿造办处史料辑览》第 1 辑雍正朝，故宫出版社 2013 年版；周默编著《雍正家具十三年：雍正朝家具与香事档案辑录》，故宫出版社 2013 年版。

一、安宁宫的历史

(一)安宁宫的兴建及建筑结构

杨乃济在《西华门札记(一)》一文中利用中国第一历史档案馆所藏档案,指出雍正九年(1731)三月初六日至雍正十二年间,紫禁城内添建了斋宫、安宁宫。其中新建安宁宫殿宇房屋六十六间①。笔者目前所见安宁宫相关档案,亦涉及安宁宫建筑构成。据档案,安宁宫至少包括前殿、后殿、板房、佛堂、东西暖阁、心月斋。另外,可以明确的是安宁宫前殿有东暖阁,后殿平台有板房三间,后殿还有净房,佛堂地处安宁宫东边。需要特别指出的是多条档案显示,安宁宫实际位于圆明园。

(二)安宁居与安宁宫

雍正十年十月十三日,雍正帝传旨将御笔"安宁居"匾文中的"居"字改成"宫"字,照原"安宁居"匾的尺寸制匾。十月十八日做得新匾并被请进安宁宫悬挂讫②。而传旨制作"安宁宫"匾额前档案中已有"安宁宫"出现③,改名后也还有"安宁居"出现,且出现多次,一直到雍正十三年的档案中仍有发现。尤其特别的是,描述同一活计时还存在既用"安宁居"又用"安宁宫"的情况。譬如雍正十一年九月十四日,传旨在安宁宫板房后开一门,平台板房下亦开一门,门上贴画假古玩书格画。九月二十九日画得一张假古玩书格画,由催总吴花子持进贴讫。为画此假书格画,买办了画绢、绵榜纸、颜料、笔等材料用具。描述这些事宜的档案皆使用"安宁宫"一词④。而在九月二十八日,内大臣海望传将"圆明园安宁居画书格门改做铜镀金吊牌拨浪",翌日也就是安宁宫门上贴假书格画的同一日,

---

① 杨乃济:《西华门札记(一)》,第305—306页。

② 中国第一历史档案馆、香港中文大学文物馆编:《清宫内务府造办处档案总汇》第5册,第381页。

③ 目前笔者所见"安宁宫"一词最早出现在雍正十一年七月十三日。参见《清宫内务府造办处档案总汇》第5册,第419、420、431页。

④ 参见《清宫内务府造办处档案总汇》第5册,第742页;《清宫内务府造办处档案总汇》第6册,第219—200页。

做得铜镀金吊牌拨浪一分在圆明园安宁居画书格门锭讫[①]。以上皆描述安宁宫门的成做情形，但“安宁宫”“安宁居”都有被使用，二者在清宫档案中混同，当为同一指归。

（三）安宁宫的“消失”

杨乃济在《西华门札记（一）》一文的注释中谈道：“明清两代的东西六宫皆无‘安宁宫’命名。可能这是一个只在雍正朝很短暂的时间里用过的宫名，以后改称它名，因此‘安宁宫’三字不见于任何史籍。”[②]杨乃济的判断颇为有理。就笔者整理的安宁宫相关档案来看，“安宁宫”及之前的称谓“安宁居”最早出现于雍正十年四月初四日传做“安宁居”楠木匾的记载中[③]，而最后的“消失”则需要关注这样几条档案：

雍正十三年正月十三日传做四十个挂灯铁圈[④]是安宁宫最后传旨制作的内容，而安宁宫陈设最后完工的则是雍正十三年正月初七日传做，九月二十日完作的一对绣黄缎穿珠旛[⑤]。实际上乾隆帝在雍正十三年九月初三日继位，绣黄缎穿珠旛完作安设于安宁宫时雍正帝已驾鹤西去。乾隆二年（1737）十一月记事录记载道：传旨“将安宁宫板房拆出，交造办处，酌量有当用处，金殿南边通中正殿新开门砌了。钦此”。[⑥] 这也意味着安宁宫的原貌有了变动，板房被拆去。乾隆三年五月二十五日又对拆去的安宁宫板房处地面没有墁砖处进行了墁饰[⑦]。笔者所搜集的安宁宫档案中最后一次提到安宁宫是在乾隆七年七月二十七日，该档案记述造办处材料库现存旧贮大小玻璃二十一块，其中一块长一尺九寸七分、宽一

---

① 中国第一历史档案馆、香港中文大学文物馆编：《清宫内务府造办处档案总汇》第6册，第36页。

② 杨乃济：《西华门札记（一）》，第315页。

③ 《清宫内务府造办处档案总汇》第5册，第365页。

④ 本条档案收录于多处，《清宫内务府造办处档案总汇》第6册第705页、《养心殿造办处史料辑览》第1辑雍正朝第453页作“一月”，《清宫内务府造办处档案总汇》第6册第626页、《圆明园（下）》第1241页则作“三月”。

⑤ 中国第一历史档案馆、香港中文大学文物馆编：《清宫内务府造办处档案总汇》第6册，第691页。

⑥ 中国第一历史档案馆、香港中文大学文物馆编：《清宫内务府造办处档案总汇》第7册，第788页。

⑦ 中国第一历史档案馆、香港中文大学文物馆编：《清宫内务府造办处档案总汇》第7册，第788页。

尺六寸五分的玻璃来自安宁宫[①]。这也显示原陈设于安宁宫的物品存在被收归造办处库存的情形。在乾隆三年五月二十五日至乾隆七年七月二十七日间,则不见安宁宫的记载。

通过对以上几条档案的分析,加之乾隆帝从雍正帝手中继承了一个基本成型的圆明园,虽没有扩大原址范围,但在原有景区范围内进行了大规模的增建、改建和添建[②],亦对多处建筑进行了改题[③],安宁宫很可能或拆毁或改建或改名,故而湮没不闻。

二、安宁宫的陈设

安宁宫的陈设可分为传旨制作和安设、从他处移贮、作为他处成造样本三种类型。

(一)传旨制作、安设于安宁宫的物品

参照吴美凤《盛清家具形制流变研究》体例[④],笔者依据清代安宁宫相关档案制作"养心殿造办处各作成做安宁宫陈设物品表",见表一。

表一 养心殿造办处各作成做安宁宫[⑤]陈设物品表

传旨制作时间	品类	尺寸	数量	资料出处	完作时间
雍正十年二月初七日	"戒急用忍"字样彩漆流云吊屏		二件	油漆作	雍正十年九月二十日
雍正十年四月初四日	"安宁居"三字楠木匾	随黄铜匾钉等件	一面	木作	雍正十年四月十六日

① 中国第一历史档案馆、香港中文大学文物馆编:《清宫内务府造办处档案总汇》第11册,第56—57页。

② 郭黛姮、贺艳:《深藏记忆遗产中的圆明园——样式房图档研究(一)》,上海远东出版社2016年版,第30—31页。

③ 譬如乾隆二年初将雍正去世前几年十分关注的乐志山庄进行改建,更先后有安佑宫、清净地、月地云居几次改题。参见郭黛姮、贺艳:《深藏记忆遗产中的圆明园——样式房图档研究(一)》,第32—33页。

④ 列六栏,其中"尺寸"一栏,无资料时留白,或择其相关的摘要。"数量"以完作持进的记载为准。参见吴美凤:《盛清家具形制流变研究》,紫禁城出版社2007年版,第169页。

⑤ 档案中陈设地有些作"安宁居",实与"安宁宫"同。安宁居与安宁宫之关系下文会作一讨论。

续表

传旨制作时间	品类	尺寸	数量	资料出处	完作时间
雍正十年四月二十三日	二面画书格围屏	每扇各宽一尺八寸五分、高五尺六寸	四扇	画作	雍正十年五月初六日
雍正十年九月二十五日	楠木闲余板	随铜镀金盖花八个,钉十二个	三分	木作	雍正十年九月二十七日
雍正十年十月十三日	御笔"安宁宫"三字楠木匾	照"安宁居"匾的尺寸	一面	木作	雍正十年十月十八日
雍正十年十月二十一日	糊洗黄绢石青绫边杉木围屏	随铁合扇四块、掐子二件	五扇	木作	雍正十年十一月十二日
雍正十年十月二十一日	玻璃窗户眼	随锦帘一件	一件	木作	雍正十年十一月十二日
雍正十年十一月初六日	糊洗黄绢石青绫边杉木壁子	随铁合扇二副、圆铅鼓子八个	四扇	木作	雍正十年十一月十一日
雍正十一年三月二十九日	黑退光漆桌		一张	油作	雍正十一年四月二十七日
雍正十一年六月二十一日	花梨木边石青字御笔"心月斋"匾	照"安宁居"匾的尺寸	一面	木作	雍正十一年七月初三日
雍正十一年九月	门上中闩			錽作	
雍正十一年九月	门上滑车			錽作	
雍正十一年九月十四日	假古玩书格画		一张	木作	雍正十一年九月二十九日
雍正十一年九月二十八日	铜镀金吊牌拨浪		一分	杂活作	雍正十一年九月二十九日
雍正十一年十月十二日	半腿安轱轮漆座洋漆雕填金边玻璃穿衣镜	照先做过半腿安轱轮玻璃穿衣镜做法,酌量配合做一高些漆座	一件	木作	雍正十二年二月二十一日

续表

传旨制作时间	品类	尺寸	数量	资料出处	完作时间
雍正十一年十一月二十七日	安铜镀金倒环楠木边壁子	原交楞严佛绢字一张	二块	裱作	雍正十一年十二月初四日
雍正十一年十二月二十四日	另开光,再配紫檀木佛龛	原释迦牟尼佛一尊	一件	木作	雍正十一年十二月二十九日
雍正十二年正月初七日	楠木闲余板		一分	木作	雍正十二年五月二十四日
雍正十二年三月二十六日	二面安铜镀金倒环楠木壁子		四扇	木作	雍正十二年九月三十日
雍正十二年四月初三日	杉木箱	盛装收贮安宁居用的羊皮帐一架	一件	木作	雍正十二年八月二十日
雍正十二年四月二十四日	楠木闲余板		一份	木作	雍正十二年五月二十四日
雍正十二年五月初九日	楠木床口			木作	雍正十二年五月初九日
雍正十二年五月二十七日	楠木方佛龛		三座	木作	雍正十二年九月二十五日
雍正十二年五月二十七日	供桌		二张	木作	雍正十二年九月二十五日
雍正十二年五月二十七日	地平		四件	木作	雍正十二年九月二十五日
雍正十二年十一月初一日	黄铜古子		两个	铜作	雍正十二年
雍正十二年十一月初五日	安宁宫后殿净房西边板墙上开门	照北面板墙的门一样做	一	记事录	雍正十二年十一月初五日
雍正十二年十一月初五日	托表楞严观世音白佛横披		一张	表作	雍正十二年十一月初八日
雍正十二年十一月初九日	曲尺壁子		二扇	木作	雍正十二年十一月二十日

续表

传旨制作时间	品类	尺寸	数量	资料出处	完作时间
雍正十二年十一月二十六日	楠木包瓖床		三张	木作	雍正十三年二月二十八日
雍正十二年十二月二十四日	曲尺围屏		一分	表作	雍正十二年十二月二十九日
雍正十三年正月初七日	绣黄缎穿珠旛	穿珠子九千二百三十二粒，重十八两七钱，铜烧古座，红漆挑杆	一对	绣作	雍正十三年九月二十日
雍正十三年正月/三月十三日①	挂灯铁圈		四十个	錽作	雍正十三年正月/三月十三日

以上所列雍正帝传旨制作、安设于安宁宫的物品，可分为两种。

一为新制作的物品，此类占大多数。包括吊屏、匾额、围屏、闲余板、玻璃窗户眼、壁子、假古玩书格画、吊牌拨浪、木箱、佛龛、供桌、地平、铜古子、门、横披、包瓖床、旛、挂灯铁圈等品类。材质则涉及紫檀木、楠木、杉木、花梨木、榆木、玻璃、红铜、黄铜、铁、绢、布、绫等种类。安宁宫陈设中楠木制品较为突显，包括匾额、闲余板、活计套箱、床口、方佛龛、香几、楠木面、楠木包瓖床、安铜镀金倒环楠木边壁子等品类。这也合于周默"雍正对于楠木的喜爱超乎想象，无处不用"②的判断。工艺上则包括纺织、金属、漆木、玻璃等方面的技术应用。也存在采用了不止一种材料或工艺的情况。譬如前文提及雍正十三年正月初七日传旨制作、九月二十日完工，安供于安宁居东边佛堂的一对绣黄缎穿珠旛：上穿珠子九千二百三十二粒，重十八两七钱，铜烧古座，红漆挑杆③。可谓纺织、金属、漆木多种工艺的合力制作，穿珠子九千二百三十二粒更是令人赞叹其制作的繁复和精细。

二为对已有物品的改做或修补。雍正十一年三月二十九日，安宁宫

① 关于此项成做有两处记录，一作"一月"，一作"三月"。兹并录于此。

② 周默：《返本开新（三）——雍正时期家具的基本特征及发展过程》，《家具与室内装饰》2013 年第 12 期。

③ 中国第一历史档案馆、香港中文大学文物馆编：《清宫内务府造办处档案总汇》第 6 册，第 691 页。

陈设黑退光漆桌因有磕坏处,故而"着粘补收拾"①。即为对已有陈设物品进行修补的实例。改做者则有:雍正十一年十月十二日,太监沧州交来了洋漆雕填金边玻璃穿衣镜一架,雍正帝令照此前做过的半腿安轱轮玻璃穿衣镜的做法,酌量配合做一高些漆座。雍正十二年二月二十一日完工后安设在安宁宫②。雍正十一年十二月二十四日,雍正帝认为交来的一尊释迦牟尼佛"开的光不好",令另开光,并配紫檀木龛,供在安宁宫佛堂③。雍正十二年五月初九日则传旨将安宁居东暖阁北面方床改做成楠木床口,当天即改做完毕④。改做的内容既有材质的更换,也有对成品效果的精益求精,更有雍正帝在艺术审美和家具实用性上的匠心独运。半腿安轱轮漆座洋漆雕填金边玻璃穿衣镜即颇为典型,一方面应用了带有西洋元素的玻璃,另一方面融入了源自东洋的洋漆技术,而半腿的做法"既可贴墙又可随意移动"⑤,整体上较为精巧且具有实用价值。此外,御笔"安宁居"匾额还改做成了"安宁宫"匾,因涉及安宁宫的兴建、命名等历史讯息,后文拟专门讨论。

(二)从他处移贮安宁宫的陈设

安宁宫陈设的物品,还有原陈设于其他地方,后挪至安宁宫的。笔者依据清宫档案的记载,整理从他处移贮安宁宫的陈设物品情况见表二:

表二 **从他处移贮安宁宫的陈设物品简表**

传旨时间	品类	数量	资料出处	完成时间	原陈设地
雍正十年五月二十二日	山水画	一张	画作	雍正十年七月十三日	乾清宫

① 中国第一历史档案馆、香港中文大学文物馆编:《清宫内务府造办处档案总汇》第5册,第753页。

② 此项活计《清宫内务府造办处档案总汇》第5册有两条著录,第745页入木作,第695—696页入漆作。

③ 中国第一历史档案馆、香港中文大学文物馆编:《清宫内务府造办处档案总汇》第5册,第723、749页。

④ 中国第一历史档案馆、香港中文大学文物馆编:《清宫内务府造办处档案总汇》第6册,第359、424页。

⑤ 吴美凤:《盛清家具形制流变研究》,第226页。

续表

传旨时间	品类	数量	资料出处	完成时间	原陈设地
雍正十年五月二十二日	御训,"福"字,"迎祥"	各一张	裱作	雍正十年七月十三日	乾清宫
雍正十年九月初一日	鱼白春细幔子	三架	皮作	雍正十年九月二十八日	西厂
雍正十年九月初一日	金黄布雨搭	九架	皮作	雍正十年九月二十八日	西厂
雍正十年十一月十九日	油苫单	二块	皮作	雍正十年十一月十九日	造办处

如上表所示,将他处收贮或陈设的物品移贮安宁宫皆发生在雍正十年,且执行得较快,慢者也不足两月就已完成。具体来看,雍正十年九月二十八日西厂板房内的三架鱼白春细幔子、九架金黄布雨搭被拆洗收拾完毕,安设于安宁宫板房[1]。雍正十年十一月十九日造办处旧存的两块油苫单亦被持去安宁宫板房使用[2]。另外,还有来自原乾清宫的陈设。雍正十年五月二十二日,总理监修处员外郎释迦保、六格[3]传内大臣海望谕:"乾清宫月台上黄毡板房、斗坛、西丹墀各处板房俱拆移中正殿盖造,其月台上斗坛内有陈设围屏、帐幔等件,并西丹墀板房内有陈设及铺设毡件、门帘等项,交造办处令该管人员踏看拆卸,如有应交该处者即交该处。"此段谕令的内容见于多条清宫档案[4]。观相关档案全貌,可以发现,拆移举措具体由员外郎满毗带领领催闻二黑、副领催金有玉、柏唐阿五十八等人负责执行。从乾清宫月台上黄毡板房后斗坛拆出的唐岱画山水画

① 中国第一历史档案馆、香港中文大学文物馆编:《清宫内务府造办处档案总汇》第5册,第530页。

② 中国第一历史档案馆、香港中文大学文物馆编:《清宫内务府造办处档案总汇》第5册,第341、534、535页。

③ 档案中亦有作"宫殿总理监修处员外郎释迦保、六格"者,如《清宫内务府造办处档案总汇》第5册,第419页雍正十年五月二十二日条。故总理监修处或为宫殿总理监修处之省称。

④ 参见《清宫内务府造办处档案总汇》第5册,第419、420、431页;《养心殿造办处史料辑览》第1辑雍正朝,第311、371、372页;《雍正家具十三年:雍正朝家具与香事档案辑录》,第475页。

一张[①],与乾清宫西丹墀下卷棚转角板房拆出的御训一张、御笔"福"字一张、"迎祥"一张,于雍正十年七月十三日由领催马学迩、表匠李毅持进安宁宫贴讫。

(三)作为成造样本的安宁宫陈设

安宁宫的若干陈设成了他处成造物品时的样本,这些制作也透露出安宁宫已有的陈设。据雍正十一年画作十月二十九日条[②],雍正帝曾命唐岱照安宁居的画画一张,此画当即为风雨归舟画。呈览之后,雍正帝令唐岱再照此风雨归舟画的尺寸、照安宁宫西墙上贴的章法画一幅。再画得的画贴于何处并不明确,但可知安宁宫西墙上有贴画,且安宁宫可能曾贴有风雨归舟画。

雍正十二年木作十月初七日条[③]记载:

> 据圆明园来帖内称,本月初六日总管[④]李英交花梨木案一张,随新楠木香几二个,传旨:"着照安宁宫陈设案样式,另做花梨木几二个安在花梨木案上,其交出新楠木几二个另配楠木面,改做香几用。钦此。"[⑤]
>
> 于十三年二月十二日将花梨木案一张配得花梨木几二件,改做得楠木香几二件,司库常保持进交总管太监李英讫。[⑥]

此条档案呈现了雍正帝对交来的随两个新楠木香几的一张花梨木案

---

① 档案所见从乾清宫月台上黄毡板房后斗坛拆出的物品还包括围屏三十扇、毗邻卢帽、山花四块、铁条二根、鋄银漆地围屏掐子十九块、帘架铁掐子八块、紫檀木供桌一张、花梨木供桌二张、杉木矮床二张。

② 中国第一历史档案馆、香港中文大学文物馆编:《清宫内务府造办处档案总汇》第5册,第797—798页。

③ 中国第一历史档案馆、香港中文大学文物馆编:《清宫内务府造办处档案总汇》第6册,第389、422页。

④ 中国第一历史档案馆、香港中文大学文物馆编:《清宫内务府造办处档案总汇》第6册第389页作"宫殿监副侍"。

⑤ 中国第一历史档案馆、香港中文大学文物馆编:《清宫内务府造办处档案总汇》第6册第389页收录档案至此处。

⑥ 中国第一历史档案馆、香港中文大学文物馆编:《清宫内务府造办处档案总汇》第6册第422页收录档案至此处。

的修改意见，即“照安宁宫陈设案样式”。故而从改造完成后的成品——花梨木案上配两个花梨木几、两个新楠木几配楠木面，可获知安宁宫当初的陈设案情形一二。

（四）从事成造及陈设工作的机构及人员

安宁宫的营建涉及内务府、工部、户部、宫殿总理监修处。陈设则主要由内务府造办处负责，涉及油漆作、木作、画作、皮作、鋄作、杂活作、裱作、铜作、绣作等作别，工程处、宫殿总理监修处、造办处下的油画房也皆有参与。

档案还呈现了一批从事陈设工作的人员，他们是海望、苏培盛、高玉、胡世杰、李英、刘沧州、保德、满毗、三音保、王常贵、常保、郑爱贵、胡应瑞、谢成、五十八、闻二黑、萨木哈、多存柱、夏安、吴花子、张文保、德尔格、苏和、白世秀、马学迩、李毅、达子、蒋德符、李统忠、王之信、释迦保、六格、金有玉、唐岱、李久明、李元、富拉他、保常、六达子、邓连芳、马清阿、武格、八十三、官保、王文举、戴越、王幼学、丁观鹏、四达子、郎世宁（Giuseppe Castiglione）、李正芳、周世辅、德福、六达塞、苏尔迈、班达里沙等。这些人员的身份有官员、太监、画师、匠役等，他们参与了制作、修改旨意的传达，具体成造、样品及成品的呈览，完作后的收贮或陈设等一项或多项环节。

三、安宁宫的文化元素

（一）唐岱山水画

唐岱，清初著名山水画家王原祁的弟子，颇得康熙帝赏识，御赐“画状元”之称，常被召入宫中作画。约到雍正时正式入宫廷供职，成为御用画家，服务至乾隆十一年。以画艺高超闻名当时。著作有《绘事发微》一部，阐发自己作山水画之经验心得[①]。安宁宫贴有一张拆移自乾清宫月台上黄毡板房后斗坛内唐岱所画的山水画。此外，雍正十一年唐岱还受命仿安宁宫墙上所贴画作画（据档案内容，安宁宫所贴此画当为风雨归舟画），画得之后，风雨归舟画被持去收贮。雍正帝命唐岱仿安宁宫所贴

---

① 王洪源：《满族宫廷画家唐岱》，《满族研究》1994 年第 3 期。

画再画一幅[①]。实际上,"风雨归舟"是一个充满意境、为历代诸多画家喜爱的主题。雍正时期,唐岱作为宫廷画家受命绘画的风雨归舟作品也不止雍正十年仿安宁居贴画所作。雍正八年八月,命唐岱画风雨归舟山水横披一幅。雍正八年九月,再次命唐岱画风雨归舟山水横披一幅[②]。雍正帝选择"风雨归舟"这一经典主题,令擅山水画的唐岱多次作画也彰显出其艺术审美上的文人意趣。

(二)御笔"福"字、"迎祥"

清宫新年节令时开笔书"福"字自康熙帝始,雍正帝于冬月封印后书"福",张贴于宫苑并赐予内外大臣。嘉庆帝书"福"之外,还书有"宜春迎祥"等字[③]。或可推断,雍正十年从乾清宫拆移张贴至安宁宫的"迎祥"与"福"字一样,并为雍正帝在新年这一节令活动时所作。关于雍正帝书"福"面赐,当时的重臣张廷玉在自订年谱中有这样一段陈述:

> 十二月(雍正十二年),奉命充校对三朝实录总裁官。二十五日,上御安宁宫,召公侯大臣二十余人入见,并命内廷供奉之翰林随入。上亲书"福"字以赐。第一幅赐臣廷玉,以后诸臣依次受赏,若霭得最后一幅。上大笑,谓若霭曰:"今日乃写'福'字第一日也,汝父得第一幅,汝得最后一幅,无意中有此恰好事,岂非吉祥之征乎?"[④]

《养吉斋丛录》中记载,"面赐'福'字者,亲、郡王、军机大臣、南书房供奉,岁十余人或不及十人"[⑤],而张廷玉的记述中,雍正十二年十二月二十五日获雍正帝亲书"福"字的至少有二十多人。另外,书"福"的地点恰恰是本文讨论的安宁宫。康熙帝于自己的居所乾清宫书"福",乾隆帝在

① 中国第一历史档案馆、香港中文大学文物馆编:《清宫内务府造办处档案总汇》第5册,第797—798页。

② 聂崇正:《郎世宁全集1688—1766(下)》,天津人民美术出版社2015年版,第170页。

③ (清)吴振棫:《养吉斋丛录》,北京古籍出版社1983年版,第157页。

④ (清)张廷玉撰,江小角,杨怀志点校:《张廷玉全集(下)》,安徽大学出版社2015年版,第415页。

⑤ (清)吴振棫:《养吉斋丛录》,第157页。

改建自潜邸的重华宫或取义“敛时五福”“敷锡庶民”[1]且颇为喜爱、时常游憩[2]的建福宫书“福”，雍正帝本人在自己的寝殿养心殿书“福”。安宁宫也成为雍正帝书“福”之地，透露出其很可能是较受雍正帝重视或喜爱的一处宫殿。

（三）戒急用忍

雍正十年二月初七日传做“戒急用忍”字样彩漆流云吊屏四件，其中两件安设于安宁宫。“戒急用忍”为康熙帝对雍正帝的恩谕，故而雍正帝“敬书于居室之所，观瞻自警”[3]。“戒急用忍”除制成匾额悬挂于养心殿外，据杨启樵考察，自雍正元年五月二十八日起，即有“戒急用忍”牌或吊屏的传旨制作，此后不时有，如雍正三年八月二十二日、雍正三年十月二十二日[4]。探究相关档案[5]可以发现，雍正时期传旨做成的“戒急用忍”牌或吊屏数量至少达十余件，形制精美且多样，包括有珐琅铜胎吊牌、珐琅流云牌、彩漆地石青字吊牌、退光漆地黄泥金字吊牌、彩漆流云吊屏。“戒急用忍”主题器物的反复出现，也是雍正帝铭记康熙帝训谕、借之自勉的一种表现。

（四）楞严横披

安宁宫安设有装潢好的楞严佛绢字及楞严观世音白佛横披。雍正十年时已有《楞严经》横披的制作，雍正十年十二月时先后传旨托裱《楞严经》横披三张[6]，其中两张明确记录是雍正帝御笔。雍正十一年十一月时

---

① 王子林曾探究过建福宫取名的用意，参见氏著《在乾隆的星空下：乾隆皇帝的精神境界》，紫禁城出版社 2011 年版，第 64 页。

② 朱赛虹：《徜徉大内 一窥堂奥——论故宫博物院藏清宫陈设档案的多重价值》，故宫博物院编：《故宫博物院十年论文选：2005—2014》，故宫出版社 2015 年版，第 2228 页。

③ 《清世宗实录》卷一九，雍正二年闰四月丁亥，中华书局 1985 年影印版，第 315 页。

④ 杨启樵：《揭开雍正皇帝隐秘的面纱》，上海书店出版社 2011 年版，第 35—36 页。

⑤ 参见《雍正家具十三年：雍正朝家具与香事档案辑录》，第 151—152 页；中国第一历史档案馆、香港中文大学文物馆编：《清宫内务府造办处档案总汇》第 1 册，第 50 页；《清宫内务府造办处档案总汇》第 5 册，第 397 页；《养心殿造办处史料辑览》第 1 辑雍正朝，第 235 页。但笔者尚未找到杨启樵所述雍正三年八月二十二日传旨制作“戒急用忍”牌的记载。

⑥ 中国第一历史档案馆、香港中文大学文物馆编：《清宫内务府造办处档案总汇》第 5 册，第 346、348、426—428 页。

先后四次传旨托裱楞严佛字横披[①],其中一张明确记录是雍正帝御笔。雍正十一年十一月二十七日传旨制作、后安设于安宁宫的楞严佛绢字的装潢——“安铜镀金倒环楠木边壁子二块”,较其他楞严横披“托裱一层”“托纸一层”或“托裱两层”的制作而言最为细致。雍正十二年四月、七月、十一月各传旨托裱楞严横披一张[②],且横披称谓“《楞严经》观世音菩萨白佛言”等类似的表达较之前更为详细。或可推测雍正十年至十二年间成做托裱的多款楞严横披或内容接近,都源自《楞严经》观世音菩萨白佛的主题。而这些楞严主题横披的存在也反映出雍正时期《楞严经》在清宫具备一定的影响力。

余论

清代安宁宫相关档案的集中梳理,令安宁宫这一少见于史籍,面目模糊但真实存在的皇家宫殿的前尘往事得以追索。档案透露出,安宁宫兴建于雍正九年三月初六日之后,位于圆明园,曾名为“安宁居”。“安宁居”最早出现于雍正十年四月初四日的档案,改称“安宁宫”后,仍存在“安宁居”“安宁宫”并用、混同的情况。雍正十三年正月十三日传做四十个挂灯铁圈是安宁宫最后传旨制作的内容,而安宁宫陈设最后完工的则是雍正十三年正月初七日传做,九月二十日完作的一对绣黄缎穿珠旛。乾隆初年,出现安宁宫板房被拆除的记载。乾隆七年七月二十七日是档案中最后一次提及安宁宫,该档案显示原陈设于安宁宫的物品存在被收归造办处库存的情形。安宁宫的消失很可能源于乾隆时期在圆明园原有范围内或拆毁或改建或改名的举措,故而确为雍正朝短暂存在过的一处宫殿。

安宁宫的营建涉及内务府、工部、户部、宫殿总理监修处。陈设则主要由内务府造办处负责,涉及多个作别,工程处、宫殿总理监修处、造办处下的油画房也皆有参与。所陈设的物品既有传旨新制作的,也有对已有物品的改做或修补。既有原陈设或收贮于他处移贮安宁宫的,也有成为

① 中国第一历史档案馆、香港中文大学文物馆编:《清宫内务府造办处档案总汇》第5册,第708、710—712、714、793—794页。

② 中国第一历史档案馆、香港中文大学文物馆编:《清宫内务府造办处档案总汇》第6册,第371、399、455—456、458页。

他处仿制样品的安宁宫陈设。安宁宫陈设涉及多种工艺、多种材质、多种品类，还融入了来自东洋和西洋的艺术元素，不乏精巧之作。档案中还呈现了一批从事陈设工作的人员，或可补相关资料之不足。作为雍正帝主导下建成和能够成为其新年书“福”之地的皇家宫殿，安宁宫的陈设也透露着雍正帝的审美意趣。特别是不忘皇父慈训、“戒急用忍”字样彩漆流云吊屏的成做，与调侃张廷玉、张若霭父子得到自己首末福字的神情语气，不禁令人感受到一个充满人情味、形象生动的雍正皇帝。

笔者搜集辑录的45条安宁宫档案，内容丰富，还包括诸多未在本文中述及的信息，譬如安宁宫门上画假古玩书格画是由油画房负责，涉及的主要人员是曾师从著名西洋画师郎世宁的王幼学，绘画假古玩书格画的用料亦有详细的记载。本文仅抛砖引玉，希冀对安宁宫本身以及清宫史等相关方面的研究有所助益。

黑龙江地区满语言存续形态的田野调查纪实

郝庆云

（东北大学秦皇岛分校　民族学研究院）

满族语言文化的抢救、传承和弘扬工作一直受到党和政府的高度重视。20世纪50年代，中国社科院和国家图书馆就注意到培养满文人才的重要性，并开办了满文专修班；60年代，周恩来总理代表政府采纳了诸多专家的建议，在北京中央民族学院开办了首届满文班，培养了21名学员，进行了5年的教育和深造；70年代中国第一历史档案馆举办满文进修班，培养了20人，这是新中国成立以来首个国家层面举办的满文班，培养出一批杰出的满语言文化工作者，他们承担起抢救、弘扬和应用满语文的重任。70年过去了，这批专业人才在抢救和研究满族历史文化和语言文字方面作出了突出贡献，功不可没。

20世纪80年代，满语言文化的抢救、传承和弘扬随着改革开放进入新的阶段，受到越来越多的重视。东北师范大学、中央民族大学、南开大学、辽宁大学和中国人民大学等高等院校相继开设了满语言课程，黑龙江省成立了满语研究所。一些学者专家和民间爱好者也纷纷致力于满语言的传承工作。20世纪80至90年代，黑龙江省满语研究所刘景宪、黄锡惠、赵阿平，中央民族大学季永海、白立元、赵志忠，北京市社会科学院满学研究所赵志强、江桥，中国第一历史档案馆吴元丰，北京大学赵杰、高丙中，新疆民族语言文字工作委员会奇车山，黑龙江省考古研究所黑河分所

※　本文为2018年度国家社科基金冷门绝学研究专项“17至21世纪初俄文文献中赫哲族资料收集整理及著作目录”（2018VJX039）阶段性成果。

张鹏,以及中国社会科学院民族研究所的部分学者等赴黑龙江满族聚居区进行田野调查,获得了大量颇有价值的满族语言文化材料。这些宝贵的满语口语录音资料不仅反映了当时黑龙江地区较好的满语存续状况,而且在原生态满语言逐渐消亡的今天,对我们从事满族语言文化研究也具有重要参考价值,是不可多得的满语"活化石"。

特别是20世纪80年代中期,在全民经商下海热潮中,赵杰老师甘守学术阵地,克服重重困难,以一己之力对黑龙江省黑河地区四季屯、大五家子、小五家子、库尔滨、嘉荫和嫩江地区的富裕县三家子、泰来县依布气村进行广泛的实地调查,用严式国际音标记录了黑龙江省富裕县三家子村计春生发音的《成立三家子》故事和赵喜庆发音的《建立卜魁城》故事的话语材料,以及黑龙江省泰来县依布气村葛英魁发音的《老汗王起家》之话语材料。他在记录现代满语口语时还收集了不少珍贵的满族人文信息。从笔者2017—2018年期间再去这些地区进行满语文存续状况调查的情况来看,当年赵杰老师采集整理的这些材料弥足珍贵。

以下是依托2017—2018年教育部人文社会科学研究重大课题攻关项目"中国满语文保护抢救口述史与满语音像资料库建构"(项目批号:16jzd033),黑龙江地区满语文存续调研组对黑龙江地区满语文存续状况的田野调查,以此对照,可见赵杰老师等学者当年筚路蓝缕之功。

一、黑龙江地区满族主要聚居区的田野调查

黑龙江地区满语文存续调研组自2017年4月至2018年8月持续两年时间先后对孙吴县四季屯、黑河地区红色边疆农场母语形态满语文存续情况以及阿城、双城、牡丹江地区、哈尔滨市区内民间自发学习满语文的继发式存续状态、黑龙江大学满语言文化研究中心满语教学研究情况等进行了采录和口述史的采访工作。概述如下:

(一)2017 年 4 月 2 日,调研组郝庆云、王永年、周赫奔赴孙吴县四季屯拜访国家非物质文化遗产满族说部[①]传承人何士环老人

孙吴县四季屯始建于清康熙年间,时为满族屯垦渔村。四季屯为四姓屯,即吴、何、曾、关,现为黑龙江省文明村庄,隶属于孙吴县沿江满族达斡尔族自治乡。沿江乡的村屯在 1929 年前属爱辉县第四区,后为奇克县(逊克县前身)第四区所辖,1940 年划归孙吴县,1948 年土改结束,建立了第三区人民政府,1956 年改为沿江乡,1959 年成立人民公社,1983 年建乡政府,1988 年改为沿江满族达斡尔族自治乡。沿江乡位于县城东北沿江平原一带,东南与逊克县相接,西北与黑河市接壤,西南与本县腰屯、卧牛河两乡为邻,东北隔黑龙江与俄罗斯相望。全乡辖 9 个村,8 个自然屯。其中四季屯,东、西霍尔漠津,大小桦树林子等屯开发较早。康熙二十三年(1684)一些吴姓八旗人从宁古塔移居今四季屯址,逐渐形成自然屯。同年一批何姓人家从宁古塔移居于今东、西霍尔漠津屯,约 200 年前从山东曲阜县迁来的一些曾姓人家也住在此地,后来曾姓被编入汉八旗(正白旗),而何姓(满族)属镶红旗。光绪二十六年(1900)被沙俄侵占,屯民逃散,又迁来许多人家。清政府收复后,屯民陆续返回,人口逐年增多。

何士环老人 1928 年生于黑龙江省爱辉县下马场村,满族老姓恒克勒哈喇。何奶奶(大家对何士环老人的亲切称呼)与其幼子关万里(40 岁左右)一起生活,身体硬朗,思维清晰,语言流畅,声音高亢。关万里一家 3 口,有一个女儿,已成年。关万里一家以务农打鱼为生。何奶奶 17 岁时嫁到孙吴县四季屯,现年 92 岁,从事满语言传承工作 30 余年,是存世的活态满语的典范。她能够用满语流利地讲述和吟唱《天堂之路》《音姜萨满》《尼山萨满》《白云格格》等满语故事、满族民歌、萨满小调,被誉为“满语言活化石级的传承人”。不仅如此,何士环老人汉语说得也很清晰流畅。2017 年 8 月 17—18 日,调研组对孙吴县沿江满达乡四季屯何士环进行了满语口语音像录制和口述史的采访工作,录制了 7 个小时的满语口语音像和口述史,内容包括生产生活、节庆礼仪、萨满祭祀、婚姻生育、家庭历史

① 满族说部,满语称为“乌勒本”,是“家族传承的故事”之意,即流传于满族各大家族内部,讲述本民族的,特别是本宗族历史上曾经发生的故事。2006 年 5 月,“满族口头遗产传统说部”被列入国务院颁布的首批国家非物质文化遗产名录。

等。此外,还对黑河市爱辉古镇、四嘉子、乌斯力、蓝旗沟进行了走访。

2017年4月3日,调研组对黑河地区红色边疆农场、大五家子等地满语文存续情况进行口语音像采录和口述史的采访工作。黑河一带曾是满语言使用较好的地区之一,也是研究满语言、满族文化的重要基地。康熙年间,为了抗击沙俄侵略,清政府派黑龙江将军萨布素率领2500人来黑河地区,并建立了爱辉城。满语作为他们共同的交际语言开始在这里扎根。直到20世纪60年代中期以前,满语在这里仍有很大的使用范围,并作为部分满族村屯的交际语言而存在。大五家子屯建立于康熙年间,为了抗击沙俄入侵,由当时的宁古塔副都统萨布素从宁古塔(今黑龙江省宁安市)和吉林省吉林市带来抗击沙俄的八旗士兵2000人构成,其中以关、藏、杨、吴(以上属镶白旗)、富(正黄旗)五哈喇(姓)的人最多,所以称为五家子,名称延续至今日。大五家子满族乡成立于1956年春,原属爱辉县,包括大五家子、下马厂、蓝旗沟、新民村4个自然屯。1983年,爱辉县改为爱辉镇并入黑河市。大五家子乡满语保存最好的两个村屯是大五家子村与下马厂村。20世纪60年代中期至80年代中期,由于人口变迁,满语讲得好的老人自然减员,满语使用群体遭到破坏,满语处于逐步衰退阶段。80年代中期以降,满语处于快速濒危状态。作为一种交际工具,满语已退出历史舞台,但仍有一部分人具有使用满语进行交际的能力。但今天的调研表明,人们在生活和工作中的用语均为汉语,已无人能说满语,更无人使用满文。

调研组拜访了红色边疆农场退休教师吴振群。吴振群,1952年11月生于爱辉县下马厂,满族老姓乌孜哈喇(吴姓),祖居吉林长白山,后居宁古塔(牡丹江宁安境内)。康熙二十二年(1683),随黑龙江将军萨布素来黑龙江参加驱逐沙俄的雅克萨之战后的八旗士兵奉命永驻黑龙江。现在,此地满族人皆为清代抗俄、戍边、屯垦满族将士的后裔和光绪年间江东跑反难民的后裔。满族、达斡尔族人口2937人,占全场总人口的26.7%。2018年,在吴振群的倡导下,满族吴氏家族成立了一个满语交流网站,利用网络形式进行满语交流,但其成效甚微,主要原因是年龄大记忆力欠佳,所讲内容也无实际应用价值,缺少意识的转变和观念的更新,年轻一代缺乏学满语兴趣。在本区域内,满族人口占整个人口的29%,但99%的满族人都不会讲满语,历史的发展和社会现实导致黑河地区满语几乎消亡。少数人能听懂,但表达困难,交流时也只能讲一些简单的生活用语。调研组记录了 22 名能说一些基本满族日常用语、但都不会写的人员信息。

(二)2017 年 6 月,齐齐哈尔市富裕县三家子的调研

富裕县达满柯友谊乡三家子满族村是目前满语保存最好的村屯,但较之以往也已大大衰退,仅有少数满族老人能够较好地讲述满语。三家子满语口语自 20 世纪 60 年代至本世纪初,经历了由普遍使用到濒临消亡的过程。满语使用群体的自然老化与社会经济变革是导致 1986 年到 1997 年三家子村满语使用急剧下降的主要原因。社会经济的持续高速发展是导致三家子村满语最后消失的主要因素。

(三)2018 年 4 月至 6 月,调研组多次赴哈尔滨市阿城区调研

组织阿城地区的那国学、关达夫、关志坤、赵文昌、王永年等满族老人在阿城区图书馆编写满语口语会话条目,共编写 14 个条目 1200 句满语口语内容,包括月份日期节气、育婴习俗、节庆礼仪、体育运动等。另外,对那国学、关达夫、关志坤、赵野、关书凯进行口述史访谈,对阿城满文学馆和南城小学、料甸小学、拉林小学特色满语文课程进行了采访,编写了 21 000 字的口述史文稿。

(四)2018 年 7 月,黑龙江省牡丹江地区的调研

牡丹江地区的宁安市,古称“宁古塔”(满语),是满族先祖肃慎人故地、清皇族先祖所居之地。著名的国家级重点文物保护单位——渤海国上京龙泉府遗址即坐落于此。现生活着满、汉、回、朝、蒙古等 14 个民族。江南乡和卧龙乡为朝鲜族满族乡。这里满族多为世居黑龙江地区的土著满族,保存着比较好的家族文化传承,家谱、老物件较多,但满语言在 20 世纪 60 年代就退出了日常生活使用,只残留在一些汉语表述的地名和方言中。调研组采访了黑龙江省文物考古研究所研究员、渤海上京城遗址工作站站长赵哲夫,满族老姓伊尔根觉罗氏和黑龙江省牡丹江市宁安渤海满族村依兰岗退休教师关家凯。调研组还走访了依兰岗满族村村史馆和民间满文学习班,但学员只有四五个人,老师只有 1 人。

另外,调研组对黑龙江省其他地区也进行了满语言存续状况的调查。萝北县肇兴镇原有 4 户满族人,2 户迁往辽宁朝阳,1 户迁往黑河。留居

原地的满族人已经不会说满语,对家族历史也不清楚。绥滨县有3户在福兴,也不会说满语。鹤岗市有18户满族居民,没有一人会满语。鹤岗市(包括萝北、绥宾两县和市内六区)有满族共25户,共有人口127人,没有会讲满语的人,满族乡也没有满族文化元素。

二、黑龙江地区满语存续形态的现状

通过对黑龙江地区满族乡村的调研走访可以得出如下认知:

(一)作为母语形态的满语处于灭绝前夕

黑龙江地区是我国乃至全世界满语以母语形态存续的唯一地区,但调查得知此地区仅有富裕县三家子和孙吴县四季屯的10余位年长者能较流利地说一些日常用语,而且基本不会书写,日常生活中也不再使用,满语已经退出了社会生活领域。四季屯仅何士环老人一人能流利地讲满语,她的家人和同屯的亲戚均已听不懂,只会只言片语。大五家子等地仅有吴振群等4人能讲为数不多的满语。正因如此,联合国教科文组织公布的"世界濒危语言地图"中,满语属于"极度濒危"级别,位列五级濒危等级制(危险、明显濒危、严重濒危、极度濒危、已灭绝)的第四级。另外,黑龙江的满族乡村缺乏满族文化元素,仅体现在一些地名和街道名称中,如牡丹江宁安依兰岗村、黑河市四嘉子、蓝旗沟等。

(二)黑龙江地区民间自发地学习满语文热情高、形式多样,但属于初级阶段,为继发性存续形态

哈尔滨市阿城区是黑龙江省满族人数最多的地区之一。此地区的满族民众虽然在生活中早已不使用满语文,但仍然保持着对满语文的热情,长期坚持自发地学习满语满文。哈尔滨阿城区南城小学、料甸小学、向阳小学等学校开设特色满语文课程,所教习的内容基本是日常生活用语,缺乏教学规范性。以阿城满族联谊会会长那国学为代表的一批满族同胞,如关达夫、关志坤、赵野、关书凯等在阿城满文学馆、拉林满文馆、哈尔滨满族联谊会开设满语文研习班,每期10至30人不等,最多时达80多人,免费学习。其中阿城满文学馆创办于2006年,关达夫任馆长兼满语文教师,毕业学员中有4名人员分别在南城小学、料甸小学、莫力街小学、满文

学馆等学校教满语文。学员多出于对满族的情怀或好奇而自发学习,老中青学员均有。这种学习可称为满语文的继发性存续,即继承前辈的语言文化,自发自觉地学习。难能可贵的是教授满语的关达夫老师、关志坤老师和热心满族语言文化传承的那国学等人不计名利,无任何报酬,甚至是自掏腰包,从事这项事业。另外,满语文的传承者或热爱者利用现代化通信方式,如微信群、QQ群进行联谊,传播或每日教习满语日常用语,虽不够准确,随意性大,但此方式增强了族人凝聚力。

(三)黑龙江地区以满族文化为主题的各种节庆活动丰富多彩

近几年,党和各级政府十分重视中华优秀传统文化的传承与弘扬,满族文化是中华文化的重要组成部分,黑龙江地区满族乡村每年都举办各种形式的民族文化活动,影响比较大的有阿城区"莫勒真大会"、双城区的"柳母节"。

阿城区料甸满族乡定期举办满族"莫勒真大会"。"莫勒真"一词,系满语音译,含义为比赛、比胜负。"莫勒真大会"是满族传统的体育盛会,集中展示了满族传统的体育竞赛项目和表演项目,比赛项目有珍珠球、双飞舞、雪地走、夺八旗等四项独具满族特色的运动项目。赛会现场还表演报马鞭、满族大秧歌等文艺节目,吸引附近村屯千余名农民前来观看。2009年,珍珠球项目被列为黑龙江省非物质文化遗产名录,并制定了专项保护规划。但研究和挖掘珍珠球等满族传统体育和文化的人毕竟是少数,多数人对它并不了解,普及程度远远低于其他球类。

双城区幸福乡久援满族村是200年前的"屯田肇兴地",如今已成为全国少数民族特色村寨、黑龙江省民族团结示范村、哈尔滨市文明村。嘉庆十九年(1814),吉林将军富俊(双城人称富老中堂)面对京城不工、不农、不商的闲散八旗子弟生齿日繁、生活窘迫的现实,向清廷提出了"预筹试种莫若先期屯垦"的奏折,被嘉庆帝诏准。随之,富俊将军亲临双城堡地方筹划屯田事宜。自此双城堡炊烟四起,人声鼎沸,拉开了京旗屯垦的序幕。

双城满族文化联谊会秘书长南相金说,久援满族村(正白旗头屯),自1815年建屯,1816年屯垦试种起,至今已逾200年。200年前久援的先民开荒耕种,其艰难程度可想而知。建屯时28户旗人,加之道光朝京旗移驻及闯关东移民,经过200年的人丁繁衍,久援满族村已发展成为

1000余户的大村。"200年在人类历史发展的长河中算不上漫长,但在当时的历史背景下,却是一件重大的移民历史。为了怀念满族先人来双城堡屯垦,夜以继日辛勤劳动给我们留下了现在的肥田沃土,旗族民众自发形成群团组织,我们将继续传承旗族文化,弘扬道德文明。"哈尔滨市满族联谊会副会长南相金满脸喜悦地说。每年在这里举行的满族柳母节,得到了社会各界的支持。在这里可以看到很多"遗失"的满族的传统,规模宏大,内容丰富,尽展满族文化特色。

三、问题与诉求

(一)缺乏能够系统准确掌握满语文的师资

无论是民间自发满语教学,还是高等学校的满语教学均面临一个问题,就是合格师资的严重短缺。担任满语课程的教师多是短期进修加自学,授课效果难以保证。

(二)缺乏科学严谨、准确规范的教材

目前,各地满语教学使用的教材多由授课教师或相关教学机构编写,各地或学校所用教材形式和内容差别很大,种类繁多,但都未经过教材审核程序,错误漏洞多。

(三)缺乏满语文使用环境和生活情境

黑龙江地区虽然是满族主要聚居区,但能讲满语的人几近枯竭。在课堂上学到的语言无法在日常生活中实践,没有用满语进行沟通和交流的环境,给满语文学习与传承造成极大困难。

(四)缺乏满语文弘扬传承经费

黑龙江地区满语教学基本没有政府投入,属于公益活动,存在不同程度的经费不足困境。

(五)对于"活化石"级别的满语传承人的资助和保护处于粗放式管理阶段

如何士环老人,已92岁高龄,居住在条件很艰苦的四季屯农村。老人的一只眼睛早已失明,另一只眼睛也视物不清了。由于家境贫苦,一方

面,冬季舍不得烧柴,取暖成为大问题,另一方面食物药品也较为匮乏,身体状况堪忧。三家子的孟淑静老人就是由于冬季室内寒冷,得了肺炎,于2018年春季去世。何士环老人是在世唯一能说纯正民国时期满语的人,由于身体原因不可能一次录音太多。对于她的资助和保护迫在眉睫。2017年,黑龙江省政府提出,要以贯彻落实《非物质文化遗产法》和《黑龙江省非物质文化遗产保护条例》为契机,深入细化对非遗项目及传承人资助的内容。目前急需对"活化石"级满语传承人采取具体的保护措施,如定期体检、送药上门、提供取暖设备、指导饮食和饮水等。

(六)建立激励机制,培养新的满语传承人

如何士环老人的幼子关万里也能说一些满语,他有就近向其母学说满语的有利条件,但由于忙于生计每天和母亲的交流时间有限。如能给予一定的激励措施,如设备提供、生活补贴等,就可以为满语的活态存续增加一个传承人。可以让他把日常和母亲的满语对话、和母亲学说满语和学讲满语故事、学唱满族歌曲等内容用手机录下来。

(七)对于热心满语教育教学的人给予经费支持和督查

很多从事满语教学的人,很大程度上是出于对满语的热爱,有传承满族语言文化的理想追求。但是由于收入微薄,大大影响了他们的工作质量。需采取适当的扶持措施,以鼓励他们继续从事这项工作。

"世上空惊故人少","流水前波让后波"。当年讲满语故事的人和听满语故事的人大多已经成了故事里的人,但是满语的故事还要继续,满语言文化亟待传承。以赵杰老师为代表的一代学人辛勤开拓之学术田园定有后来耕耘者,芳林新叶来日可期。

板厂峪新发现碑刻研究之四

——明蓟镇长城阅视制度初探

陈厉辞　董劭伟

（秦皇岛市玻璃博物馆；东北大学秦皇岛分校　马克思主义学院）

2007年，秦皇岛市文物局开展长城踏勘工作，于板厂峪东董家口山麓长城发现《抚宁县万历二十三年创修三等边墙五丈碑》（下称碑一），现存于长城敌台。该碑刻大理岩质，高120厘米，宽60厘米；圆首，竖式；碑身周边阴刻4厘米宽草纹边饰；阴刻楷书竖式12行，满行33字，全文共356字，字径2.5厘米。该碑中部折断，部分字迹磨损，初记录于《河北省明代长城碑刻辑录》，讹误较多，本文修正。

同年，于平顶峪、板厂峪交界山麓发现《抚宁县万历二十四年秋防分修石义老岭城工碑》（下称碑二），现存于板厂峪长城博物馆。该碑青石质，长86厘米，宽55厘米；卧式碑刻，周边阴刻4厘米宽云纹边饰；阴刻楷书，竖式23行，每行字数不一，全文共448字，字径2厘米，记录于《河北省明代长城碑刻辑录》，本文修改若干讹误。[①]

两块碑刻位于板厂峪东侧山麓；时间分别是万历二十三年（1595）、二十四年（1596）。此时，正值万历中期，朝鲜战争初胜，北元诸部咸服多年，"蓟门宴然"[②]。石门路为何继续声势浩大的长城修筑工程？修筑后，都察院御史、兵部侍郎、蓟辽总督等明廷高级官员为何频繁阅视？明代石

① 两碑讹误处，第一部分碑文誊录重点加黑。

② （清）张廷玉：《明史》卷二一二《戚继光传》，中华书局1974年版，第5616页。

门路修筑长城二百年余间,为何直到万历年间才出现规式的阅视碑刻?明代长城阅视对边境防御有什么作用?本文结合碑刻内容与相关史料对若干问题进行探讨。

一、碑刻全文誊录

碑一:

大明万历二十三年秋防德州营修完石门木马峪七十八号台。西空起至西山崖止/,拆修二等边墙四十丈,创修三等边墙五丈敌台一座/。钦差总督蓟辽保定等处军务兼理粮饷经略御倭都察院右都御史兼兵部右侍郎/余姚孙鑛;整饬蓟州等处边备兼巡抚顺天等府地方都察院右副都御史余干/李颐;巡按直隶监察御史安邑陈遇文;巡按直隶监察御史贵州马文卿;整饬永/平等处兵备兼管屯田马政驿传海防山东提刑按察司副使华亭方应选;镇守/蓟州永平山海等处地方兼管备倭总兵官后军都督府都督同知榆林王保;协/守蓟镇东路等处地方分理练兵事务副总兵官都指挥佥事大同陈霞;分守石/门路等处地方参将署都指挥佥事安东管一方;统领蓟镇德州秋班官军游击/将军署指挥佥事高山张栋;提调大毛山口关等处地方以都指挥体统行事/指挥佥事镇朔周应乾;德州营中军指挥使张三才;千总指挥佥事梁自售;把总/千百户向孟元、高平胡、聂承业、□应兆、张润、刘应魁修建。

碑二:

钦差总督蓟辽保定等处军务监理粮饷经略都察院右都御史兼兵部右侍郎孙鑛/;钦差整饬蓟州等处边备巡抚顺天等府地方兵部右侍郎都察院右副都御史李颐/;钦差巡按直隶监察御史马文卿/;巡按直隶监察御史高举/;钦差总理永平等处粮储监管屯种户部郎中李开芳/;钦差整饬永平等处粮储监管屯田马政驿传海防山东提刑按察司副使樊东谟/;钦差镇守蓟州永平山海等处地方备倭总兵官后军都督府都督同知王保/;钦差总督蓟辽保定军门中军副总兵都指挥高策/;钦差巡抚标下中军参将都指挥郭孟征/;钦差协守蓟镇东路等处地方分理练兵事务副总兵左军都督府都督陈霞/;钦差镇守标下中军都司王养贤/;钦差统领蓟镇东路南兵营游击将军都指挥李自芳/;钦差分守石门路等处地方副总兵都指挥管一方/;钦差统

领真定标下车营游击将军都指挥陈世禄/；钦差守备义院口关等处地方以都指挥体统行事指挥佥事万民英/；真定标下车营中军真定卫指挥佥事关延年/；千总神武右卫武举官张文隽/；真定卫前所千户曹继业/；把总神武卫右所百户高进义/；神武右卫武举官崔明离/；神武右卫前所百户刘承祖/；管工棋牌官冯世万/；万历二十四年，秋防分修石义老岭一百二十七号台西空敌台一座。

表一　　碑一涉及人员信息统计

类别	序号	姓名	籍贯	时任职务	任职时间
中央检阅官员	1	孙鑛①	浙江余姚	钦差总督蓟辽保定等处军务监理粮饷经略都察院右都御史兼兵部右侍郎	万历二十二年
	2	李颐②	江西上饶	整饬蓟州等处边备兼巡抚顺天等府地方都察院右副都御史	万历十九年
	3	陈遇文	山西运城	巡按直隶监察御史	万历二十三年
	4	马文卿	贵州	巡按直隶监察御史	万历十六年
受阅高阶官员	5	方应选③	福建永春	整饬永平等处兵备兼管屯田马政驿传海防山东提刑按察司副使	万历二十三年
	7	王保	榆林卫	钦差镇守蓟州永平山海等处地方备倭总兵官后军都督府都督同知	万历十八年
	8	陈霞④	大同左卫	钦差协守蓟镇东路等处地方分理练兵事务副总兵左军都督府都督	万历二十三年
	9				
	10				
	11	管一方⑤	安东中屯卫(沈阳)	钦差分守石门路等处地方副总兵都指挥	万历二十一年
	12				
	13				

续表

① （清）万斯同：《明史稿·孙鑛传》，康熙六十一年，《续修四库全书》本，第557页。

② （清）张廷玉：《明史》卷二二七《李颐传》，第5962页。

③ 《明神宗实录》卷二八三，北京大学图书馆藏本，版本为原北平国立图书馆藏红格钞本，第5228页。

④ 董耀会主编：《秦皇岛历代志书校注·永平府志明万历二十七年》，中国审计出版社版2001年版，第155页。

⑤ 董耀会主编：《秦皇岛历代志书校注·永平府志明万历二十七年》，第160页。

类别	序号	姓名	籍贯	时任职务	任职时间
受阅高阶官员	14	张栋	山西大同	统领蓟镇德州秋班官军游击、将军署指挥佥事	
	15	周应乾	镇朔	提调大毛山口关等处地方以都指挥体统行事指挥佥事	
受阅德州营施工方	16	张三才		德州营中军指挥使	
	17	梁自售		千总指挥佥事	
	18	向孟元、高平胡、聂承业、□应兆、张润、刘应魁		把总/千、百户	

表二　　碑二涉及人员信息统计

类别	序号	姓名	籍贯	时任职务	任职时间
中央检阅官员	1	孙鑛①	浙江余姚	钦差总督蓟辽保定等处军务监理粮饷经略都察院右都御史兼兵部右侍郎	万历二十二年
	2	李颐②	江西上饶	钦差整饬蓟州等处边备巡抚顺天等府地方兵部右侍郎都察院右副都御史	万历十九年
	3	马文卿③	贵州卫	钦差巡按直隶监察御史	万历二十三年
	4	高举④	山东淄川	巡按直隶监察御史	万历十六年
受阅高阶官员	5	李开芳⑤	福建永春	钦差总理永平等处粮储监管屯种户部郎中	万历二十一年
	6	樊东谟⑥	陕西蒲城	钦差整饬永平等处粮储监管屯田马政驿传海防山东提刑按察司副使	万历二十四年
	7	王保	榆林卫	钦差镇守蓟州永平山海等处地方备倭总兵官后军都督府都督同知	万历十八年

续表

① (清)万斯同:《明史·孙鑛传》,康熙六十一年,《续修四库全书》本,第557页。
② (清)张廷玉等:《明史》卷二二七《李颐传》,第5962页。
③ 冯楠:《贵州通志·人物志》,贵州人民出版社2001年版,第228页。
④ (清)高之騄著:《高氏家模》,淄博市图书馆藏本。
⑤ 董耀会主编:《秦皇岛历代志书校注·永平府志明万历二十七年》,第86—87页。
⑥ 董耀会主编:《秦皇岛历代志书校注·永平府志明万历二十七年》,第94页。

类别	序号	姓名	籍贯	时任职务	任职时间
受阅高阶官员	8	高策	山西天城卫	钦差总督蓟辽保定军门中军副总兵都指挥	
	9	郭孟征		钦差巡抚标下中军参将都指挥	
	10	陈霞①	大同左卫	钦差协守蓟镇东路等处地方分理练兵事务副总兵左军都督府都督	万历二十三年
	11	王养贤		钦差镇守标下中军都司	
	12	李自芳②	小兴州(滦平)	钦差统领蓟镇东路南兵营游击将军都指挥	万历二十四年
	13	管一方③	安东中屯卫(沈阳)	钦差分守石门路等处地方副总兵都指挥	万历二十一年
	14	陈世禄		钦差统领真定标下车营游击将军都指挥	
	15	万民英④	陈州(河南周口)	钦差守备义院口关等处地方以都指挥体统行事指挥佥事	万历二十四年
受阅真定营施工方	16	关延年		真定标下车营中军真定卫指挥佥事	
	17	张文隽		千总神武右卫武举官	
	18	曹继业		真定卫前所千户	
	19	高进义		把总神武卫右所百户	
	20	崔明离		神武右卫武举官	
	21	刘承祖		神武右卫前所百户	
	22	冯世万		管工旗牌官	

二、长城阅视制度的演变与成熟

万历年间是蓟镇战事、长城修建与长城阅视制度的分水岭。此间,蓟镇东协四路战事由频渐缓(见表三),辽东战事方炽,战略重点东移。石门路紧邻山海路,天启元年,增设山(海路)石(门路)道,整饬兵备⑤,逐渐

① 董耀会主编:《秦皇岛历代志书校注·永平府志明万历二十七年》,第155页.

② 董耀会主编:《秦皇岛历代志书校注·永平府志明万历二十七年》,第165页。

③ 董耀会主编:《秦皇岛历代志书校注·永平府志明万历二十七年》,第160页。

④ 董耀会主编:《秦皇岛历代志书校注·永平府志明万历二十七年》,第167页。

⑤ 董耀会主编:《秦皇岛历代志书校注·永平府志清康熙二年》,中国审计出版社2001年版,第384页。

演变为锦宁防线的第二道防线。为应对各时期外患,石门路长城建设从未停止(见表四)。石门路"老边"多为洪武修建,弘治重修,却未见方志与碑刻有任何早期阅视记载。最早的阅视碑已是"新边"的《板厂峪明万历元年长城鼎建碑》。这意味着,万历初年,长城阅视制度伴随着新边的修建日益成熟,不单是长城建设责任制的一部分,更成为边疆防御与治理的重要环节。碑文中不同职责的官员表明长城阅视制度对边疆治理的综合性作用。

(一)石门战事与长城修筑

石门路边关战事频发(表三),屡次受犯,这是石门修边的历史背景。景泰年间,残元开始入侵石门,到万历短短百余年间,史料记载了22次战事。主要集中于正德至万历初年,与《明史》"继光在镇十六年,边备修饬,蓟门宴然。继之者,踵其成法,数十年得无事"[①]的记载基本吻合。

从遗址看,石门路板厂峪长城分为"老边"与"新边"。关于石门"老边"的记载很少。"初,洪武六年命大将徐达等备山西、北平边,自永平、蓟州、密云西二千余里,关隘百二十有九,皆置戍守","洪武十四年春正月丁亥朔。辛亥(二十五日),征虏大将军、魏国公徐达发燕山等卫屯兵万五千一百人,修永平界岭等三十二关"[②],是"老边"的最早记述。

此后,石门"老边"经历了两次"维护"。"景帝景泰元年,提督东京军务右佥都御史邹来学修喜峰迤东至一片石各关城池。"[③]"弘治十一年(洪钟)擢右副都御史,巡抚顺天。整饬蓟州边备,建议增筑塞垣。自山海关西北至密云古北口、黄花镇直抵居庸,延亘千余里,缮复城堡二百七十所。"[④]

---

① (清)张廷玉:《明史》卷二一二《戚继光传》,第5614页。

② 李利锋:《抚宁县志校注》,中国文史出版社2007年版,第406页。

③ 李利锋:《抚宁县志校注》,第407页。

④ (清)张廷玉:《明史》卷一八七《洪钟传》,第4957页。

表三 蓟镇石门路战事①

序号	时间	事件
1	景泰三年(1452)春	虏入小毛关
2	成化十八年(1482)闰八月	虏入义院口
3	弘治四年(1491)秋	东虏犯一片石、大小毛山,掠黄土营粮草
4	弘治十八年(1505)十二月	虏犯苇子谷及板厂谷关
5	正德四年(1509)三月	虏犯小河口、小毛山关
6	正德五年(1510)七月	虏入大毛山、长谷口
7	正德七年(1512)五月	犯花厂谷关
8	正德十年(1515)五月	虏从板厂谷入
9	正德十二年(1517)十一月	虏犯董家口
10	正德十五年(1520)九月	又犯花厂谷关
11	嘉靖六年(1527)六月	东虏犯大毛山关,深入大掠
12	嘉靖二十三年(1544)十月	虏犯柳河冲
13	嘉靖二十七年(1548)	虏犯大毛山、柳河冲二关
14	嘉靖三十五年(1556)正月	虏万余骑攻一片石
15	嘉靖四十三年(1564)九月	大虏攻溃黄土岭城
16	隆庆元年(1567)九月	东虏土蛮十万攻入界岭口……虏向义院口拆墙十六处出境
17	隆庆六年(1572)六月	犯义院口关,南兵堵退
18	万历元年(1573)二月	虏犯义院口,提调陈忠及南北军堵退
19	万历元年(1573)二月	又,三百余骑至长谷口,迤北窟窿台边外,战十余阵乃去
20	万历元年(1573)七月	虏攻大毛山,御之伤去。虏二百余骑分三股突至义院口关,大毛山偏坡下攻墙,御之,伤多乃去
21	万历七年(1579)二月	虏犯义院口
22	万历十九年(1591)五月	虏犯石门路
23	崇祯二年(1629)十二月	(后金)趋石门,降石门寨

① 董耀会主编:《秦皇岛历代志书校注 · 永平府志明万历二十七年》,第448—457页。

弘治年间,石门路基本完成"老边"的修建与重修。其中,一片石关为洪武初建成,弘治重修;庙山口弘治建成;西阳古堡永乐三年修建,弘治重修;黄土岭关洪武为关,弘治置城;大青山关永乐三年置,弘治重修;娃娃谷堡弘治年以小河口堡移入,嘉靖复置;大毛山弘治十三年重修,次年小毛山堡移入;董家口洪武为关,嘉靖移于石门;城子谷堡弘治置,嘉靖元年移于西家庄;水门寺关弘治重修,嘉靖元年移于黄土坡;平顶堡弘治重修;长谷口堡弘治重修;板场谷堡嘉靖元年置;义院口关洪武为关,弘治重修;拿子谷关弘治置;花场谷堡弘治重修;苇子谷堡弘治移入细谷口关南阎家庄;弧石谷堡嘉靖七年置;甘泉谷堡、黄土岭营成化二年置,弘治重修;长谷岭营成化二年置,弘治重修;平山营成化三年置。[①]

(二)最早的石门路与蓟镇长城阅视碑刻

蓟镇长城现存明长城碑刻128块[②]。大体分为两类:一是低阶官员与直接修筑长城人员的责任碑;二是由明廷任命检阅官员,受阅高阶官员,驻防、施工班军组成的阅视碑。蓟镇责任碑存世较多,尚有大量未编录。蓟镇阅视碑存世少,共面世80块。其中,石门路长城阅视碑达18块,占比较大。广义的阅视碑还包括鼎建碑与部分城工碑,但重在"官员阅视",区别于单纯的责任碑、记事碑。

万历元年对于石门路与板厂峪是一个特殊的年份。这一年义院口、板厂峪相继被袭(见表四),戚继光加强了大毛山、板厂峪等地的防御工事,鼎建多个敌楼。敌楼建成后,戚继光与一众官员来此阅视,并留下碑刻《万历元年九月大毛山断虏台鼎建碑》《板厂峪明长城万历元年鼎建碑》(残碑)。[③] 这是关于石门路修筑长城最早的碑刻铭文,也是明廷委派兵部、都察院高级官员巡视石门路长城的最早铭文。

纵观蓟镇,最早的官员视察长城建设的铭文是《崇礼县成化元年颜彪重修永镇刻石》(1465),位于崇礼县四台嘴乡村南长城南侧。铭文:"成化元年四月十有六日颜彪张瑀张选同/叶盛□都指挥江山孟奇王文

---

① 董耀会主编:《秦皇岛历代志书校注·永平府志明万历二十七年》,第448—457页。

② 河北省地方志编纂委员会:《河北省志·长城志》,文物出版社2011年版,第548—601页。

③ 陈厉辞、董劭伟:《秦皇岛板厂峪明长城万历元年鼎建碑残碑复原》,《中华历史与传统文化研究论丛》第三辑,中国社会科学出版社2017年版。

瑄等饬边至此/成化二年四月十有六日彪等重修至此"①。该铭文比《万历元年九月大毛山断虏台鼎建碑》(1573)早108年,比本文碑一(1595)早130年。铭文虽简,阅视官员也仅为卫所武官"都指挥",但已初具长城阅视碑的模样,含时间、修筑者、阅视官员等基本元素,具有阅视碑、责任碑两重功能。

表四　蓟镇石门路长城阅视碑②

序号	时间(部分不详)	碑刻原地(部分不详)
1	万历元年(1573)	大毛山
2	万历元年(1573)③	板厂峪
3	万历四年(1576)	板厂峪
4	万历五年(1577)	义院口
5	万历十年(1582)	苇子谷
6	万历十一年(1583)	拿子峪
7	万历十一年(1583)	花场峪
8	万历二十年(1592)	山神庙
9	万历二十三年(1595)	木马峪
10	万历二十四年(1596)	平顶峪
11	万历三十五年(1607)	井儿峪
12	万历三十五年(1607)	白草洼
13	万历三十五年(1607)	义院口
14	万历三十六年(1608)	青山顶
15	万历四十年(1612)	义院口
16	万历四十六年(1618)	义院口

① 河北省地方志编纂委员会:《河北省志·长城志》,第604页。

② 河北省地方志编纂委员会:《河北省志·长城志》,第548—601页。

③ 陈厉辞、董劭伟:《秦皇岛板厂峪明长城万历元年鼎建碑残碑复原》,《中华历史与传统文化研究论丛》第三辑,中国社会科学出版社2017年版。

(三)长城阅视制度的成熟

长城阅视制度的成熟至少有两个标志。一是单项视察转变为综合性阅视活动。阅视政令发自皇帝,阅视者有钦差身份。阅视客体不再局限于城墙与敌楼的建设,还包括一些具体职能。

如人事考核与奖惩:万历元年"吴百朋阅视功罪,言阅视之遣在宣大山西尤宜精核,百朋以钱粮、险隘、兵马、器械、屯田、盐法、胡马、逆党八事综核边臣"[①],涉及官员各有奖惩。同年"升赏蓟辽保定各兵备官王一鹗、高文荐、孙应元、徐学古、王之弼五员,以阅视荐其有裨边务也"[②]。当然,奖惩与否由皇帝裁定。如:万历三十三年"宣大总督杨时宁、辽东总兵官李成梁各奏辞阅视加恩,不许","兵部尚书萧大亨奏辞阅视叙功加恩,优诏不许"[③]。

官员调动:万历三年,总督蓟辽保定左侍郎杨兆阅防春入援班军,列"参将游击都司指挥等官录用给赏罚治提问有差,又议将领班都司加以职衔与该省都司佥书轮番更代,中军千把总与各省掌印指挥千百户一体更番"[④]。

对竣工边墙的阅视,仍是重要内容,也是长城阅视与一般巡视的区别。如万历三年,"三边总督石茂华,以宁镇边墙告竣议叙效劳官吏。命俟阅视大臣至日,查勘施行"。[⑤] 官员阅视竣工边墙也是本文碑一、碑二最直观的记述。

二是阅视官员等级分明,各具职责,一般包括钦派阅视官员、受阅高阶官员、地方低阶官员(班军、卫所、营兵千户、百户、把总等,部分碑刻有瓦工、泥工等工人)。长城阅视制度伴随着明代官制的变化,经历了漫长的发展过程。隆庆、万历年间,虽碑刻记载人员不同,职务繁多,却有了一定之规。

---

① 《明神宗实录》卷一三,万历元年五月丁酉,第434页。

② 《明神宗实录》卷一六,万历元年八月戊申,第517页。

③ 《明神宗实录》卷四一六,万历三十三年十二月戊申,第7823页。

④ 杨兆:《分布兵马以饬春防疏略》,引自《四镇三关志》卷七《制疏考》,《四库禁毁书丛刊》史部第10册,第352页。

⑤ 《明神宗实录》卷三五,万历三年二月辛卯,第824页。

三、蓟镇长城阅视碑常见官职及位次解析

“钦差”一词是明代出现并正式进入公文的官方用语,强调官员由皇帝派遣。学者普遍认为“巡抚”的设置是“钦差”出现的标志。①

长城阅视多以“总督”为首。口语化的“蓟辽总督”,全名“总督蓟辽保定等处军务兼理粮饷”(后简称蓟辽总督)。“总督”既为官职,也为动词。如本文碑一、碑二“钦差总督蓟辽保定等处军务监理粮饷经略都察院右都御史兼兵部右侍郎孙鑛”。各地总督设立时间不同。嘉靖二十九年,“自庚戌虏闯近畿,乃设蓟辽保定总督大臣”。② 总督多为文官担任,一般兼任兵部左、右侍郎(尚书)与都察院左、右都御史职衔,节制、调遣各地总兵,统揽地方军政大权。如万历兵部尚书黄嘉善奏报:“沿边地方设立总镇,而辖于总督,以文驭武,良有深意。”③

蓟辽总督,兼理粮饷。总督设立之前,巡抚担任此项职能,这也是巡抚设立的“初衷”之一。巡抚,正统元年(1436)设立,“正统元年遣都御史巡抚,遂为定制,后加赞理军务”④。巡抚初设时,无权干涉总兵官调兵之权,主要职责就是保证农业生产、监察地方官员。辽东巡抚李浚因“往年旱涝所负屯田,子粒上纳难”,请求户部免除天赋,得到许可。有的敕文对巡抚屯种生产,保证军粮的职责交代得更直接。如英宗命令辽东巡抚李纯:“今特命尔代浚总督屯粮,比较子粒,提调仓场,收支粮草……遇有官吏酷害,私役占种等事,除军职具奏,其余就行拿问。”⑤由此可见,巡抚除农业、军粮事务,还有监察职能。

在蓟镇长城阅视碑中,巡抚也多兼任都察院(副、佥)都御史职衔。巡抚的监察职能并不受总督制约,甚至有时强化,能够制约总督。如《抚宁县万历三十五德州营修完石义井儿峪敌台碑》⑥中,蓟辽总督蹇达,监

① 赵秀玲:《中国古代“钦差”研究》,《中国社会科学院研究生院学报》1996年第3期。

② 《明世宗实录》卷四〇四,嘉靖三十二年十一月癸亥,北京大学图书馆藏本,版本为原北平国立图书馆藏红格钞本,第7068页。

③ 《明神宗实录》卷五八三,万历四十七年六月癸丑,第11087页。

④ (明)李东阳、申时行:《大明会典》卷二〇九《都察院》,台北文海出版社1976年版,第2784页。

⑤ 《明英宗实录》卷一〇八,正统八年九月戊寅,第2195页。

⑥ 河北省地方志编纂委员会:《河北省志·长城志》,第555页。

理粮饷,整饬御倭,兼任兵部尚书、都察院右副都御史;巡抚刘四科整饬边备,兼任兵部右侍郎、都察院右都御史。总督与巡抚的权力范围虽有多省与一省之别,但总督侧重兵权,巡抚侧重民政与监察,部分长城碑刻还出现制衡的情况。

长城阅视体系,巡抚通常位列总督之后。巡抚初设,分管民政、监察,并无军权。直到成化二年(1466)明廷任命辽东巡抚“赞理军务”,军政职能才明确下来。蓟辽总督设立后,军事上巡抚受总督节制,一般受命“整饬边备”,要求按照总督的军事部署进行备战与调动。值得一提的是,不论巡抚的设立,或是总督的设置,都是文官势力的增长,“总兵官”等武官权力受到制约。蓟镇长城阅视制度的完善过程,也是武官权力受限的过程。例如,在万历早期蓟镇阅视碑中,著名将领“镇守蓟州永平山海总兵官”戚继光也仅排于受阅官员众多文官之后。[①]

巡按御史是蓟镇长城阅视中的重要一环,虽然职级较低,碑文名次却仅排于巡抚(提督)之后。“都察院长官有左右都御史等,专职弹劾百司。都察院下设十三道监察御史,纠察内外官员。”[②]蓟镇长城阅视碑中“钦差巡按直隶监察御史”即为十三道监察御史之一(碑二)。在组织形式上,十三道监察御史受都察院委派与节制,“其受职,吏部、都察院协同注拟”,“御史起官,必都察院咨”[③]。故蓟镇阅视碑中,巡按直隶监察御史并非全部冠以“钦差”之职(如碑一)。部分巡按各地的监察御史接受定向的监察任务,如《抚宁县修石黄一片石关碑》中“钦差巡按直隶督理蓟昌保定关务清军监察院御史”[④]。蓟镇总督一般兼任都察院(左、右)都御史,职级高于巡按御史。但是,(巡按)监察御史在实际阅视中,不受都察院控制,与都御史“不相统属”,“举劾尤专,大事奏裁,小事立断”,“代天子巡狩”[⑤],直接对皇帝负责。

巡按御史监督包括总督在内的地方官员,并直接向皇帝上奏。万历十九年(1591)巡按御史胡克俭弹劾蓟辽总督蹇达受贿,隐瞒李成梁战败。皇帝支持巡按御史的弹劾,蹇达因此受罚。

---

① 陈厉辞、董劭伟:《秦皇岛板厂峪明长城万历元年鼎建碑残碑复原》,《中华历史与传统文化研究论丛》第三辑,中国社会科学出版社2017年版。

② 朱绍侯:《中国古代史》,福建人民出版社2010年版,第99页。

③ (清)张廷玉等:《明史》卷四七《选举三》,第1714页。

④ 河北省地方志编纂委员会:《河北省志·长城志》,第559页。

⑤ (清)张廷玉等:《明史》卷七四《职官二》,第1768页。

明中期以后，蓟镇文武官员的矛盾，地方权力与中央集权的矛盾突出。总督与巡按御史的矛盾属于后者。隆庆年间，蓟辽总督谭纶上疏："蓟镇练兵逾十年，然竟不效者，任之未专而行之未实也，今宜责臣纶、继光，令得专断，勿使巡按、巡关御史参与其间。"[①]上疏虽被巡按御史刘翾批驳，却得到内阁大臣张居正与隆庆帝的支持。可以说万历年间戚继光整军修边的成绩，"蓟镇宴然"十余年的武功，与皇帝的信任与权力让渡有着直接的关系，但也为戚继光的悲惨结局埋下伏笔。

相对阅视官员，受阅官员并不固定。其中，总兵官是朝廷委派卫所统领军队的最高武将，也最为常见，一般兼任五军都督府左、右都督，都督同知、佥事等职。

"总理屯粮"在受阅文职中不常出现，一般排于武官总兵官之前。"总理屯粮"又称"九边管粮郎中"或"户部管粮郎中"[②]。户部郎中第一次参与边境管粮事宜是宣德二年(1427)"王良奉命于宣府诸卫理粮刍"[③]。户部委派官员管理蓟镇钱粮较早，洪武十一年(1378)即设立户部主事在密云管理当地钱粮。[④] 此后蓟镇地域户部管粮主事、郎中分设不定。"管粮郎中"设立之前，督抚、布政司、按察司皆管钱粮。明中期后，九边钱粮管理事务繁重，"各巡抚衙门不能亲身调度，各巡守等官各自有职，未免顾此失彼难以兼摄"[⑤]，设立专职机构成为必然。直到隆庆以后，蓟镇设立三员户部郎中成为定制，其一驻永平府，督理山海关、石门寨、燕河营、台头营四路粮饷。"管粮郎中"在蓟镇长城阅视碑中才有了一席之地(如碑二)。"管粮郎中"职位重要，任用之时，皇帝均予敕令，授予"监管屯种""总理粮储"等职衔(见碑二)。管粮郎中居蓟镇碑刻受阅官员之首。因其职责为巡抚与巡按御史让渡，阅视碑刻寻常很少出现，出现即重大权责。一是同巡抚处理边镇钱粮事务，共同奏请拨发，皇帝批准后，户

---

① (清)张廷玉等：《明史》卷二二二《谭纶传》，第5833页。

② 关于明代九边管粮郎中，详见王尊旺《明代九边管粮郎中论述》，《福建师范大学学报(哲学社会科学版)》2014年第2期；范传南、赵毅《明代管粮郎中建制沿革浅论》，《东岳论丛》2012年第1期。

③ 《明宣宗实录》卷三四，宣德二年十二月癸亥，北京大学图书馆藏本，版本为原北平国立图书馆藏红格钞本，第863页。

④ (明)刘效祖：《四镇三关志》卷八《职官考·蓟镇官职·文秩·密云户部分司》，《四库禁毁书丛刊》本，第426页。

⑤ 《明世宗实录》卷二四三，嘉靖十九年十一月戊子，第4904页。

部将银两派员交付郎中收管。二是同巡按御史联合执行钱粮审计。嘉靖四十五年(1566)诏令各边粮饷行巡按御史每岁一查,在巡按御史清理审计的同时,该员还必须会同管粮郎中互相稽考。该制度与碑二有一定关联。

"整饬兵备",全称整饬兵备道。蓟镇长城阅视碑中兵备道与总兵官互有先后。"兵道之设,仿自洪熙,以武臣疏于文墨,遣参政沈固、刘绍往各总兵处整理文书。"①初设之时"未尝身领军务",只有建言之权。随着文官地位提升,兵备道逐渐成为巡抚制衡总兵官等武职的重要手段,"遂以参赞参谋军务总督边储"②。兵备多由督抚奏设,万历中期,随着督抚变为常设,兵备道也成为常设官职。兵备道一般兼任提刑按察司佐官,对地方卫所有监督的权力。万历《明会典》一二八卷对其职权有详细介绍:"其按察司官整饬兵备者,或副使,或佥事,或以他官兼副使、佥事。沿海者称海防道,兼分巡者称分巡道,兼管粮者称兵粮道。""兵备道""兵粮道"在蓟镇阅视碑刻有直观的体现,如碑一"整饬永平等处兵备兼管屯田马政驿传海防山东提刑按察司副使方应选",碑二"钦差整饬永平等处粮储监管屯田马政驿传海防山东提刑按察司副使樊东谟"。由于直隶无提刑按察司,故由山东兼管,碑文中"兵备道""兵粮道"皆兼任"山东提刑按察司副使"。

受阅高级官员还包括:协守蓟镇永平(蓟镇东路)等处监理练兵事务的副总兵官;分守某路职管屯田、训练、司务的"副总兵官""都指挥佥事";统领班军修筑长城的游击将军、参将;守备、提调长城修筑工程所在关口的"指挥佥事"等。

蓟镇长城巡视体系中还包括直接参与长城施工的"班军"基层将领,如左、中、右部千总指挥,分司把总百户,管工旗牌官,各类匠人等。该部可独立成责任碑。并不是每段长城、每个敌楼的建设都有阅视碑,但责任碑却常见于敌楼与城墙。它们形式不一,有大型碑刻,也有城砖③。

总体而言,万历时期蓟镇长城阅视制度已然成熟。尽管阅视者与受阅者不尽相同,但官职相对稳定,对规范长城建设责任制度、考核戍边官

① (清)张廷玉等:《明史》卷七四《职官二》,第1768页。

② (明)叶盛:《水东日记》卷六《参赞军务》,中华书局1980年版,第70页。

③ 陈厉辞、董劭伟:《板厂峪明长城新出土碑刻及相关史料探究》,《中华历史与传统文化研究论丛》第二辑,中国社会科学出版社2016年版。

员、监察、边屯、边备等工作有积极作用。明代官制演变成熟，明长城的大量建设，是蓟镇长城阅视碑集中出现在隆庆、万历年间的重要原因。

四、碑一、碑二详解

碑一、碑二刻立时间为万历二十三年、二十四年。两年前后，石门路并无战事。从近期阅视频率看，明廷只在万历二十年（1592）派员阅视了靠近山海路一侧的山神庙长城。万历十一年至万历三十五年间再无记载（表四）。相对平静的两年间，明廷连续派员对地理位置相近的长城工程进行阅视，并对相关官员进行大面积调换（见表一、表二），并且《明史·神宗本纪》《明神宗实录》《永平府志·万历二十七年》对本次阅视只字未提，实属罕见。

从两块阅视碑官职与排序上看，有若干特殊之处。

阅视官员马文卿，碑一官职为“巡按直隶监察御史”位列第四，碑二为“钦差巡按直隶监察御史”位列第三，在另一位“巡按直隶监察御史”之前。监察御史受都察院选派，虽为皇帝“钦点”阅视官员，但级别较低，碑文鲜有“钦差”之名。“巡按”为风纪官员，只有监察权。

碑一受阅官员之首为“整饬永平等处兵备兼管屯田马政驿传海防山东提刑按察司副使方应选”。碑二“兵备道方应选”已不在受阅之列，代以“兵粮道”“钦差整饬永平等处粮储监管屯田马政驿传海防山东提刑按察司副使樊东谟”。并且，碑二受阅官员之首，变为“钦差总理永平等处粮储监管屯种户部郎中李开芳”，即“户部管粮郎中”。该职少见于长城阅视碑，主要权责为配合巡按御史“每岁一查”各边粮饷，并与巡按御史“互相稽考”。[①]

碑二受阅官职中“钦差统领蓟镇东路南兵营游击将军都指挥”并非地方主将，也非班军将领，长城碑刻中鲜有出现。次年，也就是万历二十五年，“添设海防游击”，该官职“寻裁革”。

由此可见，两碑阅视主要任务一为阅视长城工程建设，二为阅视永平钱粮、屯田，审计蓟镇兵饷等工作，碑二尤其倾向后者。

万历二十三年、二十四年蓟镇钱粮、兵饷记载不多。《明神宗实录》

---

① 《明世宗实录》卷五六四，嘉靖四十五年闰十月庚戌，第9045页。

万历二十三年十月二十日:"己未,防海兵以要挟双粮鼓噪,蓟镇督、抚、道臣擒其倡乱者正法,余党尽驱南还。奏闻兵部覆请,报可。"①

此事与两碑受阅官员"钦差镇守蓟州永平山海等处地方备倭总兵官后军都督府都督同知王保"有直接关联。《明史·王保传》详载:"蓟三协南营兵,戚继光所募也,调攻朝鲜,撤还,道石门,鼓噪,挟增月饷。保诱令赴演武场,击之,杀数百人,以反闻。给事中戴士衡、御史汪以时言南兵未尝反,保纵意击杀,请遣官按问。巡关御史马文卿庇保,言南兵大逆有十,尚书石星附会之,遂以定变功进保秩为真,荫子。督抚孙鑛、李颐等亦进官受赐,时论尤之。"②

结合史料、阅视碑铭文,总结事件经过。万历二十三年,蓟三协南营兵"双粮鼓噪""协增月饷",被总兵官王保"诱"至演武场,以"反"罪"杀数百人"。因事出偶然,朝中亦有大臣反对,皇帝敕命钦差御史于万历二十四年再次对石门路进行阅视。户部管粮郎中、南兵营游击将军与事件关系密切,故碑二将其纳入受阅官员。两次阅视,前者重在边备,后者重在兵饷。钦差监察御史马文卿在第二次阅视后,"庇"护了总兵官王保,将南兵反叛之名坐实。在兵部尚书石星的"附会"下,碑二涉及官员孙鑛、李颐、王保受到不同程度的嘉奖,其余南兵"尽驱南还"。万历二十五年蓟镇"添设海防游击",不久南兵营游击"裁撤"。《明史》对事件评论"时人尤之"。从侧面看,"钦差御史马文卿"才是本次长城阅视的"主角"。蓟镇总督、督抚等职虽排列在前,似为"阅视方",实为"受阅方",并且与总兵官王保一同成为本次阅视的"受益方"。③

---

① 《明神宗实录》卷二九〇,万历二十三年十月己未条,第5378页。

② (清)张廷玉:《明史》卷一八七《洪钟传》,第6215页。

③ 本文重在通过长城阅视碑内容对比,讨论阅视碑制式、作用与阅视制度的形成过程。蓟镇东协南兵招录戍边、援朝作战、功高不赏、惨遭屠戮的因果详情可见杨海英《万历二十三年蓟州兵变管窥》,本文不作赘述。同时纠正该文讹误,该文引述华夏子《明长城考实》,将碑一位置"抚宁石门路董家口"误认为"迁西县董家口"(燕河路)。空间的错误,会导致长城阅视与事件关联性的减弱。碑二与事件关联更为紧密,对比研究的缺失,会导致事件时序上的混乱。

碑 一

碑 二

古代文献研究

宋刊《周礼折衷》引经校考

孔祥军

（扬州大学　社会发展学院）

南宋著名学者魏了翁，曾删节九经注疏文字，以成《九经要义》，虽其时乃为学子研习提供便利，但因其比较忠实地援引摘录了原文，所以客观上对后世经疏校勘起了很大帮助[①]。惜乎其中之一《周礼要义》不存于世，然魏了翁还另著有《周礼折衷》一书，虽未单行传世，但其后人在编辑《鹤山先生大全文集》时，将此书一并纳入。

国家图书馆藏有南宋刊《重校鹤山先生大全文集》一部，其卷一百〇四至一百〇六正为久已失传的《周礼折衷》，虽仅为原书三分之一左右，此后全阙，但察其体例，率先录经文，次录先郑后郑注文，再录贾《疏》，间有魏氏按语及《三礼辨》、荆公说等杂议，然其主体部分皆为节录经文注疏原文，正可补《周礼要义》亡佚之缺，可谓今日校勘《周礼》经疏重要文献资料。然而，无论是历代以来的校勘著述，还是以搜罗宏富、靡不毕集

※　本文为国家社科基金项目“阮刻《十三经注疏》圈字汇校考正集成研究”（19BTQ049）阶段性成果。

①　魏氏所编《九经要义》，其中《周易》《毛诗》《仪礼》《礼记》四种有宋本传世，全帙者有《毛诗》《仪礼》两种，《中华再造善本》丛书收录宋本《周易要义》《仪礼要义》《礼记要义》，皆非全本，日本天理大学图书馆藏有全本宋刊《毛诗要义》一部，有《续修四库全书》影印本，台湾“故宫博物院”藏有全本宋刊《仪礼要义》一部，一九九二年曾影印出版。校勘方面，《礼记》，有王锷、瞿林江《礼记要义整理与研究》，高等教育出版社2016版；《毛诗》，有拙文《日本天理大学附属图书馆藏宋淳祐十二年徽州刻本〈毛诗要义〉考异（郑风前部分）》，《域外汉籍研究集刊》第十四辑；《周易》，有拙文《国家图书馆藏宋淳祐十年魏克愚刻本〈周易要义〉考异》，《中华历史与传统文化论丛》第五辑，中国社会科学出版社2020年版。

著称的日人加藤虎之亮的《周礼经注疏音义校勘记》,乃至今日各种现代点校整理本《周礼注疏》,皆未见引据《周礼折衷》以作校勘者,可见此书埋没至今,无人问津,学术价值亟待发掘整理。

兹以今日最为常见的阮刻《周礼注疏》作为工作底本,将其中可疑文字单独摘出,援引今日所见各类重要文献版本的相关文字信息,再以《折衷》所存文字与之对照,辨别是非,考定正误,纂为一文,颜曰“校考”,以期揭示其文献校勘价值。

本文主要引据文献,为省篇幅,率用简称,详情如下:

《周礼折衷》,《中华再造善本·重校鹤山先生大全文集》卷一百〇四至一百〇六,北京图书馆出版社二〇〇四年影印国家图书馆藏宋开庆元年刻本,简称《折衷》。

《附释音周礼注疏》,艺文印书馆二〇〇七年影印嘉庆年间江西南昌府学刊本《重刊宋本周礼注疏附校勘记》,简称阮本,所附校勘记简称卢记。各条所标卷数页码即此影印本之卷数和版心页码,每页再分左右,阮本类多缺笔避讳之字,为便行文,所引者一律改作通行文字。

《续修四库全书》第一八一册《宋本十三经注疏并经典释文校勘记·周礼注疏校勘记》,上海古籍出版社二〇〇二年影印南京图书馆藏清嘉庆阮氏文选楼刻本,简称阮记。参考《皇清经解·十三经注疏校勘记·周礼校勘记》,上海书店一九八八年影印道光九年学海堂原刊本、凤凰出版社二〇〇五年影印上海书局光绪十三年直行本。

《周礼疏》,日本京都大学图书馆藏单疏抄本,简称单疏本。

《中华再造善本·周礼疏》,北京图书馆出版社二〇〇三年影印国家图书馆藏宋两浙东路茶盐司宋元递修本,简称八行本。

《善本丛书·景印宋浙东茶盐司本周礼注疏》,台湾“故宫博物院”一九七六年影印本,简称故宫本。

《周礼疏》,董氏诵芬室民国二十八年影宋本,简称董本。

《附释音周礼注疏》,江西省乐平市图书馆藏元刊十行本,简称十行本,遇正德补版则于括号内注明。

《附释音周礼注疏》,日本静嘉堂文库藏元刊十行本,简称静嘉本,遇正德补版则于括号内注明。

《附释音周礼注疏》,日本内阁文库藏元刊明修十行本,简称内阁本,据版式、字体等特征于括号内注明其印面所见版片时代。

《附释音周礼注疏》，日本东京大学东洋文化研究所藏元刊明修十行本，简称东大本，据版式、字体等特征于括号内注明其印面所见版片时代。

《中华再造善本·十三经注疏·附释音周礼注疏》，北京图书馆出版社二〇〇六年影印北京市文物局藏刘盼遂旧藏元刊明修本，简称刘本，据版式、字体等特征于括号内注明其印面所见版片时代。

《附释音周礼注疏》，日本米泽县图书馆藏朝鲜活字本，简称朝鲜本。

《十三经注疏·周礼注疏》，哈佛大学汉和图书馆藏明嘉靖李元阳刊本，其脱叶则据日本东京大学东洋文化研究所藏本，简称闽本。

《十三经注疏·周礼注疏》，日本内阁文库藏万历十七年刊本，简称明监本。

《十三经注疏·周礼注疏》，日本东京大学东洋文化研究所藏汲古阁刊本，简称毛本。

《殿本十三经注疏·周礼注疏》，线装书局二〇一三年影印天津图书馆藏武英殿刊本，简称殿本。

《景印文渊阁四库全书·周礼注疏》，台湾商务印书馆一九八三年影印，简称库本。

《开成石经·周礼》，《西安碑林全集》第一二一册至第一二六册，广东经济出版社、海天出版社一九九九年影拓本，简称唐石经。

《宋刊巾箱本八种·周礼》，华东师范大学出版社二〇一四年影印民国陶氏涉园影印本，简称白文本。

《中华再造善本·周礼》，北京图书馆出版社二〇〇三年影印国家图书馆藏宋婺州市门巷唐宅刻本，简称婺本。

《周礼》，日本静嘉堂文库藏宋蜀刻本，简称蜀本。

《周礼郑注》，文禄堂民国二十三年影宋本，简称建本。

《中华再造善本·周礼》，北京图书馆出版社二〇〇五年影印北京大学图书馆藏宋刻本，简称附图本。

《中华再造善本·纂图互注周礼》，北京图书馆出版社二〇〇三年影印国家图书馆藏宋刻本，简称纂图本。

《纂图互注周礼》，日本静嘉堂文库藏宋刻本，简称互注本。

《中华再造善本·京本点校附音重言重意互注周礼》，北京图书馆出版社二〇〇五年影印北京大学图书馆藏宋刻本，简称京本。

《中华再造善本·周礼》，北京图书馆出版社二〇〇五年影印国家图书馆藏金刻本,简称金本。

《中华再造善本·周礼》,北京图书馆出版社二〇〇九年影印国家图书馆藏明嘉靖吴郡徐氏刻三礼本,简称徐本。

《四部丛刊初编·周礼》,商务印书馆据明翻相台岳氏本影印,简称岳本。

浦镗《十三经注疏正字·周礼》,《四库全书珍本初集》经部二十六集,沈阳出版社一九九八年影印本,简称《正字》。

加藤虎之亮《周礼经注疏音义校勘记》,日本无穷会昭和三十二年出版,简称加记。

汪文台《十三经注疏校勘记识语》,《续修四库全书》第一八三册,上海古籍出版社二〇〇二年影印上海辞书出版社图书馆藏清光绪三年江西书局刻本,简称《识语》。

孙诒让《十三经注疏校记》,齐鲁书社一九八三年版,简称孙记。

孙诒让《孙诒让全集·周礼正义》,中华书局二〇一五年版,简称《正义》。

《中华再造善本·经典释文》,北京图书馆出版社二〇〇三年影印国家图书馆藏宋刻宋元递修本,简称《释文》。

《中华再造善本·尔雅》,北京图书馆出版社二〇〇二年影印国家图书馆藏宋刻本,简称《尔雅》。

《中华再造善本·仪礼经传通解》,北京图书馆出版社二〇〇六年影印南京图书馆藏宋嘉定十年南康道院刻元明递修本,简称《通解》。

《仪礼经传通解正续编·仪礼经传通解续》,北京大学出版社二〇一二年影印宋刊元明递修本,简称《续通解》。

卷一

1. 页五右　然不先均王国

按:“先”,单疏本、八行本、故宫本、董本、十行本、静嘉本、内阁本(嘉靖)、东大本(嘉靖)、刘本(嘉靖)、朝鲜本、闽本、明监本、毛本皆同。阮记云:“惠校本‘先’作‘言’,此误,当订正。”卢记同。考《疏》文云:“然不先均王国,而言均邦国者,王之冢宰,若言王国,恐不兼诸侯,今言邦国,则举外可以包内也”,文义晓畅,先均王国者,即先言均王国也,经文曰“以佐王均邦国”,实不言“均王国”,故《疏》文不云“然不言均王国”也,诸本皆作“先”,无有作“言”者,阮记谓惠校本作“言”,不知其所据也,检《折衷》引贾《疏》,正作“先”,亦可为证,作“先”是也,当从单疏本,阮记非也。

2. 页五左　恐不兼诸侯

按:“恐”,单疏本、董本、十行本、静嘉本、内阁本(嘉靖)、东大本(嘉靖)、刘本(嘉靖)、朝鲜本、闽本、明监本、毛本同;八行本作“悉”,故宫本同。阮记云:“惠校本‘恐’作‘悉’,此误。”卢记同。悉不兼诸侯,不知何义,考《疏》文云“然不先均王国,而言均邦国者,王之家宰,若言王国,恐不兼诸侯,今言邦国,则举外可以包内也”,文义晓畅,检《折衷》引贾《疏》,正作“恐”,亦可为证,作“恐”是也,当从单疏本,作“悉”非也,阮记亦非也。加记此条未列异文,则其所据所谓浙本,当为董本无疑也。

3. 页五左　言百则三百六十亦一也

按:“亦”,单疏本、十行本、静嘉本、内阁本(嘉靖)、东大本(嘉靖)、刘本(嘉靖)、朝鲜本、闽本、明监本、毛本同;八行本无,故宫本、董本同。阮记云:“惠校本无‘亦’,此衍,当删。”卢记同。亦一,不连文,一也者,同也之义,揆诸文气,无之是也,检《折衷》所引,无“亦”字,正可为证,当从八行本,阮记是也。

卷二

1. 页十一左　谓二百里之内地名削

按:“二”,十行本、静嘉本、内阁本(元)、东大本(元)、刘本(元)、朝鲜本、闽本、明监本、毛本同;单疏本作“三”,八行本、故宫本、董本同。阮记云:“案:‘二百里’当作‘三百里’。”卢记同。郑注明云“家削三百里”,检《折衷》引贾《疏》,正作“三”,亦可为证,作“三”是也,当从单疏本,阮记是也。此本监本“二”上下两横之间,划有一横,适足为三,则读此本者,亦知当作“三”也。

2. 页十一左　邦都之赋者其五百里

按:“其五百里”,单疏本、八行本、故宫本、董本、十行本、静嘉本、内阁本(元)、东大本(元)、刘本(元)、朝鲜本、闽本、明监本、毛本皆同。阮记云:“浦镗云:‘其’下脱‘国中四百里外’六字,从《仪礼经传通解续》校〇按:六字可不增。”卢记同。诸本皆同,原文不误,检《折衷》引贾《疏》,正作“其五百里”,并无浦氏所补六字,亦可为证,《通解续》或有增补,未可据之以驳诸本也,阮记按语是也。

3. 页十三右　斿贡羽毛

按:"毛",八行本、故宫本、董本、十行本(正德)、静嘉本(正德)、内阁本(正德)、东大本(正德)、刘本(正德)、朝鲜本、闽本、明监本、毛本、婺本、建本、附图本、纂图本、互注本、京本、金本、徐本、岳本皆同。阮记云:"余本、岳本、嘉靖本、闽、监、毛本同,《汉读考》改作'羽旄',云:今本作'毛'误,旄者,旄牛尾也。"卢记同。诸本皆同,单疏本《疏》文曰"云'斿贡羽毛'者",则贾氏所见本作"毛",又检《折衷》引郑注,正作"斿贡羽毛",亦可为证,则作"毛"是也,原文不误,段说岂可信从?

4. 页十四左　疾病相扶持

按:"扶持",八行本、故宫本、十行本(正德十二年)、静嘉本(正德)、内阁本(正德十二年)、东大本(正德十二年)、刘本(正德十二年)、朝鲜本、闽本、明监本、毛本、建本、附图本、纂图本、互注本、京本、岳本同;董本作"扶",婺本、金本、徐本同。阮记云:"嘉靖本作'疾病相扶',无'持'字,案:《疏》中引注,正作'疾病相扶',今诸本有'持'字者,浅人据今本《孟子》所增,当删。"卢记同。检《折衷》引郑注,正作"疾病相扶",与婺本等合,又与贾《疏》所引合,则无"持"字是也,当从婺本,阮记是也,董本或据阮记改也。

5. 页十六左　雉门灾及两观

按:单疏本、八行本、故宫本、董本、十行本、静嘉本、内阁本(元)、东大本(元)、刘本(元)、朝鲜本、闽本、明监本、毛本皆同。阮记云:"案:《春秋》经作'雉门及两观灾'。"卢记同。诸本皆同,此《疏》文引述《春秋》,不必与之一致也,又检《折衷》引贾《疏》,正作"雉门灾及两观",亦可为证。《正字》云"'灾'字误在'两观'之上",非也。

6. 页十九左　以官成待万民之治

按:"官",八行本、故宫本、董本、十行本、静嘉本、内阁本(元)、东大本(元)、刘本(元)、朝鲜本、闽本、明监本、毛本、婺本、建本、附图本、纂图本、互注本、京本、金本、徐本、岳本、唐石经、白文本皆同。阮记云:"唐石经诸本同,案:经当本作'以成待万民之治',与上下文以典、以则、以法、以礼句法正同……〇按:前说非也。"卢记同。诸本皆同,经文古奥,岂可以后世所谓文法一之?且贾《疏》引经明云"故云'以官成待万民之治'",又检《折衷》引经文,正作"以官成待万民之治",亦可为证,原文不误,阮记按语是也。

卷三

1. 页四左　六曰敛弛之联事

按："弛"，十行本、静嘉本、内阁本（元）、东大本（元）、刘本（元）、朝鲜本、闽本、明监本、毛本同；八行本作"弛"，故宫本、董本、婺本、建本、附图本、纂图本、互注本、京本、金本、徐本、岳本、唐石经、白文本同。阮记云："余本、闽、监、毛本同，唐石经、宋本、嘉靖本'弛'作'弛'。"卢记同。八行本及经注本系统皆作"弛"，检单疏本《疏》文引经文云"六曰敛弛之联事"，则贾氏所见本作"弛"，作"弛"是也，又检《折衷》引经文，正作"弛"，亦可为证，当从八行本，加记以为当从石经诸本作"弛"，是也。

2. 页四左　皆舍不以役之事

按："舍"，八行本、故宫本、董本、十行本、静嘉本、内阁本（元）、东大本（元）、刘本（元）、朝鲜本、闽本、明监本、毛本、婺本、建本、纂图本、互注本、京本、徐本同；附图本作"捨"；金本作"含"，岳本同。阮记云："宋本'舍'作'捨'。"卢记同。诸本多作"舍"，又检《折衷》引注文，正作"舍"，则作"舍"是也，当从八行本。阮记谓宋本作"捨"，则其所谓"宋本"当与附图本相近之本也。

3. 页五左　简稽士卒兵器薄书

按："薄"，十行本、静嘉本、内阁本（元）、东大本（元）、刘本（元）同；八行本作"簿"，故宫本、董本、朝鲜本、闽本、明监本、毛本、婺本、建本、附图本、纂图本、互注本、京本、金本、徐本、岳本同。阮记云："诸本'薄'作'簿'。"卢记同。检单疏本《疏》文云"云'简稽士卒兵器簿书'者"，则贾氏所见本亦作"簿"，又检《折衷》引注文，正作"簿"，薄显当作簿，当从八行本也，此处惟十行本作"薄"，与阮本同，则可知阮本之底本确属十行本系统也。下注、疏"薄书"旁多有画圈者，皆当作"簿书"也。加记云"诸本'薄'作'籍'"，不知所据，"籍"显为"簿"字之误。

4. 页五左　称责谓贷予

按："贷予"，十行本、静嘉本、内阁本（元）、东大本（元）、刘本（元）、朝鲜本、闽本、明监本、毛本、建本、附图本、纂图本、互注本、京本、徐本、岳本同；八行本作"贷子"，故宫本、董本、婺本、金本同。阮记云："诸本同，《释文》出'贷予'二字，皆误也。《疏》引注云：'责谓贷子'者，谓贷而生子者……又释经云：称责谓举责生子。则'予'为'子'字之误无疑，当订正。”卢记同。检单疏本《疏》文云“云‘责谓贷子’者”,则贾氏所见本作“子”,又检《折衷》引注文,正作“贷子”,当从八行本,阮记是也,《正字》云“子,误‘予’”,亦是也。

5. 页十二右　在下受而受而行之

按:“受而受而”,十行本、静嘉本、内阁本(元)、东大本(元)、刘本(元)、朝鲜本同;单疏本作“受而”,八行本、故宫本、董本、闽本、明监本、毛本同。阮记无说,卢记补云:“案:‘受而’二字误重。”揆诸文义,“受而受而”显为重复,检《折衷》引《疏》文,正作“受而”,则作“受而”,当从单疏本。加记漏列单疏本版本信息,当补。

6. 页十七右　岁终自周季冬

按:“自”,八行本、故宫本、董本、十行本(正德)、静嘉本(正德)、内阁本(正德)、东大本(正德)、刘本(正德)、朝鲜本、闽本、明监本、毛本、婺本、建本、附图本、纂图本、互注本、京本、金本、徐本、岳本皆同。阮记云:“浦镗云‘是’误‘自’,案:此字当衍。”卢记同。诸本皆同,检《折衷》引注文,正作“自”,原文不误,浦说、阮记皆非也。加记以为不必改“自”为“是”,是也。

7. 页十八右　若今部署诸卢者

按:“今部”,八行本、故宫本、董本、十行本(正德)、静嘉本(正德)、内阁本(正德)、东大本(正德)、刘本(正德)、朝鲜本、闽本、明监本、毛本、婺本、建本、附图本、纂图本、互注本、京本、金本、徐本、岳本皆同。阮记云:“《疏》引注作‘若今时部署诸卢者’,案:‘时’字当有,注中屡言‘若今时’。”卢记同。诸本皆同,检《折衷》引注文,正作“今部署”,无“时”字,则原文不误,阮记之说,纯属猜测,不可信从。

8. 页二十右　禁止不能出

按:“能”,十行本(正德)、静嘉本(正德)、内阁本(正德)、东大本(正德)、刘本(正德)、闽本、明监本、毛本、互注本同;八行本作“得”,故宫本、董本、朝鲜本、婺本、建本、附图本、纂图本、京本、金本、徐本、岳本同。阮记云:“闽、监、毛本同,误也,宋本、余本、嘉靖本‘能’作‘得’,当订正。”卢记同。此郑注引郑司农云,八行本作“禁止不得出,亦不得入”,前后皆不得,故云“亦”也,《疏》文云“有门籍及引人,乃得出入”,此“得”正本注文之“得”,作“得”是也,检《折衷》引注文,正作“得”,亦可为证,当从八行本,《正字》云“得,误‘能’”,阮记或本之,皆是也。

9. 页二十右　玄谓几荷其衣服持操及疏数者

按:“荷”,八行本、故宫本、董本、十行本(正德)、静嘉本(正德)、内阁本(正德)、东大本(正德)、刘本(正德)、朝鲜本、婺本、建本、附图本、纂图本、互注本、京本、金本、徐本、岳本同;闽本作“呵”,明监本、毛本同。阮记云:“宋本、余本、嘉靖本同,监、毛本‘荷’作‘呵’,非,闽本‘呵’字剜改,盖本作‘荷’。”卢记同。宋元刊本皆作“荷”,考单疏本《疏》文云“玄谓几荷其衣服持操及疏数者”,则贾氏所见本亦作“荷”,检《折衷》引注文,亦作“荷”,作“荷”是也,当从八行本。

10. 页二十一左　庙中执烛

按:八行本、故宫本、董本、十行本(正德十二年)、静嘉本(正德)、内阁本(正德十二年)、东大本(正德十二年)、刘本(正德十二年)、朝鲜本、闽本、明监本、毛本、婺本、建本、附图本、纂图本、互注本、京本、金本、岳本同;徐本作“庙中则执烛”。阮记云:“嘉靖本‘执烛’上有‘则’。”卢记同。诸本皆无“则”字,检《折衷》引注文,亦无“则”字,徐本之“则”似涉上文而衍。

卷四

1. 页一右　羞用百二十品

按:十行本、静嘉本、内阁本(元)、东大本(元)、刘本(元)、朝鲜本、闽本、明监本同;八行本作“羞用百有二十品”,故宫本、董本、毛本、婺本、建本、附图本、纂图本、互注本、京本、金本、徐本、岳本、白文本同;唐石经作“羞用百有廿品”。阮记云:“唐石经作‘羞用百有廿品’,宋本、余本、嘉靖本、毛本‘百’下皆有‘有’字,《疏》中引经同。此本及闽本、监本脱。”卢记同。宋刊经注本、注疏本皆作“羞用百有二十品”字,检《折衷》引经文,亦作“羞用百有二十品”字,则当从八行本。十行本阙“有”字,非也,《正字》云“监本脱‘有’字”,是也。

2. 页一左　此羞庶羞皆出于牲及禽兽

按:“皆”,八行本、故宫本、董本、明监本、毛本同;十行本作“■”,静嘉本、内阁本(元)、东大本(元)、刘本(元)、闽本同;朝鲜本作“□”。阮记引文“此羞庶羞□出于牲及禽兽”,云:“闽本亦实阙一字,监、毛本作‘皆’,是也。”卢记同。下《疏》云“皆出于牲”,检《折衷》引《疏》文,亦作“皆”,作“皆”是也,当从八行本。加记漏列八行本等版本信息,当补。

3. 页二右　编萑以涂之

按:“涂”,十行本、静嘉本、内阁本(元)、东大本(元)、刘本(元)、朝鲜本同;八行本作“苴”,故宫本、董本、闽本、明监本、毛本同。阮记引文“编萑以苴之”,云:“此本‘苴’误‘涂’,据闽、监、毛本订正。”卢记同。此《疏》引《礼记·内则》,检之,正作“苴”,苴者包裹也,编萑正为包裹也,如何涂之?又《折衷》引《疏》文,亦作“苴”,则作“苴”是也,当从八行本。

4. 页二左　举焦其脊

按:“焦”,八行本、故宫本、董本、十行本、静嘉本、内阁本(元)、东大本(元)、刘本(元)、朝鲜本同;闽本作“燋”,明监本、毛本同。阮记云:“闽、监、毛本‘焦’改‘燋’,非,今《内则》作‘燋’,《释文》举‘焦’字,又作‘燋’,陆贾所据本正合焦字,下已从‘火’,更加‘火’旁,俗作也。”卢记同。宋元刊本皆作“焦”,检《折衷》引《疏》文,亦作“焦”,作“焦”是也,当从八行本。

5. 页三左　皆谓造食之处即厨是也

按:“厨”,八行本、故宫本、董本、十行本、静嘉本、内阁本(元)、东大本(元)、刘本(元)、朝鲜本、毛本同;闽本作“廚”,明监本同。阮记云:“闽、监本‘厨’作‘廚’,毛本与此同。”卢记无说。厨、廚可通,检《折衷》引《疏》文,亦作“厨”,作“厨”是也,当从八行本。

6. 页四右　故加牲体至三大牢

按:“三”,八行本、故宫本、董本、闽本、明监本、毛本同;十行本作“王”,静嘉本、内阁本(元)、东大本(元)、刘本(元)、朝鲜本同。阮记云:“此本‘三’误‘王’,据闽、监、毛本订正。”卢记无说。下《疏》云“朔食当两大牢”,既加牲体,则为三大牢也,又检《折衷》引《疏》文,亦作“三”,作“三”是也,当从八行本。

7. 页九右　夏行腒鱐膳膏臊

按:八行本、故宫本、董本、十行本、静嘉本、内阁本(元)、东大本(元)、刘本(元)、朝鲜本、闽本、明监本、毛本、婺本、建本、附图本、纂图本、互注本、京本、金本、徐本、岳本皆同。阮记云:“《汉读考》云:《说文》‘鱐’作‘鱻’,鱼部云:鱢,鱼臭也,引《周礼》‘膳膏鱢’,而肉部云:臊,豕膏臭也。然则,《周礼》作‘膏臊’,臊非鱼膏,明矣。”卢记同。诸本皆同,八行本《疏》文云“‘夏行腒鱐膳膏臊’者”,《释文》出字“鱐”“臊”,则其所见本皆与诸本合,又检《折衷》引经文,亦作“夏行腒鱐膳膏臊”,则原文不误，且以文义考之，注引郑司农云“腒，干雉；鱐，干鱼；膏臊，豕膏也，以豕膏和之”，据此，则腒是一物，鱐是一物，膏臊复是一物，以膏臊即豕膏和腒与鱐也，则郑司农所见必作“臊”，许慎所见乃别本，岂可据此别本谓历代相传之本为误也？阮记所引段说实非，绝不可信从。

8. 页十左　肉物胾燔之属

按：“燔”，八行本、故宫本、董本、十行本、静嘉本、内阁本（元）、东大本（元）、刘本（元）、朝鲜本、闽本、明监本、毛本、婺本、纂图本、互注本、京本、金本、徐本、岳本同；建本作“膰”，附图本同。阮记云：“诸本同，宋本‘燔’作‘膰’，案：《释文》膰音燔，本亦作燔，宋本与《释文》合，是也。”卢记同。考八行本《疏》文云“云‘肉物胾燔之属’者”，则贾氏所见本作“燔”，又检《折衷》引注文，亦作“燔”，则作“燔”是也，当从八行本，作“膰”者别本也。

9. 页十一左　乌皫色而沙鸣狸

按：八行本、故宫本、董本、十行本、静嘉本、内阁本（元）、东大本（元）、刘本（元）、朝鲜本、闽本、明监本、毛本、婺本、建本、附图本、纂图本、互注本、京本、金本、徐本、岳本皆同。阮记云：“唐石经、诸本同，《释文》‘犥’，本又作‘皫’。”卢记同。诸本皆同，考八行本《疏》文云“云‘乌皫色而沙鸣狸’者”，则贾氏所见本亦作“皫”，又检《折衷》引经文，亦作“皫”，作“皫”是也，《释文》所引或为别本也。

10. 页十一左　泠毛毛长緫结

按：“緫”，八行本、故宫本、董本、十行本、静嘉本、内阁本（元）、东大本（元）、刘本（元）、朝鲜本、婺本、建本、附图本、纂图本、互注本、京本、金本、徐本、岳本同；闽本作“总”，明监本、毛本同。阮记云：“宋本、嘉靖本同，此丝緫字与揔字有别，闽、监、毛本‘揔’‘緫’二字并改作‘总’矣。浦镗云‘緫结也’上脱‘毳’字。”卢记同。宋元刊本皆作“緫”，又检《折衷》引注文，亦作“緫”，作“緫”是也，闽本等误改。

11. 页十二右　宜破交睫腥之腥

按：“宜”，八行本、故宫本、董本、十行本、静嘉本、内阁本（元）、东大本（元）、刘本（元）、朝鲜本、闽本、明监本、毛本皆同。阮记云：“浦镗云：‘宜’当‘直’字误。”卢记同。诸本皆同，又检《折衷》引《疏》文，亦作“宜”，原文不误，浦说无据，不可信从。

12. 页十三右　致礼于客

按：“客”，十行本、静嘉本、内阁本（元）、东大本（元）、刘本（元）、朝鲜本、闽本、明监本、毛本、婺本、附图本、纂图本、互注本、京本、金本、徐本、岳本同;八行本作“宾客”,故宫本、董本、建本同。阮记云:“《疏》引注作‘致礼于宾客’,惠校本据增,云:余本仍无‘宾’字。”卢记同。八行本、故宫本、董本此处“宾客”二字皆字距迫促,显因挤入“宾”字所致,则其底本或亦无“宾”字,又检《折衷》引注文,亦作“客”,无“宾”字,则作“致礼于客”是也,八行本等误增。

13. 页十四右　至五长有功者

按:“五”,八行本、故宫本、董本、十行本、静嘉本、内阁本(元)、东大本(元)、刘本(元)、朝鲜本、闽本、明监本、毛本皆同。阮记云:“浦镗云:‘五’当‘伍’误。”卢记同。诸本皆同,又检《折衷》引《疏》文,亦作“五”,原文不误,浦说无据,不可信从。

14. 页十四右　谓其殷奠及虞祔之祭

按:“其”,八行本、故宫本、董本、十行本、静嘉本、内阁本(元)、东大本(元)、刘本(元)、朝鲜本、闽本、明监本、毛本皆同。阮记云:“浦镗云:‘其’衍。”卢记同。“其”字意指不明,又检《折衷》引《疏》文,无“其”字,则当无“其”字,浦说是也。

15. 页十五右　耨芸芓也

按:“芸”,八行本、故宫本、董本、十行本、静嘉本、内阁本(元)、东大本(元)、刘本(元)、朝鲜本、闽本、明监本、毛本、婺本、纂图本、互注本、京本、金本、徐本、岳本同;建本作“耘”,附图本同。阮记云:“宋本‘芸’作‘耘’,《释文》:芸引云,本或作‘耘’。”卢记同。诸本多作“芸”,考八行本《疏》文云“云‘耨芸芓也’者”,则贾氏所见本亦作“芸”,下注又云“使庶人芸芓终之”,又检《折衷》引注文,亦作“芸”,则作“芸”是也,作“耘”者乃别本也。加记漏列建本版本信息,当补。

16. 页十五右　齍盛祭祀

按:“齍”,八行本、故宫本、董本、十行本、静嘉本、内阁本(元)、东大本(元)、刘本(元)、朝鲜本、闽本、明监本、毛本、婺本、建本、附图本、纂图本、互注本、京本、金本、徐本、岳本皆同。阮记云:“案:‘齍’亦当为‘粢’。”卢记同。诸本皆同,又检《折衷》引注文,亦作“齍”,作“齍”是也,阮记非也。

17. 页十五右　示有恭敬鬼神之法

按:“有”,十行本、静嘉本、内阁本(元)、东大本(元)、刘本(元)、朝鲜本、闽本、明监本、毛本同；八行本作“相”，故宫本、董本同。阮记云：“惠校本‘有’作‘相’。”卢记同。相者，相加于彼也，检《折衷》引《疏》文，正作“相”，则作“相”是也，当从八行本。

18. 页十五左　杜子春读为萧

按：“为”，八行本、故宫本、董本、十行本、静嘉本、内阁本（元）、东大本（元）、刘本（元）、朝鲜本、闽本、明监本、毛本、婺本、建本、附图本、纂图本、互注本、京本、金本、徐本、岳本皆同。阮记云：“《汉读考》云‘为’当作‘从’，凡二本字异而用一废一曰从。”卢记同。诸本皆同，考八行本《疏》文云“云‘杜子春读为萧’”，则贾氏所见本亦作“为”，又检《折衷》引注文，亦作“为”，作“为”是也，阮记所引段说，绝不可信。

19. 页十八左　是以僖公三十三年晋舍秦囚

按：“三”，八行本、故宫本、董本、十行本、静嘉本、内阁本（元）、东大本（元）、刘本（元）、朝鲜本、闽本同；明监本作“二”，毛本同。阮记云：“闽本同，监、毛本‘三’误‘二’。”卢记无说。考《左传》僖公三十三年，有晋舍秦囚事，又检《折衷》引《疏》文，亦作“三”，则作“三”是也，明监本、毛本皆误，阮记是也。

20. 页十九右　梁水偃也

按：“偃”，八行本、故宫本、董本、十行本、静嘉本、内阁本（元）、东大本（元）、刘本（元）、朝鲜本、闽本、明监本、毛本、婺本、建本、附图本、纂图本、互注本、京本、金本、徐本、岳本皆同。阮记云：“《释文》：水堰，俱缚反，徐本作‘匽’……水偃字当从徐本作‘匽’。”卢记同。诸本皆同，考八行本《疏》文云“梁水偃也”，则贾氏所见本作“偃”，又检《折衷》引注文，亦作“偃”，作“偃”是也，阮记纯属猜测，不可信从。

21. 页十九右　命渔师始鱼

按：“鱼”，八行本、故宫本、董本、十行本、静嘉本、内阁本（元）、东大本（元）、刘本（元）、朝鲜本、闽本、明监本、毛本皆同。阮记云：“浦镗云：‘始渔’误‘始鱼’，下《疏》同。”卢记同。诸本皆同，又检《折衷》引《疏》文，亦作“鱼”，作“鱼”是也，浦说无据，不可信从。

22. 页十九左　鲁语云宣公夏滥于泗渊以其非时里华谏之乃止

按：“华”，十行本、静嘉本、内阁本（元）、东大本（元）、刘本（元）、朝鲜本、闽本、明监本、毛本同；八行本作“革”，故宫本、董本同。阮记云：“闽、监、毛本同，《鲁语》作‘里革’。”卢记同。检《国语·鲁语》，“宣公夏滥于泗渊,里革断其罟而弃之”,则所谏者里革也,又检《折衷》引《疏》文,亦作“革”,作“革”是也,当从八行本。

23. 页二十右　以时籍鱼鳖

按:“籍”,八行本、故宫本、董本、十行本(正德十二年)、静嘉本(正德)、内阁本(正德十二年)、东大本(正德十二年)、刘本(正德十二年)、朝鲜本、闽本、明监本、毛本、婺本、建本、附图本、纂图本、互注本、京本、金本、徐本、岳本、唐石经、白文本皆同。阮记云:“唐石经、诸本同……《释文》谓‘籍’本作‘籍’,案:作‘籍’为正。”卢记同。诸本皆同,又检《折衷》引经文,亦作“籍”,作“籍”是也,原文不误。

24. 页二十左　案醢人有蠯醢蠃蚳醢故以此三者授醢人

按:“蠃”,八行本、故宫本、董本、十行本(正德十二年)、静嘉本(正德)、内阁本(正德十二年)、东大本(正德十二年)、刘本(正德十二年)、朝鲜本、闽本、明监本、毛本皆同。阮记云:“浦镗云:‘蠃’下脱‘醢’。”卢记同。诸本皆同,又检《折衷》引《疏》文,亦作“蠃”,则存疑可也。

25. 页二十左　此亦是国语谏宣公之言

按:“国语”,八行本、故宫本、董本、十行本(正德十二年)、静嘉本(正德)、内阁本(正德十二年)、东大本(正德十二年)、刘本(正德十二年)、朝鲜本、闽本、明监本、毛本皆同。阮记云:“案:‘国语’当作‘里革’。”卢记同。此处所谓“国语”,乃《国语》所载之义,检《折衷》引《疏》文,正作“国语”,阮记谓当作“里革”,何其荒唐也!

26. 页二十左　凡田兽之脯腊膴胖之事

按:“膴胖之事”,八行本、故宫本、董本、十行本(正德十二年)、静嘉本(正德)、内阁本(正德十二年)、东大本(正德十二年)、刘本(正德十二年)、朝鲜本、闽本、明监本、毛本、婺本、建本、附图本、纂图本、互注本、京本、金本、徐本、岳本、唐石经、白文本皆同。阮记云:“唐石经、诸本同,案:‘膴胖之事’四字疑衍文。”卢记同。诸本皆同,又检《折衷》引经文,亦有“膴胖之事”四字,则四字不可阙,阮记所疑无据,不可信从。

27. 页二十左　若今凉州乌翅矣

按:“乌”,八行本、故宫本、董本、十行本(正德十二年)、静嘉本(正德)、内阁本(正德十二年)、东大本(正德十二年)、刘本(正德十二年)、朝鲜本、闽本、明监本、毛本、婺本、建本、附图本、纂图本、互注本、京本、金本、徐本、岳本皆同。阮记云:“诸本及《汉制考》同,惠士奇云:‘乌’当作

'乌'。"卢记同。诸本皆同,八行本《疏》文云"云'今凉州乌翅'者",则贾氏所见本作"乌",又检《折衷》引注文,亦作"乌",作"乌"是也,惠氏所疑无据,不可信从。

卷五

1. 页一右　若药不瞑眩厥疾不瘳

按:十行本、静嘉本、内阁本(元)、东大本(元)、刘本(元)、朝鲜本、闽本、明监本、毛本、京本同;八行本作"药不瞑眩厥疾无瘳",故宫本、董本、婺本、建本、徐本同;附图本作"药不瞑眩厥疾弗瘳";纂图本作"若药不瞑眩厥疾无瘳",互注本、金本、岳本同。阮记云:"闽、监、毛本同,岳本、嘉靖本作'药不瞑眩厥疾无瘳',宋本作'药不瞑眩厥疾弗瘳',惠栋云:余本仍有'若'字,'不瘳'作'无瘳',音义同。案:贾《疏》作'药不瞑眩厥疾无瘳',叶钞《释文》作'无瘳',以多者言之,'若'衍,'不'当作'无'。"卢记同。此句别本众多,检《折衷》引注文,亦作"药不瞑眩厥疾无瘳",则从八行本似胜,阮记是也。

2. 页四右　四时皆有疠疾

按:"疠",八行本、故宫本、董本、十行本、静嘉本、内阁本(元)、东大本(元)、刘本(元)、朝鲜本、闽本、明监本、毛本、婺本、建本、附图本、纂图本、互注本、京本、金本、徐本、岳本、唐石经、白文本皆同。阮记云:"唐石经、诸本同,岳本'疠'改'厉',非。"卢记同。诸本皆同,又检《折衷》引经文,亦作"疠",则原文不误。又明翻岳本作"疠"不作"厉",不知阮记所据何本,此字既不误,不当圈字出校,阮本于此自破其例也。

3. 页四右　冬时有漱上气疾

按:"漱",十行本、静嘉本、内阁本(元)、东大本(元)、刘本(元)、朝鲜本、互注本、京本、白文本同;八行本作"嗽",故宫本、董本、闽本、明监本、毛本、婺本、建本、附图本、纂图本、金本、徐本、岳本、唐石经同。阮记云:"唐石经、诸本'漱'作'嗽'。案:《说文》无'嗽'字,此本注及《疏》仍作'嗽',《释文》:嗽本亦作'欶'字。按:作'欶'为是。"卢记同。宋刊经注本、注疏本皆作"嗽",阮本《疏》文云"云'冬时有嗽上气疾'",则贾氏所见本作"嗽",又检《折衷》引经文,亦作"嗽",作"嗽"是也,当从八行本,十行本误作"漱",《释文》已明言一本作"欶",则作"欶"者别本也,阮记谓作"欶"为是,误甚。

4. 页四右　痟酸削也

按:"削",八行本、故宫本、董本、十行本、静嘉本、内阁本(元)、东大本(元)、刘本(元)、朝鲜本、闽本、明监本、毛本、婺本、建本、附图本、纂图本、互注本、京本、金本、徐本、岳本皆同。阮记云:"《说文》:痟,酸痟头痛,从疒肖声,《周礼》曰春时有痟首疾。案:许、郑义同,酸痟头痛,当作'酸削头痛'。"卢记同。诸本皆同,又检《折衷》引注文,亦作"削",作"削"是也。此条阮本不误,据阮记,乃正《说文》之误,衡其体例,绝不应于此加圈也,阮本非也。

5. 页四右　六痟作见

按:"六",八行本、故宫本、董本、十行本、静嘉本、内阁本(元)、东大本(元)、刘本(元)、朝鲜本、闽本、明监本、婺本、建本、附图本、纂图本、互注本、京本、金本、徐本、岳本同;毛本作"大"。阮记云:"毛本'六'误'大'。"卢记同。诸本多同,又检《折衷》引注文,亦作"六",作"六"是也,毛本作"大"显误。

6. 页四左　病由气胜负而生

按:"由",八行本、故宫本、董本、十行本、静嘉本、内阁本(元)、东大本(元)、刘本(元)、朝鲜本、闽本、明监本、毛本、婺本、附图本、纂图本、互注本、京本、金本、徐本、岳本同;建本作"犹"。阮记云:"宋本'由'作'犹'。案:《疏》云'故言犹气胜负而生',皆'由'之误。"卢记同。诸本多同,由者因也,病因气胜负而生也,检《折衷》引注文,亦作"由",作"由"是也,建本作"犹"显误,阮记是也。

7. 页六右　又有胃旁胱

按:"旁",八行本、故宫本、董本、十行本、静嘉本、内阁本(元)、东大本(元)、刘本(元)、婺本、建本、附图本、纂图本、互注本、京本、金本、徐本、岳本同;朝鲜本作"膀",闽本、明监本、毛本同。阮记云:"宋本、岳本、嘉靖本同,闽、监、毛本'旁'改为'膀',俗字,《疏》中准此。"卢记同。宋元刊本皆作"旁",考八行本《疏》文云"云'又有胃旁胱大肠小肠'者",则贾氏所见本作"旁",又检《折衷》引注文,亦作"旁",作"旁"是也,朝鲜本等误改。

8. 页六左　大肠为行道之府

按:"行道",八行本、故宫本、董本、十行本、静嘉本、内阁本(元)、东大本(元)、刘本(元)、朝鲜本、闽本、明监本、毛本皆同。阮记云:"案:《素问》作'传导之府'。"卢记同。诸本皆同,又检《折衷》引《疏》文,正作"行道",则原文不误。

9. 页六左　旁胱为津滴之府

按:"滴",八行本、故宫本、董本、十行本、静嘉本、内阁本(元)、东大本(元)、刘本(元)、朝鲜本、闽本同;明监本作"液",毛本同。阮记云:"闽本亦作'津滴',监、毛本'滴'改'液'。"卢记同。宋元刊本皆作"滴",又检《折衷》引《疏》文,亦作"滴",则原文不误,明监本等误改。

10. 页七右　折疡之祝乐

按:八行本、故宫本、董本、十行本(正德)、静嘉本(正德)、内阁本(正德)、东大本(正德)、刘本(正德)、朝鲜本、闽本、明监本、毛本、婺本、建本、附图本、纂图本、互注本、京本、金本、徐本、岳本、唐石经、白文本皆同。阮记云:"唐石经、诸本同,《释文》'折疡',刘本作'㓚'同。"卢记同。诸本皆同,又检《折衷》引经文,亦作"折疡之祝乐",则原文不误,《释文》所引或为别本。

11. 页七右　祝当为注读如注病之注

按:"为注",八行本、故宫本、董本、十行本(正德)、静嘉本(正德)、内阁本(正德)、东大本(正德)、刘本(正德)、朝鲜本、闽本、明监本、毛本、婺本、建本、附图本、纂图本、互注本、京本、金本、徐本、岳本皆同。阮记云:"古文假借,多取音同。《函人》甲属,《匠人》水属,注皆云属,读为注。"卢记同。诸本皆同,又检《折衷》引注文,亦作"为注",原文不误,不知阮本为何于此加圈。

12. 页七右　刮刮去脓血

按:"刮刮",八行本、故宫本、董本、十行本(正德)、静嘉本(正德)、内阁本(正德)、东大本(正德)、刘本(正德)、朝鲜本、婺本、纂图本、互注本、金本、徐本同;闽本作"劀刮",明监本、毛本、建本、附图本、京本、岳本同。阮记云:"嘉靖本同,闽、监、毛本上'刮'依经改'劀',非。"卢记同。检《折衷》引注文,亦作"刮刮",作"刮刮"是也,阮记谓作"劀"乃依经改注,甚是。

13. 页七左　今医人有五毒之药

按:"人",十行本(正德)、静嘉本(正德)、内阁本(正德)、东大本(正德)、刘本(正德)、朝鲜本同;八行本作"方",故宫本、董本、闽本、明监本、毛本、婺本、建本、附图本、纂图本、互注本、京本、金本、徐本、岳本同。阮记引文"今医方有五毒之乐",云:"此本补刻,'方'误'人',今据诸本订正。"卢记同。揆诸文义,当作"方",又检《折衷》引注文,亦作"方",作"方"是也,当从八行本。

14. 页八左　畜兽之疾病

按:"之",八行本、故宫本、董本、十行本、静嘉本、内阁本(元)、东大本(元)、刘本(元)、朝鲜本、闽本、明监本、毛本、婺本、建本、附图本、纂图本、互注本、京本、金本、徐本、岳本皆同。阮记、卢记皆无说。诸本皆同,又检《折衷》引注文,亦作"之",原文不误,不知阮本为何于此加圈。

15. 页九左　麴糵必时湛饎必洁

按:朝鲜本同;八行本作"麴糵必时湛饎必絜",故宫本、董本、金本同;十行本作"麴糵必时湛饎必潔",静嘉本、内阁本(元)、东大本(元)、刘本(元)、附图本同;婺本作"麴糵必时湛饎必絜",徐本同;建本作"麴糵必时湛饎必潔",纂图本、互注本、京本同;闽本作"麴糵必时湛饎必洁",明监本、毛本、岳本同。阮记引文"麴糵必时湛饎必潔",云:"此本'糵'误'糵',今据诸本订正,余本、嘉靖本'潔'作'絜',浦镗云'饎',《月令》作'炽'○按:汉人只用'絜'无用'潔'者。"卢记同。此《疏》引《月令》,检之作"曲糵",《释文》出字"曲糵",又检《折衷》引注文,亦作"麴糵必时湛饎必潔",则作"糵"是也,当从婺本。又絜、潔、洁可通,不必强分彼此也。

16. 页十二右　晋语云味厚寔昔毒

按:八行本、故宫本、董本、十行本(正德十二年)、静嘉本(正德)、内阁本(正德十二年)、东大本(正德十二年)、刘本(正德十二年)、朝鲜本、闽本、明监本、毛本皆同。阮记云:"案:《周语下》作'厚味寔腊毒',韦解'腊'读若'昔'。"卢记同。检《折衷》引《疏》文,亦作"晋语云味厚寔昔毒",则其时人所见如此,或贾氏所见《国语》与传世本有异,存疑可也。

17. 页十六左　八十月告有者

按:"有",十行本、静嘉本、内阁本(元)、东大本(元)、刘本(元)同;八行本作"存",故宫本、董本、朝鲜本、闽本、明监本、毛本同。阮记、卢记皆无说。此《疏》引注文,经注本郑注皆作"八十月告存",《折衷》引注文,亦作"八十月告存",则《疏》文引之,作"存"是也,当从八行本。

18. 页十九右　凌人掌冰正岁十有二月

按:"正",八行本、故宫本、董本、十行本、静嘉本、内阁本(元)、东大本(元)、刘本(元)、朝鲜本、闽本、明监本、毛本、婺本、建本、附图本、纂图本、互注本、京本、金本、徐本、岳本、唐石经、白文本皆同。阮记云："唐石经、诸本同。《汉读考》云：此郑君用杜说改'政'为'正'。"卢记同。诸本皆同，又检《折衷》引经文，亦作"正"，原文不误，段说纯属猜测，不可信从。

19. 页二十三左　二是馈孰阴厌

按："二"，八行本、故宫本、董本、十行本、静嘉本、内阁本(元)、东大本(元)、刘本(元)、朝鲜本、闽本、明监本、毛本皆同。阮记云："浦镗云：'一'讹'二'。"卢记同。考《疏》文云"天子诸侯尸食前仍有馈献二，是馈孰、阴厌，阴厌后，尸入室食，乃献；大夫士则馈孰与黍稷为阴厌，阴厌前无馈献，以此为异"，此所谓馈献二，乃指天子诸侯飨尸，馈孰一献、阴厌一献，大夫士惟阴孰一献，无馈厌之献，此为前后二者之异，故作"二"不误，又检《折衷》引《疏》文，亦作"二"，正可为证，原文不误，浦说非也。

20. 页二四左　宾尸故于侑

按："故"，八行本、故宫本、董本、十行本、静嘉本、内阁本(元)、东大本(元)、刘本(元)、朝鲜本同；闽本作"设"，明监本、毛本同。阮记引文"宾尸设于侑"，云"此本'设'误'故'，今据闽、监、毛本订正。"卢记同。故于侑，不知何义，考前《疏》云"正祭不设内羞，故于宾尸设之"，则作"设"是也，检《折衷》引《疏》文，正作"设"，可证，闽本等改之，是也。

卷六

1. 页一右　昌本麋臡菁菹

按："麋"，八行本、故宫本、董本、十行本、静嘉本、内阁本(元)、东大本(元)、刘本(元)、朝鲜本、毛本、婺本、建本、附图本、纂图本、互注本、京本、金本、徐本、岳本、唐石经、白文本同；闽本作"麇"，明监本同。阮记云："唐石经、余本、嘉靖本、毛本同，闽、监本'麋'误'麇'。"卢记同。《释文》出字"麋臡""菁"，又检《折衷》引经文，亦作"麋"，则作"麋"是也，闽本改作"麇"显误，《正字》云"麋，监本误'麇'"，是也。

2. 页一右　茆菹麋臡

按："麋"，十行本、静嘉本、内阁本(元)、东大本(元)、刘本(元)、朝鲜本、明监本、毛本、婺本、建本、附图本、纂图本、唐石经、白文本同；八行本作"麇"，故宫本、董本、京本、金本、岳本同；互注本作"麋"，徐本、闽本同。阮记云："嘉靖本'麋'误'麇'。"卢记同。考经文云"朝事之豆，其实韭菹、醓醢，昌本、麋臡，菁菹、鹿臡，茆菹、麋臡”，据贾《疏》，言“麋臡”者，以麋肉为醢，若此处复作“麋臡”，显然前后重复，则作“麇臡”是也，谓以麇肉为醢也。检《释文》出字“茆”“麇”，又《折衷》引经文，亦作“麇”，则作“麇”是也，当从十行本等，作“麋”“麖”皆误。

3. 页一右　杂以粱麹及盐

按：“梁”，十行本、静嘉本、内阁本(元)、东大本(元)、刘本(元)、朝鲜本、闽本、明监本、毛本、建本、互注本、金本同；八行本作“粱”，故宫本、董本、婺本、附图本、纂图本、京本、徐本、岳本同。阮记云：“嘉靖本‘梁’作‘粱’，此从木，讹。”卢记同。木梁如何有麹？显当作“粱”，检《折衷》引注文，亦作“粱”，则作“粱”是也，当从八行本，《正字》云“粱，误‘梁’”，浦说、阮记皆是也。

4. 页一右　涂置瓶中

按：“瓶”，十行本、静嘉本、内阁本(元)、东大本(元)、刘本(元)、朝鲜本、闽本、明监本、毛本同；八行本作“甀”，故宫本、董本、婺本、建本、附图本、互注本、京本、金本、徐本、岳本同；纂图本作“甄”。阮记云：“闽、监、毛本同，宋本、余本、岳本、嘉靖本‘瓶’作‘甀’，当据以订正，《公食大夫礼疏》引此亦作‘甀’。”卢记同。甀者，小口瓮也，瓶小不胜为醢之用，作“甀”是也，又检《折衷》引注文，亦作“甀”，当从八行本，《正字》云“甀，误‘瓶’”，浦说、阮记皆是也。

5. 页一右　麋骭髓

按：“骭”，八行本、故宫本、董本、十行本、静嘉本、内阁本(元)、东大本(元)、刘本(元)、朝鲜本、闽本、婺本、建本、附图本、纂图本、互注本、京本、金本、徐本、岳本同；明监本作“肝”，毛本同。阮记云：“宋本、余本、岳本、嘉靖本、闽本同，监、毛本‘骭’误‘肝’，《疏》中不误，《释文》‘骭’字有音。”卢记同。宋元刊本皆同，又检《折衷》引注文，亦作“骭”，则作“骭”是也，《正字》云“骭，误‘肝’”，浦说、阮记皆是也。

6. 页一右　菁菹韭菹

按：八行本、故宫本、董本、十行本、静嘉本、内阁本(元)、东大本(元)、刘本(元)、朝鲜本、闽本、明监本、毛本、婺本、建本、附图本、纂图本、互注本、京本、金本、徐本、岳本皆同。阮记云：“贾《疏》本作‘菁菹韭菁’，一本作‘韭’字作‘菲’，今本作‘韭菹’者，涉上经误也……○按：韭菹已见上，不当以韭菹释菁菹……是先郑作‘菁菹韭菁菹’也，韭华谓之韭菁，汉人语尚如此，后人夺下‘菁’字，贾时不误，《疏》内当作‘又菁菹韭菁菹者’，而转写亦夺‘菁’字。”卢记同。诸本皆同，又检《折衷》引注文，亦作“菁菹韭菹”，原文不误，段说纯属猜测，不可信从。

7. 页二右　芹菹

按：“芹”，八行本、故宫本、董本、十行本、静嘉本、内阁本（元）、东大本（元）、刘本（元）、朝鲜本、闽本、明监本、毛本、婺本、建本、附图本、纂图本、互注本、京本、金本、徐本、岳本、唐石经、白文本皆同。阮记云：“唐石经、诸本同，《释文》‘芹’：《说文》作‘莛’，云菜类蒿也。”卢记同。诸本皆同，又检《折衷》引经文，亦作“芹”，原文不误，《释文》所引，或为别本也。

8. 页二右　箈菹

按：“箈”，八行本、故宫本、董本、十行本、静嘉本、内阁本（元）、东大本（元）、刘本（元）、朝鲜本、闽本、明监本、毛本、婺本、建本、附图本、纂图本、互注本、京本、金本、徐本、岳本、唐石经、白文本皆同。阮记云：“唐石经、诸本同，《释文》‘箈’：《尔雅》作‘篙’，同。”卢记同。诸本皆同，又检《折衷》引经文，亦作“箈”，原文不误，《释文》所引，或为别本也。

9. 页七右　故书柜为柜

按：“柜”，十行本、静嘉本、内阁本（元）、东大本（元）、刘本（元）、朝鲜本、闽本、明监本、毛本、互注本同；八行本作“拒”，故宫本、董本、婺本、建本、附图本、纂图本、京本、金本、徐本、岳本同。阮记云：“嘉靖本‘柜’作‘拒’。”卢记同。宋刊八行本、经注本多作“拒”，《释文》作“为拒”，又检《折衷》引注文，亦作“拒”，作“拒”是也，当从八行本。

10. 页八右　子都与郑考叔争车子都扳棘以逐之

按：“郑”，十行本、静嘉本、内阁本（元）、东大本（元）、刘本（元）、朝鲜本、闽本、明监本、毛本同；八行本作“颍”，故宫本、董本同。“扳”，十行本、静嘉本、内阁本（元）、东大本（元）、刘本（元）、朝鲜本、闽本、明监本、毛本同；八行本作“拔”，故宫本、董本同。阮记云：“惠校本‘郑’作‘颍’，‘扳’当作‘拔’。”卢记同。此《疏》引鲁隐公元年《左传》，检之，作“颍”“拔”，又检《折衷》引《疏》文，作“颍”“拔”，则作“颍”“拔”是也，颍、颍可通也。

11. 页十左　重帝复帝

按：“复”，十行本、静嘉本、内阁本（元）、东大本（元）、刘本（元）、朝鲜本、闽本、明监本、毛本、互注本同；八行本作“复”，故宫本、董本、婺本、建本、附图本、纂图本、京本、金本、徐本、岳本同。阮记云:"闽、监、毛本同,宋本、余本'复'作'复'。"卢记同。宋刊八行本、经注本皆作"复",又检《折衷》引注文,亦作"复",作"复"是也,当从八行本。《正字》云"复,误'复'",是也。

12. 页十六左　角柶角七也

按:"七",闽本、毛本同;八行本作"匕",故宫本、董本、十行本、静嘉本、内阁本(元)、东大本(元)、刘本(元)、朝鲜本、明监本、婺本、建本、附图本、纂图本、互注本、京本、金本、徐本、岳本同。阮记引文"角柶角匕也",云:"宋本、嘉靖本同,此本及闽、监、毛本'匕'误'七',今订正。"卢记同。角七,不知何物,显误,《疏》文引注,正作"角匕",检《折衷》引注文,亦作"匕",作"匕"是也,当从八行本。《正字》云"匕,毛本误'七'",则浦镗所见监本亦作"匕",不误,阮记谓监本作"七",不知其所据何本,疑误。

13. 页十六左　复于四郊以绥

按:"绥",八行本、故宫本、董本、十行本、静嘉本、内阁本(元)、东大本(元)、刘本(元)、朝鲜本、闽本、明监本、毛本、婺本、建本、附图本、纂图本、互注本、京本、金本、徐本、岳本皆同。阮记云:"段玉裁云:绥,郑当作'緌'。"卢记同。诸本皆同,原文不误,检《折衷》引注文,亦作"绥",正可为证,段说不从。

14. 页十七右　凡亵器

按:"亵",十行本、静嘉本、内阁本(嘉靖)、东大本(嘉靖)、刘本(嘉靖)、互注本、白文本同;八行本作"䙝",故宫本、董本、朝鲜本、闽本、明监本、毛本、婺本、建本、附图本、纂图本、京本、金本、徐本、岳本、唐石经同。阮记云:"余本同,唐石经、嘉靖本、闽、监、毛本'亵'作'䙝',字从'埶',非从'执'也,当据以订正。"卢记同。宋本多作"䙝",检《折衷》引经文,亦作"䙝",则作"䙝"是也,当从八行本。

15. 页十八右　名正法上于下曰馈

按:"名",十行本(正德)、内阁本(正德)、东大本(正德)、刘本(正德)同;八行本作"若",故宫本、董本、明监本、毛本同;静嘉本(正德)为墨条,闽本同,朝鲜本阙。"馈",十行本(正德)、内阁本(正德)、东大本(正德)、刘本(正德)、朝鲜本、闽本、明监本、毛本同;八行本作"赐",故宫本、董本同;静嘉本(正德)为墨条。阮记云:"惠校本'名'作'若'、'馈'作

‘赐’,当订正。”卢记同。名正法,不知何义,考八行本《疏》文云“若正法,上于下曰赐,下于上曰献”,文从字顺,又检《折衷》引《疏》文,亦作“若”“赐”,正可为证,则当从八行本。

16. 页十八左　以齐大国专

按:“国专”,闽本、明监本、毛本同;八行本作“于鲁”,故宫本、董本同;十行本(正德)为墨条,静嘉本(正德)、内阁本(正德)、东大本(正德)、刘本(正德)同,朝鲜本阙。阮记云:“惠校本‘国专’作‘于鲁’,此非。”卢记同。齐大国专,不知何义,考八行本《疏》文云“齐大于鲁”,文从字顺,又检《折衷》引《疏》文,亦作“于鲁”,正可为证,则当从八行本。

17. 页十九右　诸侯朝觐所献国珍

按:“觐”,十行本(正德)、静嘉本(正德)、内阁本(正德)、东大本(正德)、刘本(正德)、朝鲜本同;八行本作“聘”,故宫本、董本、闽本、明监本、毛本、婺本、建本、附图本、纂图本、互注本、京本、金本、徐本、岳本同。阮记云:“此本《疏》中释经亦作‘朝觐’,下释注仍作‘朝聘’。案:宋本、余本、嘉靖本、闽、监、毛本皆作‘聘’字,贾《疏》引觐礼以释朝,引聘礼以释聘,明‘聘’字是也。”卢记同。宋刊注疏本、经注本皆作“聘”,《疏》文明释聘礼之仪,作“聘”是也,又检《折衷》引注文,亦作“聘”,正可为证,则当从八行本。加记谓岳本作“觐”,其所据岳本为明嘉靖翻刻本,今四部丛刊本岳本亦为嘉靖翻刻本作“聘”,不作“觐”,疑加藤误着。

18. 页二十右　不复识本制

按:“本”,八行本、故宫本、董本、十行本(正德)、静嘉本(正德)、内阁本(正德)、东大本(正德)、刘本(正德)、朝鲜本、闽本、明监本、毛本、婺本、建本、附图本、纂图本、互注本、京本、金本、徐本、岳本皆同。阮记云:“贾《疏》本作‘不复识旧制’〇按:此贾改字以申其义耳。”卢记同。诸本皆同,又检《折衷》引注文,亦作“本”,正可为证,则原文不误,阮记按语是也。

19. 页二十右　货布长二尺五寸

按:“二尺五寸”,十行本(正德)、静嘉本(正德)、内阁本(正德)、东大本(正德)、刘本(正德)、朝鲜本、闽本、明监本、毛本、互注本同;八行本作“二寸五分”,故宫本、董本、婺本、建本、附图本、纂图本、金本、徐本、岳本同;京本作“三尺五寸”。阮记云:“岳本、嘉靖本、《汉制考》、贾《疏》皆作‘二寸五分’,此误,当订正。”卢记同。货布岂有长达二尺五寸之理?显误,作“二寸五分”是也,又检《折衷》引注文,亦作“二寸五分”,正可为证,则当从八行本。《正字》云"分、寸,误'尺''寸'",是也,阮记是也。

20. 页二十右 足枝长八分

按:"枝",八行本、故宫本、董本、十行本(正德)、静嘉本(正德)、内阁本(正德)、东大本(正德)、刘本(正德)、朝鲜本、闽本、明监本、毛本、婺本、建本、附图本、纂图本、互注本、京本、金本、徐本、岳本皆同。阮记云:"此本《疏》中'枝'作'支',误。"卢记同。诸本皆同,又检《折衷》引注文,亦作"枝",正可为证,则原文不误。

21. 页二十右 右又曰货左文曰泉

按:八行本作"右文曰货左曰泉",故宫本、董本、十行本(正德)、静嘉本(正德)、内阁本(正德)、东大本(正德)、刘本(正德)、朝鲜本、婺本、建本、附图本、纂图本、互注本、京本、金本、徐本、岳本同;闽本作"右文曰货左文曰泉",明监本、毛本同。阮记引文"右文曰货左曰泉",云:"宋本、嘉靖本、《汉制考》同,闽、监、毛本'左'下衍'文'。案:此本右下'文'字剜挤,盖上云'右文曰货左文曰布',此蒙上,故云'右曰货左曰泉',二'文'字皆衍。"卢记同。宋元刊本皆作"右文曰货左曰泉",又检《折衷》引注文,亦作"右文曰货左曰泉",正可为证,则当从八行本,闽本"左"下补"文"字,非也,阮记谓两"文"皆衍,亦非也。阮本改"文"作"又",误甚。

22. 页二十左 至孝文有司言榆荚三铢轻易奸诈请铸五铢至王莽

按:"文",八行本、故宫本、董本、十行本(正德)、静嘉本(正德)、内阁本(正德)、东大本(正德)、刘本(正德)、朝鲜本、闽本、明监本、毛本皆同。阮记云:"《汉制考》云:武帝铸五铢,《疏》谓孝文作五铢,误也。"卢记同。诸本皆同,原文不误,文中未及文帝铸五铢钱,阮记所引王说甚非,又检《折衷》引《疏》文,亦作"文",正可为证。《正字》云"武帝,误'孝文'",亦非。

23. 页二十左 形如钱

按:"钱",闽本、明监本、毛本同;八行本作"刀",故宫本、董本同;十行本(正德)为墨条,静嘉本(正德)、内阁本(正德)、东大本(正德)、刘本(正德)同,朝鲜本阙。阮记云:"《汉制考》作'形如刀',此本'刀'字实阙,闽、监、毛本改作'钱'。"卢记同。形如钱,不知何义,钱如何可形?显误,作"刀"是也,又检《折衷》引《疏》文,亦作"刀",正可为证,则当从八行本。此处十行本系统未刻,闽本试以文义补之,非也,《正字》云"刀,误'钱'",是也。

24. 页二十左　以黄金错其文曰一刀直直五千

按：十行本（正德）、静嘉本（正德）、内阁本（正德）、东大本（正德）、刘本（正德）、朝鲜本同；八行本作“以黄金错其文曰一刀直五千”，故宫本、董本同；闽本作“以黄金镂其文曰一刀直直一千”，明监本、毛本同。阮记云：“惠校本、《汉制考》同，‘直’字不复，衍，闽、监、毛本‘错’误‘镂’，‘五’误‘一’。”卢记同。揆诸文义，当从八行本，又检《折衷》引《疏》文，亦作“以黄金错其文曰一刀直五千”，正可为证，闽本等误甚。《正字》云“《续汉志》作‘错’。直五千，误‘直直一千’”，是也。

25. 页二十左　异作泉公

按：八行本作“异作泉布”，故宫本、董本、闽本、明监本、毛本同；十行本（正德）作“异作泉也”，静嘉本（正德）、内阁本（正德）、东大本（正德）、刘本（正德）、朝鲜本同。阮记引文“异作泉布”，云：“惠校本‘异’作‘直’，当订正，《汉制考》亦误。”卢记同。异作泉布者，特作异形之泉布也，又检《折衷》引《疏》文，亦作“异作泉布”，正可为证，则当从八行本。阮记谓惠校本“异”作“直”，因谓当作“直”，误甚。阮本讹“布”为“公”，误甚。

26. 页二十左　其中有大布次布

按：“中”，十行本（正德）、静嘉本（正德）、内阁本（正德）、东大本（正德）、刘本（正德）、朝鲜本、闽本、明监本、毛本同；八行本作“布”，故宫本、董本同。阮记云：“《汉制考》‘中’作‘布’。”卢记同。揆诸文义，作“布”是也，又检《折衷》引《疏》文，亦作“布”，正可为证，则当从八行本。

27. 页二十左　莽以刘有金刃

按：“刃”，十行本（正德）、静嘉本（正德）、内阁本（正德）、东大本（正德）、刘本（正德）、朝鲜本、闽本、明监本、毛本同；八行本作“刀”，故宫本、董本同。阮记云：“惠校本、《汉制考》‘刃’作‘刀’，此误。”卢记同。刘字从刀不从刃，作“刀”是也，又检《折衷》引《疏》文，亦作“刀”，正可为证，则当从八行本，阮记是也。

28. 页二十一右　问行用常知多少而已

按：“常”，十行本（正德）、静嘉本（正德）、内阁本（正德）、东大本（正德）、刘本（正德）、朝鲜本、闽本、明监本、毛本同；八行本作“当”，故宫本、董本同。阮记云：“浦镗云：当，误‘常’。”卢记同。揆诸文义，作“当”是也，又检《折衷》引《疏》文，亦作“当”，正可为证，则当从八行本。《正字》云“当，误‘常’”，是也。

语言文化

从昭君出塞故事的多重书写看历史叙事中的后见之明

赵玉荣　李世勇

（东北大学秦皇岛分校　外国语言文化学院；兰州大学　管理学院）

导　论

由于昭君形象丰富的政治寓意，昭君可以说是中国历史上着墨最多、讨论最为持久的女性之一①。昭君故事的历史记载最早见于班固的《汉书》，仅有百余字，在后代的正统和民间史学记载中几经变迁，不断丰富，而以其故事为基础的文学作品和民间故事更是数量繁多。千百年来，昭君的故事被史学家、文学家、民间大众反复记载着、吟诵着、重塑着。不同的声音夹杂着、交替着进入到故事的阐释语境，使昭君故事在传承、传播过程中戴上了层层的面纱。不同文本中的昭君或哀怨于帝王之无情，或自主承担国家之重托，或执着于返回故土，或在异乡安于宿命。今天的我们，究竟该如何去理解关于昭君形象和昭君命运的不同诉说呢？

本文认为理解该现象的路径是对历史叙事意义的辩证理解。叙事学家 Mark Freeman 的后见之明观对我们颇多启迪。Freeman 认为自传体叙事中芜杂无序的过去通过故事形态被附加意义，其主旨并非再现过去的

※　本文是教育部人文社科项目“美国华裔移民自然叙事中的多重身份建构研究”（20YJA740063）的部分成果。

① Rojas C.：*The Great Wall：A Cultural History*，Harvard University Press，2010，pp. 78-79.

经历片段,而在于反映叙事者从当下视角回望、反思、组构过往经历从而完成的意义建构。[①] 亦即,过往经历的意义实现于今日视角的回望。本文认为历史叙事同样是社区、民族、国家记忆的回顾性叙事,不同叙事中昭君的多重形象恰是不同阐释者所在不同时代、不同立场回望视域之所见。本文从后见之明观对昭君故事意义的层累性书写进行解析,简要勾勒该故事在不同的历史文化语境下,在不同的书写体裁中获得多重阐释的历程。

一、历史书写中的叙事建构与后见之明

20世纪七八十年代以来,历史学和史学理论的学术形态发生了很大的变化,后现代主义思潮催生了历史研究的叙事转向[②]。历史记述的客观性和历史阐释的统一性遭到迅猛的冲击,历史的叙事建构观逐渐兴起。其基本主张是:历史文本与文学文本同样是以叙事模式为主导的语言表达,历史书写者不可避免地借助于虚构和想象将一系列事件组织起来,赋予其连贯性,并按照自己所处的文化传统在过去与现在之间建立关联,对事件的意义进行评价和阐释[③]。

叙事学家Mark Freeman以"后见之明"一词更为直观、清晰地概括了历史叙事的意义建构理论,指出"后见之明"是自我叙事反思的核心,强调"当下"(now)对过去经历阐释的投射,提出个体通过建构过去的经历与当下自我状态中的关联,实现对自我生命经历的情节化,并将记忆中的某个事件置于正在发生并将持续进行的自我生命宏观叙事的一部分——而这样的反思意义来源于当下更为宏大的视野,是处于事件发生情景之初的自我所无法认识到的[④]。同时,Freeman的贡献还在于厘清了"后见之明"中的道德伦理意义。他指出在回望过去的经历时,后见之明会提升自我的道德审视水准,超越个体最初经历的视角[⑤]——这是因为在回

---

① Freeman M.: *Hindsight: The Promise and Peril of Looking Backward*, Oxford University Press, 2010, p. 4.

② 彭刚:《叙事的转向:当代西方史学理论的考察》,北京大学出版社2009年版,第219—220页。

③ White H.: *Tropics of Discourse*. Baltimore, Johns Hopkins University Press, 1978, p. 90.

④ Freeman M.: *Hindsight: The Promise and Peril of Looking Backward*, p. 5.

⑤ Freeman M.: *Hindsight: The Promise and Peril of Looking Backward*, p. 69.

望之时，自我的记忆中已经交杂了他者的故事和阐释，相关的他人的故事充分融合了“叙事无意识”——即来自个体所在文化传统的伦理、道德观念[①]和集体记忆[②]。由此，个体经历叙事是宏大社会历史书写的一部分。

参照上述“后见之明”叙事建构观，我们认为今日研究历史叙事的目的不是拨开云雾发现真实的过去，而是挖掘“记忆的过去”或者说“阐释的过去”，厘清不同人群、不同时代如何基于其所处的“当下”的社会文化语境来重构并阐释过去的历史事件，如何基于其所在群体所具有的不同的集体记忆和叙事无意识进行伦理道德意义的阐释。

基于上述认识，本文认为昭君故事的多重叙事主要源自不同书写者对故事意义阐释的不同。接下来，本文将着重厘清阐释者所在历史文化语境和所在伦理道德立场的变迁。希望这样的阐释史研究能够提供历史叙事研究的新视角。

二、后见之明视域下昭君故事的多重书写

比较各不同版本，可以看出该历史事件的核心角色是单于、汉元帝和王昭君，核心情节是：呼韩邪单于亲自/派使者到长安，拜见汉元帝，与汉元帝之间达成重修朝贺之礼的共识，汉元帝赐王昭君于单于。历史记述的简略、留白为后世各不同交际场域的书写提供了可加工、可描摹的空间，由此引发了千百年来昭君故事书写中的众声喧哗。

（一）代表性历史记述与阐释

关于昭君和亲故事的历史记述主要见于《汉书》《后汉书》《资治通鉴》等史籍[③]。这些历史记述对昭君出塞故事的本事提供了概略性陈述。

班固的《汉书·元帝纪》和《汉书·匈奴传》中的记载非常简短。前者写道：“竟宁元年春正月，匈奴乎韩邪单于来朝。诏曰：‘匈奴郅支单于背叛礼义，既伏其辜，乎韩邪单于不忘恩德，乡慕礼义，复修朝贺之礼，愿保塞传之无穷，边陲长无兵革之事。其改元为竟宁，赐单于待诏掖庭王樯

① Freeman M.：*Hindsight：The Promise and Peril of Looking Backward*，p. 96.

② Freeman M.：*Hindsight：The Promise and Peril of Looking Backward*，p. 103.

③ 此外，宋代《西汉会要》卷六八对匈奴单于的记述包含昭君出塞故事，但其内容完全择取自《汉书·匈奴传》，未有情节增删和意义重释。

为阏氏。'"[①]这段故事的主人公是汉元帝,核心叙述逻辑是:呼韩邪单于不忘恩德——愿意复修朝贺之礼——元帝应允,改国号为竟宁,并赐昭君给单于。

后者中的记载略微丰富一些:"竟宁元年,单于复入朝,礼赐如初,加衣服锦帛絮,皆倍于黄龙时。单于自言愿婿汉氏以自亲。元帝以后宫良家子王嫱字昭君赐单于。单于欢喜,上书愿保塞上谷以西至敦煌,传之无穷,请罢边备塞吏卒,以休天子人民。……王昭君号宁胡阏氏,生一男伊屠智牙师,为右日逐王……呼韩邪死,雕陶莫皋立……复株累单于复妻王昭君……"[②]这段故事的主人公是匈奴单于,其核心逻辑是:单于自言愿婿汉氏——元帝应允,赐昭君给单于——单于欢喜,上书愿保边境安宁——昭君生子,后从胡俗复嫁呼韩邪之子。

上述两段叙事都是典型的政治叙事,均出自东汉史学家班固。彰扬汉德,宣传汉帝的功业是其记述历史的核心目标。汉与匈奴之间和平礼敬的军事政治关系是和亲的背景,也是和亲的结果,自然是叙事的重点。主要人物的情感和心理几乎未进入叙事。第二个故事中虽提及单于的感受——"单于欢喜",但其欢喜的缘由究竟是元帝的赏赐,还是昭君的美貌,记述中并未交代。三个主要人物的描写和记述都仅限于政治角色。关键人物昭君被物化为汉帝所赐之礼,昭示着汉帝和单于对"无兵革之事"的约定,是政治交易的附属品。其作为女性主人公的声音和诉求完全被压制,书写者并未着墨于当事人昭君的态度和情感,也并不在意昭君本人的意愿。

《后汉书·南匈奴列传》中作者范晔为昭君的故事增加了一些背景信息,也借助主观想象丰富了一些细节:"昭君字嫱,南郡人也。初,元帝时,以良家子选入掖庭。时呼韩邪来朝,帝敕以宫女五人赐之。昭君入宫数岁,不得见御,积悲怨,乃请掖庭令求行。呼韩邪临辞大会,帝召五女以示之。昭君丰容靓饰,光明汉宫,顾景裴回,竦动左右。帝见大惊,意欲留之,而难于失信,遂于匈奴。生二子,及呼韩邪死,其前阏氏子代立,欲妻之,昭君上书求归,成帝敕令从胡俗,遂复为后单于阏氏焉。"[③]

这一版本的叙述中,昭君与汉元帝同是故事的主人公。二者之间产

① (汉)班固:《汉书》卷九《元帝纪九》,中华书局1962年版,第297页。

② (汉)班固:《汉书》卷九四《匈奴传》,第3803—3807页。

③ (南朝宋)范晔:《后汉书》卷八九《南匈奴列传》,中华书局1965版,第2941页。

生直接的情感关联。其核心逻辑有重要的调整，增加了昭君之怨和汉帝之无奈两个重要情节：昭君选入掖庭，不得见御——积悲怨——自请出塞；临辞大会上，昭君丰容靓饰——帝见大惊——意欲留之，而难于失信——遂于匈奴。此外，昭君美貌的细节描述以及昭君复嫁前上书求归而未获成帝批准的细节都加重了昭君故事的悲剧因素。情节的丰富和形象的立体使得《后汉书》中昭君故事的历史书写在一定程度上超越了政治书写的界限，增添了些许文学韵味。

该段叙事显示书写者范晔从自身所处时代和立场对汉代历史事件的阐释与解读。范晔所处的时代为南朝宋，妇女地位比秦汉时期有明显提高，妇女受教育程度较高，可以像男性一样参与社交活动，在择偶婚配上有一定的自主权，在成婚后的家庭生活中也拥有一定的话语权。在这样的背景下，范晔的《后汉书》在《帝纪》之后添置了《皇后纪》，并增加了《列女》类传。为此，《后汉书·南匈奴列传》中昭君的人格化特征得以凸显，并在故事的发展中起到重要作用。该版本叙述中，昭君的女性资本——美貌被强化："丰容靓饰，光明汉宫，顾景裴回，竦动左右"。昭君作为女性的主观意愿进入书写者的视野。昭君不再是无声无息的君王馈赠之礼，而是一位有情感需求，对自己的人生有一定程度自主规划的女性：昭君因多年不被君王欣赏，积攒了悲怨，因而自请出行。此外，当时战事频繁，民族矛盾突出，人们渴望民族间的和平共处。因此，《后汉书》中强化了汉帝虽有意挽留昭君，却唯恐失信于匈奴，仍旧赐昭君于单于的情节。同时，范晔所处时代政治黑暗，君子怀才不遇以及其自身仕途的不顺或许也促使其对昭君拥有非凡美貌却远嫁并客死他乡事件的渲染与细化。

比《后汉书》成书时间更晚的宋代司马光《资治通鉴·汉纪》并未采用《后汉书》中的记述，其记载基本与《汉书·匈奴传》类似："春，正月，匈奴呼韩邪单于来朝，自言愿婿汉氏以自亲。帝以后宫良家子王嫱字昭君赐单于。单于欢喜，上书'愿保塞上谷以西至敦煌，传之无穷。请罢边备塞吏卒，以休天子人民'"，"单于号王昭君为宁胡阏氏；生一男伊屠智牙师，为右日逐王。"[①]这段故事的核心逻辑与《汉书·匈奴传》同，即：单于自言愿婿汉氏，元帝应允，赐昭君给单于。单于欢喜，上书愿保边境安宁。

① （宋）司马光编著，（元）胡三省音注：《资治通鉴》卷二九《汉纪》二一，竟宁元年春正月，中华书局1956年版，第941—942、944—945页。

其核心故事是单于与汉元帝之间的政治活动，而昭君仅代表着汉元帝的馈赠之礼和单于欢喜的缘由。昭君的内心想法、情感被压制，未进入叙事平台。作者这样的处理同样源自其所处的时代和立场。宋代儒学昌盛，强调纲常伦理，强调男性的权力和威严。因此，在那个时代的集体记忆、叙事无意识的支配下，司马光并未像范晔那样，着墨于昭君的内心想法和自主行动。

比较上述四段叙事中的人物和情节刻画(参见表一)。综合来看，历史叙事并非绝对的客观史实，其中不乏史传作者时代、社会、政治、生活的投射印记。相较于其他体裁，在其回望视角和回望视域中具有以下共同特点：

表一　　历史记述中的主要角色及角色表征

角色		汉书·元帝纪	汉书·匈奴传	后汉书·匈奴传	资治通鉴·汉纪
元帝	(行)	改元为竟宁；赐待诏掖庭王蔷	赐良家子王蔷	赐宫女；召宫女以示	赐良家子王蔷
	(情)			大惊，意欲留之；而难于失信，遂于匈奴	
单于	(行)	来朝；上书愿保平安	复入朝，愿婿汉氏；上书愿保平安；死	来朝	来朝；上书愿保平安；号昭君为宁胡阏氏；死
	(情)		欢喜		欢喜
昭君	(行)		号宁胡阏氏；生一男	选入掖庭；不得见御；自请出行；丰容靓饰；生二子；上书求归；复为后单于阏氏	自请出行；生一男
	(情)			积悲怨	

首先，男性视角的政治叙事特点突出。这些史传书写由精英文人执笔，主要角色或为汉元帝，或为单于，旨在为帝王做纪，向后世精英、知识分子宣讲帝王历史功绩，人物的政治符号意义突出。叙述的重点是事件的缘起、结局和影响，较少涉及人物情感和人物心理。只是在《汉书·匈奴传》和《资治通鉴》中约略提及了单于因为汉帝的赏赐而欢喜，在《后汉

书》中作者写到了汉元帝看到昭君的美貌有所迟疑，而昭君因为不得见御而积悲怨。

其次，女性被物化，相关叙事被压制。在四种叙事中，昭君主要作为被赏赐之物而存在。昭君作为女性个体的思想、情感、心理以及行动都没有成为书写的重点。甚至昭君的外在特征、家世背景也未着重介绍。仅在《后汉书》中，昭君形象有所丰富，提及其美貌，提及其积悲怨而自请出行。但与后代的文学书写相比，仍然是脸谱化的，昭君的个体形象仍然显得单薄。

再次，道德叙事服务于政治叙事，相对隐晦。主要宗旨是彰显政治稳定和民族融合，强调个体的付出，强调国家意志、集体意志，压制个体声音。强调民族间的和平守望，但以华夷之辨为潜在逻辑，强调大汉的正统地位和单于的臣服。

从纵向来看，四个版本的故事讲述在情节建构和意义阐释上也各有不同特点。其差异性来源于叙事作者所在的时代、立场所赋予的不同的当下视角透视——不同作者基于当下视角重构或重新阐释历史叙事中对角色动机、角色主动/被动参与历史事件的演绎不同，为了完善故事意义对次要角色的增添和对故事背景的描绘不同。班固的《汉书·元帝纪》和《汉书·匈奴传》分别聚焦于元帝和单于，从不同侧面讲述同一事件，互为验证。后者补充完善了昭君到匈奴后的生活情况。而《后汉书·南匈奴传》则对事件的发展动因和逻辑进行细化、调整，彰显了昭君在历史事件中的主动性。由此可以说，从《汉书》到《后汉书》，女性主人公的声音在历史传承中逐渐加强，昭君的形象经历了从单调到逐渐丰满的变化过程。这样的变异中昭君人物的工具属性逐渐弱化，个体意志和女性声音在民间视角阐释的渗透下逐渐加强。《资治通鉴》对去情感化历史书写方式的回归则又体现了书写者个体立场的影响。

（二）代表性文学记述及其阐释

昭君本事历史记载的约略性为文学虚构与想象留下了丰富的空间，而其中昭君貌美却被深藏之幽怨，柔弱却要远嫁他乡、承担和国大任之悲壮更为文学叙述提供了诉说的原初动力。迄今咏叹昭君命运的诗词多达七百余首，叙述昭君故事的小说戏剧多达二百余部。不同时代的文学家各自将自己时代的历史透视和审美意识投射到文学创作中，形成一种兼具艺术性和时代性的历史阐释方式。本节选取对后代历史阐释影响较大的四种文学叙述进行讨论。

1.《西京杂记》之“画工弃市”

《西京杂记》是一部杂记小说,相传为汉代刘歆著、东晋葛洪辑抄,内容涉及宫廷秘事、典章制度、文士伎艺、奇珍异物等,其中包含一则“画工弃市”故事,叙说昭君出塞始末①。其故事背景是:“元帝后宫既多,不得常见,乃使画工图形,案图召幸之。诸宫人皆赂画工,独王嫱不肯,遂不得见。”主要情节包括:(1)匈奴入朝,求美人为阏氏,上案图,以昭君行。(2)及去,召见,貌为后宫第一,善应付,举止优雅。帝悔之,而名籍已定,帝重信于外国,故不复更人,乃穷案其事,画工(毛延寿等)皆弃市,籍其家,资皆巨万。

与前述历史叙述不同,除元帝、昭君、匈奴(单于)等角色外,该故事版本对原有史实进行艺术加工,增添了对后世昭君叙事影响深远的“画工丑图”情节。画工丑图是昭君命运的关键节点——因为昭君不肯贿赂,被画工毛延寿创作丑图,于是昭君不得见君,并依据丑图被元帝选中赐予单于,而元帝送别召见时,才发现其貌美无双且举止娴雅,深感懊悔,于是彻查此事,并处置毛延寿等画工。画工毛延寿这一人物的艺术创造和丑图情节的增添使得昭君出塞这个故事在情节上更加曲折和丰富,同时也使得昭君形象突破史书中记载的单薄的、物化般的存在,变得圆满和生动。该情节为昭君貌美见弃这一情节链补充了合情合理的缘由,很好地调和了文人叙事中既要同情昭君又不愿诟病汉帝的矛盾。这样的叙述也间接反映了创作者或编辑者从东晋时期回望汉代历史的视角和东晋时期人们对君臣关系和宫廷政治的集体记忆。东汉末至魏晋,由于战乱频仍,社会黑暗,政治腐败,正直有才之人,难有进阶之路,而庸碌有钱的人,却可以凭贿赂官员而得以升迁。昭君因清高而不得见君约略反映了故事创作和流传整理时知识分子“怀才不遇”的深层叙述动因(即叙事无意识)。由此,昭君怨和画工丑图成了后代昭君故事诗歌、戏剧、小说书写的基本元素。

2.《汉宫秋》

元代杂剧大师马致远的《汉宫秋》是昭君故事历史文学书写的承上

---

① (晋)葛洪辑,向新阳、刘克任校注:《西京杂记校注》卷二《画工弃市》,上海古籍出版社1991年版,第67页。

启下之作，“在所有描写王昭君故事的古代小说、戏曲中，它也是文学成就最高、影响最大的一部作品”[①]。全剧四折一楔子。楔子部分交代背景：番国单于强势，提议和亲；中大夫毛延寿建议皇上广征美女，并获任选择使。主要情节包括：(1)王昭君美貌非凡，但不肯贿赂，被毛延寿在美人图上做手脚，独处冷宫；元帝深夜循着琵琶声得见昭君美貌，封为明妃，问明毛延寿的欺瞒行为，欲将其斩首。(2)毛延寿投奔单于，怂恿单于要挟汉帝献出昭君和亲；元帝与昭君恩爱，不舍昭君离去，昭君自请和番，以息刀兵。(3)昭君拜别，元帝忍痛送行；单于将昭君封为宁胡阏氏，率兵北去；昭君不舍故国，在番汉交界处投江身亡。(4)单于为避免与汉朝结下仇隙，将毛延寿送还汉朝处治；元帝梦中与昭君相会，惊醒后听到孤雁哀鸣，伤痛不已，后将毛延寿斩首，祭献明妃[②]。

该剧的主角是汉元帝，从汉元帝的视角诉说在匈奴威胁下，元帝被迫送爱妃王昭君出塞和亲的伤痛与悲凉。该剧具有突出的后见之明特性。首先，该剧随处可见作者所处时代的政治文化意义的渗透。马致远生活的元代，正是胡强汉弱、民族歧视和民族压迫都十分沉重的时代。因此，剧作家借古喻今，将原本军事较匈奴更胜的大汉朝重塑为将相怯懦无能、畏敌如虎的朝代，并塑造多情、重情却无奈屈服于匈奴强势的汉帝形象来比拟元代异族统治下地位低下、委曲求全、毫无尊严的汉族文人。其次，该剧从后见视角重塑故事的道德意义。除画工丑图外，增添毛延寿叛国投敌情节，强化毛的丑恶，使公众对汉帝遣送昭君出塞的怨懑转移到对佞臣当道的愤恨，将帝君屈服于强势的匈奴、奉献自己所爱之人的耻辱阐释为佞臣之过。同时，该剧从回望视角强化女性的贞洁意识，将昭君的结局设置为忠于汉帝，自尽而亡。再次，该剧从昭君后来承担国家重托、化解民族矛盾的行动回望昭君的出生，将昭君的出生神圣化。剧中的昭君被描述为母亲梦月入怀，天赋不凡。最后，元代文人意识、个体意识苏醒，在之前作品中隐含的汉帝与昭君的感情线凸显，在二者之间的爱情和被迫分别的戏剧张力中，悲剧因素得到强化。

3.《和戎记》

该剧为明代作品，但作者不详，共三十六折。主要情节包括：(1)元

① 张文德：《王昭君故事传承与嬗变》，南京师范大学2004年博士学位论文，第58页。

② 顾学颉：《元人杂剧选》，人民文学出版社1998年版，第117—146页。

帝正宫虚位,欲以安国侯推荐的貌美非凡的王嫱为后;西台御史毛延寿索贿不得,点坏王嫱仪容图,进谗言,王嫱被贬入冷宫。(2)王嫱在冷宫受苦,太白金星赐其瑶琴,元帝闻琴声见到王嫱,传旨抄斩毛延寿全家,册立王嫱为皇后,封为昭君。(3)毛延寿脱逃,唆使单于兴兵南下,指图索取昭君,京城被围,元帝派宫人萧善音假扮昭君,出塞议和。(4)三年后,假昭君被识破,单于复又出兵侵伐,元帝送真昭君至塞外;昭君请单于先奉降书降表,并诛毛延寿,单于一一照办,昭君自投江而死。(5)太白金星命土地变作白雁,为昭君传书元帝,昭君托梦,元帝复娶昭君妹为皇后,封赛君①。

该剧在元杂剧《汉宫秋》的基础上再创作而成,但有不少改变。首先,在民族矛盾弱化的明代,原来作品中的政治叙事、民族叙事进一步淡化,情感叙事和道德叙事成为故事的主线。叙述的重点是昭君命运的多舛和奸佞小人的作恶。毛延寿的陷害致使昭君困于冷宫,之后得到皇帝眷顾的昭君又再次因为毛延寿唆使下沙陀人围困而面临夫妻分别的境遇;虽得萧善音假扮所助,仍然在三年后不得不与汉帝分别,最终投江而死。其次,政治叙事弱化的同时是民间叙事和大众伦理的介入。一方面神圣化叙事进一步加强,太白金星成为昭君命运转折中的重要助力。最初与元帝的相识相恋以及最终让妹妹代嫁夙愿的达成皆仰仗太白金星的助力。另一方面,剧作家表达了民间叙事无意识中对善有善报、恶有恶报结局的期盼:毛延寿被诛杀,而昭君梦中与元帝相聚,元帝梦醒后按其要求迎娶昭君之妹,最终妹妹赛君与元帝幸福相伴。

4.《王昭君》

《王昭君》为当代剧作家曹禺应周总理反映跨民族婚姻、民族融合的书写要求而作,政治叙事特点突出。主要背景:昭君已进宫三年,未曾见到皇帝,昭君希望离开皇宫;姜夫人(姑姑)却一直在为其寻找晋升机会。主要情节包括:(1)单于来到长安求婚,昭君报名请行;姜夫人(姑姑)带来昭君会晋升"美人"的喜讯;等待皇帝一生的孙美人被带去皇陵,兴奋而死;昭君接过成为阏氏备选之旨意。(2)单于内弟温敦与单于政见不合,派人骚扰汉家商队;单于与元帝相谈甚欢;昭君面见单于与元帝,其美貌惊动众人,昭君演唱民间爱情歌曲"长相知",并讲

① 张文德:《王昭君故事传承与嬗变》,第70页。

述汉匈情同兄弟、相知相惜的道理；元帝未受匈奴骚扰商家消息影响，封昭君为公主，指派送亲正使和副使。(3)昭君已到匈奴三个月，等待进庙加封阏氏；昭君与单于妹妹交好，学习匈奴骑马和化妆风俗；王龙与温敦交好，温敦挑拨汉匈关系；单于查清温敦手下抢劫汉家商队的事情，从轻发落；昭君命人搬回去世阏氏塑像，与单于倾心交谈。(4)温敦挑拨单于与汉帝的关系，声称昭君是奸细；苦伶仃(单于老奴)提醒单于不要相信温敦；昭君被诬陷给单于之子下毒，打碎前阏氏塑像；单于之子被苦伶仃救活；晋封大礼被推迟。(5)单于妹妹阿婷洁向昭君请罪，告知乌禅幕抓住了嫁祸昭君的人；单于赠昭君宝刀，以示信任；王龙与单于对质，得知温敦的阴谋；单于打败温敦的叛军，抓住温敦；昭君进庙加封阏氏①。

曹禺先生一向强调"写历史剧必须带着剧作者所处的时代精神"②。在该版本叙事中，剧作家从后见之明角度直接将新时代的个性解放话语移植到古代故事的讲述中。首先，昭君不单是自请出行，而是自觉出塞。一改之前版本中的悲怨，这里的昭君从一开始就具有反思能力，对照孙美人一生不得皇帝眷顾的悲惨命运，昭君不甘于幽居深宫，自愿放弃晋升"美人"的机会，理性选择远走塞外。其次，昭君富有政治意识和谋略，她理解民族之间的军事政治格局，主张汉匈之间兄弟般的互信合作，并乐于为此牺牲和奉献，愿意舍弃个人感情，顾全大局，以民族团结为己任，行事谨慎而有筹谋。在塞外的生活中，有能力化解危机，击破温敦等人的阴谋，获得阿婷洁、乌禅幕以及单于的信任。再次，昭君是一个独立自主的新女性，具有清醒的个体意识和女权意识。她不甘于姑姑姜夫人对其人生的设计，而愿意独立选择自己的人生，承担时代使命。

总体来看，与历史叙述相比，上述昭君故事的文学叙述具有更加突出的主观阐释特色(参见表二)。该类叙事一般由精英文人依托历史记述创作，旨在向民间大众讲述当下立场上回望所见故事的主旨意义。该类叙事较多呈现精英叙事、雅文学叙事特征。由于创作者的精英立场，一般在追求人物形象饱满、情节曲折丰富、语言优美、情感深刻的基础上，该类

① 曹禺：《王昭君(五幕历史剧)》，田本相、刘一军主编：《曹禺全集》第四卷，花山文艺出版社 1996 年版。

② 王兴平、刘思九、陆文璧：《曹禺研究专集》(上册)，海峡文艺出版社 1985 年版，第 204 页。

表二　　文学书写中的主要角色及角色表征

角色		西京杂记	汉宫秋	和戎记	王昭君
元帝	(行)	画工图形，案图召幸；以昭君行，召见；不复更人；穷案其事，籍其家	得见昭君，封为明妃；问明毛的欺瞒；恩爱；送昭君；梦中相会；将毛斩首；祭献明妃	闻琴声见王嫱；册立皇后，封为昭君；抄斩毛全家；派假昭君；送昭君出塞；复娶昭君妹	将昭君贬入冷宫；未受挑拨；封昭君为公主；派使者送亲
	(情)	悔之；重信于外国	爱昭君；不舍离别，伤痛不已	无奈	
单于	(行)	入朝；求美人为阏氏	封宁胡阏氏；率兵北去；送还毛	兴兵南下；复又出兵侵伐；一一照办；杀延寿	来到长安求婚；与元帝相谈甚欢；赠昭君宝刀，以示信任；打败叛军，抓住温敦
	(情)		避免与汉结怨	痛惜不已	迟疑；钟情于昭君
昭君	(行)	不肯贿赂；不得见君；善应付，举止优雅	不肯贿赂，独处冷宫；自请和番，以息刀兵；拜别；投江身亡	在冷宫受苦，获瑶琴；行至塞外，请单于受降诛毛；自投乌江；托梦汉帝	报名请行，拒绝加封；接过备选阏氏旨意；向皇帝和单于谈兄弟之谊被诬陷；获单于信任；适应习俗；与阿婷洁交好；进庙加封阏氏
	(情)		不舍故国	钟情于汉帝	冷静果敢；钟情于单于
毛	(行)	图形；被贿；被弃市；被籍家	做手脚，索贿；投奔单于；要挟汉帝	索贿不得，点坏仪容；进谗言；脱逃，献画像；唆使单于指图索取昭君	
	(情)				

叙事者的回望视域中多自觉融入国家意志叙事，主张民族和平或民族融合的大势，明晰或隐含反映文人志士的忧国、报国、忠君情怀，刻画主要人物重情重义之精神。其道德叙事相对清晰，除彰扬政治稳定和民族融合，强调个体意志服从于民族利益之外，还较多强调女性的贞洁和对夫君的

遵从。《西京杂记》中的汉帝具有清晰的政治责任感，虽然懊悔未曾早日发现昭君之美貌，但“帝重信于外国，故不复更人”。《汉宫秋》中的元帝重情，与昭君恩爱，不舍昭君离去。而昭君深明大义，忠君爱国，“自请和番，以息刀兵”，不舍故国与皇帝，在番汉交界处自尽。《和戎记》中元帝与昭君情深义重，昭君既承担和国重责，又坚守对汉帝的情谊——至塞外，请单于先奉降书降表，诛毛延寿，之后自投江而死。《王昭君》中的昭君深谙汉匈情同兄弟，需要和谐共存之礼，自觉维护民族间的和平与共融。

值得注意的是，四类文学叙述中，为刻画昭君正面形象而又同时避免诟病汉帝，都浓墨重彩地刻画了昭君美好生活的破坏者形象，即：前三种叙事中制作丑图甚至勾结番国的画工，以及第四种叙事中挑拨汉匈关系的温敦。此外，几种文学叙事都深受民间叙事阐释的影响，较多强调善恶有报，强调昭君等人物的神圣性，是国家意志叙事与民间阐释之间的渐变体，呈现复调叙事特征。比如《西京杂记》中对画工毛延寿等人索贿、受贿之事多有民间叙事善用的夸张和重视道德惩戒的特色，指出各位画工“籍其家，资皆巨万”，故而均被弃市。《汉宫秋》和《王昭君》对昭君身世的神圣化、《和戎记》中太白金星等神仙的助力更是凸显了民间传说的影响。

与此同时，不同时代的文人从自身时代回望历史事件，又对道德叙事、情感叙事、女性叙事和神圣叙事有不同的表征。

首先，道德叙事从简单到复杂。书写于政治黑暗时期的《西京杂记》主要着墨于对画工贪贿恶行的明晰谴责和对汉帝家国为重的隐性赞扬。书写于民族矛盾突出的元代和明代的《汉宫秋》和《和戎记》中画工的恶行升级为对汉帝的不忠与叛逃。而书写于提倡民族融合的当代的《王昭君》中温敦的恶行则不单纯是陷害昭君、对单于不忠，更是直指对汉匈和平关系的挑拨离间。其次，女性叙事与情感叙事从缺失到逐渐丰满。东晋时期《西京杂记》的“画工弃市”中除了提及昭君善于应对之外，并未描述昭君自己对和亲一事的看法，也未直接描述昭君与汉帝间的情感关联，女性声音显著缺失，昭君只是男性政治的献祭之礼。元明之后的昭君故事书写中昭君物化叙事逐渐淡出，女性意识开始觉醒，并具有一定的思考能力。《汉宫秋》和《和戎记》中昭君与汉帝夫妻情深，昭君深明大义，既具有责任担当意识，又具有女性贞洁执念。当代性别平等语境下的《王昭君》中,主人公具有清晰、完整的女性自主意识,不甘于一生沉寂于宫中,自愿且自觉完成和亲的历史使命,而作者也并未让其与元帝产生任何情感关联。昭君与单于之间相爱相守,且努力帮助单于维护民族间的和平安定。作者给予昭君大量展示自我声音、自我意志的舞台。再次,东晋至明代神圣叙事的成分逐渐强化。《西京杂记》中昭君作为献祭之牺牲,尚未神化。但到了元代《汉宫秋》中,昭君被神圣化,成为天选的、具备历史宿命之人。明代《和戎记》中昭君的神圣性进一步强化,直接成为神仙眷顾之人。当代《王昭君》中政治叙事突出的背景下神圣性有所隐晦。

(三)代表性民间叙事及其阐释

比较而言,民间叙事更重情感刻画和道德审判。民间书写极为丰富,篇幅所限,本文选取对后世昭君文学及民间书写影响较大的《琴操》《王明君辞并序》和《王明君变文》,也从昭君故里传说和昭君出塞生活传说中选取了有代表性的两例。

1.《汉魏遗书钞本·琴操》

《琴操》是一部为琴曲解题、描述琴歌之源的音乐文献,撰著者难以确考,或为东晋孔衍根据民间传说编辑而成[①]。其中记录一则"昭君怨"乐曲背后的故事。故事背景是:王昭君端正闲丽,年十七,献之元帝。主要情节可概括为:(1)昭君入宫五六年,不得宠幸,心有怨旷;(2)单于遣使者朝贺,元帝令后宫妆出列坐,昭君光辉而出。(3)单于求赐美女,昭君自请前行。帝大惊,悔之(不得复止),乃赐单于。单于大悦,献诸珍物。(4)昭君有子曰世违;单于死,其子世违继立;匈奴之俗,父死妻母,昭君乃吞药自杀。[②]

区别于历史叙事,该版本的书写者和受众为普通百姓,注重情感维度,较早提及昭君心中的怨旷,也提到汉帝对昭君美貌的惊讶和应允昭君出塞的悔恨,或为后代民间以及文学叙事中昭君怨怼情节的最初源头,也是后代叙事中昭君与元帝彼此有情却被迫分离悲剧书写的源头。该版本叙事非常注重道德元素,且较多强调华夷之辩,对匈奴风俗采用居高临下

---

① 过元琛:《关于"王昭君自请远嫁匈奴"的传说及琴曲〈怨旷思惟歌〉的产生年代——兼考今本〈琴操〉的撰者》,《复旦学报(社会科学版)》2009年第3期。

② (南朝宋)刘义庆撰,(南朝梁)刘孝标注,朱铸禹汇校集注:《世说新语汇校集注》,上海古籍出版社2002年版,第565—566页。

的批评视角,将昭君悲剧归咎于匈奴不合人伦的妻母之俗。

文本创作的时代性对故事人物形象和情节设计也颇多影响。昭君自请前行,并因不满胡俗而自杀。这样有主见、有个性的人物形象设计与魏晋时期的社会政治环境和该时代女性的典型形象有关。魏晋时期,政局动荡,传统礼教精神淡化,社会政治缺乏秩序。因此,文人不再恪守传统,个体意识觉醒,女性在婚姻和社交上具有一定的自主权。该版本故事的昭君怨情节对后世史传书写以及文学叙事影响深远①。

2.《王昭君辞并序》

《王昭君辞并序》相传是晋代石崇在《琴操》基础上所作,但较多体现民间叙事特点。其故事背景与汉更为强大的史实不符,强调"匈奴盛,请婚于汉,元帝以后宫良家子昭君配焉",又根据"昔公主嫁乌孙,令琵琶马上作乐"一事,猜想明君"亦必尔也",而并未参照任何史料记载。主要内容为昭君对内心情感的自述:哀郁,不安,惭且惊,悲愤,难为情。(1)临行前的哀伤(我本汉家子,将适单于庭。哀郁伤五内,泣泪湿朱缨)。(2)到匈奴城封阏氏后的不安(延我于穹庐,加我阏氏名。殊类非所安,虽贵非所荣)。(3)婚姻上的不适(父子见凌辱,对之惭且惊;杀身良不易,默默以苟生。积思常愤盈)。(4)对故国的思念(愿假飞鸿翼,乘之以遐征)。(5)远嫁后的痛苦(传语后世人,远嫁难为情)②。

除注重情感叙事外,该版本叙述中道德评判意识清晰。与《琴操》类似,作者站在汉族伦理道德观之上,对匈奴继子迎娶后母的风俗表示强烈的不理解与愤慨,对昭君的不幸充满同情。但用"凌辱"二字形容昭君与两代单于的婚姻,显示出民间叙事无意识中对昭君的政治历史使命的忽略,对匈奴作为游牧民族其特殊民俗的轻视。

3.《王昭君变文》

《王昭君变文》成文于唐代,作者不详,是敦煌出土文献之一,全文可分为上下两卷。上卷后文主要叙述昭君出塞后的生活、情感、命运,主要情节包括:(1)王昭君到塞外后被封阏氏皇后,但不适应新的环境,思乡心切,郁郁不乐。番王百般求其欢心,陪昭君出猎,化解其忧愁。(2)昭君一病不起,番王祭祀山川祈福,多方寻医;但昭君因思乡成疾去世,单于

---

① 《后汉书》和《西京杂记》中的昭君怨情节或源于此。

② 逯钦立:《先秦汉魏晋南北朝诗》,中华书局1983年版,第642—643页。

为昭君戴孝守灵;汉帝差汉使杨少征来吊昭君[①]。

民间阐释视角下,唐代变文故事继承了悲怨主题。不同的是,昭君与汉帝之间没有发生情感纠葛,其所悲所怨主要是对故国的忠诚与不舍以及对异土的不适。昭君眷恋故国而不幸去世的情节反映底层群众对昭君的深切同情与悲悯。同时,比照普通夫妻的生活,作者建构了昭君思乡成疾时番王(单于)对其情深义重,多方陪伴、百般求医的情节。单于的形象一改之前历史书写中单纯的政治符号意义,被刻画为有血有肉、有丰富情感、符合汉民族文化审美特点、尽职尽责的丈夫。二人的相处对答凸显底层平凡夫妻的恩爱气息。这样的叙事突出反映的是民间审美和民间的道德诉求。与文学叙事和历史叙事不同,民间叙事中似乎最关注的问题不是昭君的民族融合使命、出塞事件的政治意义,而更多是对为和亲牺牲自我的昭君的无限同情和美好想象。

4.《鸽子树》

昭君故里湖北兴山有大量关于昭君出塞故事的传说。本文择代表性的一篇,作为讨论。其背景是:汉元帝把宫女王昭君许给了南匈奴呼韩邪单于;昭君出塞远嫁,即将上路。主要情节包括:(1)昭君想念香溪的父老乡亲,在家时喂养的小白鸽"知音"赶来与其同去,化作白玉簪。(2)昭君被封为宁胡阏氏,生了一儿一女,生活幸福;教给匈奴人汉人的技艺和文化,深得敬重。(3)昭君梦中回到故乡,醒来写就平安家信,"知音"自请带领子孙送信回乡。(4)"知音"带领群鸽历尽辛苦,飞到兴山万朝山,群鸽落在珙桐树上休息;"知音"再飞五十里,将信送到宝坪村,乡亲父老喜出望外。(5)"知音"返回万朝山休息;第二天乡亲们前来看望,树上的鸽子都变成了朵朵白花;人们将珙桐命名鸽子树[②]。

故里民间叙事的特点是将当地的风土人物与昭君按照自然联想的逻辑建立关联,并将其故事化。故事一般具有美好的寓意和象征,神圣性是其鲜明特征。上述故事中"知音"化作白玉簪千里相陪,又与子孙一起化为鸽子花,显示民众对昭君异土思乡的同情和美好祝愿。民间叙事因为是口口相传,最能体现当下立场和意义对故事的浸入,直接服务于昭君故里民间大众的诉求。该故事一方面反映当下视域中人们对出塞的积极正

① 黄征、张涌泉校注:《敦煌变文校注》,中华书局1997年版,第156—160页。

② 昭君故里代表性传说故事《鸽子树》:http://www.88828.net/lishigushi/minjian/8712.html。

面理解,强调昭君在塞外家庭幸福,并深受匈奴人的敬仰,积极建构昭君作为和平使者和文化使者的形象;另一方面也直观反映故里民众对加强昭君与当地风土人物的联系,促进旅游经济、建设地方文化的现实诉求。鸽子花,或者说鸽子树,本来就是湖北兴山当地的珍稀植物,被赋予神奇传说后,更有利于该地的旅游文化传播。

5.《昭君出塞》

昭君出塞后的生活地带(今内蒙古和林格尔)还留有不少昭君出塞故事留下的历史印记。比如,现今包头一带出土的瓦当上印刻着"单于和亲,千秋万岁"字样。与物质遗迹相伴的还有大量关于昭君的口头传说。笔者以内蒙古和林格尔的一则传说《昭君出塞》为例作简要分析。该版本的背景是:昭君原是天上的仙女,下嫁呼韩邪单于。主要情节包括:(1)出塞时,昭君和单于走到黑河边上,朔风怒吼,飞沙走石。昭君弹琵琶,止住狂风,彩霞出现,冰雪消融,万物复苏。(2)昭君和单于走遍阴山山麓和大漠南北;昭君走到哪里,哪里就水草丰美,人畜两旺;昭君用琵琶一划,地上就会出现河流和嫩草;昭君撒下五谷种子,地上长出了五谷杂粮。单于和匈奴人高兴极了。(3)昭君去世,农牧民纷纷赶来送葬,用衣襟包上土,垒起了昭君墓①。

该故事中的当下意义十分明显。站在当前内蒙古地区多民族和谐共处、生活安定幸福的立场回望两千年前昭君出塞的故事,该版本着眼于昭君为牧民带来的福音,强调昭君与单于一路相伴相助,暗示出塞带来的和平与融合;更将昭君神圣化,强调昭君创造奇迹的能力,特别是昭君所代表的先进文化带来的更兴盛的牧业、农业和稳定的生活。同时,与故里传说相似,该故事重点是昭君出塞留下的历史印记——昭君墓以及与当下民众生活的联系,是后人对位于大黑河岸边追慕和纪念昭君出塞事件的昭君墓的注解。

综合来看,民间叙事中对昭君故事的阐释比前两类更为突出地体现回望叙事中讲述者立场和当下视角的影响(见表三)。首先,相较于历史叙事和文学叙事,民间叙事中讲述者与受述者并未担负重要的政治传播使命,故事叙述中的政治意义相对淡化,一般未将笔墨集中在君王之间的合作与抗衡,而更多关注昭君作为女性的心理和诉求,精英视角让位于底

① 昭君出塞地代表性传说故事《昭君出塞》:http://www.wutongzi.com/a/160141.html。

表三　民间叙事中的主要角色及角色表征

角色		琴操	王昭君辞并序	王明君变文	鸽子花	昭君出塞
元帝	(行)	疏略不过其处;陈设娼乐;令欲至单于者起,乃赐单于		恩于昭君;派使者吊唁		
	(情)	大惊,悔之				
单于	(行)	遣使者,求赐美女;献诸珍物;死	延我于穹庐,加我阏氏名,见凌辱	请婚,同行;组非时之猎,亲送葬		走到黑河边上,见飞沙走石;见证昭君神迹
	(情)	大说		夫妻情重,哀伤		高兴极了
昭君	(行)	无宠幸,不饰形容;光辉而出,自请前行;有子曰世违(妻母),吞药自杀	将适单于庭;行至匈奴城,获封阏之;受辱苟生	同行;感受风土差异;病重而死;登高祝祷	远嫁,封阏氏;生儿育女,教授技艺,得敬重;思乡,写信	下嫁单于;弹琵琶止住狂风;以神迹造福匈奴人;去世,获爱戴和怀念
	(情)	心有怨旷	哀伤、不安、惭愧	思乡成疾	想念乡亲	
白鸽	(行)				化作白玉簪,与昭君同行;带领家人送信回乡;在万朝山上化作白花	
	(情)					

层民众视角,关注昭君深宫不得见君的哀怨,作为异乡人的思虑和对异乡风俗不适的苦恼与伤痛。其次,情感叙事和道德叙事清晰明了。底层思维中的讲述倾向于情节简单、意义清晰、爱恨分明的故事,直接表述对昭君的颂扬和同情,也清晰呈现昭君作为个体的怨恨与哀伤。再次,神话叙事特征更为鲜明。昭君在民间书写,特别是民间传说中逐渐被神化,民众赋予其神奇的能力,以补偿对其个人牺牲的同情与爱戴,同时也宣扬其对民众和平、幸福生活的贡献。最后,民间传说的地域叙事特征突出。故里

或塞外叙事直接服务于地方旅游经济文化事业的发展。

纵向来看,民间叙事中的意义变化较小,民间朴素的世界观、道德观相对稳定,但在故事流传中,对女性的称颂、赞美呈现加强趋势。随着时代的进步,讲述者的女权意识越来越强,个体利益和家庭因素的比重也逐渐加大。民间传说中地域性逐渐加强,当地的地域文化结合神圣性因素被整合进历史叙事。民间叙事恰恰是社会事实和集体记忆的建构之场,通过代际传播和同代人中的口耳传播,符合地方经济、文化利益的故事环节被增添,主题意义被重构并传承。

结　语

本文分类阐释了史传、文学和民间叙事中昭君故事的意义建构特征和历时变化。不同类型叙事从不同角度体现了历史故事在各类型叙说中共同的后见之明特征。概括而言,时代性和讲述者作为历史记述者、文学创造者和民间故事传播者的立场是我们理解昭君故事多重叙事的密钥。

意大利学者克罗齐曾说过,一切历史都是当代史。鉴于历史的多元阐释终归以真实发生的、考古验证的历史事件为基础,该说法有偏颇之嫌。我们可以进一步将其修正为,一切历史都是讲述者个体所在时代、社会、文化因素影响下对历史事件不断赋码增值、转述的过程。多元书写中的基本史实虽然是确定的,但故事的意义却在不断地转述与重写中负载了多重阐释的可能性。

顾颉刚所说的集体记忆的"层累的建构"假说强调历史叙事由简单到复杂,由信息缺失到补全的进程。本文认同历史叙事(包括史传、文学、民间)逐渐的叠加性、丰富性,但更强调代际间、口耳间的传承并非单向度的知识的渐次积累过程。实际上,不同时代、不同立场的言说者所作的是在保持基本史实前提下对故事元素的无限次重新排列、增添、删减与重写。

在回望叙事中,言说者根据自己的视域所见,针对自己的故事受众,有针对性地打造特定版本的故事。在核心事件保持的前提下,重塑故事的逻辑,重构故事的意义,也重新确立故事的道德与情感色彩。通过一次又一次地回望,不同的书写者为历史事件中无序的、意义不明晰的事件赋予不同的意义和道义。而这不同时代、不同立场的回望叙事恰恰反映历史叙事的时代性和建构性,也反映叙事背后集体记忆和叙事无意识的时代变迁及立场变异性。因此,昭君故事多重阐释的迷雾中,不是历史事件在变,而是阐释在变,是阐释者的"当下"和立场在变。

阐释者观点、立场本身的变化具有重要意义。一方面,历史事件的层累建构与多重阐释中记述者、改写者对历史事实进行多角度重写,相互支撑,也相互冲突,为我们理解千百年前的历史事件提供多元的、立体的意义和声音。而这恰恰反映历史书写本身的辩证原则,在保持叙说核心史实的基础上,回望视域下的历史阐释本质上具有多元性和复调性。另一方面,历史研究的重心不单是事件史,还应包括思想史、阐释史。在探究历史事件阐释流变的过程中,我们可以逐步把握历代学界和民间的观念史、阐释史。

民间故事在传承中变异的叙事机制

——以孟姜女哭长城故事为例

刘奕彤

（北京语言大学　外国语学部）

一、孟姜女故事的历史渊源与流变

作为中国家喻户晓的民间故事，孟姜女哭倒长城的典故历经农耕文明到现代工业文明，至今已流传千年之久，生命力依然强劲，不断以歌谣、小说、诗文、戏曲等多种文体形式被演绎和丰富着。而在学术研究方面，这一民间传说也扮演着不容忽视的角色。引领着孟姜女故事研究方向的顾颉刚先生认为"孟姜女即《左传》上的'杞梁之妻'"①，这一观点得到了大部分国内学者的认同。例如，在钟敬文先生看来，"孟姜女传说，由原来的齐国杞梁妻的拒绝'郊吊'，逐渐演变，到了隋唐之前，急遽转变为孟姜女哭倒埋大尸的万里长城"。② 同样，刘守华先生和一些台湾学者，如杨振良教授、曾永义教授也都对"杞梁妻"是孟姜女故事的原型这一看法持相同观点。本文将从这一观点出发，探讨孟姜女故事的历史渊源与流变。

战国时期，礼乐崩坏，孔子立志整顿礼制，在此背景下，《左传·襄公二十三年》最早记载了杞梁妻的故事。杞梁战死，杞梁妻于郊外接丈夫

---

① 顾颉刚、钟敬文等：《孟姜女故事论文集》，中国民间文艺出版社 1983 年版，第 1 页。

② 顾颉刚、钟敬文等：《孟姜女故事论文集》，第 106 页。

棺柩,但严词拒绝了齐侯郊吊的命令:"下妾不得与郊吊"[①]。刘知几在《史通》中有言:"至于贤士贞女,高才俊德,事当冲要者,盰衡而备言,迹在沉冥者,不枉道而详说。如绛县之老,杞梁之妻,或以酬晋卿而获记,或以对齐君而见录……"[②]由此可见,杞梁妻这一女性形象被记录于《左传》自然有其原因,当属"事当冲要者",而坚定拒绝齐王郊吊便为"其事",表现了杞梁妻恪守礼制的形象,她对"礼"的坚守甚至超过某些士大夫,堪为当时世人的道德楷模。到了战国时期,杞梁妻传说的内容又在《孟子·告子下》中得以丰富,她通过恸哭来表示丧夫的悲痛情绪。到了汉代,杞梁妻被更进一步地塑造,刘向在《列女传·贞顺篇》中增加了"哭夫于城,城为之崩"的描述。这时,杞梁妻便被丰富成了一个不仅恪守礼法,而且悼夫至城崩的忠贞之妻形象,不仅被视为封建礼法社会中的女性典范,也顺应了"天人合一"的思潮。

到了隋唐五代时期,孟姜女故事初见雏形。初唐的《同贤记》最早呈现了孟姜女的故事:

> 杞良,秦始皇时北筑长城,避役逃走,因入孟超(超,下作起)后园树上。起女仲姿浴于池中,仰见杞良,而唤之问曰:"君是何人?因何在此?"对曰:"吾姓杞名良,是燕人也。但以从役而筑长城,不堪辛苦,遂逃于此。"仲姿曰:"请为君妻。"良曰:"娘子生于长者,处在深宫,容皂(貌)艳丽,焉为役人之匹。"仲姿曰:"女人之体不得再见丈夫,君勿辞也。"遂以状陈父,而父许之。夫妇礼毕,良往作所。主典怒其逃走,乃打煞之,并筑城内。起不知死,遣仆欲往代之,闻良已死并筑城中。仲姿既知,悲哽向往,向城号哭,其城当面一时崩倒,死人白骨交横,莫知孰是。仲姿乃刾(刺)指血滴白骨,云:"若是杞良骨者。血可流入。"即沥血。果至良骸,血径流入。使(便的误字)将归葬之也。[③]

这时女主角不再只以夫名为称,"孟仲姿"为她的名。同样,故事内

---

① 闫盛霆、杨淑栋:《山东淄川召开孟姜女传说学术研讨会:从"哭夫"到"哭长城"》,《万里长城》2016年第2期。

② (唐)刘知几撰,刘占召评注:《史通评注》,中央编译出版社2010年版,第35页。

③ 黄瑞旗:《孟姜女故事研究》,中国人民大学出版社2003年版,第51页。

容出现了很大程度上的变更和丰富，具备了较为固定的故事情节，后来流传的故事版本基本都是从这一雏形出发进行再创作的。主要情节为：丈夫从役修筑长城——新婚后分别——夫死铸尸于长城——万里寻夫送寒衣——哭倒长城——城倒现尸骸——负夫骨归葬。这些结构化的故事情节彰显出浓郁的民间特色，既继承了前代流传的典故，又与当时的时代背景、社会风俗相照应，借古讽今，将一民间女子与秦始皇筑长城的典故联系起来，表达民众对于封建王朝繁重徭役和暴政的反抗。此时，孟姜女的追随形象便已然成形———个跋涉万里为夫送寒衣，并负其骨而归的忠贞贤妻。

到了宋元明清时期，孟姜女故事逐渐发展到一个新阶段，从其生平情节到性格都逐渐成熟完备，只是在故事主题方面有所不同。后世对于孟姜女故事的研究、发展和再创作大都以这时的人物形象和故事框架为依托。

二、古代对孟姜女故事的解读

古代对孟姜女故事的解读主要依故事叙事视角的不同，而产生了三种不同主题方向：官方作品倾向于着笔墨描绘秦始皇对孟姜女忠义贞洁的表彰，以维护礼法制度、维护统治；民间作品主要着力于描绘孟姜女与秦始皇之间的斗争，以抒发对封建王朝残暴压迫的不满；而佛家作品大都以孟姜女夫妇携手飞升成仙为结尾，以宣扬好生之德。基于在上节所介绍的孟姜女故事的形成过程与历史渊源，笔者将在此节就古代对孟姜女故事进行解读的三种不同主题进行详细讨论。

（一）忠义贞洁守礼法

中国古代封建社会历朝历代皆推崇以礼治国，甚至将礼法视为最高道德准则，最早杞梁妻被记载入《左传》得以流传，便是因其恪守礼制的女性社会楷模形象。到了宋代，儒学思想发展进入新时期，礼学思想空前发达[①]。北宋时期，孟姜女被奉为神明，立庙入祀，现今我们发现的最早

① 刘丰：《礼学与理学的互动——吕大临的〈礼记解〉与宋代理学的发展》，载王中江、李存山：《中国儒学》第八辑，中国社会科学出版社 2013 年版。

的孟姜女庙便是于此时修建的[①]。到了明代,统治者倡导和推崇三纲五常、三从四德、忠孝节义的道德准则和规范,以此来巩固自己的封建专制统治,进而实现政权的千秋万代。同时却困于北方蒙古族的不断进犯,为防御边疆,大修长城,因此孟姜女立庙活动日益兴起,成为明代的时代特色。《孟姜女寒衣记》便是此时流传下来的孟姜女故事中最主要的文本,故事前部分延续了前代的流传,孟姜女因夫修筑长城千里送寒衣,哭倒长城,但其后情节有了新的发展。孟姜女哭倒长城后气闷而死,得仙人救助,夫妻双双重生,却遭秦王强掳,欲将孟姜女纳为妃,而孟姜女不从,苦苦哀求,秦王嘉其贞烈,封其满门官诰。这一文本树立了秦始皇的正面形象,以贞节孝义为重,嘉赏孟姜女一家满门官诰,体现了皇权的至高无上。而文中的孟姜女虽身载丧夫之痛哭倒长城,却未存反抗之心,忠贞于夫,恪守节操。这一版本的孟姜女故事致力于宣扬君主宽宏爱民的慈悲胸怀,并宣扬孟姜女的忠顺形象,对君民矛盾冲突有着缓和作用,对笼络民心、稳定统治秩序有着积极作用,因此受到了官方的推崇。

发展至清代,女性道德开始制度化,褒奖贞节烈女的制度开始确立,盛行树贞烈牌坊之风,男性统治群体将贞烈的自我牺牲奉为女性道德的最高境界,号召女性对丈夫从身到心的全面服从。清代戏曲《孟姜女》中的孟姜女不畏万里长途,前去寻夫,得知夫死,毅然殉夫,这便是统治者所推崇的贞节烈妇的典型。可见,孟姜女式的女性形象具有男权社会所标榜的妇德要求,对这种女性道德的宣扬,有利于维护男性的绝对地位,维护封建统治秩序。

(二)无畏抵抗皇权暴政

民间盛行流传的故事,大都具备一个显性特征:故事是否能够广泛长期流传要看其是否能够符合受众的感情意愿。这就不仅要求故事发展的前因后果、逻辑顺序顺畅合理,而且听者的情感要能够得到发泄和满足。孟姜女哭长城的故事也同样如此。秦始皇昏庸暴虐,压榨人民,劳役繁重,迫使新婚夫妇阴阳相隔。同时,民间故事大都倾向正义必能战胜邪恶,那么在故事中正义的孟姜女就一定要抵抗这种邪恶的皇权暴政,让其得到应有的惩罚,这样才能抒发民众心中所积结的怨气。也因此,疾恶如

---

① 顾颉刚、钟敬文等:《孟姜女故事论文集》,第60页。

仇的民众在故事中添加了孟姜女报仇、智斗秦始皇的情节,并终于实现正义弱者的胜利和邪恶强者的失败。孟姜女故事在民间的发展与成熟便遵循着这样一种路径。

在后期发展出的故事中,荒淫昏庸的秦王要求纳孟姜女为妃,孟姜女接受的条件便是允许其为丈夫披麻戴孝,而秦始皇竟答应这一要求。将秦始皇丑化为这等昏庸荒淫的形象,既能借此激发民众的仇恨情绪,又将孟姜女作为百姓的化身,载满了不敢公开言说的愤懑和怒气,将矛头指向置百姓于水深火热中的秦始皇。她不仅承载了某个人的悲哀,更是全天下身处压迫却不敢反抗的劳苦大众的悲哀。

(三)飞升成仙得团圆

不同于民间与官方故事叙事中隐含的政治目的,佛家致力于将前生今世、因果轮回的思想融入孟姜女哭长城的故事中,教化民众,传播思想。

明末清初时期的《佛说贞烈贤孝孟姜女长城宝卷》、清同治年间的《长城宝卷》和清末的《孟姜仙女宝卷》都是讲述孟姜女哭长城故事的佛学文本,大致内容相差无几,在原有民间故事的基础上加入了佛教因素:孟姜女与范杞郎为金童玉女转世投胎而来,在孟姜女寻夫路上有仙人相助,后其寻夫不得恸哭至长城倒塌,废墟之中见夫骨骸,而后殉夫,死后与丈夫一同飞升成仙,修得因果,在天宫得以团圆[①]。可见,佛教著作将其结局更改为了一个颇具浪漫色彩的团圆结局,为的是体现佛家因缘果报、慈悲为怀等思想内核。杨振良有言,"所刊书籍,必以其'可为闾巷小民说法劝戒者'、'劝善'、'感化'乃以为书,故戒淫、戒贪,于此一本《孟姜仙女宝卷》内可以得知矣"[②]。传播思想,劝诫世人慈悲为怀,积攒阴德,以求来世转运,便是佛家将孟姜女哭长城故事进行改写和再创造的目的。

三、现当代对孟姜女故事的演绎与重构

作为产生于封建社会的民间故事,孟姜女并未因封建王朝的灭亡而销声匿迹,反而在现当代始终保有强劲的生命力,以其丰富的形式和内容

---

① 路工:《孟姜女万里寻夫集》,上海古籍出版社1958年版,第241页。

② 黄瑞旗:《孟姜女故事研究》,第125页。

在民间流传着。张福贵教授有言,“中国当代文学的起点并非在40年代,而是在1949年”[①]。中华人民共和国的成立是我国历史上具有伟大里程碑意义的事件,下面笔者将依照中国现当代文学史的发展脚步,对现当代孟姜女故事的演绎与重构进行分析。

(一) 中华人民共和国成立前对孟姜女故事的演绎与重构

五四新文化运动在中国传播开来,宣扬民主、科学精神,其主旨与核心思想为“个性主义、人学与人性主义、平民意识”,提出了“人的文学”的命题[②],至此,具有“现代”意义的中国文学才真正应运而生。孟姜女哭长城的故事与其精神内核契合于这一文学发展潮流,因而在这一时期肩负着重要的使命。熊佛西的《长城之神》等一系列相关作品,都借孟姜女故事表达了自己在特定时代的特定创作意图。本文以熊佛西的《长城之神》为代表,详细讨论现代时期孟姜女故事的演绎与重构。

《长城之神》发表于1926年,是熊佛西在美留学期间创作的一部四幕剧。《长城之神》所描绘的孟姜女是一位深受“五四”新思想熏陶的女性,衣着时尚,思想先进,因此她才能具有破坏长城的勇气与能量,坚忍不拔的精神和矢志不渝的爱情[③]。剧情以范喜良出逃军营的情节拉开序幕,在他被孟家发现身份准备送官之时,孟姜女勇敢示爱,与其结为夫妻。范喜良被抓回后,孟姜女辗转思念决定踏上寻夫之路,在得知丈夫已死后内心悲愤,怒击长城之神,又怕喜良死后受到折磨,便哭着对长城之神祈祷,全剧便在此落幕。“五四”气息贯穿了剧情始终,熊佛西笔下的孟姜女以“新女性”姿态追求爱情和婚姻自由,果断勇敢,不远万里寻夫;同时在击神又祈神的态度转变上,也体现出当时人民仍受到传统封建观念的约束,立场在新旧文化间徘徊不定。但这并不能掩盖编剧希望借助演员的表演去引导观众增加对民主进步思想的认知,主动追求自由与平等的创作目的。

---

① 张福贵:《文学史分期的节点与共和国文学发展的连续性》,《文艺争鸣》2021年第2期。

② 朱栋霖:《是“新文学”,还是“五四文学”?——关于一段文学史的名与实》,《当代文坛》2021年第1期。

③ 熊佛西:《熊佛西戏剧论集》,上海文艺出版社2000年版,第1018页。

（二）中华人民共和国成立后对孟姜女故事的演绎与重构

新中国成立后，对孟姜女故事的再创作作品仍层出不穷，笔者以张恨水《孟姜女》、卢小雅《孟姜女突围》和苏童《碧奴：孟姜女哭长城的传说》为代表作品，对当代孟姜女故事的演绎与重构做出分析。

张恨水的《孟姜女》创作于新中国成立初期。与先前流传的孟姜女故事不同，张恨水花费更多笔墨叙述万喜良这条故事线，通过这一线索丰富了故事的内容与主题，书写了底层农民的淳朴善良和相互关怀，并借沉重徭役和残暴官吏抨击了封建制度的劣根性。增添的这一内容和主题与新中国成立初期的时代背景和民众意识观念相衬相应，有利于在新中国成立初期稳定民心，激励人民积极投身于社会主义改造的事业中。

21 世纪之初，孟姜女故事重构的主题更具多样化，以荆歌的《民间传说》和卢小雅的《孟姜女突围》为典型代表。荆歌在《民间传说》中，将“我”和妻子孟媛的现实生活与传说中各种版本的孟姜女故事相对照，既体现了现代人爱情的脆弱，又写出了孟姜女故事这一口耳相传民间故事的可疑性。在《孟姜女突围》中，卢小雅将孟姜女故事中一切人物与事件都进行了颠覆性的描写，表达了历史在流传中很难保持原来的面貌，一切史料都不可靠的主题。无论是荆歌的《民间传说》还是卢小雅的《孟姜女突围》，都并未续写孟姜女原型“贞”“烈”的性格特征，而是尝试赋予古代民间传说以后现代特征。

21 世纪，新媒体兴起，世界迎来了“新神话主义”浪潮①。苏童的《碧奴：孟姜女哭长城的传说》便是创作于这样的背景下，主要选取了“千里寻夫”这一情节对孟姜女的故事进行重构演绎，他用神话色彩进一步丰富了孟姜女故事。他笔下的孟姜女将眼泪作为她寻夫路上克服困难的武器，她的眼泪能够化成箭击退刁难她的士兵，她能够救赎人心、号召万物，在哭泣中她从一个凡人妇女蜕变为了眼泪之神，最终到达长城，哭倒长城，解放劳役的士兵与工匠。在小说《碧奴》中，苏童赋予原本被视为弱小无助象征的眼泪以巨大的杀伤力和神奇能力，抒发了对女性的丰富想象，让人们看到了一位普通女性身上坚韧、不屈、抗争的神性光芒。女性主义的呼声贯穿了小说全文。着眼于普通女性，作者饱含了对女性的同

① 张碧：《现代神话：从神话主义到新神话主义》，《求索》2010 年第 5 期。

情和关怀,同时也寄寓了作者对母性的信心和希望。

四、民间故事在变异中传承的叙事机制

在悠久的历史长河里,孟姜女哭长城的故事,作为中国历史上影响广泛的民间故事,在发展中获得了丰富的艺术表达,从口耳相传到被演绎成话本、歌谣、小说、诗文、戏曲等多种文体形式,历经了时间的考验和无数民间智慧的打磨,表现出民间故事可被多面解读的可能性与特性。由前文论述可知,孟姜女故事成形于唐初,发展至今,从情节、主题到人物性格,每个版本都有所不同,下面笔者将从叙事机制角度出发,探讨民间故事的传承与变异。

(一)叙事载体在传承中的变化

民间故事叙述的传播,叙事价值的实现,必然要依赖一定的载体,不同的载体会对叙事产生不同的影响。在对民间故事的把握中考察叙事载体,才能更充分地把握其文本形式变化所引起的对故事意义的改变[①]。索绪尔在其著作《普通语言学》中提出了语言符号的线性叙事特点[②],由此,我们可以说,最初依赖语言载体进行口头叙述而流传的孟姜女故事是一种简单的线性叙事,叙事者在讲述故事的同时,无法进行另外的相关事件的叙述。后来,随着孟姜女故事更进一步地走进民众的生活,也伴随着时代的进步和发展,小说、歌谣、戏曲、舞台剧等形式应运而生,民间故事被改编成形式各样的作品,由于其故事模式和文本结构的变化,主旨意义便会在传承的同时发生变异。

由最开始口传的民间故事发展为小说、话本、戏曲、舞台剧等文学形式时,还需要补充大量的具体细节。最初成形的故事只以孟姜女与丈夫的离合为故事的核心,在途中所遇到的人、事,甚至对其丈夫都未做更多交代,而到了文学作品中,因为叙事的需要,孟姜女寻夫途中所遇到的人、事被施以更多笔墨,必然连带出与其相关的各种人物信息。宋元明清时

① 马军英、曲春景:《媒介:制约叙事内涵的重要因素——电影改编中意义增值现象研究》,《社会科学》2008 年第 10 期。

② [瑞士]费尔迪南·德·索绪尔著,高名凯译:《普通语言学教程》,商务印书馆 1980 年版,第 106 页。

期，原本的孟姜女哭倒长城后携夫骸返乡安葬的情节被改写，哭倒长城后秦始皇粉墨登场，孟姜女与其正面交锋进行报复；张恨水的《孟姜女》增加了对其丈夫范喜良所遇之事的书写；苏童在《碧奴》中花费巨大篇幅对孟姜女寻夫途中所遇困难进行讲述；熊佛西的《长城之神》更是将孟姜女的故事搬上舞台，赋予了其共时性叙述的能力，舞台允许多个人物、多种声音共时性地存在于一个画面中。相对于原故事来说，叙事形式中故事情节、人物的增加使故事的意义变得更加复杂了。将口传的民间故事改编为其他形态，实质将故事叙事从一种载体向另一种载体转换，故事结构的变化、故事内涵的丰富、故事意义的增加也就在所难免。

（二）故事讲述者与故事受众关系的变化

历史悠久的孟姜女故事在发展的过程中，不断被重构、再创造，变异出了多样丰富的形态和主题，究其生命力如此旺盛的原因，是故事一代一代地被讲述者和受众传承、传播着。不同的故事主题中，故事的讲述者和受众往往具有不同的关系。

本文第二部分从叙事主体的不同对古代孟姜女故事进行了分析，叙事主体主要归纳为官方、民间和宗教传播者，在这之中同样能体会到因故事讲述者和受众关系的不同而产生的不同叙事主题。男性当权者便是官方叙事中孟姜女故事的讲述者，而受众则是被统治的百姓，故事以笼络民心、稳定统治秩序、宣扬女性道德为创作主题和目的；民间叙事的孟姜女故事的讲述者与受众皆为劳苦大众，主要着力于描绘孟姜女与秦始皇之间的斗争，以激发、抒发对封建王朝残暴压迫的不满，使受众的情感能够得到发泄和满足；而佛家叙事的讲述者为宗教传播者，受众为民众，这一叙事视角的孟姜女故事以夫妇携手飞升成仙为结尾，以宣扬佛家好生之德。

到了现当代，为了更充分地与受众进行沟通、唤起受众个人意识，故事讲述者总是以与受众自身特征及所处的社会有所关联的形式叙述故事，总是描述受众最为关切的社会题旨，比如家庭、婚姻等。如在《民间传说》中，即使是在叙述古代的故事，也依然彰显出了强烈的现代意识。现代社会往往会对传统的民间故事进行大刀阔斧的改编，使之更符合现代人的欣赏方式和价值观念。

(三)叙事的时代语境

民间故事本身具有“民间”特性,既能影响受众的集体潜意识,又接受受众的改编和丰富,也就是说,它能够在已然成形的情节单元和主题上加入人们遇到的新问题和新意愿,并自圆其说,显露出叙事的时代特点。

前文所提到的《长城之神》,便是一个典型的受时代语境影响的民间故事叙事变异体。原本的孟姜女形象作为古代女性道德典范,遵从三从四德、三纲五常,身心皆依赖于丈夫,经熊佛西改写的孟姜女突破了其原文形象,产生了相当程度的背离。熊佛西深受新文化洗礼,明白女性并非男人的附庸,更非男人满足性和生育需求的工具,而是有思想的独立个体。

20世纪五六十年代以来的后现代转向也为民间故事的叙事提供了新的时代语境。产生于后工业社会的后现代主义表现出一种反传统的中心理念,对既有的道德追求、文化价值与宏大叙事都持一种怀疑态度,形成了一套具有相对主义与虚无主义特点的价值模式①,这些价值模式也给民间故事的重构带来了深刻影响,不仅体现在创作者对艺术手法的应用上,也表现在对人们行为、思考方式的改变上,消解之风蔓延,“消解意义、消解理想、消解崇高、消解价值标准”②,人们一直以来奉为真理的传统观念被解构,历史被重新定义。戏说历史、解构经典的艺术作品不断出现,在上文提到的《孟姜女突围》中,卢小雅使用多条线索,运用拼贴的后现代主义艺术手法,“我”不时化身为故事中的范杞梁,又回到现实中与同居对象“黛二”发生关系。在文中,杞梁对孟姜女的爱情只是耽于美色的一厢情愿,而“我”也并不爱“黛二”,只是被她玲珑有致的身材吸引,作者创作的这两条线索都与孟姜女故事的原型产生了鲜明的对比,实现了双重反讽的艺术效果。

---

① 曾军:《西方后现代思潮中国接受四十年:历程及其问题》,《中国文学批评》2020年第3期。

② 彭立勋:《后现代性与中国当代审美文化》,《学术研究》2007年第9期。

文史专题

从 QQ 到微信:个人视角下的中古史网络研学(2005—2020)

胡耀飞

(陕西师范大学　历史文化学院)

网络研学是互联网兴起之后颇为流行的学习方式,但如何定义和理解网络研学则是一个见仁见智的问题。很多人将网络研学视为传统课堂学习的延展,即某一位传统课堂的学生在教师的引导下,利用网络工具如教学网站、电子邮箱、通信软件来进行课余的线上学习。也有人将网络研学视为远程教育的另一种说法,即某一位教师在网上授课,或者在网上分享提前录播好的课,吸引校外学生在网上注册(或不注册)后进行付费(或免费)学习。不过这两种方式都有传统教学的影子,强调的是老师对学生的"教",并没有完全体现网络本身的共享、平等、自由精神。在笔者看来,网络研学的本质在于"学",无论是老师还是学生,在网上一律平等。因此,无论是从谁那里得到的,凡是有所得,就是"学"到了东西。也就是说,网络研学的意义在于无差别地从各种网络平台获取自己所需要的信息。为此,强调"学"的网络研学,就需要各种自由平等的平台来促进教师和学生之间的无差别交流,而不是延续传统课堂的授课模式。

中文网络使用最广的平台,无疑是 QQ(OICQ)、微信(Wechat)这两款近二十年来先后兴起的即时通信软件。这两款软件早期主要流行于中国的年轻人中间,但随着人群向海外扩散,目前广泛流行于海内外华人之间。随着时间的推移,使用人群的年龄层在慢慢扩展。对于网络研学而言,由于"学"的主体多为中小学生和年轻大学生,故而利用在他们之间流行的 QQ 和微信,是十分普遍的。随着部分学生逐渐成为老师,在师生之间得到广泛的普及。对于历史领域的研学而言,也没有因为历史本身的古老而被年轻人抛弃。本文即通过笔者十五年来对 QQ、微信的使用,梳理中古史领域基于“学”的网络研学历史,希望能够从中总结经验和教训。

一、近十五年中古史网络交流平台演变概说

笔者 2004 年从江南小县城考入北京的中央民族大学,当时正是中国互联网蓬勃发展之时,各种门户网站、BBS 论坛、博客(Blog)站点等层出不穷,QQ、MSN 等实时通信工具也大行其道。在此种情况下,作为历史系学生,笔者在学习历史之余,也借助网络来查找资料,并与学校以外的师友交流。当时主要流行的网络沟通方式,除了 QQ(其办公型版本 TM,亦可用 QQ 账号登录)、MSN 外,更多借助电子邮箱(E-mail)和 BBS 论坛(包括论坛的站内信功能)。电子邮箱作为个人对个人的封闭沟通方式,一直以来都是比较正式的手段,主要用于事务的正式联络,以替代传统的纸质书信,至今仍然发挥着重要功能。不过邮箱并不具备两人以上的学术社交功能,除非群发通知,但也仅止于公务。更多的学术社交,以 QQ 群和 BBS 论坛为主。

首先说一下已经不再流行的 BBS 论坛,当时各门户网站、各个大学内部网络,几乎都有 BBS 论坛,也有专门的 BBS 网站。[①] 在这些论坛内,常年开设各类版块,其中就包括与专业交流有关的。当时在学术方面较为知名的有国内最大的 BBS“天涯论坛”的“关天茶舍”版。“关天茶舍”的常客中,北大出身的部分历史学者,又更多活跃于北大自己架设的 BBS“往复论坛”(2000 年左右—2014 年)。[②] “往复论坛”目前已经闭站,但在 21 世纪第一个十年里非常有人气,受到海内外人文社科学者瞩目。特别是常在其中发言的“云中君”(北京大学教授陆扬)、“将无同”(中国社

① 由于 BBS 已经没落许多年,故而相关研究很少。关于早年的 BBS 研究,可参考 BBS 盛行时期的文章,比如王海明、韩瑞霞:《国内 BBS 研究现状述评》,《兰州石化职业技术学院学报》2004 年第 4 期。

② 关于往复论坛的学术研究,目前还未见到。由于网站也已经关闭,相关信息可以参见知乎网话题“往复是个怎样的网站?”,地址:https://www.zhihu.com/question/39552772,浏览日期:2020 年 10 月 7 日。

会科学院研究员胡宝国)、"老冷"(北京大学教授罗新)、"杠头"(中国社会科学院研究员孟彦弘)、"大慈善家"(中国人民大学王子今)等人,以他们的逻辑思辨和独到见解,一时成为学者、学生中间的风云人物。更为可贵的是,这是一个平等的交流平台,老师和学生的身份都隐藏在网名(论坛 ID)之后,大家最初并不知道正在交流的对方是什么身份,也就提升了观点的自由表达度。诚如论坛首页题词所说:"在往复,交流第一,真诚至上。"也正如论坛名称来源所示,"无平不陂,无往不复"(《易·泰》)。当然,在经过一段时间的熟悉之后,很多隐藏在网名背后的老师或学生的真实身份很快会被察觉并熟知,一定程度上限制了交流的自由度。另外,随着 2010 年左右另一个匿名平台——微博的兴起,传统互联网的社交模式 BBS 论坛逐渐式微,"往复论坛"变成以转发学术信息为主的平台,成为论坛的鸡肋,直至 2014 年 5 月 19 日事实上闭站。

在"往复论坛"兴盛的同时,QQ 群作为年轻学子之间的交流手段,日益成为各高校学生之间跨校交流的方式。就历史类而言,早期的 QQ 群有"天水一朝""青年史学联盟"等,都在 2006 年之后的数年内活跃。"天水一朝"由当时浙江大学宋史硕士生李海青(后为杭州某中学历史教师)、武汉大学宋史硕士生文琴燕(后为记者、编辑)等人发起,笔者有幸参与,担任过管理员之责。该群最初有每周定期的专题讨论,范围自然在宋史话题内,包括关于邓小南老师《祖宗之法:北宋前期政治述略》(生活·读书·新知三联书店 2006 年版)一书,以及宋代后妃和外戚、文人与政治、唐宋变革论、宋代国家权力对农业的渗透、北宋灭亡等话题的讨论。但由于群内成员大多为本科生和硕士生,在课余时间和精力有限,讨论水平未能提升的情况下,没能持续坚持下去。[①] "青年史学联盟"由当时上海师范大学唐史硕士生张熊(后为华东师范大学博士生,现就职于惠州学院)、厦门大学宋史硕士生杨辉建(后为中国人民大学博士生,现就职于重庆某高校)等人发起,笔者也有幸参与,担任过管理员之责。该群成员范围包括历史学各个方向的本科生和硕士生,主要以历史学习、历史类考研信息交流为主,不过由于没能形成自身的特色,且成员之间各自研究方向差异较大,在大家或读博或工作之后,成员活跃程度也越来越弱。

---

① 早期"天水一朝"QQ 群的聊天记录,笔者已有一些备份,2008 年 3 月贴于豆瓣网上的"天水一朝"小组,参见网址:https://www.douban.com/group/81726/,2020 年 10 月 7 日浏览。

以上这两个QQ群,笔者早已淡出,随着自身从本科到硕士再到博士的身份转变,倾向于更为专业的交流。因此,笔者在2012年上半年博一下学期,创建了“中国中古史”QQ群;在2013年上半年博二下学期,又创建了“大宋史研究学者联盟”QQ群。此外,又先后加入了河南大学宋史博士生刘本栋主持的“宋史研究资讯”、南京大学历史系博士生舒健(现为上海大学历史系副教授)主持的“蒙元史专业学者研究群”、北京大学辽史博士生陈晓伟(现为复旦大学历史学系副教授)主持的“松漠之间”,以及与笔者家乡有关,更为地域性的湖州吴兴区水利局吴永祥主持的“湖州文史博(苕社)”等QQ群。在2015年工作之后,则先后加入了工作单位的工作交流QQ群、丝绸之路历史文化研究中心的“丝路与长安共同研究班”QQ群,以及旨在联络西安地区中古史青年同好的陕西师范大学中国西部边疆研究院尹波涛老师主持的“长安中国中古史沙龙”QQ群。

2012年微信兴起,发展日甚一日,笔者也在他人的推荐下和为了沟通的方便,于是在2014年底也注册了微信,开始取代QQ,作为日常沟通学术信息和交换学术资源的工具。微信与QQ同属于腾讯公司旗下的通信工具,但各有侧重,QQ的功能更多,特别是一般的QQ群都有10GB的文件夹可以保存文件,文件传输也不受限。因此,微信兴起之后,QQ也没有被大家忘却,继续发挥其社交功能,与微信互为补充。但相比而言,微信的即时通信功能更便利,社交性更强,故而逐渐占据上风,成为工作沟通的主要工具;QQ则更受中学生、大学生的欢迎,QQ群也常常用于班级管理。笔者在使用微信之后,也逐渐加入一些微信群,并创建一些微信群,进行更为多元化的学术社交。

大体而言,笔者创建的微信群有:与“长安中国中古史沙龙”QQ群同步的同名微信群、与“湖州文史博(苕社)”QQ群同步的“湖州人文历史群(苕社)”、集合国内外越南史研究相关学者的“越南史研究”、集合国内外中古史相关学者的“中古史研究”(后更名为“中古史学术交流”)、集合国内外中古史相关研究生的“中古史研究生学术交流”(别名潏社)、集合中国唐史学会会员的“中国唐史学会”、集合中国唐史学会理事的“中国唐史学会理事群”、集合国内各大出版社学术出版相关编辑的“梓行(学术出版交流)”(已转让群主权限给四川人民出版社编辑封龙)等。当2018年微信群新增设置管理员功能之后,笔者参与管理的微信群有:集合国内外宋辽金元史相关学者的“大宋史学术交流”、集合国内外五代十国考古与历史相关学者的“五代十国考古与历史”、集合港台地区人文学科相关学者的“港台人文学科博士学者联谊群”等。

笔者先后加入过的微信群则有:为微信公众号“先秦秦汉史”收集信息之用的“先秦秦汉史公众号编委会与顾问群”(姚磊主持)、集合中国魏晋南北朝史学会会员的“中国魏晋南北朝史学会”(戴卫红主持)、集合明清江南研究相关学者的“明清中国与江南研究”(冯贤亮主持)等断代史微信群,集合中国敦煌吐鲁番学会会员的“中国敦煌吐鲁番学会群”、集合中国中外关系史学会会员的“中国中外关系史学会”等学会微信群,集合国内图像史学相关学者的“早期中国图像史”和“左图右史”(这两个由练春海主持)、集合全国地方史和历史地理相关学者的“中国地名学与地域学”、集合国内外越南文学研究相关学者的“越南文学讨论群”、集合国内年轻水利史学者的“水利史小分队”(胡勇军主持)、集合中国边疆学研究相关学者的“新时代中国边疆研究”(李大龙主持,2020 年 6 月解散)、集合法律史学者的“法史网”(陈灵海主持)、集合北庭学研究者的“北庭学研究”、集合陈寅恪研究者的“终南山陈寅恪研究院”(曹印双主持)等专门微信群,以及集合西安地区日本研究和日语教学相关学者的“西安日本学研究会”、集合西安唐代文化史学会会员及相关学者的“西安唐代文化史学会”、集合湖州市民国史研究院及对湖州民国史相关内容有研究和兴趣的爱好者的“湖州民国史研究院”、集合湖州市境内地方史学者和爱好者的“德清文献交流群”“长兴文史之家”“南浔地方文献征集”等地域性学术联谊微信群。至于因某一次学术会议而临时建立的群,也参加了许多,但多在开完会之后陆续退出。

以上是笔者截至 2019 年上半年的各种微信群。2019 年 3 月至 2020 年 3 月,笔者赴日本国学院大学访问一年。在此期间,又受邀加入了许多其他的微信群,包括在日本访学期间加入的日本在住中国学者联谊用的“以文会微信群”(林少阳主持),我自己建立的日本在住中国籍历史学者、学生的“Chinese Historian in Japan”等。另外加入一些新建不久的微信群,集合西域研究爱好者的“西域文化学习群”(张安福主持)、集合物质文化研究者的“物质文化研究”(练春海主持)、集合数字人文学者的“数字人文 1 群”(朱本军主持)、集合川藏相关研究学者的“藏羌彝与南北丝绸之路研究”(王启涛主持)、集合医疗社会史研究者的“医疗社会史研究”、集合吴越国史研究者的“吴越国历史文化研究”(彭庭松主持)、集合佛教学者的“佛研资讯”(李周渊主持)、集合浙江文化研究者的“浙江文化研究”(赵红娟主持)等等。我自己也主持了唐宋藩镇研究者交流用的“藩镇时代”等微信群。

与微信群交流同步进行的则是微信公众号。受河南大学历史文化学院副教授仝相卿博士创办的“宋史研究资讯”(songshiyanjiu)公众号的启发,在南京大学文学院教授童岭博士的建议下,笔者于2015年10月10日注册了“中古史研究资讯”(zhonggushi)公众号。创办以来,至2020年10月10日因精力不济正式停更,共计五年整,基本坚持每天一次推送,每次推送1到4条不等的中古史信息。[①] 目前,笔者仅简单更新自己的私人公众号“太史政”(部分代替“中古史研究资讯”的功能),以及负责指导陕西师范大学历史文化学院本科生刊物《唐潮》杂志的公众号“唐潮杂志”。

至于笔者一直关注的公众号,除了“宋史研究资讯”外,还有“先秦秦汉史”(姚磊主持)、“北朝考古”(安瑞军主持)、“唐史资讯”(师永涛主持,开办于2020年2月16日,已于2020年11月17日停更)、“辽金西夏研究”(周峰主持,开办于2015年4月15日,已于2020年10月16日停更)、“历史地理研究资讯”、“美术遗产”、“韩国学研究”等专门领域的公众号,“北京大学中国古代史研究中心”、“南开史学”、“陕西师范大学历史文化学院”、西北大学“史林新苗”、“复旦史地所”、“西北大学玄奘研究院”、四川大学“禹迹历史地理学社”、“川大老子研究院”、中央民族大学“民大史苑”、湖南大学“岳麓书院”、南京大学“南大元史”等各个高校历史专业的公众号,“中国魏晋南北朝史学会”等各个学会的公众号,《唐史论丛》、《文史哲》杂志、《社会科学战线》等各个学术刊物,以及其他各个图书馆、各个出版社的官方公众号和“辛德勇自述”等各种私人公众号。

二、当下QQ、微信对中古史网络研学的作用

以上简单梳理了近十五年来基于QQ和微信的中古史网络生态,在

---

① 关于停更具体原因,参见最后一次推送的太史政(胡耀飞):《“中古史研究资讯”五周年暨停更公告》,“中古史研究资讯”公众号,2020年10月10日。

此基础上,可进一步讨论发展至今的 QQ、微信对中古史网络研学的作用。由于笔者个人治学范围所限,只能从个人角度进行讨论和展望。

(一) QQ 群

由于 QQ 群的功能比微信群更为多样,故在微信群兴起之后,依然发挥其作用。以笔者于 2012 年 4 月 13 日创建的“中国中古史”QQ 群(在笔者 2015 年工作后,附名“潏社”,因陕西师范大学新校区在潏水之畔故)为例,人数方面升级为上限 2000 人的大群,最多时有 1500 多人。成员以全国各高校历史系的本科生和研究生为主体,兼有许多已经成长为年轻学者的老成员。该群早期目的为交流中古史方面学术信息,并进行一些基于各自兴趣的话题讨论,比如笔者所从事的晚唐五代史内容,特别是关于藩镇问题的讨论。随着本科生、研究生的逐渐增加,也日益增加了本科生交流历史考研,研究生交流毕业找工作的话题。当然更多的信息交流是交换电子书资源,特别是在此前经常使用的国学数典、新浪共享等网站日益受到限制的情况下,分享各自的百度网盘资源链接,成为群内学生和老师互相之间沟通信息的话题点。当然,中古史方向专业话题的讨论,依然时时出现。不过遗憾的是,当人数达到 1500 多人之后,虽然坚持群成员实名入群,也时不时会有人虚构名字和学校,入群后专门挑起各种与群主题无关的话题,甚至一言不合就对群成员进行人身攻击。因此,在经过数次类似事件之后,笔者不得不于 2019 年 5 月 4 日将存在了七年的该群解散。

在 2012 年创建“中国中古史”QQ 群之后,笔者基于学术兴趣,又于 2013 年 4 月 11 日新建一个 QQ 群,初名“宋辽金元(10—14 世纪)”,后更名“大宋史研究学者联盟”。该群与“中国中古史”QQ 群性质类似,唯以大宋史(包括五代、辽、宋、金、元等)范围为基础,有别于一般而言的中古史(魏晋到隋唐)。该群得到了河北大学、河南大学等高校宋史专业硕博士研究生和老师的支持,目前有 700 多位成员。同时,另有一作为“宋史研究资讯”微信公众号关注用户交流群的“宋史研究资讯”QQ 群,其内成员与“大宋史研究学者联盟”QQ 群颇有重复,但也大有不同,目前有 500 多位成员。这两个宋史群,目前也逐渐成为大宋史相关本科生、研究生和高校教师之间学术信息、电子资源的交流群。需要补充的是,在笔者解散了“中国中古史”QQ 群之后,依然保留着“大宋史研究学者联盟”,并将之改名为“3—14世纪”,即扩大时间段,用以兼顾“中国中古史”的范围。

以上这类大断代或小断代的QQ群,适合跨学校的交流。还有一些地域性的如“湖州文史博(苕社)”,局部性的如“长安中国中古史沙龙”,专门性的如“丝路与长安共同研究班”等,相对局限于熟人之间。从历史研学角度来说,专门群不如断代群自由。更重要的是,若要从“研学”的角度来评价大小断代的QQ群,其意义在于给不同高校相同或相近专业的学生、老师提供了一个平等交流,迥异于课堂教学的开放式互动平台。有别于传统BBS,在QQ群和之后的微信群中,一大功能是可以备注姓名。因此,不同于早期互联网上遮遮掩掩的匿名交流,QQ群是实名的。在笔者所参建的断代QQ群中,更坚持入群者必须实名。这一方面是为了规范群内发言的自律性,另一方面也有利于各个高校同人之间的进一步交流。这样的实名,不但没有限制群内成员之间的交流之深入性,反而更有助于成员之间互相学习各自所长,真正做到主动去跟不同高校的人、不同专业方向的人、不同学历身份的人学习。

不过正如早期“天水一朝”QQ群那样,后来的几个QQ群甚至一直没能尝试过读书会的形式,原因可以归结于现代学术的不断分化和私密化。笔者在上述QQ群外,也曾短暂加入又退出过其他领域的QQ群,比如“谭史念地”,这也是一个四五百人的大群,但也没有实质性的讨论空间。正如其群主杨帆所说:“即便是同专业内,也存在‘术业有专攻’的问题,研究领域的不同、研究时代的不同、研究标的的不同,都会导致双方很难就一个具体专深的问题随时展开有效的讨论,何况业内师生,各自都有在学界学习和工作的压力,撇开个人时间不谈,仅为知识产权计,亦不可能令他们于网络之上公开讨论真正具有学术价值的东西。”①杨帆说的是2013、2014年的“谭史念地”QQ群,事实上这种情况在各类专业QQ群里普遍存在,并一直延续到微信群。

虽然QQ群并无多少实质的、持续的专业讨论,但还是零星有一些随着信息分享而产生的话题,比如某位成员上传了某本书的电子版,或转发了某一篇文章,一般而言其他成员看到后都会说几句与这本书或文章有关的话,乃至产生一个暂时的讨论主题。这时候,群成员之间无论是上传者、分享者,还是下载者、浏览者,彼此之间并无线下老师、学生之类的身

① 杨帆:《某的前半生》,自印本2020年版,第36页。

份区别,只有信息提供者和接收者的区别。信息提供者往往会得到信息接收者的赞扬,后者甚至用“某老师”来称呼信息提供者,即便对方其实是一名学生。在这一过程中,线下事实上的师生之间也不再是师生,反而身份互换了,从而也就达到了网络研学的“教”与“学”互动、互补的目的。

(二)微信群

近五年来,比QQ群更为活跃的是微信群,其普及性超越了年龄的界限,在中老年人群中广泛普及,而QQ群则似乎成为青少年的首选。也因此,微信群能够吸引更多此前从未使用过QQ之类即时通信工具的基本已经功成名就的中老年学者,而这类学者,正是目前大专院校和研究机构中的教学和科研之支柱力量。于是,在微信群的逐渐发展过程中,即出现了许多囊括不同年龄层,且以中青年学者为主力的专业性较强的交流平台。笔者前文提及的许多颇具专业性的微信群,即此现象之体现。在这类微信群中,“中国魏晋南北朝史学会”“中国唐史学会”“中国中外关系史学会”“中国敦煌吐鲁番学会群”,以及有前任、现任中国宋史研究会会长在群里的“大宋史学术研究”等非官方断代史群,基本都是相关学会的中青年会员交流的平台。甚至平均年龄更高的“中国唐史学会理事群”,也已经纳入了中国唐史学会共计52名理事中的48人。

基于年龄层的普遍抬升,微信群的学术交流功能和网络教学功能也日益凸显其重要性。比如笔者所创建的“中古史学术交流”微信群,本意在于促进笔者所结识的中古史年轻学者之间就中古史方面的相关问题进行讨论交流。以此为平台,可以方便不同高校老师和学生之间的交流。若在交流过程中有更进一步的交流意愿,即可互加好友,私下联络。但与“中国中古史”QQ群有所不同的是,微信群的人数上限为500人,故而当人数越来越多,即不得不进行分流。因此,笔者将“中古史学术交流”微信群中的本科生、研究生转移至“中古史研究生学术交流”微信群。两个微信群的基本功能类似,但后者更多转发学生所关注的讲座、暑期班、论文征稿、求职等信息。遗憾的是,这两个群都已经满员,无法再容纳更多的学者与学生。更重要的是,不同身份人群的分流,也制约了学生向老师请教的机会。好在目前两个群的成员基本固定,也不再有大规模的变更。特别是与QQ群一样坚持了实名制,很好地促进了成员之间的互相交流和学习。

又如笔者协助创建和管理的“大宋史学术交流”群,三四百年的宋元时代不如七八百年的中古时代时间长,故而在“大宋史学术交流”群的人虽然也有500人,但很少再有大规模增长的可能性,也就没有再进行分流。因此之故,作为宋代研究领域唯一的老师和学生同处一群的微信群,其在“网络研学”上的功能也就日益凸显出来。虽然基本上没有定期的讨论主题,大多数时间处于沉默状态,但与QQ群一样,也会因为电子书、文章链接等内容,触发一些暂时的话题。在此期间,本来互不认识的老师和老师,学生和学生,老师和学生之间会因为一个共同的兴趣点而产生交集,互相认识,直至私下添加对方为好友,进行直接交流。这样,也就并不存在谁教谁学的问题,而是进入互相学习的状态。网络本身的平等性,在线下的师生关系之外,开辟了另一条可供双方互相交流的道路。当然,很多时候,学生出于对老师的尊敬,依然以学生对老师的态度称呼老师,但老师们很多时候会把学生当作朋友来看待,不会给学生造成太大的压力,毕竟并非线下的师生,而且年轻老师和研究生之间的年龄差距其实也不大。

在以上微信群之外,笔者还参加过另一些微信群,比如已经形成系列微信群矩阵的“太上”系列学术网络社区。该系列的创立者李小平为山东某高校老师,他本业是音乐,但热衷于资料共享,并以此为基础结交了许多学者与学生,随后开始根据大家不同的兴趣爱好,创建不同微信群,都冠以“太上”之名。此系列创始于2018年,笔者曾经参与其中的“太上家谱方志馆”“太上古籍馆”“太上藏书馆”等普通群,并受邀进入了“太上藏书馆核心资源组”和“太上学术网络社区综合管理群”等管理群,以及代为协助管理“中国宗教学论坛”等群。该网络社区坚持了互联网的共享、平等精神,只要有兴趣,皆可选择性加入各种主题的群,并且在一个群满员后再开2群、3群乃至10群。但由于没有实名制的硬性要求和入群审核,更多时候只是各类信息的转发平台,而无群内成员的学术交流。许多爱好者和学者、研究生之间,也并无一定的学术规范和持平的学术水准作为互相交流的基础,从而无法得到应有的研学效果。特别是当一些爱好者过于执着自己因偏见而抱持的一些学术陋见时,更难以得到专业学者的正视,从而无法形成教学互动。

(三)微信公众号

在QQ群和微信群之外,还有微信公众号。笔者在使用微信之前,经常使用的学术信息传播方式,是“往复论坛”、豆瓣网和百度空间。其中,“往复论坛”前文已经略述;百度空间则是一款已经消亡的百度出品的博客产品,笔者曾经开办“史学日志”(2007—2013)百度空间,转贴学界的学术史文章六七年[①];豆瓣则依然具有很高的活跃度[②]。不过相对来说,微信公众号的功能更为完善,类似于不再流行的博客,未来十数年甚至数十年都会发挥其作用。但其缺点是只能在微信的手机端发布或评论推文,无法像博客那样在网页浏览器上实现作者和读者的互动。

随着微信公众号的增多,许多微信公众号运营者之间的业务交流,也具备了基础,从而出现了“先秦秦汉史公众号编委会与顾问群”等单个公众号信息收集,运营人员交流的微信群,以及“历史学术类公众号编辑交流群”等不同公众号编辑互相交流的微信群。不过事实上的交流非常少,各个公众号运营者之间很少互动,这些群也趋于冷寂。

大部分时候,都是各自公众号的运营者各自为战,并在公众号形成一定规模后,召集一些热心的关注者,建立一个围绕该公众号的微信群。这类微信群的功能,往往类似于上述“太上”系列微信群,无法形成真正的互动。比如“北朝考古”公众号有“北朝考古公众群”“北朝考古研学群”等微信群,成员大多数将群名片修改为“姓名(网名)+爱好者”。虽然很多学界内的老师和学生会自谦为“爱好者”,但大部分“爱好者”确实只是爱好者。在这两个群里,每天都有爱好者走访古迹遗址、参观博物馆后拍摄照片上传到群里,然后询问大家一些关于所摄内容的情况。但除非有专攻的学者偶尔看到会互动一下,大部分时候都是爱好者之间的交流。大部分爱好者仅止于爱好,并无精力和心力进入专业研究领域,所以话题会很快切换,兴趣也经常转移。甚至个别爱好者会在文物古迹地点私自破坏文物,或者在微信群里剽窃抄袭学者的观点,乃至模仿冒充学者的身份招摇撞骗。基于此,笔者并不加入,也不主张公众号建立这类微信群,笔者自己的“中古史研究资讯”公众号就没有这样的群,即使后台读者一直有这样的要求。

---

① 百度的“百度空间”产品 2006 年 7 月 13 日上线,因博客时代的落幕而于 2015 年 4 月 7 日下线。笔者在 2007 年 1 月 15 日开始使用名为“史学日志”的百度空间,转贴各类学术史文章,至 2013 年 4 月 13 日停止转贴,共计转贴 569 篇文章。详参太史政(胡耀飞):《百度空间“史学日志”十周年祭》,“中古史研究资讯”公众号,2017 年 1 月 15 日。

② 豆瓣网创始于 2005 年 3 月 6 日,是一个具备博客、论坛等功能,又有书、影、音评论功能的社区网络,其各种功能对用户来说可以各取所需,故而活跃至今。

虽然微信公众号作为信息输出平台,公众号关注用户能够通过浏览公众号推文而存在“学”的事实,但公众号本身并不天然存在研学互动的功能,而需要另外发掘。根据公众号种类的不同,可以通过不同的方式来开发。

比如私人公众号,以最知名的北京大学辛德勇先生每日发布自己学术信息的“辛德勇自述”为例,每篇推送下面的留言区就成了关注者向辛老师“学”的平台,并根据留言内容得到了辛老师不同程度的回复,是为“教”。因为辛德勇老师并无自己公众号的微信群,他自己也不用朋友圈,不加微信群,故而只有留言平台适合互动。事实上,留言平台也确实可以达到一定的研学效果。

就机构公众号来说,虽然学术机构的官方账号并不一定适合建立研学模式,但一些学术机构内部的自主学习群组依然可以依托线下的活动组织,结合线上的公众号,得到互动研学效果。比如“浙大历史系出土文献读书班”,他们有一个同名公众号,在秦桦林老师的指导下,读书班同学们将线下研读的成果定时公布在公众号上,一方面记录讨论过程,另一方面也可以向学界求教。在2019年12月至2020年1月,该读书班即就新公布的《李训墓志》进行了研读,形成了四篇纪要,先后发布在公众号上。① 虽然关于该墓志书写者署名“日本国朝臣备书”是否为遣唐使吉备真备,学界尚有争议,但读书班的这些讨论,无疑给学界提供了自己的视角。这样的读书班公众号,其实是传统的读书班、读书会在自媒体时代的一种延展。早期的读书会若能坚持下来,再引入公众号,恐怕能够得到进一步的发展。②

至于私人和机构之间的公益类公众号,由于公众号本身即属于公益性质,限于主事者的时间和精力,一般很少有教学互动现象。当然也有一些例外,比如以推送近代法国在华唯一租借地广州湾的历史研究资讯为己任的“广州湾历史研究资讯”,其主事者吴子祺即通过这一公众号联络起了湛江地区的地方文史学者,实现了线下的教学互动。在他们公众号

---

① 笔者已将此四篇纪要编入自己整理的《己亥腊月“李训墓志”讨论汇编》,PDF版,2020年1月。

② 笔者十年前曾观摩过湖州师范学院周扬波老师组织学生成立的读书会创史社,但那时候尚无微信公众号,而创史社自从周老师调离之后也一直处于停顿状态。好在最近原来的创史社成员之一陈伟扬老师接手了创史社,开始了新的征程。关于周老师时期的创史社影响,参见周扬波:《将读书会引入历史学专业本科生培养的实践研究》,《中国大学教学》2011年第12期。

开通五周年时,还开了一次五周年座谈会。不过,这类公众号的教学互动完全靠主事者个人的热情程度,大部分类似公众号并无类似动作。

结　语

以上,笔者一方面回顾了近十五年来基于笔者自身精力所呈现出来的网络研学平台变迁情况,另一方面也试图整理和反思网络研学事实。笔者所谓“网络研学”,注重教与学的互动,特别是学的积极主动性。基本上,从 QQ 群、微信群到公众号,互动平台虽然一直在变,但网络研学的主旨未变。QQ 群匿名的居多和微信群实名的居多,分别对实质性的学术讨论产生过影响,即学术性讨论的日渐消失。但公众号的出现,逐渐开始弥补 QQ 群和微信群的准入机制缺陷,转从不同角度成为学术信息的集散地。就研学而言,公众号本身在私人、机构和公益方面的三种运营模式也产生对应的三种研学模式。受到新冠肺炎疫情的影响,在未来相当长的时间段内,线下学术研讨会受到限制,线上讲座、会议逐渐增加,各种微信公众号也会得到长足的发展。是为笔者所期待。

浅论孔子之道及当代启示

秦　飞

（东北大学秦皇岛分校　马克思主义学院）

道路是形容人生最常用的比喻，不同文化背景下的人生之路各有不同。美国汉学家芬格莱特在其著作《孔子：即凡而圣》中对比东西方文化后，认为在孔子眼中的道德是“一条没有十字路口的大道”①。也就是说，在以孔子为代表的东方文明中，人生没有真正的道德选择困境，虽然人生具体的每一步是未知、开放的，但人生努力的方向确定无疑，天地间存在唯一真实的大道，人的一生要么遵循此道而行，要么偏离此道误入歧途；而在西方人看来，既然是道路就会有交叉的十字路口，人生之路就会面临各种选择，向左还是向右，前进还是后退，这是每个人要探索的问题。那么，今天我们该如何理解孔子智慧，其对我们又有怎样的启示呢？

一、天人和谐

十九世纪以来，工业革命开启的现代化之路席卷全球，“人类中心主义”和“西方中心主义”大行其道。我国在现代化的过程中深受其影响，一些人抛弃了祖先的思想文化传统，在科学主义和工具理性的驱使下疯狂向大自然索取，甚至一度为经济发展牺牲人们赖以生存的环境和生态。

※　本文系2020年东北大学秦皇岛分校校级一流本科课程建设项目（2020YLKC-C01）阶段性成果。

①　［美］赫伯特·芬格莱特著，彭国翔、张华译：《孔子：即凡而圣》，江苏人民出版社2002年版，第16页。

回首这一二百年人类走过的路，人们生活富足了，精神却空虚了；物质丰富了，森林河川却枯竭了；人类数量增加了，地球物种多样性却减少了……世界似乎变得灰蒙蒙，让人不禁发问，这个世界还会好吗？

钱穆先生被称为中国近现代最后一位国学大师，对中国传统文化有着细致而系统的研究，他认为："中国文化过去最伟大的贡献，在于对'天''人'关系的研究。中国人喜欢把'天'与'人'配合着讲……西方人喜欢把'天'与'人'离开分别来讲。换句话说，他们是离开了人来讲天。这一观念的发展，在今天，科学愈发达，愈易显出它对人类生存的不良影响。中国人是把'天'与'人'和合起来看。中国人认为'天命'就表露在'人生'上。离开'人生'，也就无从来讲'天命'。离开'天命'也就无从来讲'人生'。"[①]这段论述揭示了古代中国对天人关系的基本认识，在古人眼中人与自然不是主体与客体的关系，世间万物包括人类都统一于自然之中，是互动、互联的整体。这种世界观有利于整个世界的和谐和可持续发展，在此视阈下人类与世界是互惠互利、和谐共生的统一体，这在今天这个环境问题、社会问题丛生的时代显得尤为珍贵。

天人合一是孔子思想生成的内在逻辑理路，他主张从自然规律中寻找人类发展的规律，认为仁德是天道在人道中的具体体现，从而提出"践仁知天""德合天地"等思想。如《孔子家语·三恕》记曰：

> 孔子观于东流之水。子贡问曰："君子所见大水必观焉，何也？"孔子对曰："以其不息，且遍与诸生而不为也，夫水似乎德；其流也，则卑下，倨拘必修其理，似义；浩浩乎无屈尽之期，此似道；流行赴百仞之溪而不惧，此似勇；至量必平之，此似法；盛而不求概，此似正；绰约微达，此似察；发源必东，此似志；以出以入，万物就以化洁，此似善化也。水之德有若此，是故君子见必观焉。"

在孔子看来，大自然是人类智慧的源泉。他通过观察东流之水体会对"道"的认识，认为水的恩惠普遍地施于天下苍生，却又显得无所作为，细细品来就好像有德性似的。具体说来，它流动时，就奔向低洼之处，即使弯弯曲曲，也必然遵循着这一原理，这种品性像"义"；它浩浩荡荡，没

① 钱穆：《中国文化对人类未来可有的贡献》，《中国文化》1991年第1期。

有穷竭的时候,这种品性像“道”;它可以流行各处,即使流赴百仞溪谷而无所畏惧,这种品性像“勇”;注入到一定的水量,自身本性就能达到平均,这种品性像“法”;盈满时无须刮去,自身就不会满了再装,这种品性像“正”;本性柔弱却多么细微的地方都能达到,这种品性像“察”;发源以后必然奔流向东,这种品性像“志”;既有流入又有流出的,万物靠它趋向新鲜洁净,这种品性像“化”。总之,我们可以用“德合天地”来概括孔子对人道与天道的认识,这在深层次上体现的是对天人和谐的认可和肯定。

那么,“天人合一”中的“天”是西方人眼中的 nature——大自然吗?《中庸》首章言:“天命之谓性,率性之谓道,修道之谓教。”“天”是指“天命”吗?北大哲学系教授楼宇烈先生认为:“天人合一”中的“天”,指的是“自然之天”和“天命之天”[①];张岱年先生总结“天”的涵义有三层:“所谓天有三种涵义:一指最高主宰,二指广大自然,三指最高原理。”[②]然而,“子罕言利与命与仁”[③],似乎孔子并不常谈及“天命”之事,事实上单在《论语》中“命”就出现过很多次,而且常与“道”联系在一起讨论。如“公伯寮愬子路于季孙。子服景伯以告,曰:‘夫子固有惑志于公伯寮,吾力犹能肆诸市朝。’子曰:‘道之将行也与,命也;道之将废也与,命也。公伯寮其如命何!’”[④]在孔子看来,道能否行得通,除了人为因素之外,最终还应由天命来决定。可以说,这是孔子坚持“知其不可为而为之”的重要原因。具体说来,孔子“知其不可”是因为知其命,知道在礼崩乐坏的世道其志难鸣,然而孔子执念“为之”,是他对自己所悟之“(人)道”合于“天道”的自信和坚守。因此,孔子强调“不知命,无以为君子也;不知礼,无以立也;不知言,无以知人也”[⑤],认为“君子有三畏:畏天命,畏大人,畏圣人之言。小人不知天命而不畏也,狎大人,侮圣人之言”。[⑥] 可以看出,孔子不似后人想象的那般冥顽不灵、愚不可耐,相反,正是因为他坚信天、地、人三才应该是契合的,所以他坚守其道而不改,不以自身的志向和对世界的认识去俯就现实,而是从天人和谐的角度绝世而独立,希望社会可以沿此道向更好的方向发展。孔子这种“仁爱”思想不仅存在于人类社

---

① 楼宇烈:《中国的品格》,四川人民出版社2015年版,第53页。

② 张岱年:《中国哲学中“天人合一”思想的剖析》,《北京大学学报》1985年第1期。

③ 杨伯峻:《论语译注》,中华书局1980年版,第86页。

④ 杨伯峻:《论语译注》,第157页。

⑤ 杨伯峻:《论语译注》,第211页。

⑥ 杨伯峻:《论语译注》,第177页。

会,也延伸至宇宙万物。如《论语·述而》载:“子钓而不纲,弋不射宿。”意思是说孔子捕鱼的时候用的是一次只能钓一条鱼的鱼竿,而不是一次可以网很多鱼的渔网;在狩猎的时候,则从不射归巢栖息的鸟兽。在当时农业经济并不发达,十分依靠大自然赐予的年代,这种可持续发展的生态文明观难能可贵。

总之,从上述论述中我们可以获得以下启示:第一,判断自己所持思想主张是否合理正确,一个非常重要的判断标准是看其是否合于天道,保持“天人和谐”的逻辑,用老子的话说就是是否“合于天道,顺乎自然”。第二,对自己所持守的理想信念,在确认其合于天道后,“知其不可为而为之”是坚守信念,执着追求的最高境界。对此,孔子用其人生经历告诉我们,真正有理想信念的人,不会将自己的人生局限于今生今世,而是会从“为往圣继绝学,为万世开太平”的永生永世的角度,成就有限生命立功、立德、立言“三不朽”的无限追求。第三,天人和谐的理念是今天生态文明建设的重要思想源泉。党的十九大报告指出,“我们要建设的现代化是人与自然和谐共生的现代化”①,这种“人与自然是生命共同体”的生态文明建设理念,是习近平新时代中国特色社会主义思想体系的重要组成部分,是对中国传统文化的自然观的创新性发展。

二、中庸之道

“中庸”一词见于《论语》一书,最早由孔子提出,是儒家的道德准则和思想方法。儒家经典《中庸》是集中论述中庸思想的集大成之作,相传是孔子之孙子思所作,书中引用了很多孔子的论述,虽无法证实其确为孔子遗说,但学者们普遍认为其很大程度上反映的就是孔子的中庸思想。“中庸”就是“用中”,“中”表示一种状态、原则和标准,而“庸”则是个动词,是指行动、实践、利用。《论语·雍也》篇中孔子曾说:“中庸之为德也,其至矣乎!民鲜久矣。”也就是说,孔子不仅将中庸作为一种道德观念看待,而且认为其具有统率诸德的普遍的方法论意义,故而孔子赞扬中庸“其至矣乎”。

① 习近平:《决胜全面建成小康社会 夺取新时代中国特色社会主义伟大胜利——在中国共产党第十九次全国代表大会上的报告》,人民出版社 2017 年版,第 50 页。

“中庸”虽是孔子明确提出，思想渊源却十分久远。据说在三皇五帝时代尧让位于舜时传授其治国心法，强调治理社会要“允执其中”，文曰：“尧曰：‘咨！尔舜！天之历数在尔躬，允执其中。四海困穷，天禄永终。’舜亦以命禹。”[①]意思是说，舜啊！你即将继承王位，即便此时天道在你身上，但请务必诚恳恪守“中”道(中庸之道)，如若到了天下百姓民不聊生之时，上苍必将抛弃我们，终止对我们的厚爱。舜很好地继承了尧的治国理念，对此，孔子的评价是：“舜其大知也与！舜好问而好察迩言，隐恶而扬善，执其两端，用其中于民，其斯以为舜乎！”[②]“执其两端，用其中于民”是对尧舜“中庸”政治智慧的进一步阐释。那么什么是“执其两端，用其中于民”呢？举例子来说，经济学有两大主流学派：一个是凯恩斯的“国家干预”理论，即所谓“看得见的手”；另一个是哈耶克的“自由放任”理论，即所谓“看不见的手”。在学理层面，学者们一般会二选其一，用毕生所学去丰富它、深化它，从而成就一个学派的思想理论大厦。可在现实世界中，两大学派这些看似格格不入的对立理论，却作为人们大脑中的一个思考维度存在，两者并非学术辩论场上那般水火不容，甚至刚好相反，好的实践家们往往不会偏好其中任何一方，而是整合各种社会资源努力融合两派的思想观点，竭尽其能地找出那个“刚刚好”的动态平衡点来指导实践。创作了《了不起的盖茨比》的美国作家菲茨杰拉德曾经说过：“一个人同时保有两种相反的观念，还能正常行事，这是第一流智慧的标志。”不知道菲茨杰拉德是否对中国传统儒家思想中的中庸之道有所了解，但他的话却是对“执两用中”的实践总结。

我们每个人的人生境遇各不相同，对“中”有不同的体会和拿捏，“庸”的能力也各不相同，但本质上都是在处理主观世界与客观世界的不一致，在探索如何“知行合一”。那么，儒家的中庸思想对我们的生活有何指导意义呢？有人认为，中庸就是拆东墙补西墙，见人说人话、见鬼说鬼话，是毫无原则可言地和稀泥，是和事佬、好好先生的代名词。实际上这是对“中庸”的误解，是将其与“乡愿”混为一谈。孔子云：“乡愿，德之贼也。”[③]“中庸”与“乡愿”两者的区别是什么呢？很重要的一点就在于前者行事是有原则的，以“礼”为根据；而后者则无原则可言。《礼记·仲

---

① 杨伯峻：《论语译注》，第207页。

② (宋)朱熹：《四书章句集注》，中华书局1983年版，第20页。

③ 杨伯峻：《论语译注》，第186页。

尼燕居》曰：

> 子曰："师尔过，而商也不及。……"子贡越席而对曰："敢问将何以为此中者也?"子曰："礼乎礼！夫礼所以制中也。"

这段对话十分珍贵，"夫礼所以制中也"明确揭示出"中"所遵循的原则就是"礼"，可以说，中庸就是要求人们时时处处按照"礼"的标准来规范个人的思维和行为，而且是"过犹不及"。这回答了是什么的问题，可是为什么呢？理解这一问题还要细看《礼记》这段文字中提到的两个人物师和商，他们分别是孔子弟子子张和子夏，对他们二人孔子评价说"'师也过，商也不及。'(子贡)曰：'然则师愈与?'子曰：'过犹不及。'"[①]据说这段对话是因为子张与子夏对待丧礼的不同态度引发的，丧期过后两人都弹了琴，子张的琴声显得过于欢快，而子夏则显得余哀未平，这在孔子看来都是"违礼"的。也就是说，礼应该表达得恰如其分，过头或者不及都不好，要拿捏好这个分寸虽然十分艰难，但确是儒家修身成仁的目标。

再者，"中庸"之"中"离不开对对立统一的认识，根据马克思主义唯物辩证法的基本原理可知，矛盾是推动事物发展的动力，而且矛盾双方相互依存、相互转化，所以它们既是对立的，又是统一的。而事物的发展、问题的解决是否得当，需要看中庸在其中发挥作用的效果。对此，除了"过犹不及"之外，还需要注意两点内容：一是"和而不同"；二是"时中"。首先对于"和而不同"来说，孔子曾说："君子和而不同，小人同而不和。"[②]孔子的这句话翻译过来就是说，君子坚持有原则地和周围的人和谐相处，但绝不会为了和谐相处而盲目附和，甚至是同流合污；但德行品操不好的小人则无所顾忌，他们只是无原则地苟同，盲目附和、求同，而不能真正和身边的人保持一种和谐的关系。"和"与"同"这两个意思看似相同的词，通过"君子""小人"的不同形象区别开来，其中区别的根本点在于——有无原则，"和而不同"呈现出来的正是人与人在交际时的中庸之境。以解放战争时期著名的刘邓大军为例，其能够百战百胜与刘伯承和邓小平两位

① 杨伯峻：《论语译注》，第 114 页。

② 杨伯峻：《论语译注》，第 141 页。

领导人的默契配合、和而不同、互相补足有莫大关系。刘、邓二人都是四川人,两人年纪相差十几岁,在革命工作中两人分工明确,刘主管军事工作,邓主管政治工作。虽然分工不同,但都是为党的事业奋斗,工作会有很多交集。然而,刘工作态度是"举轻若重",大事小事事必躬亲,而邓则是"举重若轻",大事面前也是从容不迫。但两人在处理关乎全军的事情上从不固执己见,都是从全局出发选择对的意见,相互包容,统一行动。可以说刘、邓二人是"和而不同"的君子之交中的典范。此外,"中庸"强调"时中",主张对"中"的把握应随时间和条件的变化而变化,此一时彼一时,时时事事有变化,正所谓"君子之中庸也,君子而时中"[①]。以孔子本人的为人处世为例,我们知道孔子的理想之一是为政治国,但在出仕与不出仕的问题上,孔子是有"权"的。孔子周游列国时十分渴望遇到可仕的君王,卫灵公是有选贤任能之名的国君,孔子对其抱有很大希望,想在卫国施展自己的抱负。然而,一次孔子与卫灵公一起出门,灵公的安排却是将夫人南子以及宦官安排在自己的车上,让孔子坐在紧跟其后的第二辆车上,如此招摇过市[②],孔子失望地说卫灵公"好德如好色者也"[③],不足以仕,于是愤然离卫。对此孟子曾评价说:"可以仕则仕,可以止则止,可以久则久,可以速则速,孔子也。"[④]可谓是对孔子"时中"表现的准确概括。

因此,中庸之道对我们思想行为的指导意义有:第一,道不远人。夫子之道皆在日用间,看似难以企及的中庸之道,却对我们的日常生活具有非常重要的方法论意义,是将事情努力做到极致的不二之选。第二,过犹不及。在对"中"的把握上,事情做过头和做不到位虽然都不"中",但要体会出"中"的境界,要在这两者之间反复磨合才行。第三,时中而权。中庸之道可以运用于很多事务的思考和解决上,它适用的范围十分广泛,我们需要时时事事以此来要求自己。

---

① (宋)朱熹:《四书章句集注》,第19页。

② 此事在《史记·孔子世家》有记载,其载孔子"居卫月余,灵公与夫人同车,宦者雍渠参乘,出,使孔子为次乘,招摇市过之,孔子丑之"。

③ 杨伯峻:《论语译注》,第164页。

④ (宋)朱熹:《四书章句集注》,第234页。

余论:学而时习之

“学习”这个词对今天我们绝大多数人来说,是“学”而不“习”。为什么呢? 对此,“学”与“习”的繁体字给我们很大启示。“学”的繁体字是“學”,形声字,多作动词讲。其中“𦥯”(xue),是“学”的声符,将双手构木为屋的形象生动地表现了出来,屋下的“子”(孩子)是义符,之所以用“子”是因为小孩子一般是学习的主体,他们通过耳闻、眼见、模仿等方式获取信息和技能,达到学的目的。“习”的繁体字是“習”,作动词讲,会意字,从羽,与鸟飞有关。此字属于白字族,白字族汉字一般都与“空无一物”“纯净无他”之义有关,如皙、珀等。习(習)的本义是“初次飞向天空”,引申义为“重复尝试飞行”“重复动作”,《说文》云:“习,数飞也。”结合习(習)字上下两部分的含义,其指小鸟反复地试飞,引申义为巩固知识、技能的行为,一般有三种含义:温习、实习、练习。因此可以说,学习的过程就是知行合一的过程。然而,以此来看我们今天的学习,我们将更多的关注点投放在“学”上,似乎只要学到了,便可以内化成自己的一部分。然而,真正要做到内化于心、外化于行,“习”的重要性不容忽视。这是今天很多人感慨“为什么我们懂得很多道理,却依然过不好这一生”的原因所在。因此,对于孔子之道认知学习只是第一步,如何结合现实落实践行才是扬弃传统文化的要旨所在。

汉代关内侯的籍贯分布与地域流动

师彬彬

（许昌学院　魏晋文化研究所）

学界对汉代移民（以西汉的迁徙陵县为主）问题与豪族、官吏等地域分布问题取得了丰硕成果，而对两汉关内侯籍贯分布和地域流动的探讨尚显不足。

本文运用群体考察与个案分析相结合的研究方法，将政局演变、统治集团变动、二十等爵制演进、社会等级秩序调整、国家地域控制战略与两汉关内侯的籍贯分布及地域流动紧密结合。笔者在梳理史料与总结已有研究成果的基础上，注重在"运作过程"中动态地考察汉代关内侯籍贯分布和地域流动的演变、特征、影响因素及其社会功能。探讨这一问题不仅有助于全面理解各个地区的政治、经济、文化教育、人才发展状况及政府对不同地域政治势力的吸纳整合状况，而且成为我们深入研究政局变动、统治集团构成演变和社会等级结构调整的重要切入点。

本文参考崔向东先生对汉代豪族的地域划分，以自然地理环境、行政区划、经济区域、风俗区域作为主要依据，将两汉关内侯的籍贯分布划分为关东、关中、西北、北部边郡、西南、江淮、长江以南七大地区[①]。汉代关内侯的籍贯分布以关东地区为主导，以关中、西北、西南、北部边境、江淮、长江以南六个区域作为补充，呈现地域性的特征。两汉少数关内侯的籍

※　本文是2021年度国家社科基金后期资助一般项目"汉代关内侯问题研究"（21FZSB027）的阶段性成果。

①　崔向东：《汉代豪族地域性研究》，中华书局2012年版，第30—36页。

贯分布记载不详，应当以关东地区为主导，并以西北、关中两个区域作为补充[①]。

汉代不同地区“百里不同风，千里不同俗”[②]的社会风俗对关内侯的籍贯分布产生了重要影响，多个区域的关内侯呈现政治身份多元化的特征。例如，“喭曰：‘关西出将，关东出相。’”李贤注曰：“《前书》曰：‘秦、汉以来，山东出相，山西出将。’秦时郿白起，频阳王翦；汉兴，义渠公孙贺、傅介子，成纪李广、李蔡，上邽赵充国，狄道辛武贤：皆名将也。丞相，则萧、曹、魏、丙、韦、平、孔、翟之类也。”[③]两汉关内侯的籍贯分布在西北地区者，以武将作为主要赐爵对象，反映了这一区域的尚武风气、军事传统。例如，“天水、陇西，山多林木，民以板为室屋。及安定、北地、上郡、西河，皆迫近戎狄，修习战备，高上气力，以射猎为先。……汉兴，六郡良家子选给羽林、期门，以材力为官，名将多出焉。”颜师古注曰：“六郡谓陇西、天水、安定、北地、上郡、西河。”[④]另如东汉时期，“（羽林郎）掌宿卫侍从。常选汉阳、陇西、安定、北地、上郡、西河六郡良家补之。”[⑤]两汉关内侯的籍贯分布在西北地区者集中于陇西、天水（东汉改称汉阳）、安定、北地、上郡、西河六郡，和国家边境的战备需要以及这一区域与匈奴、羌族等少数民族长期处于战争状态密切相关[⑥]。

关东地区是两汉帝乡、全国经济重心及文化教育中心所在地，关东功臣集团是政权的重要组成部分。汉代关内侯的籍贯分布以关东区域为主，反映了这一地区的政治优势、经济优势、人才优势与文化教育优势，也体现了政府重视对关东区域政治集团势力的吸纳整合[⑦]。两汉关内侯的

---

① 如西汉宣帝时期的关内侯王成，东汉买爵关内侯者的籍贯大多应当分布在关东地区；东汉献帝时期，关内侯阳逵、田乐的籍贯应当分布在西北区域；东汉桓帝时期的关内侯李遂应当分布在关中地区。

② （汉）班固：《汉书》卷七二《王吉传》，中华书局1962年版，第3063页。

③ （南朝宋）范晔：《后汉书》卷五八《虞诩传》，中华书局1965年版，第1866页。

④ 《汉书》卷二八下《地理志下》，第1644页。

⑤ （晋）司马彪：《续汉书·百官志二》，收入（南朝宋）范晔：《后汉书》，中华书局1965年版，第3567页。

⑥ 学术界关于两汉西北地区武将集团的研究，参见尤成民：《汉代河西的豪强大姓》，《敦煌学辑刊》1991年第1期；［韩］金庆浩：《汉代河西地区豪族的形成及其性格》，《东洋史学研究》第75辑，2001年；孙继：《关陇集团与东汉边防》，《宜宾学院学报》2011年第7期；薛小林：《西州与东汉政权的建立》，《史学月刊》2015年第1期；崔向东：《汉代豪族地域性研究》，中华书局2012年版。

⑦ 学术界关于两汉关东地区豪族集团的研究，参见崔向东：《汉代豪族地域性研究》，第114—120页；尹建东：《两汉魏晋南北朝时期关东豪族研究》，四川大学出版社2007年版，第19—116页。

籍贯分布在关东地区者大多为高级文官(如帝师),反映了这一区域的重文之风,并拥有一定的人才优势、文化教育优势。例如,“汉兴以来,鲁东海多至卿相”。[①] 另如东汉末期,曹操与谋士荀彧写信曰:“自(戏)志才亡后,莫可与计事者。汝、颍固多奇士,谁可以继之?”[②]汝、颍指汝南郡与颍川郡。

汉代关内侯的籍贯分布不仅反映了“关西出将,关东出相”[③]的政局形势,而且体现了各个地区高官、宗室和外戚籍贯分布状况的变动。两汉关内侯的籍贯分布成为政府推动不同区域政治、经济、军事、文化教育交流融合与人才优势互补的一项措施,有助于皇权加强对各个地区的政治管理和军事控制。汉代关内侯的籍贯分布与政局变迁、各个地区的社会风俗密切相关,体现了政权地域控制战略的调整。这一政治现象不仅反映了两汉不同区域政治、经济、军事与文化教育发展的多元化和不平衡性,而且体现了皇权将各个地区政治集团势力[④]纳入权力体系以巩固政权基础和增强统治集团凝聚力。

两汉关内侯的地域流动比较频繁,既反映了政局演变与统治集团变动,又和政治中心转移、政府地域控制战略调整密切相关。西汉关内侯及其家属由关东地区迁徙至关中区域者人数较多,不仅是人口地域流动的一项内容,而且成为政府“以关中制关东”的地域控制战略的重要组成部分。伴随两汉政治中心转移与地域控制战略调整,关内侯的定居地逐步由关中地区的陵县、长安向关东地域的雒阳流动。东汉关内侯大多定居雒阳、许县和邺城,但少数关内侯定居原籍。

一、西汉关内侯的籍贯分布与地域流动

西汉关内侯的籍贯分布以关东地区为主导,并以关中、西北两个区域作为重要补充,分布在西南、江淮、长江以南三个地区者较少。西汉关内侯的籍贯分布状况呈现阶段性和地域性的特征,既成为政府对各个地区

① 《汉书》卷二八下《地理志下》,第 1663 页。

② (晋)陈寿:《三国志》卷一四《魏书·郭嘉传》,中华书局 1982 年版,第 431 页。

③ 《后汉书》卷五八《虞诩传》,第 1866 页。

④ 学术界关于汉代不同区域功臣集团社会影响问题的研究,参见崔向东:《汉代豪族地域性研究》,第 225—305 页。

实施政治管理与军事控制的一项措施,又发挥了巩固政权基础和增强统治集团凝聚力的社会功能。西汉关内侯的籍贯分布不仅反映了各个地区政治、经济、军事、文化教育发展的多元化与不平衡性,而且体现了皇权将不同地域的政治势力纳入政权体系以维护统治秩序。

西汉关内侯的籍贯分布在关东地区者人数较多,并从高祖时期持续到平帝时期,反映了关东地区的政治优势、人才优势与文化教育优势。西汉关内侯的籍贯分布在关东地区者集中于西汉中后期,呈现阶段性的群体特征。西汉关内侯的籍贯分布在关东地区者以恩泽型(包括宗室、外戚、帝师)为主导,并以功臣型、官职型和嗣爵型作为补充。

西汉关内侯的籍贯分布在关东地区者主要集中于鲁国、淮阳郡(后改为淮阳国)、魏郡、沛郡,反映了以上四个郡国的政治优势、人才优势与文化教育优势。西汉关内侯的籍贯分布在鲁国者有宣帝时期的韦贤、丙吉、韦玄成、丙显、史高、史曾、史玄,元帝时期的孔霸、孔福、丙昌、史丹、孔房,哀帝时期的韦赏、孔莽(后因避王莽名讳而改名孔均),平帝时期的孔永,合计十五人,与作为文化教育重镇的鲁国出现了大量的帝师、外戚密切相关。西汉关内侯的籍贯分布在淮阳郡者合计十人,并以宗室作为主要赐爵对象,即武帝时期的袁幹[①],宣帝时期的黄霸,哀帝时期的彭宣,平帝时期的师礼侯刘嘉之子等七人。西汉关内侯的籍贯分布在魏郡者有外戚七人,即元帝时期的王崇,成帝时期的王谭、王商、王立、王根、王逢时、淳于长。汉高帝的籍贯在沛郡,沛郡功臣集团[②]成为西汉政府的重要组成部分。西汉关内侯的籍贯分布在沛郡者合计三人,并以外戚恩泽型为主导,即吕后时期的宗室刘信、元帝时期的御史大夫陈万年、成帝时期的外戚王骏。另外,本文推测西汉关内侯的籍贯分布在沛郡者还有景帝时期的功臣侯后代周遬。高帝时期,"(周遬父聚)以卒从起丰,以队卒入汉"[③]。

此外,西汉关内侯的籍贯分布在关东地区者还有高帝时期齐国的娄

① 参见(宋)洪适:《隶释》卷六《国三老袁良碑》,收入《隶释·隶续》,中华书局影印本1985年版,第70页;《汉书》卷九〇《田广明传》,第3664页。

② 西汉沛郡功臣集团出现于高帝时期,但政治势力逐渐衰退,最终消亡于武帝时期。学术界关于这一集团演变问题的系统研究,参见李开元:《汉帝国的建立与刘邦集团——军功受益阶层研究》,生活·读书·新知三联书店2000年版;颜岸青:《丰沛集团与汉初政治》,《安庆师范学院学报(社会科学版)》2012年第6期。

③ (汉)司马迁:《史记》卷一八《高祖功臣侯者年表》,中华书局2014年版,第1138页。

敬(刘敬);文帝时期梁国的申屠嘉;景帝时期楚国的宋昌;武帝时期河东郡的卫青,河南郡的卜式;昭帝时期东平国的夏侯胜;宣帝时期楚国的刘德,涿郡的赵广汉、王无故、王武,济阴郡的魏相、魏弘,山阳郡的许延寿;元帝时期东海郡的萧望之、冯奉世、冯野王,赵国的刘仁,山阳郡的陈汤,济南郡的王崇;成帝时期河内郡的张禹;哀帝时期琅邪郡的师丹,梁国的平当,河东郡的卫赏,梁国的灌谊;平帝时期琅邪郡的左咸①,渤海郡的刘不恶②,中山国的卫宝、卫玄,南郡的黄敞,陈留郡的郦明友,三川郡的陈凤,南阳郡的谢尧,菑川国的公孙某(武帝时期丞相侯公孙弘的后代)。西汉关内侯的籍贯分布在关东地区者规模较大,主要集中于鲁国、淮阳郡、魏郡、沛郡四个郡国,并涉及其他多个郡国。这一政治现象不仅反映了西汉关东区域拥有一定的政治优势、人才优势与文化教育优势,而且体现了关东地区的政治势力已经成为政权的重要组成部分。

西汉关内侯的籍贯分布在关中地区者有武帝时期左内史③的赵食其,昭帝时期京兆尹的田广明,宣帝时期京兆尹的苏武、张彭祖、张霸,元帝时期右扶风的郑宽中,哀帝时期左冯翊的董恭④。西汉关内侯的籍贯分布在关中地区者合计七人并集中于京兆尹,以功臣和宠臣为主导,以帝师作为补充。

西汉关内侯的籍贯分布在西北区域者合计六人,即武帝时期陇西郡的李敢、赵翁仲,云中郡的李沮,北地郡的李息;宣帝时期武威郡的金安上;成帝时期天水郡的段会宗⑤。西汉关内侯的籍贯分布在西北地区者以军功而赐爵的武将为主导,反映了这一地区军事人才规模较大与尚武之风盛行。

---

① 《汉书》卷八八《儒林传》载:"(冷)丰授马宫、琅邪左咸。咸为郡守九卿,徒众尤盛。"(第3617页)

② 《汉书》卷一九下《百官公卿表下》载:"陈留太守渤海刘不恶子丽为宗正,更名容。"(第848页)

③ 《汉书》卷一九上《百官公卿表上》载:"武帝太初元年……左内史更名左冯翊。"(第736页)

④ 参见《史记》卷一一一《骠骑将军列传》,第3561页;《汉书》卷九〇《田广明传》,第3663页;《汉书》卷五四《苏建传》,第2459页;《汉书》卷五九《张安世传》,第2637页;《汉书》卷五九《张安世传》,第2637页;《汉书》卷八八《张山拊传》,第3605页;《汉书》卷九三《董贤传》,第3733页。

⑤ 参见《史记》卷一〇九《李将军列传》,第2867页;高文:《赵宽碑》,《汉碑集释》(修订本),河南大学出版社1997年版,第432页;《史记》卷一一一《卫将军列传》,第3560页;《史记》卷一一一《卫将军列传》,第3559页;《汉书》卷六八《金日磾传》,第2959页;《汉书》卷七〇《段会宗传》,第3029页。

西汉关内侯的籍贯分布在西南区域者合计四人,并以功臣王某及其后代作为主要对象,即高帝时期汉中郡的功臣王某、文帝时期汉中郡的功臣后代王某、武帝时期汉中郡的功臣后代王奉光[①]、成帝时期犍为郡的王延世[②]。

西汉关内侯的籍贯分布在江淮、长江以南地区者各一人,即西汉中后期九江郡的沈谦、哀帝时期东瓯国高祖功臣侯摇毋余的后代摇某[③]。西汉关内侯的籍贯分布在江淮、长江以南地区者规模较小,反映了以上两个区域人才缺乏与经济、文化教育发展仍然比较缓慢。

西汉关内侯的籍贯分布呈现地域性的特征,既反映了各个地区政治、经济、军事、文化教育发展的多元化、不平衡性,又成为政府对不同地区实施政治管理与军事控制的一项措施。西汉不同地域的关内侯呈现类型多元化与政治身份多样性的特征,不仅反映了皇权对各个地区政治势力的吸纳整合,而且有助于巩固政权基础、加强中央集权和增强统治集团凝聚力。

另外,西汉初期至成帝鸿嘉二年(前19),汉政府多次强行迁徙关东地区的豪强、高官及其家属于关中三辅区域的陵邑,进而设置了多个陵县以安置关东区域的移民。如《汉书》卷二八下《地理志下》载:"汉兴,立都长安,徙齐诸田,楚昭、屈、景及诸功臣家于长陵。后世世徙吏二千石、高訾富人及豪杰并兼之家于诸陵。盖亦以强干弱枝,非独为奉山园也。"[④]西汉政府通过实施"以关中制关东"的地域控制战略[⑤]以维持关中、关东两大地区政治集团势力的基本平衡,有助于加强中央集权。西汉中后期,部分关东地区移民及其后代因功劳或因恩泽(帝师、外戚身份)而赐爵关内侯。

---

① 《史记》卷二〇《建元以来侯者年表》载:"(关内侯)王奉光,家在房陵。"(第1266页)

② 《汉书》卷二九《沟渠志》颜师古注引《华阳国志》载:"(王)延世字长叔,犍为资中人也。"(第1689页)

③ 参见(南朝梁)沈约:《宋书》卷一〇〇《自序》,中华书局1974年版,第2443页;《汉书》卷一六《高惠高后文功臣表》,第558—559页。

④ 《汉书》卷二八下《地理志下》,第1642页。

⑤ 学术界关于西汉政府"关中本位"的战略体系与"以关中制关东"地域控制战略的研究,参见辛德勇:《汉武帝"广关"与西汉前期地域控制的变迁》,《中国历史地理论丛》2008年第2期,后收入《旧史舆地文录》,中华书局2013年版,第152—164页;胡方:《汉武帝"广关"措置与西汉地缘政策的变化——以长安、洛阳之间地域结构为视角》,《中国历史地理论丛》2015年第3辑;梁万斌:《〈津关令〉与汉初之政治地理建构》,《复旦学报(社会科学版)》2016年第2期。

西汉关内侯及其家属由关东地区迁徙至关中区域者规模较大,不仅是人口地域流动的一项重要内容,而且成为政府"关中本位"战略体系与"以关中制关东"地域控制战略的重要组成部分。西汉政府多次迁徙原籍关东区域的关内侯及其家属于陵县,不仅有助于提高关中地区人口的文化素质、教育水平,而且增强了这一地区的政治实力。西汉中后期,原籍关东地区的关内侯迁徙并定居陵县者以平陵、杜陵居多,定居平陵者合计六人,即韦贤、黄霸[①]、魏相、魏弘、韦赏、平当。例如,"(平当)祖父以訾百万,自(梁国)下邑徙平陵"。[②] 定居杜陵者有丙吉[③]、丙显、丙昌、史曾、史玄、史高、史丹、韦玄成、萧望之、萧伋、冯奉世、冯野王、冯座十三人。如《汉书》卷七三《韦贤传》载:"(韦)贤以昭帝时徙(右扶风)平陵,(韦)玄成别徙(京兆尹)杜陵。"[④]

此外,西汉原籍关东区域的关内侯迁徙并定居关中区域者规模较大。例如,"孝宣王皇后。其先高祖时有功赐爵关内侯,自沛徙长陵,传爵至后父奉光。"[⑤]另如《汉书》卷八一《孔光传》载:"元帝即位,征(孔)霸,以师赐爵关内侯,食邑八百户,号褒成君,给事中,加赐黄金二百斤,第一区,徙名数于长安。"颜师古注曰:"名数,户籍也。"[⑥]

"(关内侯)言有侯号而居京畿,无国邑。"[⑦]西汉关内侯大多定居关中地区的陵县、长安,不仅反映了关中区域作为全国政治中心、经济发达地区[⑧]、文化教育发达地区[⑨]的重要战略地位,而且体现了关中地区拥有一定的政治优势、文化教育优势和人才优势。葛剑雄先生认为:"(西汉)关内侯没有具体的封邑,只能按规定领取俸禄,还必须居住在关中。因此原

① 西汉关内侯黄霸的籍贯是淮阳郡,武帝末年徙左冯翊云阳,宣帝时期徙京兆尹杜陵。参见《汉书》卷八九《黄霸传》,第3627、3635页。

② 《汉书》卷七一《平当传》,第3048页。

③ 依据西汉高官徙陵的历史传统,笔者推测关内侯丙吉及其子孙徙居杜陵。

④ 《汉书》卷七三《韦贤传》,第3115页。

⑤ 《汉书》卷九七上《孝宣王皇后传》,第3969页。

⑥ 《汉书》卷八一《孔光传》,第3353页。

⑦ 《汉书》卷一九上《百官公卿表》颜师古注,第740页。

⑧ 《史记》卷一二九《货殖列传》载:"关中之地,于天下三分之一,而人众不过什三,然量其富,什居其六。"(第3262页)

⑨ 参见王子今:《秦汉区域文化研究》,四川人民出版社1998年版,第27—45页;雷依群:《西汉长安经学研究》,陕西人民出版社2011年版,第20—134页;王子今:《长安:西汉经学的"天府"》,《长安大学学报》2011年第1期。

籍在外地而被封为关内侯的就得移居关中"①,这一观点并不确切。西汉时期,少数关东地区的关内侯定居原籍。如西汉后期,关内侯孔福、孔永定居原籍鲁国。另如平帝时期,关内侯卫宝、卫玄因权臣王莽的命令而定居原籍中山国②。

此外,西汉少数关内侯的地域流动较有特色。如宣帝甘露三年(前51),原籍匈奴的关内侯厉温敦定居长安③。另如《汉书》卷八一《张禹传》载:"张禹字子文,河内轵人也,至禹父徙家(左冯翊)莲勺。"④

二、东汉关内侯的籍贯分布与地域流动

东汉关内侯集中于东汉初期与东汉后期,籍贯分布的地区相对较少。东汉关内侯的籍贯分布以关东地区为主导,并以关中、西北、北部边境三个区域作为补充。东汉关内侯的籍贯分布呈现地域性的特征,不仅与政局演变和统治集团构成密切相关,而且体现了上述地区拥有不同的政治地位、军事地位与经济地位⑤。

东汉关内侯的籍贯分布在关东地区者集中于南阳郡、山阳郡和沛郡(先后改为沛国、谯国),反映了以上三个郡国的政治优势、人才优势与文化教育优势。南阳郡是光武帝刘秀的故乡,南阳功臣集团是东汉政权建立的核心力量,在东汉前期产生了重要的政治作用与社会影响。东汉关内侯的籍贯分布在南阳郡者合计十人,以高官作为主要赐爵对象,即光武帝时期的阴兴、赵憙、冯鲂,章帝时期的邓彪,桓帝时期的郑石雠,献帝时

---

① 葛剑雄主编,《中国移民史》第二卷(先秦至魏晋南北朝时期),福建人民出版社1997年版,第89页。

② 参见《汉书》卷九七下《外戚传下·中山卫姬传》,第4008页。

③ 参见《汉书》卷一七《景武昭宣元成功臣表》,第673页。

④ 《汉书》卷八一《张禹传》,第3347页。

⑤ 廖伯源认为东汉定都洛阳造成关中地区衰落,西北边界在戎狄不断向东向南推进之下,逐渐向东南推移。参见廖伯源:《论东汉定都洛阳及其影响》,《史学集刊》2010年第3期。梁万斌认为东汉建都洛阳,关东地区成为帝国的核心区,西北、关中两个区域的政治地位、军事地位随之下降。参见梁万斌:《建都洛阳与东汉防范重心之偏内》,收入王健主编:《秦汉历史文化的前沿视野:第二届中国秦汉史高层论坛文集》,知识产权出版社2015年版,第327—344页;日本学者饭田祥子考察了东汉西北、北部边境地区的战略地位,参见[日]饭田祥子著,张学锋译:《关于东汉边郡统治的一个考察——以放弃和重建为线索》,收入《日本中国学研究会刊》刊行会编:《日本中国学研究会刊(2006年度)》,上海古籍出版社2008年版,第109—145页。

期的吕常、文聘、李休、黄忠、刘廙[①]。东汉关内侯的籍贯分布在山阳郡者有五人,并以文官为主导,即光武帝时期的黔陵、丁恭,桓帝时期的侯览,献帝时期的王粲、满宠[②]。东汉关内侯的籍贯分布在沛郡(先后改为沛国、谯国)者合计五人,即明帝时期的桓荣、桓郁,和帝时期的桓普,献帝时期的桓典、许褚[③]。东汉关内侯的籍贯分布在沛郡(先后改为沛国、谯国)者以帝师桓荣家族的成员作为主要赐爵对象,反映了沛郡拥有一定的人才优势与文化教育优势。

关东地区的颍川功臣集团、河北功臣集团[④]是东汉政权的重要组成部分,在东汉前期产生了一定的政治作用与社会影响。东汉关内侯的籍贯分布在颍川郡者只有章帝时期的傅昌,为开国功臣云台二十八将之一傅俊的后代。东汉关内侯的籍贯分布在河北地区者合计七人,即光武帝时期巨鹿郡耿纯家族的成员三人,魏郡的冯勤、冯宗,清河郡的戴涉;桓帝时期安平国的赵忠[⑤],并以开国功臣为主导。东汉关内侯的籍贯分布在颍川郡与河北地区者集中于光武帝时期,并以开国功臣作为主要赐爵对象。

另外,东汉关内侯的籍贯分布在关东地区者合计十一人,即光武帝时期东海郡的杨音、太原郡的闵业、河南郡的侯霸、上党郡的鲍永;东汉前期彭城国的缪某;灵帝时期汝南郡的张济、江夏郡的黄琬;献帝时期陈郡的

① 参见《后汉书》卷三二《阴兴传》,第1129—1130页;《后汉书》卷二六《赵憙传》,第912页;《后汉书》卷三三《冯鲂传》,第1147页;《后汉书》卷四四《邓彪传》,第1495页;《后汉书》卷七八《宦者列传·郑众传》,第2512—2513页;(宋)洪适:《隶释》卷一九《魏横海将军吕君碑铭》,收入《隶释·隶续》,第191页;《三国志》卷一八《魏书·文聘传》,第539页;《三国志》卷九《魏书·曹爽传》裴松之注引《魏略》,第290页;《三国志》卷三六《蜀书·黄忠传》,第948页;《三国志》卷二一《魏书·刘廙传》,第613页。

② 参见《后汉书》卷一二《庞萌传》,第497页;《后汉书》卷七九下《丁恭传》,第2578页;《后汉书》卷七八《宦者列传·侯览传》,第2522页;《三国志》卷二一《魏书·王粲传》,第597页;《三国志》卷二六《魏书·满宠传》,第721页。

③ 参见《后汉书》卷三七《桓荣传》,第1249页;《后汉书》卷三七《桓荣传》,第1249、1254页;《后汉书》卷三七《桓荣传》,第1249、1254页;《后汉书》卷三七《桓荣传》,第1249、1254页;《三国志》卷一八《魏书·许褚传》,第542页。

④ 学术界关于东汉河北地区政治集团的研究,参见崔向东:《河北豪族与两汉之际的社会政治》,《河北学刊》2002年第1期;崔向东:《汉代豪族地域性研究》,第262—265页。

⑤ 参见《后汉书》卷二一《耿纯传》,第761、765页;《后汉书》卷二六《冯勤传》,第909页;《后汉书》卷二六《冯勤传》,第909、911页;《后汉书》卷一下《光武帝纪下》,第72页;《后汉书》卷七八《宦者列传·赵忠传》,第2534页。

梁习、陈留郡的卫臻、典满，太原郡的郭淮①。

此外，本文推测东汉中后期，买爵关内侯者的籍贯分布应当以关东地区为主导，以其他区域作为补充。如《后汉书》卷五《安帝纪》载安帝永初三年(109)，“三公以国用不足，奏令吏人入钱谷，得为关内侯，虎贲、羽林郎、五大夫、官府吏、缇骑、营士各有差”。② 另如灵帝光和元年(178)，“初开西邸卖官，自关内侯、虎贲、羽林，入钱各有差”。③《后汉书》卷八《孝灵帝纪》亦载灵帝中平四年(187)，“卖关内侯，假金印紫绶，传世，入钱五百万”。④

东汉关内侯的籍贯分布以关东地区为主导，不仅反映了这一区域的政治优势、人才优势与文化教育优势，而且与关东地区豪族集团作为政权的重要支柱并拥有强大的政治势力与社会影响⑤密切相关。

东汉关内侯的籍贯分布在关中区域者合计五人，即光武帝时期右扶风的孔奋，安帝时期右扶风的曹成，桓帝时期左冯翊的李遂，献帝时期京兆尹的杜畿、右扶风的苏则⑥。东汉关内侯的籍贯分布在关中地区者以高级文官作为主要对象，反映了这一区域(集中于右扶风)仍呈现一定的人才优势、文化教育优势与儒学传统⑦。东汉关内侯的籍贯分布在关中区域者规模较小，与这一地区失去政治中心地位并受大规模战争破坏较大密切相关⑧。如献帝初平元年(190)，司徒杨彪曰：“昔关中遭王莽变

① 参见《后汉书》卷一一《刘盆子传》，第478页；《后汉书》卷一六《寇恂传》，第626页；《后汉书》卷二六《侯霸传》，第901页；《后汉书》卷二九《鲍永传》，第1017页；周晓陆：《缪纡墓志读考》，《文物》1995年第4期；《后汉书》卷四五《张济传》，第1528、1534页；《后汉书》卷六一《黄琬传》，第2032、2039页，《三国志》卷一五《魏书·梁习传》，第469页；《三国志》卷二二《魏书·卫臻传》，第647页；《三国志》卷一八《魏书·典韦传》，第543、545页；《三国志》卷二六《魏书·郭淮传》，第733页。

② 《后汉书》卷五《安帝纪》，第213页。

③ 《后汉书》卷八《孝灵帝纪》，第342页。

④ 《后汉书》卷八《孝灵帝纪》，第355页。

⑤ 参见尹建东：《两汉魏晋南北朝时期关东豪族研究》，第75—108页；崔向东：《汉代豪族地域性研究》，第257—265页。

⑥ 参见《史记》卷九五《灌婴列传》索隐，第2669页。

⑦ 参见张鹤泉：《东汉关中地区文化发展的特征及影响》，《史学集刊》1995年第2期；卢鹰：《东汉时期关中文化的持续繁荣与时代特征》，收入黄留珠、魏全瑞主编：《周秦汉唐文化研究(第五辑)》，三秦出版社2007年版，第166—180页。

⑧ 参见葛剑雄：《中国移民史》第二卷(先秦至魏晋南北朝时期)，第122—129页。

乱,宫室焚荡,民庶涂炭,百不一在。光武受命,更都洛邑。”[①]

西北地区的功臣集团是东汉政权的重要组成部分,在东汉初期、献帝时期均产生了一定的政治作用和社会影响。东汉关内侯的籍贯分布在西北地区者合计十一人,即光武帝时期安定郡的高峻、梁巡、梁腾,桓帝时期酒泉郡的黄儁,献帝时期北地郡的傅巽、天水郡的杨阜、西平郡的郭宪和南安郡的庞会、庞德之子三人[②]。另外,本文推测东汉关内侯的籍贯分布在西北地区还有西平郡的阳逵、田乐[③]。东汉关内侯的籍贯分布在西北地区呈现阶段性与功绩化的特征,集中于献帝时期。东汉西北区域十三位关内侯的构成以军功型为主导,以恩泽型(庞德为列侯并有军功)作为补充,反映了这一地区军事人才较多与当地尚武之风盛行。

东汉关内侯的籍贯分布在北部边境地区者规模较小,即光武帝时期渔阳郡的王梁,献帝时期雁门郡的张辽、燕国的阎柔[④]。以上三人皆为武将并因军功而赐爵关内侯,反映了东汉北部边境区域的军事人才人数较多与当地尚武之风盛行。

东汉关内侯的籍贯分布呈现地域性的特征,既反映了不同区域政治集团势力的对比,又体现了各个地区政治、经济、军事、文化教育发展的多元化和不平衡性。东汉不同地域关内侯的构成呈现阶段性、类型多元化与政治身份多样性的群体特征,有助于巩固政权基础和增强统治集团凝聚力。东汉关内侯的籍贯分布不仅反映了皇权重视吸纳整合各个地区的政治集团[⑤]势力,而且成为政府对不同地区实施政治管理与军事控制的一项措施。

汉代关内侯大多定居首都及其附近地区,“(关内侯)言有侯号而居

---

① 参见《后汉书》卷五四《杨震传》,第1786—1787页。

② 参见《后汉书》卷一六《寇恂传》,第625页;《后汉书》卷三四《梁统传》,第1165—1166页;《后汉书》卷六六《陈蕃传》,第2162页;《后汉书》卷三四《梁统传》,第1165—1166页;《三国志》卷二一《魏书·傅嘏传》,第622页;《三国志》卷二五《魏书·杨阜传》,第700页;《三国志》卷一一《魏书·王脩传》裴松之注引《魏略》,第350页;《三国志》卷一八《魏书·庞德传》,第545—546页;《三国志》卷一八《魏书·庞德传》,第545—546页。

③ 参见《三国志》卷一一《魏书·王脩传》裴松之注引《魏略》,第350页;《三国志》卷一一《魏书·王脩传》裴松之注引《魏略》,第350页。

④ 参见《后汉书》卷二二《王梁传》,第774页;《三国志》卷一七《魏书·张辽传》,第517页;《三国志》卷八《魏书·公孙瓒传》,第243页。

⑤ 学术界关于东汉不同地域政治集团的研究,参见崔向东:《汉代豪族地域性研究》,第257—305页。

京畿,无国邑”。[①] 伴随两汉政治中心、文化中心转移[②]与地域控制战略调整,关内侯的定居地逐步由西汉关中地区的陵县和长安县向东汉关东地域的雒阳、许县与邺城流动。东汉关内侯大多定居关东地区的雒阳、许县和邺城,但少数关内侯定居原籍。如《后汉书》卷一一《刘盘子传》载光武帝建武三年(27),“(关内侯杨音)与徐宣俱归乡里,卒于家”。[③] 另如光武帝时期,“(关内侯孔)奋以(弟)奇经明当仕,上病去官,守约乡闾,卒于家”。[④] 此外,东汉献帝时期部分关内侯或定居许县(如桓典),或定居邺城(如王粲)。东汉关内侯的地域流动不仅有助于实现各个地域多种人才的优势互补,而且发挥了增强统治集团凝聚力、巩固政权基础和促进不同地区经济、文化教育交流的社会功能。

结　语

综上所述,两汉关内侯的籍贯分布以关东地区为主导,以关中、西北两个区域作为重要补充,在西南、北部边境、江淮、长江以南四个地区者较少。西汉关内侯的籍贯分布在关东地区者主要集中于鲁国、淮阳郡(后改为淮阳国)、魏郡和沛郡,而东汉关内侯的籍贯分布在关东地区者主要集中于南阳郡、山阳郡与沛郡(后改为沛国、谯国)。汉代关内侯的籍贯分布集中于内地郡国,但并无严格的地域限制。两汉关内侯的籍贯分布在边境区域者规模相对较小,并集中于大规模战争频繁发生的两汉初期、西汉武帝时期和东汉献帝时期。

汉代关内侯的籍贯分布和地域流动不仅与政局变迁、二十等爵制调整、统治集团演变、社会等级秩序调整、皇帝及外戚的籍贯分布、各个地区的社会风俗变动密切相关,而且反映了不同地域政治、经济、军事、文化教育发展的多元化和不平衡性。两汉关内侯的籍贯分布呈现阶段性与地域性的特征,与“关西出将,关东出相”的政治形势密切相关。汉代关内侯的籍贯分布和地域流动既体现了不同地区高爵群体与高官的分布状况,

---

① 《汉书》卷一九上《百官公卿表》颜师古注,第740页。

② 参见胡宝国:《汉代政治文化中心的转移》,《人间社会文化研究》第5卷,1998年;后收入《汉唐间史学的发展》(修订本),北京大学出版社2014年版,第217—231页。

③ 《后汉书》卷一一《刘盘子传》,第486页。

④ 《后汉书》卷三一《孔奋传》,第1099页。

又反映了多个区域政治集团政治势力和社会影响的演变。

两汉关内侯的籍贯分布与地域流动对政治、军事、社会、经济、文化教育和民族关系的发展都产生了一定影响,不仅成为政府对不同地区实施政治管理与军事控制的一项措施,而且有助于皇权实现各个地域多种人才的优势互补和维护不同区域政治势力的基本平衡。两汉关内侯的籍贯分布与地域流动发挥了维持统治秩序、加强中央集权、巩固政权基础、增强统治集团凝聚力和促进不同地区经济、文化教育交流的社会功能,但产生了加重国家财政负担的弊端。

中晚唐京西北武将的政治命运
——以高崇文为例

许超雄

(上海师范大学　人文学院)

中晚唐时期,为防御吐蕃、回鹘,唐廷在关内道边缘的京西北地区屯驻了大量军队。值得注意的是,这其中有来自河北的军人。笔者曾对来自幽州的保义军节度使刘澭进行过探讨,刘澭长期驻守关内,并未受到朝廷重用,反而受到猜疑。① 而同时代另一位同样来自幽州的高崇文却与刘澭有着不同的命运。高崇文由幽州南下,随镇淮西,参与朝廷主导的平乱,后入关防秋,转隶神策,建功西川,终于京西都统。由此我们不禁要问,同样来自幽州,高崇文何以能转隶神策并建功显贵,刘澭生前却遭受猜忌且死后军队被神策军吞并?是什么因素决定了他们的政治命运?②

一

有关高崇文元和之前的事迹,两《唐书》记载较为简单,韦贯之《南平

① 许超雄:《河朔规矩与朝廷宪章:中晚唐时期京西北的河朔将领——以刘澭为中心》,《史林》2019 年第 1 期。

② 有关高崇文研究,主要侧重于元和初年的伐蜀战役,如秦后升:《唐宪宗平蜀之役述论》,《西华师范大学学报(哲学社会科学版)》2010 年第 3 期;陆扬:《从西川和浙西事件论元和政治格局的形成》,《唐研究》第 8 卷,北京大学出版社 2002 年版,第 225—256 页。笔者曾对高崇文成为伐蜀大将的原因有所探究(许超雄、张剑光:《杜黄裳与唐宪宗初年的伐蜀战争》,《陕西历史博物馆馆刊》第 22 辑,三秦出版社 2015 年版,第 109—116 页),目前暂未见到专门探讨高崇文事迹的论著。

郡王高崇文神道碑》(以下称《高崇文神道碑》)比较详细,今引如下:

> 公讳崇文……幼观儒书,不屑章句,雅尚义节,(制)[志]存功名。遂学兵钤,习骑射,术穷秘要,艺擅国能。天宝末,胡夷之难,因投笔砚,事平卢军偏(俾)[裨],随镇淮右。(宝应)[永泰]中,代宗避狄陕服,公从戎师,(父)[又]赴难行营,扈跸还京,策勋居最。其后智光之称乱阴晋,灵曜之傲扰大梁,崇义之负固襄汉,常率别部为前锋,功冠诸军,累官执金吾、太常。贞元初,始授陈许节度都[虞]候,及领所部随韩全义镇长武城,神策、淮南、陈许、浙右四军同戍。公总其(侯)[候]奄之任,临下简肃,士众悦而归之。寻加开府仪同三司,始受蒲璧,启封渤海。五年,败犬戎于宁州,军师书勋,授节制之号,公亦迁职而进封为王。及全义还朝,委以留务,四迁至御史中丞。十四年遂为长(斌)[武]城大使,卒伍贯于素隶,纪律明于先令。划壤为寨,风尘不惊;彻田为粮,榛荒尽辟。讫五六载,昆夷不敢东顾,边城昼闭。二十一年,就迁御史大夫。[①]

神道碑中提及高崇文在安史之乱爆发后,"事平卢军偏裨,随镇淮右"。平卢原治营州,为安禄山麾下。安禄山反叛后,平卢军反正,脱离叛军,为史思明所迫,于乾元元年(758)"拔其军二万余人,且行且战,遂达于青州"。[②] 宝应元年(762),朝廷以平卢节度使侯希逸为平卢、青淄六州节度使,青州节度始有平卢之号,[③]这部分驻于青州的平卢军继承了平卢军号。

但在至德二载(757),时任平卢节度使王玄志令李忠臣"以步卒三千自雍奴为筏过海",这部分平卢军南下后镇于淮西,但已不带平卢之号。[④] 李忠臣之后的淮西节度使李希烈亦在其中。[⑤] 李忠臣、李希烈皆为

① (宋)李昉等:《文苑英华》卷八九二《南平郡王高崇文神道碑》,中华书局1966年版,第4696页。

② (后晋)刘昫等:《旧唐书》卷一二四《侯希逸传》,中华书局1975年版,第3534页。

③ (宋)司马光:《资治通鉴》卷二二二,唐肃宗宝应元年建巳月,中华书局2011年版,第7245页。

④ 有关平卢系藩镇的崛起与衰落可参见李碧妍《危机与重构:唐帝国及其地方诸侯》,北京师范大学出版社2015年版,第56—113页。

⑤ 《旧唐书》卷一四五《李忠臣传》《李希烈传》,第3940、3943页。

幽州人，结合高崇文的幽州籍贯及与下文淮西军事迹的重合度看，高崇文“事平卢军偏裨，随镇淮右”，应该就是跟随李忠臣南下。

神道碑提及宝应中“代宗避狄陕服”，当时吐蕃入侵，一度攻入长安，“上（代宗）发诏征诸道兵，李光弼等皆忌（程）元振居中，莫有至者”。[①]时任淮西节度使李忠臣果断亲率兵马入关，[②]高崇文“赴难行营，扈跸还京”即指此事。

李忠臣此后参与平定周智光、李灵曜之乱，在大历十四年（779）被麾下大将李希烈所逐，不得已入京。建中二年（781），时任淮西节度使李希烈率军平定梁崇义之乱。[③] 上述淮西军的行动正好与《高崇文神道碑》“智光之称乱阴晋，灵曜之俶扰大梁，崇义之负固襄汉，常率别部为前锋，功冠诸军”记载相合。

建中四年，李希烈叛，但高崇文在不久后的贞元初“始授陈许节度都虞候”，并没有受到李希烈叛乱的影响。朝廷置陈许节度是在贞元二年（786），以曲环为使。[④] 而曲环能升陈许等州节度观察使，主要因平定李希烈之功。[⑤] 根据上述线索，我们可以推测，在李希烈叛乱中，身为淮西将领的高崇文转投了曲环一方，获得曲环甚至是朝廷的信任，因而才有陈许之授。

上述事迹可见，高崇文跟随南下的这支军队虽来自河北，但在政治上反对安史叛乱，又曾与安史叛军作战，与后来安史降将身份的河北三镇不同。其后，又随李忠臣入关赴难，参与平定周智光等叛乱，在李希烈叛乱中投向朝廷一方，这些无疑增加了朝廷对高崇文的信任。

贞元四年，高崇文随韩全义入关防秋于长武城。神道碑中有“贞元初始授陈许节度都候，及领所部随韩全义镇长武城，神策、淮南、陈许、浙右四军同戍”一句，此时韩全义从陈许所带的军队不属于神策军。又神道碑中提到高崇文的职责是“总其候奄之任”，“候奄”为主斥候之官，[⑥]“虞候，古候奄之职。虞，防虞也。候，候望也”，[⑦]高崇文“都候”之职更准

---

① 《资治通鉴》卷二二三，唐代宗广德元年十月，第 7274 页。

② 《旧唐书》卷一四五《李忠臣传》，第 3941 页。

③ 《旧唐书》卷一四五《李希烈传》，第 3943 页。

④ 《旧唐书》卷一二《德宗纪上》，第 353 页。

⑤ 《旧唐书》卷一二二《曲环传》，第 3502 页。

⑥ 龚延明：《中国历代职官别名大辞典》，上海辞书出版社 2006 年版，第 526 页。

⑦ 《资治通鉴》卷二二三，唐代宗广德二年十一月条胡三省注，第 7288 页。

确地说应该是都虞候。

贞元四年,高崇文加开府仪同三司,“始受蒲璧”即授予爵位,五年高崇文率军大破吐蕃于佛堂原,战后论功,封渤海郡王,则四年所授爵位应该低于王爵。[①]《高崇文神道碑》提及“授节制之号”之语,“节制”一般用于节度使。但在贞元十四年以前,长武城的最高统帅是韩全义,那么高崇文的节制之号只能是韩全义麾下的陈许防秋兵马行营节度使。再上推前文“总其候奄之任”,贞元四年高崇文所任应该是陈许都虞候。

《高崇文神道碑》记载此后“及全义还朝,委以留务,四迁至御史中丞”,当在高崇文为长武城使前。《旧唐书·高崇文传》记“韩全义入觐,崇文掌行营节度留务,迁兼御史中丞,十四年(798),为长武城使”。[②] 韩全义入朝具体时间没有明确记载,但可看出此时高崇文已经成为韩全义的重要助手。

此外还需说明,高崇文从陈许防秋军转隶神策军的时间问题。两《唐书》高崇文本传并未给予直接回答。有关长武城成为神策军军事据点的时间,张国刚、李碧妍指出在德宗贞元时期,但并未给予更加具体的时间。[③] 通过高崇文上司韩全义的事迹,我们可以找出一些线索。

贞元四年,韩全义由陈许防御兵马使充“长武城及诸军行营节度使”,兵于长武城。[④] 但此时韩全义并不是神策行营节度使,而是诸军行营节度使,正好与《高崇文神道碑》中“四军同戍”相吻合,故高崇文还未隶属神策军。又《旧唐书》卷一六二《韩全义传》云:

> 韩全义,出自行间,少从禁军,事窦文场。及文场为中尉,用全义为帐中偏将,典禁兵在长武城。[⑤]

窦文场为神策中尉在贞元十二年,[⑥]贞元四年韩全义早已屯于长武,此处的“用全义为帐中偏将,典禁兵在长武城”只能指将韩全义由陈许藩

① (宋)欧阳修等:《新唐书》卷一七〇《高崇文传》,中华书局1975年版,第5161页。

② 《旧唐书》卷一五一《高崇文传》,第4051页。

③ 张国刚:《唐代的神策军》,《唐代政治制度研究论集》,台北文津出版社1994年版,第123页;李碧妍:《危机与重构:唐帝国及其地方诸侯》,第230页。

④ 《旧唐书》卷一三《德宗纪下》,第365页。

⑤ 《旧唐书》卷一六二《韩全义传》,第4247页。

⑥ 《资治通鉴》卷二三五,唐德宗贞元十二年六月条,第7693页。

镇系统转为神策军，由韩全义率领神策禁军驻守长武。贞元十三年，韩全义被任命为神策行营节度、长武城使，[①]应该就是指此事。元和元年(806)高崇文的官职已经为“左神策长武城防秋都知兵马使”，[②]贞元十三年，韩全义已由陈许将领身份转隶成为神策军，无论从神策军的优厚待遇还是禁军身份而言，作为其部下的陈许防秋兵士转为神策军应该是顺理成章之事。那么，作为韩全义重要助手的高崇文进入神策军序列应该在贞元十三年或者稍早些时候。

二

高崇文能够转隶神策军，很重要的原因在于韩全义的推动。从上文所引《韩全义传》可见，韩全义的擢升与神策军中尉窦文场密不可分。虽无明确材料证明高崇文与神策军中尉有直接联系，但从韩全义这条线上看，他与中枢的宦官系统是有渊源的。而转隶神策军使高崇文顺理成章地成为天子亲军、中尉下属，为元和年间的仕途提供了便利。

但高崇文在元和以前并没有多大的名气，却在元和初年剑南用兵选帅上一跃而出，受宰相杜黄裳举荐，超过众多竞争对手，成为统兵将领。元和初，剑南西川刘辟反叛，朝廷决意征讨。当时统帅的热门人选是驻守普润的陇右经略军使刘澭，舆论“谓澭拥才任统帅，朝廷将用之”，[③]可最终却是高崇文入选。而当结果出来后，舆论一片哗然，“时宿将名位素重者甚众，皆自谓当征蜀之选；及诏用崇文，皆大惊”。[④] 胡三省对此评价曰：“高崇文虽不足以望韩信，而亦能动时人之惊者，所居之地然也。”[⑤]胡注强调的“所居之地”并非指地理，而是指高崇文的身份。高崇文所任为长武城使，与县级相当。刘澭虽镇普润，但拥有“秦州刺史”“陇右经略军使”的头衔，级别比高崇文高。这里的所居之地，恐怕还有高崇文禁军将

① 《旧唐书》卷一六二《韩全义传》，第4247页。

② 《旧唐书》卷一四《宪宗纪上》，第414页加有“防秋”二字，表明其管辖的军队不仅有长武城镇兵，可能还有其他镇调来的神策军，甚至藩镇防秋兵。（此意承武汉大学黄楼先生提示，谨表谢忱！）

③ （宋）王钦若等撰，周勋初等校订：《册府元龟》卷四五一《将帅部·矜伐》，凤凰出版社2006年版，第5078页。

④ 《资治通鉴》卷二三七，唐宪宗元和元年正月条，第7748页。

⑤ 《资治通鉴》卷二三七，唐宪宗元和元年正月条胡三省注，第7748页。

领身份的因素。当然舆论之所以惊,是因为高崇文当时的身份和地位不高,名气也不大,在长安的舆论界看来与刘澭相比显得逊色。

我们更需要注意的是,刘澭跟高崇文一样,都来自幽州,与河北藩镇有着渊源。刘澭为幽州节度使刘济的兄弟,二人因权力矛盾而刀兵相见。刘澭兵败,不得已以入关防秋的名义投靠朝廷,驻守普润。[①] 笔者曾撰文认为高崇文能够被任命为讨伐刘辟的将领是因为向当时的宰相杜黄裳行贿,并得到了俱文珍、刘光琦等宦官的支持。而刘澭没能够被唐宪宗选中,是因为宪宗对刘澭的不信任。[②]

高崇文与刘澭虽同出幽州,但高在安史之乱爆发初即脱离范阳南下,参与护驾平叛等诸多军事行动,在李希烈叛乱中又转投朝廷,后随韩全义入关,因韩全义与宦官之关系而转隶神策军。高崇文的这一系列经历表明,尽管他也是来自幽州,但政治上一直站在朝廷一边,加之其禁军身份,自然被朝廷认为是值得信任的人。

换言之,高崇文与朝廷的渊源,禁军身份及其政治上表现出的恭顺态度,反而使他超越刘澭,成了元和初战藩镇的前军将领。但我们还需思考,高崇文为何千方百计要挑战刘澭以争取这次伐蜀的机会?这恐怕跟来自刘澭方面的压力有关。

高崇文素惮刘澭,因此当杜黄裳对高崇文说“若不奋命,当以刘澭代之”时,高崇文竟然是得“死力”,[③]这样的反应有点不寻常。如果再联系时人对刘澭领兵讨伐刘辟的呼声,及高崇文极力获得讨伐刘辟的任命,我们完全可以理解高崇文所承受的压力。

刘澭所在的普润与高崇文的长武城隔河相望,史籍虽未载双方接触的具体情况,但从刘澭倔强的性格,以及其“幽系幕吏,杖杀县令”,[④]即便在刘澭死后,普润镇卒还有“数暴掠近县”的情况看,[⑤]长武镇军与普润镇卒之间应该有不少交集甚至摩擦。再加之刘澭强势的性格,自然使得高崇文及其军队对刘澭心生忌惮和不满,这也是高崇文想要排挤刘澭的重要原因。但除此之外,似乎还有其他的因素,这恐怕还是与战后获得的利

---

① 《旧唐书》卷一四三《刘澭传》,第3901页。

② 许超雄、张剑光:《杜黄裳与唐宪宗初年的伐蜀战争》,载《陕西历史博物馆馆刊》第22辑,三秦出版社2015年版,第109—116页。

③ 《旧唐书》卷一四七《杜黄裳传》,第3974页。

④ (宋)王谠撰,周勋初校证:《唐语林校证》卷一《政事上》,中华书局2008年版,第64页。

⑤ 《新唐书》卷一四六《李吉甫传》,第4742页。

益有关。

《唐语林》卷一《政事上》记载宪宗与杜黄裳君臣谈话时就指出,“若(刘澭)征伐有功,须令镇西川以为宠”,[①]此后的局势也证实了此语。当然,这样的记载或许有事后诸葛亮的嫌疑,但可以肯定的是,对于讨伐西川的将领而言,若征伐有功,建功立业自不必说,很有可能被委任于西川这样的大镇,成为节制一方的诸侯。

此外,剑南的富庶对于苦寒之地的长武军士而言是一个巨大的诱惑。元和二年,当高崇文离开剑南时,“恃功而侈,举蜀帑藏百工之巧者皆自随”,[②]这一近乎掠夺的行为给继任节度使武元衡带来了很大的麻烦。[③]这与元和元年高崇文进入成都时的军纪严明相比,[④]前后完全是两种不同的表现。

另一方面,军队离开驻地,代表朝廷伐叛,有优厚的军费待遇,对于军队而言也是一个极大的吸引。此次伐叛军费为 140 万缗,实际只用了一半,后来高崇文将其“归之县官”,[⑤]但实际上,宫廷内库也支出了大量财物用于犒军。[⑥] 从德宗时期的三倍出界粮的惯例看,[⑦]这次出兵的犒军数额应该也是比较丰厚的。

刘澭则在元和元年三月,高崇文入川平叛之时,被朝廷授予“保义”军号,[⑧]增领灵台、良原、崇信三镇。[⑨] 这一方面是奖励刘澭在贞元时期的政治立场,[⑩]另一方面也是在任用高崇文后对刘澭做适当的安抚。元和二年十二月,刘澭病逝,保义军号被取消。[⑪] 差不多同时,高崇文回到京西,加同中书门下平章事、邠州刺史、邠宁庆三州节度观察等使,充京西都

---

① 《唐语林校证》卷一《政事上》,第 64 页。

② 《新唐书》卷一七〇《高崇文传》,第 5162 页。

③ 《旧唐书》卷一五八《武元衡传》,第 4160 页。

④ 《旧唐书》卷一五一《高崇文传》,第 4052 页。

⑤ 《文苑英华》卷八九二《南平郡王高崇文神道碑》,第 4697 页。

⑥ (唐)吕温:《吕衡州文集》卷五《代李侍郎贺收西川表》,中华书局 1985 年版,第 47 页。

⑦ 《资治通鉴》卷二二七,唐德宗建中三年二月,第 7445 页。

⑧ 《资治通鉴》卷二三七,唐宪宗元和元年三月,第 7752 页。

⑨ 《新唐书》卷六四《方镇表一》,第 1779 页。

⑩ 永贞年间,山人罗令则到刘澭处,“言异端数百言,皆废立之事”,“又云某之党多矣,约以德宗山陵时伺便而动”,刘澭将罗令则械送京师以表其忠心。(《旧唐书》卷一四三《刘澭传》,第 3901 页)

⑪ 《新唐书》卷六四《方镇表一》,第 1779 页。

统。[1]高崇文所任的京西都统,指的是京西诸军的统帅,也即是说此时刘澭的兵马也是在高崇文的统领之下。两者一起一落,清晰可见。

由上可知,高崇文通过争取伐蜀任命,建立元和首征藩镇的业绩,改变了贞元时期处于弱势的地位。当谈及高崇文何以被委任讨伐刘辟之任时,我们更多地从杜黄裳的举荐,将领易制程度来思考,这固然是原因之一。但在整个事件的过程中,高崇文由于受到来自刘澭方面的压力,出于自身利益的考虑,通过杜黄裳谋求建功的机会,与刘澭一争长短。朝廷又基于自己的考虑,弃刘澭而选择高崇文。双方的合力共同促成了元和初年高崇文成为讨伐刘辟的主帅。

三

元和元年九月,高崇文平定刘辟叛乱,十月被朝廷授予西川节度使。[2] 但只过了一年,元和二年十月,高崇文突然请辞西川节度。关于辞官的原因,《资治通鉴》卷二三七云:

> 高崇文在蜀期年,一旦谓监军曰:“崇文,河朔一卒,幸有功,致位至此。西川乃宰相回翔之地,崇文叨居日久,岂敢自安!”屡上表称:“蜀中安逸,无所陈力,愿效死边陲。”上择可以代崇文者而难其人。丁卯,以门下侍郎、同平章事武元衡同平章事,充西川节度使。[3]

《通鉴》所载高崇文辞官理由多为谦卑之辞,没有很多具体内容。据《旧唐书》,高崇文请辞的理由有“不通文字,厌大府案牍谘禀之繁”,[4]

---

① 《旧唐书》卷一五一《高崇文传》,第4053页。

② 《资治通鉴》卷二三七,唐宪宗元和元年九月、十月,第7757—7759页。

③ 《资治通鉴》卷二三七,唐宪宗元和二年十月,第7763—7764页。

④ 《旧唐书》卷一五一《高崇文传》,第4053页。

"不知州县之政"。[①] 高崇文文化程度确实不高，[②]但问题在于当时目不识丁的武人任藩镇节帅的情况并不少见，高崇文不是第一个。再结合高崇文入蜀后贯彻朝廷意志并妥善处理西川旧僚看，他是有一定政治眼光和掌控局势能力的。且讨伐刘辟有高崇文主动争取的成分，既然如此，高崇文肯定对事后的利弊有所衡量，请辞西川是权衡利弊后的结果。宪宗收到高崇文上表后的反应是"择可以代崇文者而难其人"，也就是说，这是一次突发事件，根本不在当时元和朝臣的事先考虑之中。

那么，高崇文突然请辞的背后深层次原因是什么？这恐怕还得回到高崇文与宦官的关系上来讨论。我们已经明确，高崇文的出征受到了宦官集团的支持。而元和初期当政的宦官，正是俱文珍、刘光琦等扶持宪宗登基的功臣，可以想象他们在当时的政坛上是炙手可热的人物。元和元年，堂后主书滑涣自恃有刘光琦的支持，敢于干预宰相郑余庆的执政，[③]可以想见刘光琦等人的政治势力。就连杜黄裳能够当上宰相，并顺利指挥高崇文完成伐蜀之役，也是因为与宦官之间的良好关系。[④]

杜黄裳在举荐高崇文时，提到"专以军事委之，勿置监军，辟必可擒"，[⑤]但宪宗还是封俱文珍为"剑南东西两川、山南西道东道都监、行营招讨宣慰等使"，[⑥]担任高崇文的监军。[⑦] 但俱文珍是功臣，且又是个强势的人，高崇文在这样的监军下，很难做到"专任"，从东川节度使李康之死

---

① 《旧唐书》卷一五八《武元衡传》，第4160页。

② 唐高相国崇文，本蓟州将校也，因讨刘辟有功，授西川节度使。一旦大雪，诸从事吟赏有诗，渤海遽至饮席，笑曰："诸君自为乐，殊不见顾鄙夫。鄙夫虽武人亦有一诗。"乃口占云："崇文崇武不崇文，提戈出塞号将军。那个鹘儿射落雁，白毛空里落纷纷。"其诗著题，皆谓北齐敖曹之比也。（贾二强点校：《北梦琐言》卷七《高崇文相国咏文》，中华书局2002年版，第162页。《太平广记》中高崇文所咏诗句文字有些许差异："崇文崇武不崇文，提戈出塞旧从军。有似胡儿射飞雁，白毛空里落纷纷"，恐贾二强点校本更原始）敖曹，即北齐高昂，《北齐书》记其"不遵师训，专事驰骋，每言男儿当横行天下，自取富贵，谁能端坐读书，作老博士也"。（《北齐书》卷二一《高昂传》，中华书局1972年版，第293页）

③ 《资治通鉴》卷二三七，唐宪宗元和元年八月，第7757页。

④ 许超雄、张剑光：《杜黄裳与唐宪宗初年的伐蜀战争》，《陕西历史博物馆馆刊》第22辑，第109—116页。

⑤ 《资治通鉴》卷二〇九，唐宪宗元和元年正月，第7748页。

⑥ 胡戟、荣新江编：《大唐西市博物馆藏墓志》三五二《大唐故淄青节度监军使元从朝散大夫行内侍省内给事员外置同正员上柱国赐紫金鱼袋广平郡宋公夫人封清河县君夫人张氏墓志铭并序》，北京大学出版社2012年版，第761页。

⑦ （宋）宋敏求：《唐大诏令集》卷一二四《平刘辟诏》，中华书局2008年版，第665页。

中,我们可以明显地看出。《资治通鉴》将李康之死归结于高崇文。[①] 实际上,无论从俱文珍的身份还是性格看,如果没有俱文珍的同意,高崇文不可能擅自杀李康。《新唐书·刘贞亮传》记载此事正是俱文珍所为,称其"以专悍见訾"。[②] 高崇文应该是顺应了监军,与俱文珍处理好关系,才得以顺利完成伐蜀大业。

如果再结合永贞、元和的中枢政局,我们可以发现高崇文应该与俱文珍关系密切。上文提到,杜黄裳提出取消监军,最终没有被宪宗采纳。但监军监临导致主将难以有效指挥的弊端,[③]宪宗自然不会不考虑,既然派遣监军,肯定要解决这种弊端。寻找能与主将高崇文和谐相处的监军,自然是首要选择。元和四年,翰林学士白居易在反对吐突承璀充招讨处置使时,提及"高崇文讨刘辟之时,以刘贞亮(即俱文珍)为都监,此皆权宜"。[④] 白居易也承认元和初俱文珍担任都监使是有特殊考量的,应该就是为了保证元和新朝的第一战能够成功。如果没有高崇文与俱文珍的熟识,无法预见两人可以顺利合作,宪宗自然是不会如此放心地做此安排。高崇文能给杜黄裳行贿,自然也是疏通了俱文珍等人。由此,我们可以发现,高崇文应该与俱文珍有着非常密切的联系。

但宪宗登基后,开始扶持自己的势力,排斥俱文珍。俱文珍战后论功"累迁至右卫大将军,知内侍省事",此后元和政局中未见俱文珍的身影,直到元和八年卒。[⑤] 元和四年,朝廷以李鄘代严绶为河东节度使,当时朝廷准备将干扰军政的监军使李辅光调离,以俱文珍代之。白居易在奏疏中提到俱文珍"为性自用,所在专权",对他任河东监军一事表达了强烈的担忧,最后俱文珍并没有赴任河东。[⑥]《新唐书·刘贞亮传》说"宪宗之立,贞亮为有功,然终身无所宠假"。[⑦] 那么,在伐蜀之役后,俱文珍随即就被宪宗疏远了。

① 《资治通鉴》卷二三七,唐宪宗元和元年三月,第7750页。

② 《新唐书》卷二〇七《刘贞亮传》,第5868页。

③ (唐)陆贽:《陆贽集》卷一八《请减京东水运收脚价于缘边州镇储蓄军粮事宜状》,王素点校,中华书局2006年版,第586页。

④ (唐)白居易:《白居易文集校注》卷二二《论承璀职名状·承璀充诸军行营招讨处置使》,谢思炜校注,中华书局2010年版,第1240页。

⑤ 《旧唐书》卷一八四《俱文珍传》,第4767页。

⑥ 《白居易文集校注》卷二一《论太原事状三件·贞亮》,第1210—1211页。

⑦ 《新唐书》卷二〇七《刘贞亮传》,第5869页。

宪宗对俱文珍等功臣宦官的排斥还体现在扶持自己的亲信上。元和元年正月，宪宗以拥戴其即位的宦官薛盈珍为右神策护军中尉，[①]但同年十一月，宪宗即以亲信吐突承璀为左神策中尉。[②] 这很明显是以亲信牵制功臣。吐突承璀曾是俱文珍的故吏，[③]功绩和声望自然无法与俱文珍相比。曾经的傔人骤居高位，况且俱文珍还是拥立新帝，平定叛乱的功臣。从这个角度看，俱文珍在政治上被疏远和打压是十分明显的。

中书舍人李吉甫在滑涣事件中，向皇帝提出惩罚滑涣，[④]这无疑对压制滑涣背后的宦官权势有一定影响。郑余庆因此事被罢相，但李吉甫并没有受影响，元和二年即被擢为宰相。[⑤] 如此，宪宗试图扶植李吉甫等人制衡宦官的立场应该是比较明了的。

巧合的是，元和二年李吉甫入相正是弥补杜黄裳出镇后留下的空缺。杜黄裳被罢相是因为“除授不分流品，或官以赂迁”，这与其“检身律物，寡廉洁之誉”有关。[⑥] 但问题在于，杜黄裳对于宪宗而言，拥有举荐高崇文，谋划伐蜀的功劳。当时战役刚刚结束，作为功臣的杜黄裳竟然被排挤出中枢，在时间上总显得不合常理。再看杜黄裳出镇的河中，虽为重要的藩镇，但并非严格意义上的宰相回翔之地。反倒是武元衡、李吉甫离开朝中后，带着平章事衔分别出镇西川和淮南两个宰相回翔之地。而这两人正是宪宗扶持的亲信，是元和中兴的功臣。同样是宰相出镇，杜黄裳受到的待遇不如武、李二人，这应该也能够反映出宪宗眼里的亲疏之别。换而言之，杜黄裳的遭遇还是与宪宗即位后排斥功臣宦官有关。

元和二年十月，高崇文突然提出请辞西川节度。此时，杜黄裳已经出镇，俱文珍应该也回到朝中，估计已经能够明显感受到被皇帝疏远。朝廷的政治风向开始变化，高崇文经过衡量不得已提出辞呈，请以“效死边陲”。

值得玩味的是，高崇文的军队离开剑南时把成都府库洗劫了一通。

---

① 《旧唐书》卷一四《宪宗纪上》，第414页。

② 《资治通鉴》卷二三七，唐宪宗元和元年十一月，第7760页。

③ 赵力光主编：《西安碑林博物馆新藏墓志汇编》二六二《唐昭义军节度押衙故车营军使兼知□□□□□光禄大夫检校太子宾客承奉郎试集王府司马骑都尉兼监察御史广平郡程公墓志铭并序》，线装书局2007年版，第673页。

④ 《资治通鉴》卷二三七，唐宪宗元和元年八月，第7757页。

⑤ 《旧唐书》卷一四八《李吉甫传》，第3993页。

⑥ 《旧唐书》卷一四七《杜黄裳传》，第3974页。

要知道高崇文治军严整,[①]没他同意军队岂敢如此?从事后武元衡苦心经营看,这是一次危险的行为,与朝廷对西川的安抚政策相违背,高崇文不可能没有考虑到这一点。[②] 合理的解释应该是高崇文需要满足下属兵士的需求,否则无法成功带领他们从富庶的剑南回到苦寒的西北边陲,故而只能放任军士洗劫成都府库。这也进一步说明,高崇文请辞西川并不仅仅是受不了案牍谘禀之繁这么简单。他需要面对手下军士的利益需求,轻易移镇有违将士意愿,处理不好会造成又一次军变。

白居易有一篇《与崇文诏》,为元和二年十一月五日诏入翰林院封敕所写。[③] 这篇诏文提到高崇文"累陈表章,恳请朝觐",在小注中,白居易指出本文写作是"为频请朝觐并寒月跋涉意",而高崇文时为西川节度使。[④] 考虑到高崇文辞呈是在十月,已经是寒月,二年十一月丁卯(十六日)朝廷以武元衡为西川节帅,这里的朝觐应该指请辞西川一事。高崇文在十二月被任命为邠宁节度使,离开成都后,"以不习朝仪,惮于入觐",[⑤]对入朝面见皇帝采取了前后截然不同的态度。这个细节并没有收录于神道碑。从"频请朝觐"到"惮于入觐",是什么原因促使高崇文发生了一百八十度的大转变?估计还是十一月至十二月间发生的事情,而这其中最严重的应该就是洗劫成都府库之事。

高崇文担心手握重镇而受到朝局的政治牵连,故而主动请辞西川,请求入觐,希望皇帝能让他守卫边陲,以此打消朝廷的顾虑,保全自我。但高崇文军队离开成都前的举动,既成了他的无奈,又成了担心被朝廷追究的导火线。因此,离镇后的高崇文极力避免进入朝中,卷入朝局争端。所幸朝廷并未深究高崇文的行为,顺势任命其为邠宁节度使,又加之以京西都统,使其能够风光地过完人生的最后几年,得以善终。

---

① 《资治通鉴》卷二三七,唐宪宗元和元年正月条:"练卒五千,常如寇至,卯时受诏,辰时即行,器械糗粮,一无所阙……崇文军至兴元,军士有食于逆旅,折人匕箸者,崇文斩之以徇。"(第7749页)

② 陆扬指出,刘辟事件解决后,朝廷对西川以安抚为主。(《从西川和浙西事件论元和政治格局的形成》,《唐研究》第8卷,第239页)

③ 《白居易文集校注》卷一〇《奉敕试制书诏批答诗等五首》,第452页。

④ 《白居易文集校注》卷一〇《奉敕试制书诏批答诗等五首·与崇文诏》,第457页。

⑤ 《旧唐书》卷一五一《高崇文传》,第4053页。

四

纵观高崇文从河北健儿到京西都统，我们可以很清楚地发现高崇文在政治上的态度决定了他的命运。元和以前，高崇文虽未直接与朝廷中枢发生联系，但他从范阳南下平乱，后又入关勤王，护卫代宗还都，参与了一系列平叛行动，再加之其神策军身份，他的政治站队是明确的。

元和初，高崇文开始结交朝中权贵，在俱文珍等人的支持下，通过贿赂杜黄裳，压倒刘澭获得了元和新朝初战的机会，得以节度西川。但朝中的政治风向一转，高崇文的命运顿生变故。宪宗即位后对俱文珍这群功臣采取疏远的态度，外放亲宦官的宰相杜黄裳，尽管杜是支持宪宗取得元和削藩初战胜利，开启元和中兴的功臣。高崇文鉴于这样的政治形势，为求自保，不得不功成身退，请辞西川，捍卫边陲。

但我们又不能把高崇文在贞元、元和时期的一系列事件仅看作是中枢政治影响的结果。刘澭的存在，迫使高崇文采取手段，主动争取朝中的支持，以期在与刘澭的竞争中获得进一步的空间。高崇文又出于自保，主动请辞西川。这两次主动行动，因与朝廷的政策相一致，故得以顺利实现。

反观刘澭，虽然受到朝廷的礼遇，威望与能力也在高崇文之上，但刘澭的"河朔气度"，"不识朝廷宪章"，对于政治规则的理解和运用与朝廷存在严重冲突，[①]这使得他不可能完全获得朝廷的信任。反倒是高崇文"宽和得众，用兵沈审"，[②]表现出了恭顺的姿态，从而被朝廷重用。可见，朝廷对于京西武将的用人标准不仅在能力，更重要的在于对朝廷的政治态度。

黄楼曾指出，"宪宗以后，吐蕃因内讧而实力大削，已不能深入为寇，西北邠宁诸军骄悍习气已消磨殆尽"。[③] 我们从刘澭与高崇文的事迹中，可以明显地看出，朝廷有意压制骄悍之军，而扶持服从于朝廷政治秩序的恭顺将领。高、刘二人可以看作是西北诸军气质变化的一个缩影。

---

① 李碧妍认为，刘澭一军所带有的河朔气度是卢龙体制下的产物，刺史带有军使之衔，兼军政及行政的双重职能(《危机与重构：唐帝国及其地方诸侯》，第351页)，这与京西北地区军政与民政分离是截然不同的。

② 《唐语林校证》卷一《政事上》，第64页。

③ 黄楼：《唐代京西北神策诸城镇研究》，《魏晋南北朝隋唐史资料》第27辑，武汉大学人文社会科学编辑部2011年版，第378页。

明代贵州乡试考官与考务初探

王　力

（贵州民族大学　文学院）

乡试是明清两代科举考试的重要环节，是由朝廷统筹、各省主办的省级常规考试。和清代乡试动辄加科、改期不同，有明一代的乡试一直保持三年一考的频率，非常规律。但由于明代乡试史料亡佚较多，对勾勒其脉络不利，故而学界对明代乡试的深入研究尚不算多。而对贵州这样一个永乐十一年（1413）才建省，嘉靖十六年（1537）才开科的小省而言，研究又尤受史料匮乏之累。但边远小省科举多有特殊性，对其研究，可借以窥见朝廷在文教治理方面的宏观布局。本文拟借助存世的乡试录等史料，尝试从考官、考务角度初步探析明代贵州乡试。

一、明代贵州乡试考官的简派

考官指朝廷所派的衡文官员，乡会试的最重要考官是正、副主考，辅助阅卷者为同考官，主考掌握命题、阅卷之权，决定着千万士子的科场命运，在乡会试中具有举足轻重的地位。因此选派主考官是关乎考试成败的重要举措，什么样的人有资格担任，朝廷有明确的规定：

> 初制，两京乡试，主考皆用翰林。而各省考官，先期于儒官、儒士内聘明经公正者为之，故有不在朝列累秉文衡者。景泰三年，令布、按二司同巡按御史，推举见任教官，年五十以下、三十以上、文学廉谨者，聘充考官。于是教官主试，遂为定例。其后有司徇私，聘取或非

其人,监临官又往往侵夺其职掌。成化十五年,御史许进请各省俱视两京例,特命翰林主考。帝谕礼部严饬私弊,而不从其请。屡戒外帘官毋夺主考权,考官不当,则举主连坐。又令提学考定教官等第,以备聘取。然相沿既久,积习难移。弘治十四年,掌国子监谢铎言:"考官皆御史方面所辟召,职分即卑,听其指使,以外帘官预定去取,名为防闲,实则关节,而科举之法坏矣。乞敕两京大臣,各举部属等官素有文望者,每省差二员主考,庶几前弊可革。"时未能从。嘉靖七年,用兵部侍郎张璁言,各省主试皆遣京官或进士,每省二人驰往。初,两京房考亦皆取教职,至是命各加科部官一员,阅两科、两京房考,复罢科部勿遣,而各省主考亦不遣京官。至万历十一年,诏定科场事宜。部议复举张璁之说,言:"彼时因主考与监临官礼节小嫌,故行止二科而罢,今宜仍遣廷臣。"由是浙江、江西、福建、湖广皆用编修、检讨,他省用科部官,而同考亦多用甲科,教职仅取一二而已。盖自嘉靖二十五年从给事中万虞恺言,各省乡试精聘教官,不足则聘外省推官、知县以益之。四十三年,又从南京御史奏,两京同考用京官进士,《易》《诗》《书》各二人,《春秋》《礼记》各一人,其余乃参用教官。万历四年,复议两京同考、教官衰老者遣回,北京取足于观政进士、候补甲科,南京于附近知县、推官取用。至是教官益绌。①

明初各省乡试考官主要用儒官、儒士,后来又改为科部官员。综观整个明代,贵州的乡试考官信息呈现两个特点:一是信息缺失严重,多科主考情况不明;二是考官品级较低。兹列表如下:

表一　　现存万历十三年前贵州乡试主考信息表

科第	主考	官职	品级	副主考	官职	品级
嘉靖十六年	涂勋	弋阳县教谕	不入流	王诰	广昌县教谕	不入流
嘉靖二十五年	毛沂	眉州儒学学正	不入流	訾绍芳	连江县教谕	不入流
嘉靖三十一年	丘柟	九江府教授	从九品	郑廷俊	上高县教谕	不入流
嘉靖三十四年	陈其力	威远县教谕	不入流	陈仁	天台县教谕	不入流
嘉靖四十年	陈綵	黟县教谕	不入流	陈安	获嘉县教谕	不入流

① (清)张廷玉等:《明史卷》卷七〇《选举二》,中华书局1974年版,第1698—1699页。

续表

科第	主考	官职	品级	副主考	官职	品级
隆庆四年	吴浙	池州府教授	从九品	陈彬	余干县教谕	不入流
万历元年	周保	赣州府教授	从九品	施弘琏	瑞州府教授	从九品
万历四年	顾登龙	彰德府教授	从九品	陈光宇	安仁县教谕	不入流

(表格据宁波出版社2010年版《天一阁藏明代科举录选刊》、台湾学生书局1986年版《明代登科录汇编》制作,以下各表同。)

表二　现存万历十三年后贵州乡试主考信息表

科第	主考	官职	品级	副主考	官职	品级
万历十三年	周梦旸	工部员外郎	正六品	熊敦朴	刑部主事	正六品
万历十九年	盛万年	工部员外郎	正六品	黎芳	大理寺右寺正	正六品
万历二十二年	朱思明	刑部主事	正六品	窦子偁	大理寺评事	正七品
万历二十八年	黄士吉	工部虞衡司员外郎	从五品	王孟震	行人司行人	正八品
万历三十一年	朱化孚	兵部职方司主事		张国儒	行人	正八品
万历三十四年	周延光	大理寺评事	正七品	张孔教	行人	正八品
万历三十七年	丘云肇	大理寺评事	正七品	陈伯友	行人	正八品
万历四十年	王家相	主事	正六品	彭际遇	行人	正八品
万历四十三年	赵明钦	主事	正六品	钟惺	行人	正八品
万历四十六年	方尚恂	员外	从五品	陈元藻	行人	正八品
天启元年	项梦原	主事	正六品	张芳	行人	正八品
天启四年	傅宗龙	巡按	正四品	因战乱以巡按主考,无副主考信息。		
天启七年	徐大仪	刑部主事	正六品	马懋材	行人	正八品
崇祯三年	胡钟麟	主事	正六品	卢经	行人	正八品
崇祯六年	张世基	主事	正六品	王俠	行人	正八品
崇祯九年	熊经	主事	正六品	韩启泰	行人	正八品
崇祯十二年	刘文翰	主事	正六品	陈际泰	行人	正八品
崇祯十五年	傅天锡	主事	正六品	吴允谦	行人	正八品
崇祯十七年	郑之珖	户部郎中	正五品	是年贵州战乱,无副主考信息。		

总体来看,历任贵州乡试主考的官员有学正、教谕、教授、员外郎、主事、评事,任副主考者则有教谕、主事、评事、行人、右寺正。现存资料中,万历十三年(1585)之前的贵州乡试主考职务有三种:学正、教授和教谕,

均为从事文教的低级官吏。朝廷对地方儒学教官职能和品级有着具体的规定：

> 儒学。府，教授一人，（从九品）训导四人。州，学正一人，训导三人。县，教谕一人，训导二人。教授、学正、教谕，掌教诲所属生员，训导佐之。凡生员廪膳、增广，府学四十人，州学三十人，县学二十人，附学生无定数。儒学官月课士子之艺业而奖励之。凡学政遵卧碑，咸听于提学宪臣提调，府听于府，州听于州，县听于县。其殿最视乡举之有无多寡。
>
> 明初，置儒学提举司。洪武二年，诏天下府州县皆立学。十三年，改各州学正为未入流。（先是从九品）二十四年，定儒学训导位杂职上。三十一年诏天下学官改授旁郡州县。正统元年始设提督学校官，又有都司儒学，（洪武十七年置，辽东始。）行都司儒学，（洪武二十三年置，北平始。）卫儒学，（洪武十七年置，岷州卫，二十三年置，大宁等卫始。）以教武臣子弟。俱设教授一人，训导二人。河东又设都转运司儒学，制如府。其后宣慰、安抚等土官，俱设儒学。①

职务级别最高的是教授，明代各府、都司、卫学均有设置，掌管教诲训导考核管理生员，初为正九品，后来改为从九品。而教谕与学正均为不入流的学官，地位又次一等。说明这一时期贵州乡试考官多用品级低下的地方儒学教官。但此种情况并非只针对贵州这样的文化小省，多数省份都是如此。天一阁所藏明代乡试录的记载表明，不单是贵州、云南、广西三省，福建、山西、山东、广东、湖广、河南、陕西、四川也是一样，只有南北两都城所在地应天、顺天情况有别，一般都由朝廷选派六品左右的中央官员出任主考，如左春坊左庶子、左赞善，翰林院侍讲、奉议大夫、奉直大夫。万历十三年后，贵州乡试考官的品级有所提高，朝廷开始选派一些六品左右的官员担任主考，其中正六品占大多数，偶尔也会有从五品或正七品官员。

考官的变化体现在几个方面：一是选拔范围扩大。之前的教谕、学正、教授均为儒学官吏，属于礼部所管辖之文教范围，万历十三年后则多有工部、刑部、兵部官员出任正副主考。他们都非文教官员，如工部员外郎掌城

① （清）张廷玉等：《明史》卷七五《职官四》，第1851—1852页。

池土木工程之事,虞衡司员外郎更是具体掌理采捕山泽鸟兽之肉、皮革、骨角及制造军装兵械、烧陶铸器之类,刑部主事则管章奏文移、文书案牍。而职方司则为兵部四司之一,掌理各省舆图、武职官之叙功、赏罚、抚恤及军旅检阅等事。大理寺评事的主要职责是推按刑狱,行人司行人的工作则涉及颁行诏赦、册封宗室、抚谕诸蕃、征聘贤才、传旨法司、遣戍囚徒等。二是后来者科举成绩更佳。之前的考官信息均标明为"贡士",后来者则全部为进士出身,且大多为近三科中式者,这样就能够保证熟知考试程序和考试内容。明代举人中进士后授官,"状元授修撰,榜眼、探花授编修,二、三甲考选庶吉士者,皆为翰林官。其他或授给事、御史、主事、中书、行人、评事、太常、国子博士,或授府推官、知州、知县等官"。[①] 主事、行人、评事本就是进士授官的集中区域,用他们主考也就是顺理成章的了。

早期聘请儒学教官任考官多由地方官员负责,如嘉靖二十五年贵州乡试,"先是御史端蒙始入境,谓试事不可后,即驰一介之使聘沂等于诸藩"。[②] 是当时的贵州巡抚萧端蒙使人往聘眉州儒学学正毛沂担任,其他科情况大致如此。遇到社会或个人变故,就要做出变化以应对。有时是社会变故造成的试期改变,如万历四十年(1561):

> 礼科左给事中周日庠题各省试执宪度,以肃内外者监临御史之责也。浙江、湖广、贵州按臣久缺,查前福建秋场偶缺,御史曾以其事属之按察使,今浙江尚有盐院可代,湖广、贵州请暂行照例委任,庶几不致误事。然臣所急者不独监临也。浙江、江西、湖广、陕西四省典试之臣久蒙钦点至今未下,倘再稽延使场期改自今科,于祖宗之旧制不已悖乎!并请下南直诸处典试官。[③]

天启四年(1624)也发生过此类事情:

> 是日秋闱在迩,礼臣请酌滇黔试事。上曰:"宾行大典,云南京官主考仍早与题差,贵州不得停科。暂照壬午前例,听御史便宜

---

① (清)张廷玉等:《明史》卷七〇《选举二》,第1695页。

② 《嘉靖二十五年贵州乡试录》,宁波出版社2010年影印本,第2页。

③ 《明神宗实录》卷四九七,万历四十年七月辛丑,"中央研究院"历史语言研究所1962年版,第9365页。

行。"时礼科魏大中以南服弗靖,请以云、贵暂仿壬午以前故事,敕彼中抚按便宜辟召旁近邻省或司道府,有职业暇而文章素著者,或即于提调监试四人中省二人者,或巡按御史无监军之责,即监军而时值奏凯无烦帷筹者,即以御史领其事。故礼部虽有此请,已而,命工部主事施邦耀、御史张鸣陛往,仍敕各省巡按沿途严兵护送,勿至疏虞[①]。

考官因个人或家庭原因临时申请调整的也不少,如万历十九年工部虞衡司主事盛万年贵州主试,因母病告辞,得到允许。天启七年三月"礼部题:差云南正考户部主事李日俨,副考行人汪邦柱,贵州正考刑部主事林曾,副考行人宋鸣梧。邦柱、鸣梧以门户闲住,改命陪推行人李昌龄往云南,马懋才往贵州。"[②]一个月后,贵州正考林曾也因为丁忧改差刑部主事徐大仪。盛万年要照顾生病的母亲,林曾则要丁忧,汪邦柱和宋鸣梧则因为"闲住"而无法赴任,"闲住"即罢职,失去官职也就无法担任试差,正如资料中显示,朝廷都进行了人员更换。考官领差后就要迅速启程,"凡各省乡试主考,近题用史官以下叙用,命下次日谢恩,礼仪回避,并与会试、两京考试同临行辞朝,径赴比省,回朝复命,与两京同"。[③] 这也是朝廷为减少舞弊而作出的规定。

二、明代贵州乡试内外帘官员数量及职责

郭培贵通过对大量史料的分析,认为各省监临官在对执事官的增选中,始终遵循了两个原则:"一是兼顾各府,即尽可能保证各府都有官员出任上述执事官,尤其保证经济文化特别是科举比较发达地区的官员担任重要执事官……二是尽可能让具有进士功名的府州县官员出任收掌试卷、受卷、弥封、誊录、对读等与试卷有关的执事官,这样既可对考官形成外部压力,使其不敢马虎行事,又可以增加乡试录取结果的说服力和权威性。"[④]贵州的情况也基本符合,同时也受到新建之省文教落后的现实制

① 《明熹宗实录》卷四〇,天启四年三月癸未,"中央研究院"历史语言研究所 1962 年版,第 2314—2315 页。

② 《明熹宗实录》卷八二,天启七年三月壬申,第 3978 页。

③ (明)张位、于慎行撰:《词林典故》"考试"条,《四库存目丛书》史部第 258 册,第 271 页上。

④ 郭培贵:《中国科举制度通史·明代卷》,上海人民出版社 2015 年版,第 197—198 页。

约。以相对较晚的万历四年和十年为例。万历四年收掌官二人为贵阳和石阡知府,受卷官四人为都匀、思州、铜仁、镇远四府知府,弥封官四人分别为贵阳同知、通判、推官与都匀府独山知州,誊录官三人中首为布政司理问所理问,另二人为普安、镇宁知州,对读官四人为思南府印江、务川二县知县,都匀府清平县知县,镇远府镇远县知县。万历十年收掌官四人为贵阳、思南、都匀、石阡四府知府,受卷官五人为镇远知府、黎平知府、指挥司经历、贵阳府同知、思州府推官,弥封官四人为贵阳推官、铜仁推官、安顺知州、镇远府施秉县知县,誊录官四人为黎平府推官、都匀府独山州知州、镇宁知州、黎平府永从县知县,对读官四人为石阡府推官、都匀府麻哈州知州、永宁州知州、思南府务川县知县。涉及的府有贵阳、石阡、思州、铜仁、镇远、都匀、思南、安顺、黎平,几乎涵盖了省内各府。执事官员的科举功名则明显达不到全国的平均水平,上述万历四年十七官员中仅有两位进士,多数为举人即所谓"贡士",甚至还有官生、监生;万历十年二十一官员中进士数量稍多,也仅有三位,其余全部为举人。与万历四年云南乡试比较,云南有收掌官四人、受卷官六人、弥封官六人、誊录对读各五人,二十六人中有进士七人,进士所占总人数比例高于贵州。万历十年云南有收掌官四人、受卷官六人、弥封誊录各七人、对读六人,三十人中进士有九人,进士所占比为30%,超过贵州12%的数据。

再看同为科举小省的广西,万历四年乡试有收掌官二人,受卷、弥封、誊录、对读官各五人,二十二人中有进士八人。万历十年乡试收掌官二人,受卷、弥封官各五人,誊录、对读官各六人,二十四人中有进士十人,比例超过云南,远高于贵州。文教居于全国中游的省份则又有更高的比例,如山西省万历四年三十七位执事官有三十四位进士,万历十年三十八位中有三十位进士。科举发达地区中,考查浙江万历四年、十年与江西万历四年乡试,仅浙江万历十年有一位贡士,其余均为进士,比例几乎达到100%,与之相比,贵州可谓差距巨大。

得出这样的结论,并非郭培贵的判断有误,而是贵州本身具有很强的特殊性。在选派官员时,作为边远小省的云南、广西、贵州往往只能接收人选中资历相对较浅者,而在三省之中,贵州又居末席。

据天一阁现存贵州乡试录,制作明代贵州乡试内外帘官员表如下:

表三　　明代贵州乡试内外帘官员情况表

	嘉靖十六年	嘉靖二十五年	嘉靖三十一年	嘉靖三十四年	嘉靖四十年	隆庆四年	万历元年	万历四年	万历十年
监临	1	1	1	1	1	1	1	1	1
提调	2	2	2	2	2	2	2	2	2
监试	2	2	2	2	2	2	2	2	2
主考	2	2	2	2	2	2	2	2	2
同考	3	3	3	4	3	3	2	3	3
印卷	2	2	2	2	2	2	2	2	2
收掌	2	2	2	2	2	2	2	2	4
受卷	4	4	4	5	5	4	4	4	5
弥封	4	4	4	5	5	4	4	4	5
誊录	4	4	4	5	6	4	4	3	4
对读	4	4	4	5	6	4	4	4	4
巡绰	6	8	9	12	12	9	11	8	11
搜检	6	9	9	12	12	9	11	15	16
供给	11	12	14	11	11	9	11	9	10
考生数	800	1100	1200	1200	1000			900	900

表四　　分闱后云南乡试内外帘官数量表

	嘉靖十六年	嘉靖二十五年	嘉靖四十三年	万历元年	万历四年	万历七年	万历十年
监临	1	1	1	1	1	1	1
提调	2	2	2	2	2	2	2
监试	2	2	2	2	2	2	2
主考	2	2	2	2	2	2	2
同考	3	4	4	5	4	5	4
印卷	2	2	2	2	2	2	2
收掌	2	2	2	4	4	4	4
受卷	4	4	4	5	6	6	6
弥封	5	5	4	5	5	7	7
誊录	5	5	5	5	5	7	7
对读	5	5	5	5	5	6	6

续表

	嘉靖十六年	嘉靖二十五年	嘉靖四十三年	万历元年	万历四年	万历七年	万历十年
巡绰	6	6	6	6	6	7	7
搜检	6	6	6	6	6	6	6
供给	21	22	17	20	20	21	21
考生数				1300		1300	

下面就各类官员情况进行分析,首先是监临官。监临是一种监察性职务,监临官代表中央和皇帝总管一省乡试。在洪武十七年(1384)朝廷颁布《科举成式》时,还并未提到监临一职,郭培贵的研究认为,大约在景泰天顺年间乡试设置监临官成为常例①。到嘉靖十六年贵州开科时已成为必设之职,从现存贵州乡试录来看,监临官一直排在所有内外帘官员的第一位,而且均由巡按监察御史担任。隆庆四年(1570)贵州乡试主考吴浙在试录序中提到"御史率诸同事者,奉新政所颁条格,更相戒饬而后节事",是为一证。

表五　　明代贵州乡试监临官情况表

科份	监临官职务及姓名	科举功名
嘉靖十六年	巡按贵州监察御史倪嵩	进士
嘉靖二十五年	巡按贵州监察御史萧端蒙	进士
嘉靖三十一年	巡按贵州监察御史董威	进士
嘉靖三十四年	巡按贵州监察御史陈效古	进士
嘉靖四十年	巡按贵州监察御史巫继咸	进士
隆庆四年	巡按贵州监察御史蔡廷臣	进士
万历元年	巡按贵州监察御史杨允中	进士
万历四年	巡按贵州监察御史秦时吉	进士
万历十年	巡按贵州监察御史傅顺孙	贡士

监临官拥有聘任考官的权力。嘉靖二十五年贵州乡试主考毛沂称"先是御史端蒙始入境,谓试事不可后,即驰一介之使聘沂等于诸藩,八

① 郭培贵:《中国科举制度通史·明代卷》,第180页。

月丁亥咸至会城,庚寅锁院,癸巳集诸士而初试之"[①]。万历十年主考黄衮称"巡按监察御史傅顺孙实纲纪之,四方文学博士应聘咸至,以衮与孙继先主考试,谭时进、孙桴、伦大经同考试"[②]。撰写试录也要经监临安排,如嘉靖二十五年,"御史端蒙申言于众曰:'由二重臣之言,可以侈恩矣;由三司诸大夫之言,可以征运矣;由诸学官之言,可以考化矣。有此三者,是谓休图,不可以无述',乃授简于沂,俾序之"。[③] 再如嘉靖三十四年"巡按御史陈效古实敦兹典,檄所司先介东聘教谕陈仁、林应标于浙,以校《易》《礼》;南聘陈裕于楚,北聘李绪于洛、王霄于晋,以校《诗》《书》;西聘其力于蜀,以校《春秋》。八月甲子咸以期如会城,戊辰将锁院从事,爰集提调左布政使高翀、左参政杨守约、监试副使刘望之、佥事刘景韶暨帘内外诸执事者陈誓而告之"。[④]

监临官权力大责任也重,所以才会有"爰集诸执事者陈誓而告之"的举动,目的是提醒大家重视乡试相关工作,务必认识到掌衡文之权的重大责任,涉及考生身家性命的大事不可不慎。监临官往往从责任与人情两方面要求和引导其他官员,不独一地,各行省皆然。嘉靖二十五年的湖广乡试主考陆州就记载了监临官高节:

> 奉命来兹土,按图考法,去太去甚,风纪肃然,无不改向。诸司以秋试期告,乃聚谋曰:"是役也,节实监临之,其敢不慎!"于是,稽典肃币,官预其程,守疆除馆,工综其役,陈轨诘奸,吏防其怠,崇雅黜浮,士濯其志,品式物采,错综咸戒;而州等胥以聘至,乃以学正何梁、教谕杨成、周鼎、刘三正、林一清、阮琳、包泽、宋时分试之,而属州与教谕姜周使总其事。……其百执事,自知府以下皆遴选以充,而以提调属左布政使怀埋、右参议邹守愚,监试属按察使孙应奎、佥事卜大同……比锁院……三试之。御史节犹虑其不沥衷殚力也,乃又合而誓之曰:"所不与祓除其心以报国者,有如此哉!"

高节不仅强化制度以严格要求,还把考务社二十人聚集在一起起誓,

① 《嘉靖二十五年贵州乡试录》,第2—3页。

② 《万历十年贵州乡试录》,宁波出版社2010年影印本,第1页。

③ 《嘉靖二十五年贵州乡试录》,第5—6页。

④ 《嘉靖三十四年贵州乡试录》,宁波出版社2010年影印本,第2—6页。

目的是用道德力量形成约束,可谓用心良苦。

此外,各省乡试录中关于监临总理全局,“部署诸执事”的记载很多,均充分证明其职权之大。权柄握于一人之手有利于提高决策效率,但其弊端也很明显。丘濬曾深刻指出:

> 乡试则方面官先期访请,洪武以来惟有学者是用,不问是何官职,虽儒士亦在所聘。后乃有建言专用教官者,其所礼聘无非方面之亲私,率多新进士,少能持守一,惟监临官是听,内外之权悉归御史,凡科场中出题、刻文、阅卷取人,皆一人专之,所谓弥封、誊录殆成虚设。①

至少在嘉靖年间,这一问题便引起了朝廷的警觉,嘉靖帝就说过“各省乡试出题刻文悉听之巡按,考试教官莫敢可否”②,让人有理由怀疑监临官少受制约故有作弊之利,贵州监临是否有作弊情况无史料可证,但从试录序言中对监临的恭谨语气来看,由考官来制约监临的可能性较小。

《万历十年贵州乡试录》称监临傅顺孙为“云南昆明县籍,浙江钱塘县人,庚午贡士”,验之云南方志,隆庆四年庚午科有云南府傅顺孙中举,而进士中无其信息,表明举人是其最终科举功名。类似情况还有马三才,《隆庆四年贵州乡试录》称他为“云南永昌卫籍,应天府上元县人,辛酉贡士”,同样可以从方志中印证其举人而非进士的身份。这样看来,乡试录中的“贡士”是指“举人”,贡士本指会试中式而未参加殿试者,一般不以之称呼举人,估计是当时撰写试录时的一种美化称谓。

提调官员的设置时间早于监临,洪武十七年颁布《科举成式》时就已规定各省乡试设一名提调官员,均由布政司长官充任,至贵州开科时早已成为常例,且数量增加到了两位。现存乡试录的记录也印证了提调官由布政司长官担任的规定,涉及的官员有左右参政、左布政、左右参议,而且自嘉靖三十一年后,两位提调官中必有一位左布政。提调的职责是负责考场供应和协调帘外考务。

---

① (明)丘濬:《大学衍义补》卷九《治国平天下之要·正百官·清入仕之路》,《影印文渊阁四库全书》第712册,台湾商务印书馆1983年版,第132页上。

② (明)王世贞:《弇山堂别集》卷八二《科试考二》,中华书局1985年版,第1573页。

表六 **明代贵州乡试提调官情况表**

科份	监临	科举功名
嘉靖十六年	贵州等处承宣布政使司左参政喻茂坚 贵州等处承宣布政使司右参政郑气	进士 进士
嘉靖二十五年	贵州等处承宣布政使司左参议杨僎 贵州等处承宣布政使司右参议钱亮	进士 进士
嘉靖三十一年	贵州等处承宣布政使司左布政使李涵 贵州等处承宣布政使司左参议伍铠	进士 进士
嘉靖三十四年	贵州等处承宣布政使司左布政使高翀 贵州等处承宣布政使司左参政杨守约	进士 进士
嘉靖四十年	贵州等处承宣布政使司左布政使杨守约 贵州等处承宣布政使司右参议徐敦	进士 进士
隆庆四年	贵州等处承宣布政使司左布政使蔡文 贵州等处承宣布政使司左参议曹司贤	进士 进士
万历元年	贵州等处承宣布政使司左布政使于锦 贵州等处承宣布政使司左参政程大宾	进士 进士
万历四年	贵州等处承宣布政使司左布政使李心学 贵州等处承宣布政使司左参政林澄源	进士 进士
万历十年	贵州等处承宣布政使司左布政使沈人种 贵州等处承宣布政使司左参议詹贞吉	进士 进士

监试官员的职责是代表朝廷对乡试全面监督，因此由监察官员担任，这在《科举成式》中就已有规定，“在内监察御史二员，在外按察司官二员”，监试官要和提调密切配合，须“公同往来巡视，不许私自入号”。因为要对整个乡试流程进行监督，监试官需要提前进入贡院，比如两京乡试监试官，就要“豫于十日前入院”，以防患于未然。其他外帘官员如受卷、供给、巡绰等官入贡院时，监试官要对其所携物品详细搜检，“不许夹带文字及朱红、墨笔”，对各种皂隶差役要“审实正身供事，不许久惯之徒私替出入”①。

① （明）李东阳、申时行：《明会典》卷七七《礼部三十六·学校二·科举·乡试》，文海出版社1985年影印万历刊本，第1232页。

表七 明代贵州乡试监试官情况表

科份	监试官	科举功名
嘉靖十六年	贵州等处提刑按察司副使陈则清	进士
	贵州等处提刑按察司副使陈讚	进士
嘉靖二十五年	贵州等处提刑按察司按察使郭日休	进士
	贵州等处提刑按察司佥事朱文质	进士
嘉靖三十一年	贵州等处提刑按察司按察使胡尧时	进士
	贵州等处提刑按察司佥事龙遂	进士
嘉靖三十四年	贵州等处提刑按察司副使刘望之	进士
	贵州等处提刑按察司佥事刘景韶	进士
嘉靖四十年	贵州等处提刑按察司副使张廷柏	进士
	贵州等处提刑按察司佥事蒋春生	贡士
隆庆四年	贵州等处提刑按察司副使程嗣功	进士
	贵州等处提刑按察司副使陆相儒	进士
万历元年	贵州等处提刑按察司按察使刘侃	进士
	贵州等处提刑按察司逼使林澄源	进士
万历四年	贵州等处提刑按察司按察使林烶章	进士
	贵州等处提刑按察司副使王天爵	进士
万历十年	贵州等处提刑按察司副使郑秉厚	进士
	贵州等处提刑按察司佥事胡宥	进士

监试官数量基本保持为两名,明初时也出现过仅一名和多于两名的情况。如景泰元年河南乡试有一名,永乐十二年福建乡试则有七名。除去这些特例,多数情况下为两名,贵州乡试记录的九科均如此。职位方面则涉及本省按察司三种岗位,分别是按察使、副使和佥事,九科十八人全部拥有进士身份,其中个别人后来担任过文教官员,如胡尧时于嘉靖三十一年任监试官,后来曾任提学副使,“其官按察使也,谓职虽专任刑名,然必有教化在先,而后刑名可用。遂与提学副使奖励士流,身示表则。又新阳明书院,刊守仁所著书于贵州,令学徒知所景仰,士风为之大变”①。有如此关心文教的官员担任监试,可能有助于工作的开展。监试一般由巡

① (道光)《贵阳府志》卷五七“胡尧时传”,《贵阳府志》点校本,贵州人民出版社2005年版,第1114页。

按御史担任，如果因故不能参加，就要请人代替，“乡场监试例巡按御史，或偶阙，如吾浙，则致巡监御史。万历乙卯，贵州巡抚都察院右佥都御史张鹤鸣代□监试”。① 这种情况比较少见，贵州乡试也仅见此一例。

印卷官职责比较明确，主要负责与试卷直接相关的事务，但并非只负责印制试卷。试卷问题在元代就已被重视，“举人试卷，各人自备三场文卷并草卷，各一十二幅，于卷首书三代、籍贯、年甲，前期半月于印卷所投纳，置簿收附，用印钤缝讫，各还举人”②。明代借鉴其制并努力完善，设置印卷官便是体现之一。其职责主要有两个方面：一是检查考生自备的考试正卷和草卷用纸是否符合规范，二是查验其试卷卷首所写信息是否属实。通过检查者需要印卷官在试卷纸缝上用印钤记，“仍将印卷官姓名置长条印记用于卷尾”③。明初基本保持为每科一员，至贵州开科时已固定为两员，涉及布政司、按察司、都指挥司等几个机构，涉及岗位有经历司都事、知事、经历，理问所正副理问，照磨所照磨等。

表八　　明代贵州乡试印卷官情况表

科份	印卷官	科举功名
嘉靖十六年	贵州等处承宣布政使司经历司都事宗仁	监生
	贵州等处提刑按察司经历司经历延钦	监生
嘉靖二十五年	贵州等处承宣布政使司经历司经历姚文	监生
	贵州等处提刑按察司经历司知事王月谦	监生
嘉靖三十一年	贵州等处承宣布政使司经历司都事曾守一	监生
	贵州等处提刑按察司照磨所照磨周鹤	监生
嘉靖三十四年	贵州等处承宣布政使司照磨所照磨吴易	吏员
	贵州等处提刑按察司经历司知事李观	吏员
嘉靖四十年	贵州等处承宣布政使司理问所正理问文羽质	监生
	贵州等处提刑按察司经历司经历张文赛	监生
隆庆四年	贵州等处承宣布政使司经历司经历刘学博	监生
	贵州都指挥使司经历司经历钱溶	监生

① （明）谈迁著，罗仲辉、胡明校点校：《枣林杂俎》，中华书局2006年版，第184页。

② （明）宋濂等：《元史》卷八一《选举一》，中华书局1976年版，第2022页。

③ （明）李东阳、申时行：《明会典》卷七七《科举·科举通例》，第1226页。

续表

科份	印卷官	科举功名
万历元年	贵州等处承宣布政使司理问所副理问叶继绪	监生
	贵州等处提刑按察司经历司知事刘沛	吏员
万历四年	贵州等处承宣布政使司经历司都事欧阳守	监生
	贵州等处提刑按察司照磨所照磨张应举	吏员
万历十年	贵州等处承宣布政使司经历司都事朱玉	贡士
	贵州等处提刑按察司经历司经历文希赐	吏员

同考官是在主考官统领下专门负责评阅试卷的辅助性官员,因为他们要按经分房阅卷,所以也称为"房考官"。明代多以教官担任此职。

表九　　明代贵州乡试同考官情况表

科份	同考官	科举功名
嘉靖十六年	湖广岳州府澧州安乡县儒学教谕刘瑞葵	贡士
	浙江杭州府临安县儒学教谕陈文昌	贡士
	湖广武昌府嘉鱼县儒学教谕覃煦	贡士
嘉靖二十五年	云南临安府阿迷州儒学学正耿介	贡士
	福建泉州府惠安县儒学教谕张思献	贡士
	江西吉安府庐陵县儒学教谕梁以蔚	贡士
嘉靖三十一年	浙江金华府东阳县儒学教谕李司镇	贡士
	浙江杭州府昌化县儒学教谕黄伯善	贡士
	河南开封府陈州商水县儒学教谕何应宿	贡士
嘉靖三十四年	江西临江府新淦县儒学教谕陈裕	贡士
	浙江杭州府富阳县儒学教谕林应标	贡士
	河南河南府洛阳县儒学教谕李绪	贡士
	山西潞安府襄垣县儒学教谕王睿	贡士
嘉靖四十年	河南开封府陈州商水县儒学教谕常若愚	贡士
	直隶安庆府宿松县儒学教谕黄龙	贡士
	浙江处州府丽水县儒学教谕梁士楚	贡士
隆庆四年	湖广武昌府人国州儒学学正陈云鹏	贡士
	直隶镇江府丹阳县儒学教谕谢廷试	贡士
	河南河南府孟津县儒学教谕马三才	贡士

续表

科份	同考官	科举功名
万历元年	四川雅州芦山县儒学教谕程道渊	贡士
	云南楚雄府定远县儒学教谕王执中	贡士
万历四年	福建邵武府邵武县儒学教谕谢苏	贡士
	广西浔州府贵县儒学教谕王汝为	贡士
	江西赣州府定南县儒学教谕靳邦僎	贡士
万历十年	河南河南府偃师县儒学教谕谭时进	贡士
	浙江湖州府乌程县儒学训导孙桴	贡士
	江西南昌府进贤县儒学训导伦大经	贡士

明人对同考官的阅卷过程曾有如此的记述："盖场中阅文之日甚促也，初九举子入场，十一始誊进第一场文；十二第二场出题宴又促矣；十五第二场文始誊完；二十外，三场文始誊完，会取卷宴又促矣；二十九放榜，盖草榜已定于二十五六。在院阅文之日不过半月，而饮宴之误又间之。"①其明确指出阅文之日仅半月，中间又杂以他事耽搁，所以阅卷强度很大。郭培贵分别统计了两京、江西、广西的部分乡试阅卷情况，其中顺天选取成化十年、弘治十一年、正德十一年、隆庆元年、万历十年五科，应天选取景泰元年、成化十六年、弘治五年、嘉靖三十一年、嘉靖四十三年、万历十年六科，江西选取成化十年、嘉靖元年、嘉靖四年、嘉靖四十年、嘉靖四十三年、万历七年、天启七年七科，广西选取弘治五年、正德八年、嘉靖二十八年、嘉靖四十年、嘉靖四十三年、万历四年六科，所得同考官各科日均阅卷数据如下：

顺天：40余份、60余份、近67份、86份、76份。

应天：64余份、68余份、66余份、112余份、61份、89余份。

江西：54余份、62份、60份、94余份、46余份、60余份、71余份。

广西：28余份、32余份、44余份、50余份、43余份、60余份。

郭培贵得出三点结论：一是考官阅卷的工作量相当饱满；二是随着考生的逐渐增多，考官阅卷工作量有不断加重之势；三是科举愈发达的直省，阅卷工作量愈大②，考查贵州所得的数据基本支持这些结论。

---

① （明）王文禄：《求志编》，《丛书集成新编》第30册，台湾新文丰公司1986年版，第672页。

② 郭培贵：《中国科举制度通史·明代卷》，第171—172页。

贵州乡试可选样本有嘉靖十六年、嘉靖二十五年、嘉靖三十一年、嘉靖三十四年、嘉靖四十年、万历四年、万历十年,其考生数分别为800余、1100余、1200余、1200余、1000余、900余、900余,以每位考生参加三场试卷交3份试卷计,试卷数分别为2400余、3300余、3600余、3600余、3000余、2700余、2700余。除嘉靖三十四年同考官为4人,其余均为3人,那么在半月内每人日均阅卷分别为54份、72余份、87份、60余份、66余份、60余份、60余份。比较上述各省,贵州同考官日均阅卷量略低于两京,和江西相当,而高于广西。若仅以嘉靖十六年后情况比较,仍基本支持上述结论。从平均数的角度看,贵州几科平均日阅卷量约为66份。

同考官的数量,景泰元年时朝廷规定"乡试同考试官,五经许用五员,专经考试"[①]。但从乡试录的记载来看,分闱后云南贵州二省的数量均达不到此标准,云南仅两科为5,其余则或3或4,贵州则最多时仅4位,少时仅2位,因此就做不到每人负责一经。从嘉靖三十四年主考陈其力的叙述看,正副主考似乎也参与了专经的阅卷,其中林应标、陈裕、李绪、王霄四人为同考官,陈其力、陈仁为正副主考,四位同考中陈李王三位负责《诗》《书》,林应标与陈仁一起负责《易》《礼》,可能中有分工,从语序分析林可能只负责《礼》。这样四位同考只负责了《诗》《书》《礼》三经,《春秋》与《易》就靠正副主考负责。

结　论

虽然是明代开科最晚的省份,但贵州乡试在考试程序与管理模式上与他省并无不同,这也是科举考试追求程序公平的一种体现。就组织规模而言,贵州乡试还是表现出了一些小省特色,在考官出身、考务人员数量诸方面均略逊于他省。相比于清代一些日记、文集里的详细记录,明代贵州乡试的细节信息较少,更深的研究有待于史料挖掘的推进。

---

① (明)李东阳、申时行:《明会典》卷七七《科举·乡试·凡考试官》,第1230页。

“家族本位”伦理：清代律法的主体性定位

吴留戈

［北京信息职业技术学院(北京市电子工业党校)　马克思主义学院］

中国传统社会的价值取向不仅体现为对于国与君的“忠”，而且体现为对于家与父的“孝”。“国”与“家”作为两种内在关联又具有不同性质的生活场域，以血缘人伦关系为枢纽，使单个的“个体”将自身融合于社会群体之中，在社会的人伦关系网中对于自身的价值及意义进行定位。其中，这一人伦网格的基础构成单位就是“家”。中国传统社会的“家”通常是以“族”的方式进行呈现的，血缘宗亲关系成为基本的社会关系。在清代，家族本位既是个人的生长点，又是个人的最高理想；既是传统立法的原则和出发点，又是传统律法最终维护的伦理归宿。

一、中国传统社会“家族本位”伦理的主旨

由于受到生产力发展水平的限制，古代人类的生产、生活方式主要依靠地域环境和自然条件赋予。作为西方文明的摇篮地之一，古希腊处于“地中海文明”的中心，发达的商品经济与繁盛的海上贸易使其形成了农业、手工业、商业并重的经济结构，大量外族姻缘关系的缔结与融入渐次瓦解了古希腊血缘亲族的基础。随着工商业阶层的崛起，商品交易的等价有偿原则促进了他们个体意识的生成与发展，由此孕育出西方社会承

※　教育部人文社科基地重大项目“当代哲学发展趋向与人类文明形态的哲学自觉”(17JJD720003)阶段性成果。

认个人尊严与价值,不附庸于家庭与他人,自我独立的个人本位伦理精神。个人自由的观念支撑了希腊人的重要特点之一,即"鲜明的个人独立性及作为独立个体的自尊心和自豪感"。[①]西方社会个体价值观形成的源头就来自伊壁鸠鲁学派所主张的"自由""幸福""契约"等伦理价值思想,而"人是万物的尺度"则意味着个人价值的觉醒。[②]"在传统上,西方社会一直强调对个人价值的承认。在基督教和人道主义这两大有关人与社会的欧洲思想体系中,个人价值都占有中心地位"。[③]因此,西方社会主导价值观的构建是建立在承认个人价值的基石之上的。

与古希腊的文明发源地不同,中国文明发祥于水草丰美、土壤肥沃的黄河流域,农耕文化是黄河文明的主题。对于农耕民族而言,土地是赖以安身立命的基础,是历经先辈开垦所赐的依存,同时也是自身落叶归根的灵魂寄托。从氏族部落社会开始,年轻一代从事"向天索食"的农业生产,必定离不开家族长辈所积累的种种自然常识和劳动经验。宗族共存的亲情和对家族长辈积累下来的生产生活技能的崇敬,便形成了生产资料与生活资料归家族成员共同所有、一切劳动力资源归家族长辈调遣支配的生产生活方式。聚族而居、安土重迁,个体成员对于"家"的依赖,更加强化了以"家"为基本单位进行的社会伦理实体的设计。

"家国一体,由家及国"成为构建中国社会伦理体系的逻辑起点,即凭借"家"与"国"的紧密联系性,基于家族的自然伦理形态牵引至国家结构及政治领域,将政治伦理化或将伦理政治化,建立起一套"礼制宗法""忠君敬父"的社会伦理规范体系。赵汀阳将之概括为:"家庭性原则就是处理一切社会问题、国家问题乃至天下问题的普遍原则。"[④]"家族本位"强调的是以血缘关系为基础的群体性伦理秩序,家庭及族群中的个人必须有所归依且服从长对幼、尊对卑的绝对权威。这种家族本位伦理秩序的设立及运行,最终导致了中国封建社会发展的形式合理性与实质不合理性的悖谬。第一,在社会伦理关系上,它使"家"成为整个社会生活制度的奠基石;在个体道德上,以"孝悌"作为伦理纲常中最基本且地

---

① [英]伊迪丝·霍尔著,李崇华译:《古希腊人:从青铜时代的航海者到西方文明的领航员》,上海社会科学院出版社2019年版,第10页。

② 北京大学哲学系外国哲学史教研室编译:《古希腊罗马哲学》,商务印书馆1961年版,第138页。

③ [美]彼得·斯坦、约翰·香德著,王献平译:《西方社会的法律价值》,中国法制出版社2004年版,第162页。

④ 赵汀阳:《天下体系》,江苏教育出版社2005年版,第68页。

位最高的德目;在思维方式上,以"礼"作为"定亲疏、序尊卑、别贵贱"的主要依据。第二,确立了"三纲五常"的伦理道德核心体系,用以捍卫维护封建专制主义统治、封建宗法制度及等级制度。第三,把血亲作为伦理秩序的最高标准和规范尺度,从父子关系中衍生出君臣关系,从兄弟关系中衍生出朋友关系,于是建立起来的就是"天下之本在国,国之本在家"的社会伦理实体,①产生了传统伦理"重群体、轻个体"的走向与趋势。

在中国传统社会中,以血缘关系为基础而产生的"家族本位"伦理思想及以家国一体为基本结构所产生的"忠孝为本"价值取向,使得整个社会伦理不仅内含着维护血缘关系和等级统治的诉求,也同样蕴含着控制个人伦理发展的深层次意识形态立场。这种潜在的控制论意识导致了在"国——家——人"的价值链条上,个体自身价值的产生与兴起由于受到极端的压抑和扼制而无从实现。对此,黑格尔曾经做过精辟的论述,"中国纯粹建筑在这一种道德的结合上,国家的特性便是客观的'家庭孝敬'。中国人把自己看作是属于他们家庭的,而同时又是国家的儿女","国家内大家长的关系最为显著,皇帝犹如严父,为政府的基础,治理国家的一切部门。"②家族本位伦理的最初构建是为了整合家庭血缘关系内部的劳动力资源,实质上表达了加强宗族凝聚、和睦家庭关系的意向式追求。基层传统社会中人的生存的依附性,使家族本位伦理总是将"子"与"臣"、"弟"与"妻"看作是无法自我成长的幼稚个体,一切思想及行为均要被来自"父"与"君"、"兄"与"夫"的监视所占据。但是,当呵护性与服从性被过度强调的时候,父君的权利越积极,子臣的权利就越被动;家族越坚固,个体的生存空间就越狭窄;家族的强盛成为目的,个体发展则沦为手段,个体的权利意识和独立自主意识在家族本位伦理的强制规范中被窒息了。

二、《大清律例》对"家族本位"伦理的确认

如果说法律制度作为伦理秩序的体现,要对特定社会、特定时代的伦理精神进行凝练和总结的话,那么,对封建伦理价值原则的遵循与对传统

① 杨伯峻:《孟子译注》,中华书局 2005 年版,第 167 页。

② [德]黑格尔著,王造时译:《历史哲学》,上海书店出版社 2001 年版,第 122 页。

社会伦理目标的追随,则成为清代律法的主旨致思取向。清律,是清代法典的总称,是在传统伦理表达之下被建构起来的。清末变法之前的国家法典,主要包括《大清律集解附例》(1646 年颁行)与《大清律例》(1740 年颁行)两种法律文本。《大清律例》是在《大清律集解附例》的基础上,于乾隆年间进行修订后颁行的法典,被其继任者们认为是"圣法"。《大清律例》在总体上表现为要在国家法制的层面形成对于"家国一体、由家及国"的伦理表达和伦理实现,旨在运用法律的基本结构、强制性与统一性,形成具有可行性与可操作性的制度规范,从而调整人与人之间、人与家族之间、人与国家之间的关系。

在具体的法律条文中,《大清律例》承袭前朝历代法典的规定,在家族内部以血缘关系为基础,区分尊卑长幼,规定继承秩序,确定家族成员不平等的权利与义务。《大清律例》明文规定了家庭服制关系,除具有直系血亲性质的父母与子女的关系、祖父母与孙子女的关系外,还绘制了所谓的"三父八母图"。[①] 子女被视为父母的私有财产,父母享有支配子女的绝对权力,子女无独立人格。《大清律例》的伦理设置初衷及归宿并非现代社会所公认的"法律面前人人平等"原则,而是采用等级伦理的规定性作为立法和审理案件的依据。这种以身份秩序规范着贵贱、尊卑、长幼、亲疏和良贱的等差来决定当事人"是否属于犯罪""应处何种刑罚"及"处以何种刑罚等级"的方式,是清代法制的重要面相,也是传统伦理法系发展的集大成者。"亲属加重"的原则在很多具体的条文中都得以体现,牺牲子女的权利而殉伦理亲情的案件时有发生。甚至会发生同种类型的案件,因为犯罪人在家庭内部的等级地位不同,最后导致"同罪异罚"的结果。《大清律例·刑律·斗殴下》"殴祖父母父母"律条规定:"凡子孙殴祖父母、父母,及妻妾殴夫之祖父母、父母者,皆斩。杀者,皆凌迟处死。(其为从有服属不同者,自依各条服制科断。)过失杀者,杖一百、流三千里;伤者,杖一百、徒三年。(俱不在收赎之列)"[②]纵然是丈夫去世后再次改嫁他人的妻妾,如果实施了殴打前夫的祖父母或父母的行

① 该图最初载于《元典章》,被明朝及清朝的律法相继沿用。"三父"包括有同居继父、不同居继父、跟随继母嫁人而出现的后父,"八母"有慈母、继母、嫡母、养母、嫁母、出母、庶母、乳母。详见马建石、唐育棠主编:《大清律通考校注》,中国政法大学出版社 1992 年版,第 79 页。

② 田涛、郑秦点校:《大清律例》,法律出版社 1999 年版,第 463 页。

为,也要承担法律责任。[①] 而案件加害人的身份一旦从卑幼转化成为尊长,则是另一种裁决结果,"其子孙违犯教令,而祖父母、父母非理殴杀者,杖一百;故杀者,杖六十、徒一年……若违犯教令,而依法决罚,邂逅致死,及过失杀者,各勿论"。[②] 这种不问主观要件及具体行为方式,单纯依赖家族内部身份关系的差异性位阶接受法律评断的方式,必然会导致"家族本位"伦理长期占据其世袭的法律领地,使个人伦理难以逃脱被束缚的"沉沉黑狱",更无法摆脱犹如"禁狱囚徒"的卑贱地位。

从家族财产权的占有与处分,婚姻关系的缔结或解除而论,家族伦理在《大清律例》中的体现同样明显。《大清律例·户律·户役》"别籍异财"律条规定:"祖父母、父母在者,子孙不许分财异居。(此谓分财异居,尚未别立户籍者,有犯亦坐满杖。)其父母许令分析者,听。"[③]家中只要有尊长在世,子孙就不可能具备经济上"独立人"的资格,即便子孙又繁育后代也不能改变这一情状。财产的所有权为家族成员所共有,财产的支配权仅是"父权"权威的一部分,倘若子孙"私擅用财",则会受到笞刑、杖刑的肉体惩罚。这使得个人伦理无法彰显而逐渐萎缩,礼法愈严之家,子孙受苦愈深,禁锢的家庭空间和受制的经济条件在扼杀人的独立个性之外,也在阻碍着社会生产的创造与发展。在对于婚姻问题的规范上,《大清律例》沿袭历代律法对于尊长主婚权的先在规定,《大清律例·户律·婚姻》"男女婚姻"律条规定:"嫁娶皆由祖父母、父母主婚,祖父母、父母俱无者,从余亲主婚。"[④]在整个婚姻缔结的法定程序进行过程中,凡问名纳采、文定纳币、结缡合卺,婚姻当事人均如提线木偶一般任人摆布,自由自主的权利完全被剥夺。本条所涵涉出来的婚姻关系及其伦理意义,并不在于男女双方的结合是否具有两情相悦的爱情基础、是否具备自定婚配的意思自治。在《大清律例》所设计的社会理想图景中,为了肯定"家族本位"伦理的重要地位,不惜将个体的真情实感因素降至冰点,婚姻成为外在于婚姻关系当事人并受家族尊长控制、支配和处决的家族领域,男女双方的天然一体性不复存在,衅隙易起,常常导致终身的不幸。在夫妻

① 详见《大清律例·刑律·斗殴下》规定:"妻妾夫亡改嫁,殴故夫之祖父母、父母者,并与殴舅姑罪同。"转引自《大清律例》,第467页。

② 田涛、郑秦点校:《大清律例》,第463—464页。

③ 田涛、郑秦点校:《大清律例》,第187页。

④ 田涛、郑秦点校:《大清律例》,第204页。

关系上,《大清律例》充满了对妻的歧视与限制。夫告妻并不存在“干名犯义”的责罚,但是妻告夫则恰恰相反,《大清律例·刑律·诉讼》“干名犯义”律条规定:“妻妾告夫及告夫之祖父母、父母者,(虽得实亦)杖一百、徒三年(祖父母等同,自首者,免罪)。但诬告者,绞。”①至于夫妻互殴的问题,则对于夫采取从轻发落,对于妻则采取加重原则。法律文本中这些对于夫妻地位不公平的安排,使婚姻关系所应具有的完整性与统一性被破坏了,法律对于男女所应具有的平等意蕴和自由精神被遮蔽了,婚姻关系对男女双方所应具有的归属感、认同感和幸福感被窒息了,夫妻关系所应具有的充实性和美满性被抽退出来,在日益严苛的律法面前经受着严厉的责问和盘诘。

《大清律例》以强制手段在全社会范围内全面确立和推行“家族本位”伦理体系,对社会秩序的追求是以否定家族成员的个体伦理和使个体失去相互间的伦理期待为代价的。正是在这种被礼教、伦常、父权和夫权扭曲了的价值追求中,《大清律例》在现实社会中变成了脱离家族成员个体的主观意愿并以“三纲五常”和封建礼教的价值标准来度量和规制家族内部亲属关系的静态教条,它越来越变成了现实社会桎梏的炮制者,其本身的合法性也面临着深刻的危机。

三、清代司法实践对“家族本位”伦理主旨的倚重

如前所述,基于中国传统的“家族本位”伦理主旨,法律文本的生成离不开人们对家族的依赖与重视,同样,“家国一体,由家及国”的伦理秩序也是清朝司法实践的基础与依据。按照家族本位伦理而非法律条文断案,代表了清王朝伦理与律法的互携性与互证性的统一。清代社会沿袭中国传统的社会生活方式,在法律层面上亦推崇以农耕社会的家庭、宗族与村落为生活中心,造就了司法实践倚重家族伦理的现象,形成了维护伦理本位社会关系的司法运行模式,并进一步加固了“重家族、轻个体”的传统伦理意识。

清代司法官员经科举考试出身,在经年累月长期的求学过程中,秉烛夜读所研习的是儒家学派的经典著作。他们长期受到封建宗法意识形态

① 田涛、郑秦点校:《大清律例》,第486页。

的熏陶和影响,"家族本位"的等级伦理秩序已经深及其思想,内化于心、外化于行。因此,在审理案件的过程中,"三纲五常"与"忠孝仁义"就成为很多司法官员裁断是非曲直的主要标准和规范尺度。司法官员对于"家族本位"伦理主旨的认同因其坚信和笃定而带有简单化及僵硬化的倾向。由于传统"家族本位"伦理已经深深注入清代司法官员的心灵深处,他们自然顺理成章地在司法审判中从家庭成员身份位阶的角度去理解特定的法律关系,断处特定的法律案件。儒家经典强调以"尊尊""亲亲"的原则及"三纲五常"等宗法等级和伦理观念,作为"个人本体"服从"社会需求"进行单向度"义务"性行为活动的准则,而在清代的司法实践中,司法官员就是将这些准则作为定罪量刑的根据和准绳。从《唐律疏议》起就始终贯穿于中国传统司法实践的"德礼为政教之本,刑罚为政教之用,犹昏晓阳秋相须而成者也"思想,[①]对清代司法官员的影响极为深重。因为生活经历及成长背景的差异,每名司法官员对于善恶赏罚的价值判断原则未必完全相同,但是在处理家庭内部法律关系时却能达成高度的一致,这与"家族本位"伦理长期作为法律关系的处理原则不无关系。这里仅以三起代表性案例为例,择其伦理主旨进行分析,以期得到管窥全豹的效果。

根据《刑案汇览》所载发生于嘉庆十九年(1814)的"因茶不热致父倾泼滑跌身死"一案,陈自鄘为其父陈汶选奉茶,仅仅因为茶水温度不够,陈汶选便对儿子叱骂加棍殴,在追赶过程中,陈汶选滑倒在自己泼洒的茶水上,磕伤后脑殒命。审理该案的法官认为"该犯陈自鄘既见伊父持棍向殴,并不俯首就责,辄畏惧逃跑,以致伊父追赶滑跌,磕伤毙命,实属违犯教令","照子违犯教令致父自尽例拟以绞候"。[②] 在该案中,如果按照当今的法律规定,应属"意外事件",儿子具备免责的客观条件。然而,审理该案的司法官员以缺乏理性的"家族本位"伦理为案件裁断的原则,将父亲对于儿子的咒骂及殴击视为天经地义,也将儿子的非反抗性自我保护的逃逸行为认定成与其父的死亡具有必然的因果联系。没有低眉顺眼接受父亲无端侮辱与打骂的儿子,成为一个必须被惩罚甚至被彻底清除的对象。这种以家族本位为轴心,使个人伦理处于"差序性"关系网最末

① (唐)长孙无忌、李勣、于志宁等编,刘俊文点校:《唐律疏议》,法律出版社1999年版,第3页。

② 祝庆祺等编:《刑案汇览三编》第2编,北京古籍出版社2004年版,第1240页。

端的审理方式,在偏重于“家族伦理”并使之成为一套形式化的社会机制的同时,忽略了这套游戏规则与个人权利应有的尊严与意愿之间紧密而不可分割的关联性刻画:要求后者对前者做出漫无限度的牺牲,无非是以“社会选择”抑制“个人伦理”,以降低家族角色冲突所带来的破裂状况与不稳定后果。

恋爱婚姻的纽带不能是利益权衡、权钱至上,而只能是爱情本身——男女双方基于彼此爱慕而滋生的一种特殊情感。然而,清代社会常见的例证却是深受“父母之命”与“媒妁之言”规约的两个人,很可能因为“门当户对”变成一对“怨侣”,互相折磨一生一世。“儒家意识形态和传统社会组织一体化的深层整合模式巧妙而有机地使性别差等、个群差等及宗法制度粘合在一起,在形成稳定的社会板结式结构的同时,也将性别差等镶嵌在其中而无法被撼动。”[①]真正有爱情的“鸳侣”在现实中,纵然有女方敢于争取权利的勇气及男方甘冒收监入牢的危险,最终的审判结局也往往是事与愿违,遵从父命。光绪二十年(1894),宝坻县民女高琐儿与罗柏原有婚约,因高父嫌罗家贫困意图悔婚再嫁女。罗柏与高琐儿因相爱私奔,被抓回后逼迫退婚。琐儿“情急”之下,以“罗高氏”名义去县衙告状,“叩乞仁明太老爷作主”,却依然获得了“实属无耻,不法已极”的评价,被其父“领回速另聘”,“罗柏枷责”的结局。[②] 有关结婚案件的审判原则及审判结果,从一个侧面折射出了当时社会法律发展的文明程度。司法官员排除了当事人的“情感因素”,将“传宗接代”和“齐家治家”的因素序位提升到重要地位,对“家族伦理”的关注度远远大于对“个人伦理”的关注度,人的存在及人的权利长期处于被压抑、被剥夺的状态,男女双方强烈不满及积极抗争的行为终究难以抵挡传统伦理在司法实践中的稳固地位。

婚姻关系中的伦理秩序应与男女双方受制的社会规律性、文化规约性、角色规定性与规则规制性紧密相连。但在清代的一些典型案件中,为了维护特定的伦理价值,司法官员在对审判规则进行裁量选择的时候,却明显倾向于以男性利益为中心的归责原则。在“李张氏拒奸误伤本夫一案”中,妻子李张氏的日常生活就恰如在死亡线上挣扎,平时经常受到丈

① 任现品:《论中国传统性别差等结构的隐固性》,《文史哲》2020年第2期。

② 中国历史第一档案馆藏:《顺天府全宗·宝坻县刑房档案》,卷104第171号。

夫李东海的虐待,忍受贫穷饥寒的煎熬。李东海见利忘义,试图将妻子作为财产,命其委身于他人换取钱财。李张氏黑夜拒奸,将丈夫误认为歹人"戳伤致死"。该案中的初审司法官员即将"李张氏依妻殴夫致死律,拟斩立决"。[①]清代律例规定,对于主观认知方面存在"犯时不知"的案件可以阻却家族伦理关系的相关条款,"以凡论"。换言之,即当犯罪嫌疑人与被害人属于家族伦理关系中的尊卑服制关系,因为在案件发生之时的客观条件所限,嫌疑人无法辨别被害人的实际身份属性,造成被害人人身财产损害的,可以依照无服制关系的普通人关系进行论处。这一司法审判的原则,其实就是出于案件突发时客观情境的考虑,加之以对嫌疑人犯罪主观意向与行为后果不一致的衡量,做出在合理限度范围内的司法裁量。然而,审理该案的河南巡抚富勒浑却从"名分攸关"的角度,将"妻"的人格直接简化为几近彻底的"物",国家律法原则可以忽略不计,夫妻直接的"名分"却不容稍紊,"妻"对"夫"的义之所在,以身殉法也在"情理之中",所以在律法原则的归属上仍准用"妻殴夫致死"条款的规定处以"斩立决"。[②]事实上,这种带有强烈伦理意图的判决在清代的司法实践中比比皆是,并非孤例,在"被夫屡次殴逼卖奸将夫殴死"案件中的王阿菊被判"拟斩立决",在"被夫逼令卖奸拒奸误毙夫命"案件中的林王氏被判"拟以绞监候"。[③] 这些案件中的丈夫违背妻子的个人意愿,违背最基本的夫妻伦理秩序,强迫她们与他人通奸,传统家族本位伦理中的"夫妻之义"已经决绝,按照常理夫妻关系已经名存实亡,但是判决的结果却使我们看到了,在司法官员眼中"夫为妻纲"的重要地位已经演化成为一种彻头彻尾的伦理道德价值规约。当论证夫妻之间特定案件的法律事实行为时,"家族本位"的伦理道德价值判断模式却具有与先验理性同类并存的性质,因而具有普遍适用性与现实有效性。

透过这些司法案件审理结果,我们不难发现,对于清代司法实践而言,"家族本位"伦理的价值和意义。一方面在于维护家族纲纪,达到稳定天下之事的目的。"出礼入刑","明刑弼教",律法的真正作用并不是

---

① 全士潮等纂,何勤华等点校:《驳案汇编》,法律出版社 2009 年版,第 271—272 页。

② 详见《大清律例 · 刑律 · 斗殴下》规定:"凡妻殴夫者,(但殴即坐。)杖一百,夫愿离者,听。(须夫自告乃坐。)至折伤以上,各(验其伤之重轻),加凡斗伤三等;至笃疾者,绞(决);死者,斩(决)。故杀者,凌迟处死。(兼魇魅蛊毒在内。)"转引自田涛、郑秦点校:《大清律例》,第 460 页。

③ 祝庆祺等编:《刑案汇览三编》第 2 编,第 1465—1466 页。

为了维护公平正义及律法本身的效力,而是承担着保障礼义的职能。也就是说,基于"在伦理世界中,家庭确实处于本位和范型的地位",[①]家族成员之间的"伦理"原则必然高于国家律法的"法律"原则,法律秩序的运行倚重于家族本位的方针,将家族作为律法实施运行的出发点或基础。司法官员不仅在涉及家族成员关系的案件上倾注大量精力,而且对于"三纲五常"支配下的具体案件也尽量予以充分的援引及尊重。另一方面,这种"伦理至上"的审判心理倾向也将伦理因素大量地渗入到判决过程中,过多地考虑了审判结果是否有利于维护宗法伦理,是否有利于维护血亲宗祧,是否有利于维护等级秩序,过分强调家族成员的伦理归属,而很少或者根本不重视具体的案情、犯罪嫌疑人的动机、行为性质及因果关系,使个人伦理的变革更加步履维艰。司法实践的结果通常倾向于维护"家族本位"伦理而淹没"个人伦理",个体不过是一滴水,在百岁千秋的家族延续中微小而无力。所以,清代司法实践的终极价值并不在于严丝合缝地执行法典,而在于通过司法活动维护"家国一体"的社会秩序。

① 樊浩:《"伦理"话语体系及其中国密码》,《道德与文明》2021年第1期。

20 世纪二三十年代海河水运的作用评价

——兼与铁路运输之比较

蔡禹龙

（东北大学秦皇岛分校　马克思主义学院）

铁路运输兴起以前，内河水运在长途运输中发挥着最为重要的作用。20 世纪，铁路运输的兴起改变了只靠河运进行大宗货物流通的渠道，火车成为长途货运的重要运输工具。部分研究成果显示，近代铁路运输逐渐取代了传统水运，成为打破传统区域经济格局及交通运输体系的关键因素。实际上，内河水运仍有其自身的优势和特点，在主要河流附近的城乡地带仍扮演着重要角色，成为城乡、集市和各级市场之间商品流通的常用运输工具。[①] 海河水运便是如此。海河水系包括北运河、永定河、大清河、子牙河、南运河等主要干流及蓟运河、洋河、滹沱河、滏阳河、漳河、卫河等 300 多条支流。清末、民国前期、抗日战争时期、解放战争时期各航线的通行情况有所不同，海河流域形成了津保、津磁等众多航线，海河水运在促进沿河城镇社会经济的发展中发挥着重要作用。

一、不容忽视的海河水运

民国时期，曾有文章评论："国内的货物流通，多赖水运，沿海各地方

※　基金项目：2017 年度河北省教育厅人文社会科学青年拔尖人才项目"近代河北省的内河水运与城镇经济之变迁"（BJ2017074）阶段性研究成果。

①　张利民：《华北城市经济近代化研究》，天津社会科学院出版社 2004 年版，第 118 页。

不用说,即内地只有靠内河航行的船舶以运货物,特别是在全国铁路未发达的时候,我国河川可供船舶通航的,至多至长。"[①]"内地贸易全凭河川、湖沼等定期轮船,凡轮船不通之处,则依民船,轮船航路计二万七千华里,民船航路计三万六千华里。"[②]每年巨额的对外贸易的货物,几乎完全要经水路的运输。[③]《河北省航运史》论断:"在铁路交通尚未起步、马车运输能力太小的情况下,传统的内河木帆船运输所具存门辐射面广、容易开发、运输量大、运输成本低的特点,便成为开发利用的最大优势,使得因漕运废止而一度衰落的内河民船运输,在客观上有了一个恢复和发展的机会。"[④]《二十世纪初的天津概况》载:铁路修通以前,从天津通往内地的水路成为向内地运输的重要通路。在铁路修通的同时,水运虽然大为衰退,可是运费低廉,在一部分地区仍然极为频繁。1905年,各水路通航从内地到天津民船59909只,运输货物达1255658吨,从天津到内地的民船60115只,运输货物达1260474吨。[⑤]

清末民初,部分区域的内河水运仍旧承担重要运力。清末,从河南到天津的货船每年约5000只,临清与天津间往来的民船每年约有4500只。津浦铁路通车后,运河的民船运输,在时限不紧迫的情况下,在运送煤炭、棉花、小麦、食盐、铁器等大宗粗杂货物上找到了生存和发展的空间。20世纪初期,山东恩县北运天津的牛皮、棉花、小麦、花生和红枣等皆由卫河水运完成。30年代,临清集散的4万包棉花中的70%通过卫河运至天津,小麦"除本境民食外,其余均由卫河运销于天津",鲜货和香油等通过卫河运销天津,从天津沿内河运回绸缎、纱布、西药、竹木和杂货等。[⑥]

天津汇总数条河流入海,又是北方最大的进出口商品集散中心,长期形成的以天津为中心的海河船运并没有完全失去作用,并一度出现了繁盛和发展的景象。河北省的内河船运仍然以天津为中心。20世纪30年代出版的《天津市概要》曾载:"天津附近各地之客货交通,除铁路及长途

① 平健:《我国水运事业概况》,《交通职工月报》1935年第2卷第12期,第11页。

② 方宗鳌:《中国航运业与英日之关系》,《银行月刊》1925年第6卷第7期,第1页。

③ 平健:《我国水运事业概况》,《交通职工月报》1935年第2卷第12期,第11页。

④ 王树才主编:《河北省航运史》,人民交通出版社1988年版,第99页。

⑤ 支那驻屯军司令部编,侯振彤译:《二十世纪初的天津概况》,天津地方史志编修委员会1986年版,第109页。

⑥ 徐子尚修:《临清县志》,成文出版社1968年版,第48页。

汽车而外,端赖内河之航运。往昔仅有帆船、小船,往返费时。迨河北省内河航运局成立,置备小轮船十余艘及汽船、拖船分线航行,载运客货,始较昔称便。”[①]每到夏季,船运更为繁忙。1930 年 7 月 22 日,《益世报》载:“本市各河道,自入夏以来,由外县载货来津商船,日益加增,大红桥附近各河道,多为商船拥塞,至来往船只,往往数日不能通行,各船主因争先通过,时起纠纷。现经负责水上公安局驻防大红桥,及津浦桥各分驻所,每日派警疏通,以免交通阻断。”[②]

煤炭运输较能说明海河水运的作用。1928 年以前,内河煤炭运量很少。随着煤炭产量的增加及河北内地对煤炭需求量的增大,包括大清河流域的大部分地区及子牙河、南运河流域的部分地区,都成了开滦煤的供应范围,遂使内河民船的煤炭运量不断增加。大清河流域的运输路线大致是:由铁路将煤炭从唐山运至天津,再于芥园、陈塘庄换装民船,溯大清河而上,运至沿河各县。1932 年,煤炭运量为 5 万吨,居该河各种货物运输量首位。按照《北支河川水运调查报告》提供的数字,在 1936 年,由天津通过南运河航线运往德州以北地区的开滦煤为 2.5 万吨;输入量超过 5000 吨的即有大名、龙王庙、临清、德州、桑园、连镇、泊头、沧州等码头。[③]子牙河航线:由天津运到减桥的开滦煤有 2.35 万吨。自邯郸马头镇,沿滏阳河运至沿线的峰峰煤为 6.1 万吨。以上两项合计 8.45 万吨,占子牙河当年总运量的 46%。[④] 石家庄东部的宁晋、赵县、秦城、深泽、安平等县,“所有煤黔均由井隆、阳春运来”,走的是滹沱河航线。“衡水下游至天津一带所消费之煤为开滦煤,衡水上游至邯郸一带所消费之煤,则为磁县、六河沟、焦作所产,除小部由铁路运输外,几乎全部由水运”[⑤]。可见,在煤炭的水路运输中,民船占据着重要地位。1925 年 5 月 30 日,泊头镇的十九家煤行联名给天津总商会写信,指责“开滦矿务局设种种苛待之法,出乎商业常规以外,使商人不敢经营,以致坐以待毙”,特别强调“往年此时,河路生意非常发达。一年之计专在此时”。[⑥]

从民船运输货物品种和流向的变化中,还可以看到运量缓慢增长的

---

① 天津市志编纂处:《天津市概要》,天津百城书局 1934 年版,第 11 页。

② 《河道拥塞》,《益世报(天津)》,1930 年 7 月 27 日。

③ 支那驻屯军司令部编:《北支河川水运调查报告》,1937 年,第 150—154 页。

④ 王树才主编:《河北省航运史》,人民交通出版社 1988 年版,第 168 页。

⑤ 王树才主编:《河北省航运史》,第 168 页。

⑥ 《泊头镇各煤商之呼吁》,《益世报(天津)》,1925 年 5 月 31 日。

趋势。1930 年,输出、输入天津的货物中,铁路占运输总量的 47%,民船占 50%,民船运输成为与铁路运输并驾齐驱的运输方式。后来“民船载运货物,则系与岁俱增”。[①] 在 1928—1936 年期间,民船年运量大体在 250 万吨左右,较 1925—1926 年间 190 万吨的年运量,有了较多的增加。南运河是运量增长最多的航线,1936 年货运总量达到 50.5 万吨,较 1926 年的 33 万吨,增加了 53%。“子牙河本支各流,俱通舟楫……河路运输甚为畅旺。”[②]1936 年,货运量也有 37.38 万吨,其中,运往天津的货物为 19.04 万吨,由天津运往子牙河沿线的货物为 11.21 万吨,自邯郸及马头镇运入滏阳河、子牙河沿线的货物为 7.13 万吨,仅次于南运河的运量。“使人感到华北水运的大部分是由这两条河(指南运河、子牙河)进行的”。[③] 相比之下,大清河航线运量则较少,但也有 27.9 万吨之多。“由天津往保定运出的日用杂货,大部分靠水运”,保定、安新及大清河沿岸“一带消费的日用必需品、杂货等由天律装民船利用大清河的水运,向沿岸各地一带输运”[④]。大清河凭借舟楫之利,成为津、保间的航运要道。[⑤] 因此说,南运河、子牙河和大清河是华北内河民船运输的主要通航水道,民船运输甚为发达。

二、海河水运与铁路运输的比较

在水运与铁路运输的比较研究中,相对忽视了近代交通运输体系的总体情况。完整的运输体系不是单一的铁路运输或者水路运输,应包括火车、河(海)船与陆车的综合使用。将传统的内河水运与近代铁路运输进行比较,后者对前者的冲击毋庸置疑。如当时人所担心的:“在目前的状况下,(内河航运)是无论如何也不能同铁路竞争的……见到过昔日海河交通炽盛情况的人,曾为它的运盐船、漕米船及其他百货船舶无数、帆樯林立、几乎不能窥见河身的那种盛况而惊叹;而一旦铁路开通以后,往日的壮观一扫而去,顿时使人产生今昔不同之感……海河确定是不能与

① 《天津海关十年报告(1922—1931 年)》,天津社会科学院历史研究所编辑:《天津历史资料》(第 5 期),1980 年,第 68 页。

② 宋蕴璞辑:《天津志略》,成文出版社 1969 年版,第 220、221 页。

③ 支那驻屯军司令部编:《北支河川水运调查报告》,1937 年,第 63 页。

④ 支那驻屯军司令部编:《北支河川水运调查报告》,第 710 页。

⑤ 《天津志略》,第 220 页。

一系列能牵引八百吨的铁路争其输赢了……”[①]当然，铁路运输有其最大的优势。从运输速度上讲，船运不如火车。从清苑至天津，火车最多不过4日，水运则需4—6日。石家庄至天津，火车运至多不过7日，船运则需半月。船运的迟缓，除去本身行动原因，尚有外部的原因。第一，船行须要顺风，一遇逆风则行动极慢。第二，河道水量须要充足，万一水量不足，则搁浅发生，耽误时日。第三，河道须有空隙，河北省的河流甚窄，同时不能并行两船。船货装卸须依照次序，船货太拥挤时，往往连排百艘。货物已经到津，距卸货码头不过六七里，因码头没有空隙，不定有十天半月的耽误。火车虽然也有车辆拥塞的时候，但一二日内即可调动松闲，不至耽误如许长的时间。[②]

随着铁路运输的发展，内河民船运输所占的比例有所下降。1912年，天津对内贸易总额为12478.74万海关两，其中铁路运输贸易额为6616.86万海关两，占总额的53%；水路民船运输贸易额为5436.96万海关两，占43.6%，其他运输形式占3.4%。民船已降到第二位（原来占第一位，而且是占有垄断的地位）。[③] 但是受铁路运输影响最大的只是北运河、南运河与东河地段，而距铁路线较远的子牙河与大清河，其民船运输始终保持兴旺不衰。[④]

然而，20世纪20年代，因战争因素的影响，华北地区的铁路运输急剧减少，乃至停顿。1922年至1928年期间，北洋军阀连年战争，铁路常常被破坏，车辆被征用，运输受到很大影响，而“民船载运货物，则系与岁俱增”。[⑤] 1922年，第一次直奉战争爆发，“子牙河、御河一带，为奉军曾搭有浮桥数处，商船不能行驶，运输停滞。”天津总商会函天津警察厅，请警察厅“向奉军当局磋商，变通方法，以维商务”。[⑥] 1925年，《益世报》载：“自对南军事发生，路运阻滞，此项来货，顿形稀少，因之价格逐涨。昨据卒端口鲁帮商人消息，此次战事，铁路首先受其影响，各处军队纷纷扣留

① 日本驻屯军司令部：《天津志》，1908年，第67页。

② 曲直生：《河北棉花之出产及贩运》，商务印书馆1928年版，第149页。

③ 李洛之、聂汤谷：《天津的经济地位》，南开大学出版社1994年版，第31页。

④ 《天津海关十年报告（1912—1921年）》，天津社会科学院历史研究所编辑：《天津历史资料》（第13期），1981年，第65、66页。

⑤ 《天津海关十年报告（1922—1931年）》，天津社会科学院历史研究所编辑：《天津历史资料》（第5期），1980年，第68页。

⑥ 《子牙河之交通问题》，《益世报（天津）》，1922年5月1日。

车辆,各路几至无车开行。顷自江浙战事再起,津浦以纵贯直鲁皖苏,影响尤巨。"[①]1925年,《顺天时报》有文载:1924年吴佩孚退败北杨村,退出天津以来,至今已过两个多月,事实上,华北各地并未陷于交战之状态,惟铁路运输之困难情形,仍旧丝毫未异于战争时代。[②] 所以,铁路运输从1922年占进出天津运输总量的74%,降到1928年的49%,而民船运输却从23%上升到46%。[③]

铁路运输还有其他方面的劣势。1929年,天津转运商人大昌兴货栈边筱亭等人详陈铁路运输日渐减的原因。

其一,铁路运输的捐税太重。连年战乱,铁路运输的捐税成为军阀的重要财源之一。军阀任意征税,运商不敢有违,"彼海关值百抽五,常关值百抽二五,尚未变动,如统税一项,原名厘金,值百抽一二五"。"揆诸当时民生之状况,疑经济之艰窘,已不堪忍受,乃军阀淫威,只知聚敛,罔知大体。前直隶省长王承斌,强将统税加一二五,计为抽二五。前直隶督办褚玉璞,变本加厉,又加二五,本年又加三成,计为值百抽六五。捐税之重,无与伦比。而山海关复设关抽税,名为山海关税,归营关直辖,其抽税方法更为离奇,凡天津常关应抽税之货物计重者,则比津量先加百分之十,然后计税。估价者,如津估百两,则增估五十两,计按一百五十两纳税。货类不分粗细高低,其税重更甚于津沽。商民无路,始改道起运。"[④]

其二,铁路运输的运费太贵。"查货贱无忧,为商家惯语,足征货贵则销售自然少也。然物价之贵贱,虽关于供求之多寡,而关于运费者,亦至大且巨。我国各路,原来运费,比各国都重,已为国人所稔知,于数年运费,又加二五,以致商民裹足,多改道于河海。"[⑤]

其三,运输货物的等级鉴定规则不合理。货商若将五吨头等货与五吨三等货同时起运,则皆按头等货计费。若与其他商人拼货凑车,亦需时日。

其四,铁路运输的交通安全令人担忧。北宁路的运输环境实在令人

---

① 《面粉业受交通之影响》,《益世报(天津)》,1925年2月6日。

② 《铁路运输困难之状况》,《顺天时报》,1925年1月15日。

③ 《天津海关十年报告(1922—1931年)》,天津社会科学院历史研究所编辑:《天津历史资料》(第5期),1980年,第68页。

④ 《铁路运输减少原因》,《益世报(天津)》,1929年12月17日。

⑤ 《铁路运输减少原因》,《益世报(天津)》,1929年12月17日。

担心。大股土匪,意图劫车者,时有所闻。遇之者不但货物遗失,且有性命之虞。路警事前失于防御,事后仍无法破获。各站军警以检查货物为由,侵扰商民,更有暗中讹索商民等事。①

将水路运输与陆路上的铁路、人力车、牲畜车相比较,水路运输的运费也占有一定的优势。据学者研究,民船货物运输费,一般根据运输里程、船舶大小、货物种类和上下水等的不同,由货运双方自行议价,没有统一标准,但也有一个约定俗成大致的范围。一般杂货运费较高,粮食、煤炭等运费最低,大清河每吨公里平均运输费为0.02元。各种运输方式中,水运最低。②《河北棉花之出产及贩运》详细记载了20世纪20年代河北省各区向天津输送棉花的交通运输情况。只有邯郸至天津的棉花运输仅靠铁路;杨村、小集镇至天津靠的是大车与火车联运;连镇、清苑、石家庄既能水运至天津,也可火车运输至石家庄;安国、束鹿、南宫至天津靠的是水运与大车联动。③ 各区运至天津的路不同,但皆以天津为销售终点。按常理来讲,距离近,运输费用应少。实际上,因运输工具之不同,运输里程短的运费并不一定少。三种运输比较,陆车最为笨重,不但行动迟缓,而且运费昂贵。专就运费讲,河船运费最为低廉,火车运费则介乎二者之间。④ 大车运费每担每公里0.0112元,火车运费每担每公里0.0087元,河船运费每担每公里0.0026元,海船运费最低。⑤ 有关河北省各区运棉至天津的统计表,已明确表明各种运输方式中,水运还是占据优势的,并且成为冀省棉运的重要运输渠道。脱离水运而单独存在的陆运很少。所以在实际的运输体系中,要以一种水、陆联运的视角来分析运输成本,选择适当的运输方式。

1927年春,由石家庄至天津每担棉运价,火车运输需3美元,而水路则需要1.066美元;1926年冬由束鹿至天津每担棉运价,火车运输需2.3美元,而1927年春,每担棉运价,水、陆联运,仅需1.1美元或0.986美元。可见,选择水运或水陆联运甚佳。1926年,邯郸至天津每担棉运价,火车运输需2.05美元,水运每担需运费仅为0.554美元。上述县域,除

① 《铁路运输减少原因》,《益世报(天津)》,1929年12月17日。
② 王树才主编:《河北省航运史》,人民交通出版社1988年版,第112页。
③ 曲直生:《河北棉花之出产及贩运》,第145页。
④ 曲直生:《河北棉花之出产及贩运》,第147页。
⑤ 曲直生:《河北棉花之出产及贩运》,第149页。

了小集镇、杨村、定兴、石家庄等城镇用铁路运输外,其他城镇多以水运或水、陆联运的方式运棉。①

1921 年,火车运输占绝对多数,此后逐年减少,船运则在随后几年增加。1926 年火车运输竟然降至 7.7%,船运涨至 89.1%。此种现象的发生,并非因船运有优点,商人乐于利用,乃因屡年战争,车路梗塞,商人不得已利用水运。如石家庄利用滹沱河运输,邯郸县则有将棉花发五百里旱脚至献县装船运津的事实,以上诸举,实属无奈,运费增加亦是必然。②

结　语

水运作为古老的交通运输方式,即便是在近代交通变革之际,仍发挥着重要作用。无论是货运还是客运,内河水运都发挥着积极作用。著名学者余家洵的研究统计:1935 年,华北水路长 2609 公里,本年运货 1697420 吨。矿产类以南运河水系的煤炭为主,约 30 万吨,杂货 42 万吨,农产品 98 万吨,"小麦、棉花等农产品由水路运输者常超过由铁路运输者"。"就每年运送天津约 100 万担的棉花观之,由 1921 年到 1931 年运输的途径加以调查,在 1921 年由铁路铁路运输者占 78.1%,民船运送者占 19.8%,以后渐有船运趋多之势,1930 年由铁路运输者为 18.8%,由民船运送者为 77%,运输量较多的年份,利用水路运输的数量也大。"③

若河道水量充足,距目的地的路程和火车相差无几,则船运和火车运可以说利害参半。究竟利用哪一种运输工具,要看环境情形如何。如果希望迅速到津以赶上市价,以用火车运为宜,否则用船运。实际上,因地域的限制或河流水量的情形,有火车运绝对占优势,或航运绝对占优势者。如石家庄、邯郸虽然可以用水运,但因两河上游水量太小,运输困难,故非至万不得已,绝对不用水运。束鹿、安国区距铁路太远,距河路较近,而且河路水量亦好,自以用水运为宜。④

铁路运输与内河水运相作用,共同促进城镇经济的发展。京汉铁

① 曲直生:《河北棉花之出产及贩运》,第 176—189 页。

② 曲直生:《河北棉花之出产及贩运》,第 152 页。

③ 余家洵:《运渠工程学》,商务印书馆 1953 年版,第 6 页。

④ 曲直生:《河北棉花之出产及贩运》,第 150 页。

路，是华北地区的重要交通运输路线。1898年，动工修建，1906年4月1日，全线正式通车，全长1214.5公里。1928年6月，北京改称北平，该铁路改称为“平汉铁路”，是南北交通要道。由北至南，经过北京、跑马场、卢沟桥、长辛店、良乡、琉璃河、涿州、高碑店、固城、安肃县、漕河、于家庄、方顺桥、望都、清风、定州、新乐县、新安、正定、石家庄、元氏、高邑、镇内、鸭鸽营、顺德府、沙河县、邯郸、马头镇、磁州、彰德、丰乐、汤阴、浚县、淇县、卫辉府、潞王坟、新乡、黄河南北岸、荥泽县等车站。[①] 其中的16个站也是内河水运的重要码头或转运点。1934年，《平汉铁路月刊调查》刊登了《平汉路沿线水运调查报告》一文，体现了铁路运输与水路运输的各自优势。

其一，部分站区仍体现出水运优势，如高邑、保定南、杨柳青。高邑濒于滏阳河支流。航运以棉花为主，全年运棉约七八千吨，即便是在棉产不畅旺之年，亦有4000吨以上由本站输出，运价每吨七八元，最高时至10元左右，较路运为廉。保定南关，临大清河上游的府河，水深4尺至8尺，每年从2、3月至11月通航。船只载货量从40吨至100吨不等，日行70余里。由津来保的船只，以面粉、煤油、杂货、烟卷、盐为大宗。由保去津的船只，以木屑、山货、铁锅、牲畜、粗磁、煤焦等为大宗。全年共有5万余吨的货物运销至天津及其沿河一带。杨柳青镇的发展多赖于运河。由于内河航运可由杨柳青直达天津，因此所运输货物大都属于过境运输。1925至1936年间，每年由内河民船经杨柳青运出的货物约在250万吨左右。在铁路方面，津浦铁路杨柳青站仅为三等小站，每年运输货物不足1000吨。在公路方面，尽管津保公路等经过杨柳青，但在货运中不占有重要地位。[②]

其二，部分站区则体现出铁路运输的优势，如石家庄、马头镇。石家庄站离滹沱河18里。每年春夏秋三季可通航。航运以棉花、红煤为大宗，全年合计600余吨，运销沿河一带，下抵天津。运价无等级之分。由本站至津，每吨14元，较土路为廉，但水运较路运迟缓，相差10日之多，故运输仍以铁路为主。马头镇临滏阳河，每年4月至12月可通航木船，大者载重10万余斤，小者则仅三四万斤。航运以煤、水果、粗石、粗磁为

---

① 张魁鹏：《京汉铁路旅行记》，《地学杂志》1922年第13卷第3期，第77—106页。

② 熊亚平：《铁路与华北市镇经济近代化之间关系的再审视——以杨柳青镇为例》，《理论与现代化》2013年第6期。

大宗,运销沿河一带,下达天津。运价无定,由客商与船户临时面议。然而,水运需时较长,沿河又多匪患,故客商多乐选择铁路运输。

综上所论,在考察传统内河水运与近代铁路运输的关系时,要分时段、分区域进行具体分析。就近代海河水运而言,它在华北区域经济发展与社会变迁中的作用,远远超出后人的研究预设。

秦皇岛地域文化

新见近世秦皇岛诗文辑录

王　健

(中共秦皇岛市纪律检查委员会)

小　引

秦皇岛,古幽燕地也。依燕峦,襟渤澥,出长城,天开海岳钟灵毓秀,山川形胜独领风骚。古来秦皇驻跸求仙记辞,魏武东临碣石吟哦,尤承明韵清风,斯地文脉薪火相传。自民国以降,高官巨贾、文人墨客风云际会,或避暑,或览胜,或经停,或酬唱,留下大量诗文佳作,散见报刊典籍,淹没于浩繁卷帙。新中国成立七十余载,欣逢盛世,华章溢彩,风光如此最多情矣!余性耽地方文史,夙有搜集整理之愿,奈何才疏学浅,势单力孤,未能成行。今蒙董劭伟、王力、杜铁胜、王红利诸师友襄助得成,计数百篇章。择其优者,拟陆续刊之,以飨同好,冀之于地域文化研究、旅游事业发展权助薄力。

诗文忠于原作,详注出处,未做删改。人物按姓氏拼音字母排序,简介据资料整理,不作评论。囿于篇幅,按历史时间节点,此辑以民国时期作品为主,101 题 163 首,中华人民共和国成立后作品续发。错讹之处,敬希指正。

卞白眉(1884—1968)

名寿荪,字白眉。江苏仪征人。曾参加筹建中国银行,历任天津分行经理,总行发行集中委员会主任委员、代理总稽核、副总经理等职。1951年迁居美国。著有《卞白眉日记》。

北戴河赋所见

干戈戎马身日历,沧海洪涛力可支。漫说将军能决胜,冲波终负弄潮儿。何物村驴代马乘,扬鞭勒辔志飞腾。奈渠未足供驰骋,欲上峰巅已不胜。

注:作于1924年8月19日。录自《卞白眉日记》(中国人民政治协商会议天津市委员会文史资料委员会、中国银行股份有限公司天津市分行合编,天津古籍出版社2008年9月版)第1卷第305页。

海滨小憩,秋霖适降,枯坐闷损,喜得什公诗柬,因即事奉和

成霖润物惜今迟,阻兴无心展钓丝。海上墨云方叠布,小廊兀生雨催诗。苦吟觅句句偏迟,枯索浑如剥茧丝。苏陆风流谁得似,发缄喜续什公诗。

注:作于1936年8月19日。录自《卞白眉日记》(中国人民政治协商会议天津市委员会文史资料委员会、中国银行股份有限公司天津市分行合编,天津古籍出版社2008年9月版)第2卷第348页。

曹鸿年(1879—1956)

字恕伯,晚年更名宏年。天津人。曾赴日本、韩国等地考察教育。后专攻书画、金石篆刻。新中国成立后为天津文史研究馆馆员。著有《松寿轩诗稿》《考察日韩江浙教育记》等。

丁卯九月,山海关临榆县马东山先生来函属画山水堂幅,据云先生昆仲四人,一东庵一东山一东泉一东岩,故画中必需有庵山泉岩,仍须庵中有读,山坡有耕,泉下有钓,岩上有樵,寓意昆仲各勤其职

东方既白海天遥,岩石飞泉映碧霄。山上茅庵荆树茂,半勤耕读半渔樵。

注:录自手迹。北京华夏珍藏国际拍卖有限公司2017春季拍卖会中国书画专场。

曹经沅(1891—1946)

原字宝融,后字纕蘅,四川绵竹人。历任安徽省政务厅厅长、省政府秘书长,行政院参事、蒙藏委员会总务处处长,贵州省政府委员兼民政厅厅长,内政部禁烟委员会常务委员、立法院立法委员等职。著有《借槐庐诗集》。

将之北戴河车过滦河有感

仙山楼阁郁嵯峨,十载侵寻欠一过。别有美人迟暮感,黄尘席帽过滦河。

注:录自1926年2月1日《社会日报》(北平)第3版;《借槐庐诗集》(巴蜀书店1997年5月版)卷1第47页。

海滨杂诗十三首

宰相山中大有人,可堪袖手对萧晨。棕鞋竹杖莲峰路,便是吴门梅子真。

一径寒松掩绿苔,雨中几辈看山来。斜阳又听疏钟动,却恋精蓝未忍回。(观音寺雨望)

姓字甘陵万口传,结庐独占翠微巅。人间莫漫求丹诀,只有山居可引年。

金山嘴下尽勾留,渺渺风帆出远洲。何时缚茅成小筑,尽收沧趣入诗眸。

一角天门咽暮涛,差宜月夜泛轻舠。眼中人物萧寥尽,可有英雄付浪淘。(南天门)

天光海色共空蒙,奇境真堪入画工。负手长廊看未足,便思听雨上孤篷。(白楼坐雨)

海滨十里尽洋场,香火何人叩上方。只有残僧谙故事,夕阳驴背话沧桑。(过海滨废寺)

扑人岚翠疑排闼,到耳涛声欲撼床。此景那容轻掷去,新诗火速当追亡。

豪门一夕樗蒲费,便抵田家十万租。广厦杜陵空有愿,吾生悔不学呼卢。(客谈曩年消夏轶事)

指点高陵几废兴,恶诗一例诮徐凝。黄粱一枕匆匆事,笑煞莲峰扫地僧。(谓莲峰石畔诗碣)

海市蜃楼恣大观,鲛人宫阙隐烟峦。阴晴明日何须问,都作长安弈事看。

数椽雅称野人庐,最喜周郎结构殊。金碧楼台纷满眼,岩惭涧愧又何如。(过止庵所居)

风波见惯转安闲,却爱临流试激湍。寄语沙鸥休见讶,予怀一样海天宽。

注:录自《借槐庐诗集》(巴蜀书店1997年5月版)卷1第47—48页。

重到海滨留别山寺

海上秋来未戒寒,赏心且待月团栾。偶探樵径千盘曲,小憩僧窗一晌安。避地径须穿管榻,逃名何必钓严滩。题诗付与莲峰寺,佳处诛茅可是难。

注:录自《借槐庐诗集》(巴蜀书店1997年5月版)卷1第51页。

观音寺杂诗四首(寺在海滨莲峰山麓)

倦飞早已息南溟,宁待疏钟唤梦醒。无限世缘捐不尽,年年愧汗对山灵。

过溪几步即禅林,不断山禽送好音。只有蒲团无梵呗,圆机且向静中寻(寺无僧人)。

潭影山光自古今,一经道破见诗心。愧无少府惊人句,几度攒眉未敢吟。

沧海横流劫未阑,回天孤抱托诗坛。一篇郑重留山寺,便作东坡玉带看。

注:录自《借槐庐诗集》(巴蜀书店1997年5月版)卷1第57页。

登临榆县城楼书感

荒城战血尚余殷,此地曾经百战还。付与居人谈故事,中山而后又钤山(山海关置卫,为徐中山事。天下第一关,相传严分宜书)。

注:录自《借槐庐诗集》(巴蜀书店1997年5月版)卷1第57页。

鸽子窝

散策秋皋兴正酣，不须摇落感江潭。云衔远岫翘新绿，水接长天幻蔚蓝。绕树渐惊栖鸽少，垂缗翻笑老渔贪。盘空石壁何能状，才谢坡仙转自惭。

注：录自《借槐庐诗集》(巴蜀书店1997年5月版)卷1第57—58页。

陈　干(1881—1927)

字明侯，原名贵川，山东昌邑人。曾任三十九混成旅少将旅长、总统府咨议、总司令部参议等职。1927年3月改任国民革命军北伐第二支队司令，同年8月遭枪杀。著有《倥偬集》《陈氏家乘》《诗选》等。

登碣石

月落山阳黑，峰高群岭低。禹王功尚在，谁复辨华夷。

注：录自1915年《民权素》第6集艺林版第8页。

寻秦皇岛

忍饥走海滨，遍寻秦皇址。齐国鲁连在，死不帝嬴氏。

注：录自1915年《民权素》第6集艺林版第8页。

山海关吊古

冤杀征辽将，胡笳竟入关。长城飞晓月，霜落剑光寒。

注：录自1915年《民权素》第6集艺林版第8页。

陈嘉会(1875—1945)

字宏斋，号凤光，湖南湘阴人。首创湖南法政专门学校，并任中路师范学堂教务长。历任南京临时政府军部军法局局长、南京留守府秘书长、第一届国会议员。1937年，任湖南省临时参议会第一副议长。遗著有《宏斋文集》《白燕庵诗集》等。

宿山海关

火车行迤逦,瞚息逾千里。苇浪翻斜阳,狐兔行草里。关门何深深,长城何齿齿。岭如横案来,海似环玉止。又如浮山奇,洪水浮至此。近见石槎牙,傍山出城市。西望冈峦连,胸中昆仑起。万里意可度,褒斜自兹始。北望浩茫茫,山川信哉美。弃之足可惜,凭险岂在是。荒店一投宿,图经还启视。独坐持短檠,欲起祖龙死。开边意未已,何乃局步似。设阱本陷虎,转令成蛇豕。后世畏荒远,边备日以驰。当代无卫霍,筹兵聊复尔。门户嗟久虚,堂奥无固理。守关即得人,虽险安足恃。耿耿竟终宵,朝曦促装驶。幂历烟衔山,歕欱光射水。驰此语关吏,莫笑空谈纸。

注:选录《白燕盦诗集》丁未作。录自1932年《船山学报(长沙1915)》第1期。

望秦皇岛

兹山势不高,伸股塞关内。车中一企望,始见起龟背。三面水绕之,湾環抱珥态。映日扬波光,依稀认炯碎。隆冬澈不冰,良港大连配。自从开海市(己亥开为各国通商埠),番舶如行队。寂历本荒邱,顿使成阛阓。开辟非不佳,其如尾闾溃。昔往风怒号,皲瘃冷入肺。历碌冰雪中,金鼓发长慨(余癸卯腊月出京,由此南归,正日俄军舰屯集旅顺大连将于东三省境内开战)。今来秋草黄,涴面尘满塞。国事愈不堪,人亦瘁不逮。行役徒劳劳,五载一垒块。窃恐自此往,白发不相贷。去矣莫流连,景光须自爱。

注:选录《白燕盦诗集》丁未作。录自1932年《船山学报(长沙1915)》第1期。

陈诵洛(1897—1965)

名中岳,字诵洛。又字颂洛、嵩若,号侠龛、侠堪,浙江绍兴人。曾任直隶磁县、肃宁、玉田等县县长。后历任四川、河南、两广、福建等地盐务局局长,抗战胜利后曾任盐务总局派驻京沪、华北专员。著有《侠龛诗存》《侠龛随笔》《转蓬集》《今雨谈屑》等。

幼梅酒次书示秦皇岛杂诗,有云:我侪鹤发无千岁,此地鸿泥堕十年。殊有苍凉不尽之致,因走笔和之

高楼突兀屹当前,又见明灯敞绮筵。哀乐所须唯一醉,飞鸣有待或三

年。诚知吾骨难谐俗，未信人心尽慕羶。时事于今谈不得，家兄绝倒鲁褒钱。

注：录自《陈诵洛集》（广陵书社 2011 年 10 月版）。

陈昭常（1867—1914）

字简持（墀、池），号平叔，广东江门人。曾任京榆、京张铁路总办，邮传部右丞等。1910 年 7 月署吉林巡抚。1912 年被推举为吉林都督，次年兼吉林民政长。著有《廿四花风馆诗词钞》《廿四花风馆文集》。

甲辰五月与唐榷使游角山，循长城用瘿公题壁韵感赋

渤海风云今日事，渝关锁钥为谁开。亡秦至竟由三户，覆宋何因说两崖（余家近崖门亦具山海之胜）。死节尚传姜女墓，生降休问李陵台。江山信美犹吾土，过客无劳著论哀。

注：录自 1906 年《国粹学报》第 18 期。

丁文江（1887—1936）

字在君，江苏泰兴人。曾任工商部矿政司地质科科长、农商部地质研究所所长、农商部地质调查所所长、北票煤矿总经理、北京大学地质学教授、“中央研究院”总干事等职。创立中国地质学会，当选第二届会长。

寄胡适

记得当年来此山，莲峰滴翠沃朱颜。而今相见应相问，未老如何鬓已斑？

峰头各采山花戴，海上同看明月生。此乐如今七寒暑，问君何日践新盟？

注：作于 1931 年夏。载《丁文江的传记》（胡适著）。录自《胡适日记全编（六）》（安徽教育出版社 2001 年 10 月版）第 142 页，另刊《丁文江文集》（湖南教育出版社 2008 年 7 月版）第 7 卷 306 页。

送适之，用元微之赠白香山原韵

留君至再君休怪，十日流连别更难。从此听涛深夜坐，海天漠漠不

成欢。

逢君每觉青来眼,顾我而今白到须。此别原知旬日事,小二女态未能无。

注:作于1931年8月16日。载《丁文江的传记》(胡适著)。录自《胡适日记全编(六)》(安徽教育出版社2001年10月版)第147页,另刊《丁文江文集》(湖南教育出版社2008年7月版)第7卷307页。

樊增祥(1846—1931)

字嘉父,号云门,别字樊山、天琴,别署天琴居士、武威樊嘉等,晚年自署天琴老人。湖北恩施人。曾任陕西布政使、江宁布政使、护理两江总督、北京国民政府参政院参政。著有诗集《云门初集》《北游集》《五十麝斋词赓》等。

纕蘅归自北戴河,以诗见报,次答一首

海上重寻鸥鹭盟,老成格调似兰成。荷蒸水气流花气,松作涛声误雨声。绿酒故宜邀竹醉,彩藩早已定花惊。莫言鹰雉争文囿,文笔于今有凤鸣。

注:录自《国闻周报》第7卷第37期《采风录》1页,另刊1930年《辽东诗坛》第61号《摛藻扬芬》。

顾训贤(1898—?)

字凤孙,江苏南京人,生于安徽合肥。南开大学首届文科生。曾任平山县县长。后转入银行界,先后在天津市民银行、大陆银行工作,曾任北戴河海滨公益会干事。1952年退休。遗作有诗三百余篇、散文数十篇。

阳湖管公以宁《赐诚堂集》有为华玉公请谥一疏,洛声先生之远祖也。洛声先生有别墅在北戴河,名石莲山庄

交情远溯赐诚堂,一疏先芬托褒扬。孔李至今联旧谊,戴河风雨石莲庄。

注:录自手迹。顾训贤之子天津顾永康先生提供。永康之妻管叔华,为管洛声孙女。

关赓麟(1880—1962)

字颖人,广东南海人。历任交通部路政司司长、铁路总局提调、京汉铁路局长、川粤汉铁路督办,铁路部业务司司长兼联运处处长、平汉铁路管理局局长等职,其间曾任交通大学校长。1956年6月,被聘任为中央文史馆馆员。著有《瀛谭》《借山楼集》《东游考察学校记》《中国铁路史讲义》等。

角 山 寺

万壑回旋隐梵宫,穿林盘道入晴空。秦关北障长城绝,碣石东临渤澥通。霜气寒凋秋草白,海涛碎掷日光红。粤人好事谁能念,我忆三贤构造功(谓黄花农、陈简持、张弼士)。

注:录自1920年《铁路协会会报》第9卷第3册《文苑·诗录》第2页。

角山怀梁夫人昔游

角山七载较来迟,每念青峰梦见之。惆怅当年驴子背,风裳雨笠下山时。

注:录自1920年《铁路协会会报》第9卷第3册《文苑·诗录》第2页。

管洛声(1868—1938)

名凤和,字洛声、洛笙,号石莲居士。江苏武进人。曾任辽宁海城知县、新民府知府、奉天高等审判厅厅丞,后加二品官衔,任劝业道官职。辛亥革命后,主持天津造币厂。编纂《新民府志》《北戴河海滨志略》,著有《蒲河种稻概要》等。

辛未七夕蠖公招饮赋谢

结夏年年遵海滨,又看牛女换星辰。松声静默同含露,月影依微似避人。游侣几番频去住,山灵陪我久交亲。尊前有酒应同醉,名实奚烦论主宾。

注:录自吴寿贤《励清室诗话》(刊《新天津》报)。

和子通中秋对月之作

烽火连天动地来,中原况复听鸿哀。迎眸皓月光琼宇,搔首愁云障玉台。远笛凄清红蓼淡,轻舟荡漾绿萍开。新亭漫洒忧时泪,与子同仇志莫灰。

注:录自吴寿贤《励清室诗话》(刊《新天津》报)。

蠖公命题蠡天小筑图

天苍苍,海茫茫,中有楼阁龙鸾翔。主人谁与籍黔阳,种松万本资栋梁。行年六十身康强,昔随萧相造未央。千门万户开明堂,吾谋不用今退藏。济北黄石祠子房,坐阅桑海尘飞扬。浮邱洪崖俱相羊,濯缨濯足歌沧浪。颜君躄者相扶将,为图此桢歌凌沧。惟南献寿氤氲气,洄溯蒹葭水一方。

注:录自《"吉光片羽人文岭南"嘉和居藏岭南名贤书画选集》(崇源抱趣拍卖公司 2008 年版)。

桂 埴(1872—?)

字东原,广东南海人。曾任《北洋官报》总编辑,天津北洋大学堂教员,驻英公使馆二等参赞官,驻纽丝伦、菲律宾、北婆罗洲、澳大利亚总领事。著有《宝凤阁随笔》。

甲辰四月孤寄渝关,李二伯猷、罗三瘿公至自锦州,将归析津,主余导游角山,登长城绝顶,望辽海,同题壁

地僻疏文网,天空有散人。薜衣山鬼语,古木塞垣春。起陆龙兴汉,当年鹿失秦。乡音正酬答,歌哭太无因。

注:录自 1906 年《国粹学报》第 18 期。

郭宝琮(1867—?)

字地卿,一字悌称。浙江金华人。优贡生。著有《古愚庐吟草》。

客山海关登万里长城

清晨河北上征车,暮抵榆关旅店居。莫道客中难遣日,长城登眺快何如。

注:录自《古愚庐吟草》(2013 年 5 月手迹影印本)。

秦皇岛

秦皇岛上忆秦皇，万世雄关二世亡。以暴易仁心早丧，空教古制费更张。

注：录自《古愚庐吟草》(2013 年 5 月手迹影印本)。

何振岱(1867—1952)

字梅生，号心与、觉庐、悦明，晚年自号梅叟，福建侯官人。曾任江西布政使署文案。辛亥革命后在福州主纂《西湖志》兼《福建通志》。著作有《觉庐诗草》《我春室文集》《榕南梦影录》《心自在斋诗集》《寿春社词抄》等。

北戴河杂诗

北居暑无威，乘兴复遵海。风从榆关来，水与扶桑汇。踏冰偶赤脚，摊书小黄妳。天回岛色青，山暝斜阳紫。坐卧若舟居，晨夕闻欸乃。萧然万斛秋，襟埃从一洒。

不风浪花粗，近晓滩石敞。啮茎水边驴，晒日沙中网。巨舶如山横，渔舟乃孤往。海鸥与之遥，轻明度三两。

小篱通草甃，女墙限瓜圃。槐密柏身圆，葵侧黍穗俯。晨餐炊畦薯，夕酌酱山蒟。繁英非国香，遥睇亦媚妩。

风枝健拳雀，露蕊凉睡蝶。我亦就前荣，晓寒引衾氎。海声傍枕语，天望自轇轕。悠然醒睡间，微想白云接。

淞冈已闻钟，跨涧始得寺。门前峙双槐，蔽天舞青翠。矫矫俯群木，长者挈众稚。佛容如满月，凡夫只初地。入山未忘世，何处断性累。颇叹置刹僧，未输岛客智。

在深忽成高，陡起石自稳。纹疑太古圻，岸与千寻断。孤根截横流，鲸鼍失骄悍。何年禹王会，遗此朝天瓒。渔篙所不及，瘢藓自成眼。照见沧田更，夜深百灵泫。

注：录自 1927 年《国闻周报》第 4 卷第 39 期《采风录》第 1 页；另刊《采风录》(国风社编纂，1932 年 1 月版)上册诗类第 1 卷第 41 页。

临榆西山松

种桃犹足忘尘世，何况贞松生海澨。大才拱把已成鳞，高逾寻丈自偃盖。怒干欲翻石壁开,横钗数与帽檐碍。崇冈猱升竟可攀,细路蚁旋未为隘。一层斜日一层蝉,四觅秋声迷所在。只看绝顶陡绝处,十数红衣簇青髻。岂知山腰才数转,边海前襟河似带。笑摩松顶纵远目,风卷顽云起清籁。怆然挈侣下前山,无数诗情载驴背。

注:录自1927年《国闻周报》第4卷第40期《采风录》第1页;另刊《采风录》(国风社编纂,1932年1月版)上册诗类第1卷第44页。

海滨杂诗

乱水迷漫带数州,高原隐约见禾头。近畿旱涝无人问,搅尽蛟龙雨未休。(北戴河道中书所见)

一车二驴沙际行,西崦灯暗东冈明。松湾苇路夜正黑,吠蛤声边闻岛莺。(海滨夜归)

浴出银蟾白胜秋,重来海色胜前游。也缘坐熟滩西石,千尺寒光看夜流。

旬经山树更青青,楼阁红添旧夜灯。凉月留人槛外久,雁飞远并一丸星。(三至北戴河)

注:录自《采风录》(国风社编纂,1932年1月版)下册诗类第7卷第11—12页。

缠蘅以北戴河诗寄示,因追忆旧游,书此奉和

村瓜拳大蜜输甜,牡蛎锥来藓尚黏(海滨有蛎房,味美,暑天得此,甚可喜也)。岛石昂藏山树稚(西山松数万株,皆不大),蛮娘白皙野鸥黔。梦中芦苇仍鸣蛤,别后楼台付夜蟾。欲觅旧游伤旧迹,海风只解散朱炎(予于此地有山阳之戚,不思来游矣)。

注:录自1930年《国闻周报》第7卷第32期《采风录》第2页。

北戴河海滨杂诗

雨来涛乱飞,海声无时平。窗间见远火,有船方夜行。渔人利横流,尔固有所营。吾曹一枕梦,若听舂到明。海声尔勿骄,天道时迁更。汝有为田时,何况鼍与鲸。(海声)

注:录自1930年《国闻周报》第7卷第33期《采风录》第1页。

胡朴安(1878—1947)

本名有忭,学名韫玉,字仲明、仲民、颂明,号朴安、半边翁。安徽泾县

人。曾任《民国日报》报务委员，江苏省政府委员兼民政厅厅长，持志大学、国学专修馆等校教授，上海市通志馆馆长，上海市文献委员会主任委员，《民报》报务委员会主委等职。著有《中国文学史》《中国学术史》《中华全国风俗志》等。

和静仁先生登莲峰山原韵

海天无日夜，万古气长白。吞吐纳八荒，中有约鳌客。忧患在人先，韶华将半百。学比仲父精，时嗟工部迫。多辟叹今人，心血付浪掷。营营苦相侵，谆谆复何益。园种□素蕉，湖挂范蠡席。山水得真情，弄书以自怿。虽无丝竹欢，幸此言笑剧。比干心走丹，苌宏血空碧。老子其犹龙，深藏得所适。虑澹物自轻，形忘心不役。即此足延年，奚必煮白石。天地本宽广，人心徒自窄。

注：字迹不清处，以□代之。录自1924年《国学周刊》第4版。

胡　适（1891—1962）

曾用名嗣穈，字希疆，学名洪骍，后改名适，字适之。安徽绩溪人。曾任北京大学教授，加入《新青年》编辑部，后创办《独立评论》。曾出任中华民国驻美大使、北京大学校长。1949年去美国。1952年返台，后担任"中央研究院"院长。著有《中国哲学史大纲》《尝试集》《白话文学史》和《胡适文存》等。

和丁文江

颇悔三年不看山，遂教故纸老朱颜。只须留得童心在，莫问鬓毛斑未斑。

注：作于1931年8月5日，原载1936年2月16日《独立评论》第188号。录自《胡适日记全编(六)》(安徽教育出版社2001年10月版)第142页。另刊《胡适诗存》(人民文学出版社1989年4月版)。

恭颂赤脚大仙

丁先生最喜赤脚，在家或在熟人家，他必须脱袜。在此日夜赤脚，乐不可支。他自称"赤脚大仙"，我作诗颂之。欲上先生号，神仙未入流。地行专赤脚，日下怕光头。吐纳哼哼响，灵丹处处丢。看他施法宝，嘴里雪茄抽。

注：1931年8月12日作于北戴河。录自《胡适日记全编(六)》(安徽教育出版社2001年10月版)第146页。另刊《胡适诗存》(人民文学出版社1989年4月版)。

丁先生买帽

丁先生最怕秃头，今天帽子坏了，买不着帽子，急的不得了。买到东来买到西，偏偏大小不相宜。先生只好回家去，晒坏当头一片皮。

注：1931年8月12日作于北戴河。录自《胡适日记全编(六)》(安徽教育出版社2001年10月版)第146页。另刊《胡适诗存》(人民文学出版社1989年4月版)。

答和在君

乱世偷闲非易事，良朋久聚更艰难。高谈低唱听涛坐，六七年来无此欢。

无多余勇堪浮海，应有仙方可黑须。别后至今将七日，灵丹添得几丸无?

注：作于1931年8月23日。录自《胡适日记全编(六)》(安徽教育出版社2001年10月版)第148页。另刊《胡适诗存》(人民文学出版社1989年4月版)。

哭丁在君

明知一死了百愿，无奈余哀欲绝难。高谈看月听涛坐，从此终生无此欢!

爱憎能作青白眼，妩媚不嫌虬怒须。捧出心肝待朋友，如此风流一代无!

注：作于1936年。诗前有原文："今年他死后，我重翻我的旧日记，重读这几首诗，真有不堪回忆之感，我也用元微之的原韵，写了这两首诗纪念他。"录自《丁文江这个人》(胡适著)。另刊《胡适之先生诗歌之手迹》(台湾商务印书馆1975年版)第52页。

黄曾樾(1898—1966)

字荫亭，号慈竹居主人，福建永安人。曾任福建省建设厅科长、南京市政府社会局长、后方勤务部处少将副处长、福州市市长、教育部督学兼参事等职。后任国立福州音乐专科学校教务处主任。中华人民共和国成立后，任福建师范学院教授。著有《慈竹居诗抄》《慈竹居丛谈》《谈天木堂集》等。

北 戴 河

翠阁朱荪倚碧峰，未秋海滣已西风。清幽卉木宜消夏，浩荡波涛足荡胸。治事衙斋饶野趣，延宾别馆似琼宫。游踪踏遍三洲胜，静雅浑雄孰此同。

注：录自1933年《青鹤》之《近人诗录》第3页。

游莲峰至观音寺

穿林越涧下烟峦，来借僧寮一晌安。松翠上衣经院静，海风吹浪日光寒。无边景物忙中过，大好河山劫里看。暗把心香资佛力，倘教溟渤息惊澜。

注：录自1933年《青鹤》之《近人诗录》第3页。

靳 志(1877—1969)

字仲云，号居易斋。河南开封人。曾任大总统府礼官、驻荷兰使馆一等秘书、驻比利时大使馆秘书。新中国成立后任河南省政协委员、河南文史馆馆员、河南省文物保管委员会委员等。著有《居易斋诗存》。

榆关归客难

外交部员借调赴榆关者凡十有一人，间关回京先后五六起。苦况互异，而以随援军总司令之四员为最危险艰辛。秦皇岛陷后，伏处于开滦矿局外国人家经九日夜，惴惴喘息，惧为俘虏。当时仓皇奔窜，重大行李强半亡失。其后潜上轮船，而岸上军队不准启椗，开枪互击，炮火下有堕海死者。煤船既乏舱位，且无可得饮食，恶风巨浪，空肠呕吐，衣履狼藉，经二日夜达烟台。适值吴巡帅兵舰在彼停泊，勉强登岸，几被烟台镇守使所监视。归京后，赵鉴唐置酒慰劳，相见惊问各述所历，恍若梦寐。

亲见石门败，哭声深夜惊。五千尽貂锦，匝月困坚城。痛定魂犹悸，人怜死里生。莫嫌面黧黑，十日窜榛荆。

波撼之罘岛，秋风逋客饥。严关扃锁钥，大将偃旌旗。鱼腹几人葬，狐冰到处疑。生还真一梦，九死欲无辞。

行李随金尽,饥寒齿独全。玉门生度日,秦岛满烽烟。亲友惊相问,平安报欲先。古来关塞曲,逃死最堪怜。

一别如隔世,重逢尚梦中。花飞关塞雪,蓬断海天风。战骨埋沙日,离颜剪烛红。故人问消息,南去数霜鸿。

注:录自《居易斋诗存》卷九之《榆关集》。

李大钊(1889—1927)

字守常,河北乐亭人。曾任北京大学图书馆主任,后任北大经济、历史等系教授,参与编辑《新青年》,并和陈独秀创办《每周评论》。中国共产党的主要创始人之一。

大田先生正

云飞人还归,尚有青山在。泉流月近晚,绝无白处空。

注:原诗无题,以落款代之。录自手迹。北京明珠双龙国际拍卖有限公司,2008金秋中国书画大型联合拍卖会,中国书画(一)专场。

李建猷

生平不详。

角 山

祖龙已化空遗迹,世界沧桑感覆舟。两戒河山存隙地,百年涕泪怆边筹。眼中瘈犬争投骨,天半饥鹰未下鞲。寄语逍遥台上客,夕阳虽好莫夷犹。

注:录自1906年《国粹学报》第18期。

李金藻(1871—1948)

字芹香,又署琴湘,别号择庐。天津人。曾任直隶巡按使公署教育科主任、江西省教育厅长、天津广智馆馆长、天津市教育局局长、河北省政府委员兼教育厅厅长。著有《诗缘》《重阳诗史》等。

海滨喜逸塘先生见访,率成一律,并简洛声

读君觅得村驴句,真使英雄泪满襟。弘景山中犹人相,成连海上话知音(谈范老轶事)。哀歌斫剑愁无地,大愿乘船誓此心(公博爱,有大愿船之名)。昨日管宁共席榻,微闻梁父有高吟(在洛声座上读公诗)。

注:录自《采风录第二集》(国风社编纂,1934年1月版)诗类第3卷第25—26页。

李宣龚(1876—1953)

字拔可,号观槿,室名硕果亭,晚号墨巢。福建闽县人。曾任江苏候补知府、商务印书馆经理兼发行所所长、合众图书馆董事。著有《硕果亭诗正续集》等。

北戴河海畔偶作

郁暑城中火始然,却寻海澨昵风烟。不须更待秋前雨,但听惊涛已自眠。

注:录自1919年《东方杂志》(上海商务印书馆印行)第16卷第10号《文苑》第134页。

廉　泉(1868—1931)

字惠卿,号南湖,又号岫云、小万柳居士。江苏无锡人。曾任户部主事、户部郎中,后赴日本东京开设扇庄。回国后任故宫保管委员会委员。1931年独赴北平潭柘寺养病,并入寺为僧。遗著有《南湖集》《潭柘集》《梦还集》《梦还遗集》等。

寄岱山北戴河

隔海相看极渺冥,翩翩书记有仪型。眼中山色真堪画,世外潮音不可听。招隐诗成追石鼎(去年寄书髓主人招隐十首,集香苏山馆诗句为之。又张建诗曰:瓦瓶担山泉,石鼎煮岩菊),过江才尽感秋萍("潭草落秋萍",郑巢送省空上人归南岳诗也。余将有潭柘之游,故云)。空余悯乱心肠在,天晓月移人未醒。

注:录自1919年《新中国》204页。另刊《采风录》(国风社编纂,1932年1月版)下册。

梁志文(1869—?)

字德昌,号伯尹,广东南海人。曾任吏部主事。1900年创刊《安雅书局世说编》,后任张学良秘书。

北带河避暑赠段香岩将军

三尺平南一舸还,海波犹洗战衣瘢。同时将帅皆门下,新友渔樵不世间。小隐移家余笠屐,中原回首又关山。英雄未老秋风起,湖上骑驴竟日闲。

注:带应为戴。录自1928年2月8日《北洋画报》第160期。

卢　弼(1876—1967)

字慎之,号慎园,湖北沔阳人。卢靖弟。早岁肄业湖北经心、两湖书院,后留学日本早稻田大学,攻读政治经济学,曾任国务院秘书等职。著有《三国志集解》《三国志集注补》《三国志引书目》《三国志职官录》及《三国志地理今释》等。

兄夏日居北戴河海滨,每日函商,刊印乡贤著述,盛暑不辍

愿将楚宝遍搜求,避暑东山不自休。书问往还盈尺许,乡贤著述付千秋。

注:录自《卢木斋集》附《知止楼杂咏》(天津古籍出版社2021年5月版)。

兄于海滨筑东山别墅,近于城西置宅,署曰知止楼,辟为北平木斋图书馆

昔日东山留别墅,城西今又卜精庐。士林嘉惠知多少,满目琳琅富五车。

注:录自《卢木斋集》附《知止楼杂咏》(天津古籍出版社2021年5月版)。

卢子鹤(?—1963)

又名廷栋,湖北房县人。曾任嘉陵道尹公署秘书长、四川省政府县政人员资格甄审委员会主任委员、四川省政府高级顾问。新中国成立后任

川北区行政公署人民政治协商会议主任委员、四川省政协副主任委员。

上角山

马涉清流经废垒，长城随我上高空。堞从山北蜿蜒去，海入天南浩渺中。谁放轻阴收宿务，人来绝塞正秋风。壮游到此真难得，为遗中书一试功。

注：录自1928年《民视日报七周年纪念汇刊》文艺版。

游北戴河

岭路万松声谡谡，莲花畔石玩虬枝。若非大海横前阔，疑是闽匡夜宿时。

注：录自1928年《民视日报七周年纪念汇刊》文艺版。

罗惇曧(1872—1924)

字孝遹，号以行，又号瘿庵，晚号瘿公。广东顺德人。曾任邮传部郎中、总统府秘书、参议、顾问、国务秘书等职。著有《鞠部丛谭》《太平天国战记》《拳变余闻》《藏事纪略》《割台记》《庚子国变记》《德宗继统私记》《中日兵事本末》等。

角山题壁

关云黯黯天逾碧，塞草青青花乱开。近讯颇传收铁勒，旧闻应记罢珠崖。欲寻瓯脱浑无地，不信逍遥尚有台。今古斜阳一回首，横吹忽听玉龙哀。

注：录自1906年《国粹学报》第18期。

罗振琳(？—1960)

字韵珊，广西宜山人。曾在浙江大学任职。著有《蠖庐诗存》。

山海关远眺

雄关百尺势峥嵘，三卫金瓯拱帝京。此日星轺新驿路，当年烽火旧边营。开原秋老丹枫色,铁岭风高画角声。我欲停鞭闲吊古,塞云千里黯荒城。

注:录自1934年5月10日《北洋画报》第1086期。

潘伯鹰(1904—1966)

原名式,字伯鹰,号凫公、有发翁、却曲翁,别署孤云,安徽怀宁人。中华人民共和国成立后,曾供职于上海图书馆、同济大学、上海音乐学院、上海市文物管理委员会。曾任中国书法篆刻研究会副主任委员兼秘书长。著有《人海微澜》《中国书法简论》等。

岁暮入关又出感赋

鸿影冥冥不可寻,尚从薮泽听遗音。二千里误驰驱梦,五十行辜缱绻心。极目玄冰寒度马,底头黄埃黯弥襟。司勋亦是迟来者,愁对芳林咏绿阴。

注:录自《北洋画报》1930年12月30日第570期。

车过绥中灾区

凋年急景怆人思,独过榆关又北驰。天补崎岖冰作路,村知贫瘠石堆篱。栖栖谁暇更絺绤,草草犹难具爨炊。三叹穷黎吾已侈,未须辛苦怨生离。

注:录自1931年1月13日《北洋画报》第575期。

彭粹中(1896—1976)

字素庵,号素翁,谱名康祺,易名粹中,改字醇士,江西高安人。历任正志中学教习、哈尔滨畜牧局局长、南昌教育图书馆馆长、心远大学教授、江西省政府参事、南昌行营秘书等。1949年去台湾后任台湾地区民意代表,兼任大专院校教授。著有《照影集》等。

海上杂诗

远水黏天似腋缝,岛云如浴紫芙蓉。谁能鞭海呼鲸去,并借仙人碧玉

筇。(海上口占)

树杪浓青抹质光,涛头初日弄鸡黄。石根留得沙痕在,卷尽平田又种桑。(晓起散策)

早分横流到此身,投竿输与钓鳌人。眼中吴赵皆余子,那有闲心更过秦。(共友人话)

障挽宁堪敌万趋,屠龙休怪技全疏。几人湖海襟期共,豪气中年未扫除。(偶成)

策蹇来看海上山,石梁云磴隔人间。蓬壶缥缈容支隐,始信卢生不肯还。(同□安访西莲峰)

四山松气扑单衣,深谷无人野鸟飞。行过板桥冈路转,长林一带乱峰围。(将至西莲华行深谷中)

溪山胜处结精蓝,僧□钟鱼昼院暗。来向北轩松底坐,绝怜风物似江南。(观音寺)

乔木阴阴别馆清,夏丛交绿露朱甍。园花开尽无人管,寂寞鼪鼯白昼行。(林园)

注:字迹不清处,以□代之。录自《采风录》(国风社编纂,1932 年 1 月版)上册诗类第一卷第 13—14 页。

邵瑞彭(1887—1937)

一名寿镂、寿钱,字次公,浙江淳安人。曾任国会众议院议员,北京大学、民国大学教授,河南大学国文系主任。著有《泰誓决疑》《扬荷集》《山禽余响》。

寄怀纕蘅碣石游次

频年饮马长城窟,天柱桥边得得行。老去渐于游事嬾,松风海水不能听。

注:录自《采风录》(国风社编纂,1932 年 1 月版)下册。

唐尧臣

又署轶林、一林,号六如后人,江苏丹徒人。毕业于两江师范学堂图画手工专修科。历任苏州师范、苏州第一中学、北京高等师范、北京师范、北京第四中学教员。著有《秦王岛游集》。

甲戌冬日呵冻有作

大家都是可怜虫,困鲋命从涸辙通。客路三千心未远,济川应使一舟同。

万事乘除总在天,殚精竭虑亦徒然。从来穷达皆由命,鸟自高翔鱼在渊。

注:录自《秦王岛游集》稿本。

丁丑四月次戴蘅孙春迟元均

杨柳初芽杏未花,春迟边地冷些些。园林寂寞无颜色,南国诗人正忆家。

注:录自《秦王岛游集》稿本。

丁丑清和五日蘅孙夜赴津门车中写寄,嘱为推敲,遂成此律

远市三更柝,长车独夜身。星驰风栉发,云暗月窥人。梦破惊衣薄,诗成觉意真。才看离海峤,又堕九衢尘。

注:录自《秦王岛游集》稿本。

唐益公(**1904—**?)

斋号景苏堂,贵州遵义人,云南巡抚唐炯之子,叶恭绰弟子。

蠖公命题蠡天小筑图

忘机鸥鸟总相陪,小筑幽栖碣石隈。谁识当年黄阁老,海天怀袌落深杯。

如盖虬松可息阴,听泉赏月此登临。藏书建阁它年事,肯费先生体国心。(及门诸生谋建阁山中藏公著述,公谦辞不许)

山居偕隐有年时,绕膝儿孙奉酒卮。谁分白头伤德耀,紫阳家法耐人思。(公夫人于才德并茂,持家教子俱有法度)

书成百卷供烟霞,去住随缘等是家。湘水黔山同禹域,不须惆怅说

天涯。

注：作于辛卯(1951)初春。录自《"吉光片羽人文岭南"嘉和居藏岭南名贤书画选集》(崇源艳趣拍卖公司,2008年版)。

王永江(1871—1927)

字岷源,辽宁大连人。曾任奉天省督军署高级顾问、全省警务处处长兼奉天警察厅厅长、奉天省财政厅厅长兼东三省官银号督办、奉天省省长兼东北大学校长。著有《读易偶得》《铁龛诗存》《医学辑要》等。

夜过山海关

山绕雄城海绕山,汉秦残垒暮云间。春风橐笔三千里,月夜题诗第一关。剑底雄心双泪热,镜中华发几茎斑。瞢腾云汉星辰睡,万派潮声落远湾。

注：录自《铁龛诗存》卷一第1页。

王竹铭(1886—?)

河北阜城人。历任直隶省议会议员、天津河北工业学院教席、天津河北工业学院纺织实验馆主任、直隶模范纺纱厂厂长、全国棉业统制委员会委员、纺织学会理事长、天津市公营企业管理处技术顾问,以及中国纺织建设公司天津纺织技术训练班主任等职。

夏季由北戴河返京,月夜渡滦河作此

打叠还乡梦,宵征乘晚凉。归辕声碌碌,逝水去汤汤。汉月通辽左,清风透首阳。不堪胡马地,往事溯兴亡。

注：录自1922年《华语学校刍刊》第2期文苑版。

吴蔼宸(1891—1965)

原名世翙,又名矿,字霭宸,福建闽侯人。曾任燕京大学、华西大学教授,新疆外交特派员,驻苏联布拉格总领事和海参崴总领事,国民政府外交部顾问,欧美同学会总干事等职,中华人民共和国成立后被聘为中央文

史研究馆馆员。著有《新疆纪游》《历代西域诗抄》《求志庐诗》等。

偕仲炯游海滨奉和原韵

世事君其问水滨,谁能留命看扬尘。纷纷过眼轻余子,脉脉关心到此人。月影迷离云色淡,海天荡□野阴新。枕边听得风涛急,忧患无端集一身。(途中遇顾少川总理)

注:字迹不清处,以□代之。录自《求志庐诗》(1947年版)。

北戴河海滨听潮

夕阳西下水流东,楼外霞光照眼红。一夜潮声喧梦破,直疑身在画船中。笑被功名误一生,空教海上负鸥盟。荣华未抵黄粱熟,万古长流是此声。

注:录自1948年《昆铁旬刊》第39页。另刊《求志庐诗》(1947年版)。

山海关访于孝侯将军不遇,归途赋寄

不到榆关忽九春,骑驴犹是旧游身。白驹过隙无穷感,苍狗循环未了因。眼望旌麾徒向往,情归缟纻倍相亲(谓张墨卿、米少堂诸君)。男儿报国寻常事,戎马何须说苦辛。

百战中原气未销,相看松柏岁寒凋。传家忠义垂天壤,举世猖狂付海潮。胜地流连人踽踽(独游天下第一关,遂谒文庙观旧题),间关苍莽马萧萧。蓬莱自古多名将,异代南塘若可招。

注:录自《求志庐诗》(1947年版)。

吴昌硕(1844—1927)

初名俊,又名俊卿,字昌硕,又署仓石、苍石,多别号,常见者有仓硕、老苍、老缶、苦铁、大聋、缶道人、石尊者等,浙江安吉人。曾为吴大澂戎幕,安东县令,西泠印社首任社长。著有《吴昌硕画集》《苦铁碎金》《缶庐近墨》《缶庐印存》《缶庐集》等。

枕肘　山海关军次

枕肘不成寐,离奇浊酒醒。逼天梨叶赤,浮地海风腥。草檄攻心策,

磨人盾鼻灵。明朝渡辽水，一叩幼安扃。

注：录自手迹。

羊河口望秦皇岛

角声寒瑟瑟，策马天山阴。熊虎旌旗色，龙蛇战斗心。塞扶秋柳活，雨挟大河淫。诸将家危系，临关思不禁。

磨盾诗藏拙，椎牛酒散愁。秦皇开一岛，越客几回头。地势旋沧海，天河瀑戍楼。平出吐幽郁，底事说封侯。

注：录自手迹。浙江长乐拍卖有限公司 2010 年秋季中国书画艺术品拍卖会名人书法对联专场。

临榆县旅店醉后作此

野店当门水，层阴背郭峰。凿冰狐听老，兵气雁知凶。啖饼名何补，浇愁酒正浓。苍凉娱薄醉，来倚两三松。

注：作于甲午(1894 年)九月。录自手迹。见《乱石山松图》。

吴鼎昌(1884—1950)

字达诠，笔名前溪。曾任中国银行总裁，内政部次长兼天津造币厂厂长，盐业、金城、中南、大陆四行储蓄会主任，《大公报》社社长，国民政府财政委员会委员，国民经济建设运动总委员会委员，国民政府实业部部长兼国民政府军事委员会第四部部长，贵州省政府主席，滇黔绥靖公署副主任，贵州全省保安司令等职。1949 年 1 月赴香港。著有《中国经济政策》《花溪闲笔》等。

海滨闲咏柬寄逸塘、纕蘅

盛夏风和似晚春，百花如锦草如茵。潮声猛醒初来客，海气长迷久住人。一抹斜阳驴背稳，半阶落月燕泥新。入山况复无多路，鱼鸟相亲作比邻。

注：录自《采风录》(国风社编纂，1932 年 1 月版)下册诗类第 7 卷第 11 页。

海滨柬呈畇老什公

已少宁居日，弥坚作客心。平生壮湖海，无意遁山林。寂寞鱼龙伴，清凉松柏音。高歌鬼神泣,恐此亦知音。

注:录自《采风录第二集》(国风社编纂,1934年1月版)诗类第3卷第15页。

海上漫题

余此情怀亦快哉,襟山带海筑高台。当门十里平沙岸,万丈潮来不放回。

注:录自《采风录第二集》(国风社编纂,1934年1月版)诗类第1卷第21页。

海滨次均柬和什公、洛翁

西崦一卧不思归,贪看寒潮送落晖。海底鱼龙初入睡,山中鸟雀倦忘飞。

闲寻旧侣谈风月,更有新诗慰渴饥。安得长年倚松老,免教峰壑肆嘲讥。

注:录自《采风录第二集》(国风社编纂,1934年1月版)诗类第3卷第31页。

吴佩孚(1874—1939)

字子玉,山东蓬莱人。曾任直鲁豫两湖巡阅使、十四省讨贼联军总司令等职。著有《循分新书》《正一道诠》《明德讲义》等。

无 题

曾游山海古榆关,劫后余生惨不堪。万顷洪涛观不尽,千寻绝壁画应难。东制辽水三号远,西固燕京万世安。

注:录自手迹。

熊希龄(1870—1937)

字秉三,别号明志阁主人、双清居士。湖南凤凰人。曾任奉天盐运使、北洋政府财政总长、热河都统、国务总理、国民政府赈务委员会委员、世界红十字会中华总会会长等职。著有《军制篇》《香山集》等。

癸亥四月由北戴河晓发秦王岛,次通甫原韵

晓色苍茫遍九垠,楼台寂寞竟无人。云霞结倚催残月,桃杏争妍近早

春。迎面海风嘘气爽，沿滩苗圃茁芽新。千年暴政留遗耻，小岛何辜尚姓秦。

注：作于1923年，录自《熊希龄集》第7册。

听　潮

莫辨风声与水声，夜来众窍各争鸣。静观万象随生灭，岂为人间诉不平。

注：作于1923年，录自《熊希龄集》第7册。

望　海

沙堤十里暮寒侵，日薄风微碧影沉。望远一挥儿女泪，倚栏无语海天深。

注：作于1923年，录自《熊希龄集》第7册。

观　渔

不避风波入浅滨，双双比目见全身。可怜一网同生死，足愧人间薄幸人。

注：作于1923年，录自《熊希龄集》第7册。

鸽子窝次通甫原韵

怪石巍然北面雄，碧波起落晚潮中。烟痕遥罩秦王岛，问有何人蹈海东。

注：作于1923年，录自《熊希龄集》第7册。

许世英(1873—1964)

字静仁，一字俊人。安徽东至人。曾任直隶都督秘书长，大理院院长，政治会议委员及福建民政厅长，内务总长，交通总长，司法总长，福建巡按使，安徽省省长，国务总理兼财政总长，赈务委员会委员长，经济委员会常务委员兼主席，蒙藏事务委员长，总统府高级顾问等职。1949年移居香港。1950年赴台，受聘台湾地区领导人。著有《治闽公牍》《黄山揽胜集》等。

北戴河海滨感赋寄呈段公

群山虎豹皆如醉,大泽蛟龙未肯醒。忍使疮痍千里赤,独甘憔悴一灯青。秋风短剑余肝胆,巨壑长松老翮翎。我欲拔刀歌斫地,乘槎渺渺索苍溟。

注:录自《许世英老人手写双溪诗存》(大方文具印刷公司1961年7月版)。

次韵和前溪吴庐即事

路经花径院深深,虚槛风高暑不侵。山色远从云影落,江声静与月光寻。诗余清健催秋意,酒后疏狂驻夕阴。北望海滨莲石在,草堂寂寞感难禁。(往岁与前溪避暑于北戴河海滨,常憩息于莲石公园之松涛草堂,抚今思昔,能无慨然?)

注:录自《许世英老人手写双溪诗存》(大方文具印刷公司1961年7月版)。另刊《许世英》之《双溪诗存》(安徽省政协文史资料委员会、东至县政协文史资料委员会编,中国文史出版社1989年9月版)第156页。

榆关告急

榆关烽火又连天,闻道将军作计艰。万古长城终不坏,单刀匹马定生还。

注:录自《许世英》之《双溪诗存》(安徽省政协文史资料委员会、东至县政协文史资料委员会编,中国文史出版社1989年9月版)第172页。

杨 岘(1819—1896)

字庸斋、见山,号季仇,晚号藐翁,自署迟鸿残叟,浙江归安人。曾入曾国藩、李鸿章幕中参佐军务。后负责海道漕运事务,官至盐运使,其间曾任江苏松江知府。著有《迟鸿轩诗集》《庸斋文集》。

昌石老弟帕首出关挥议战倭,途次发笑写此索诗

毕宏韦偃久不作,今之画松数老昌。兴来下马锋挥洒,临榆县前山低昂。

信手涂成幛犹湿,松气阴森石气寒。笔如怒马快突阵,十万健儿带笑看。

注：作于甲午(1894)冬二月。录自手迹，见吴昌硕《乱石山松图》。

杨增荦(1860—1933)

字昀谷，一字瀹南，号松阳山人，江西新建人。曾任刑部主事，热河理刑司员，四川候补知府，广东署法院参事。民国初年，为国史馆协修，交通部推事。著有《杨昀谷遗诗》。

寄题逸公海滨园亭四首

逸公治园碣石山，编茅葺苇亭其间，倚天照海花斑斑。转忆江干清且美，眼中寥廓应无此。

燕昭尊衍疑不伦，秦皇更欲求羡门，二俱荒诞何足论。梦寻魏武看星月，月星倘有古今别。

汉阴抱瓮久息机，习劳可以存真倪，今日徒作鸿荒思。兹园枕海得三昧，请公为说西来意。

海浴归来诗更丰，得曹子笺(纕蘅居士)吾欲东，梦寐尝游岚翠中。惪公(午诒同年)亦有结夏约，因循自愧禅功薄。

注：录自1930年《国闻周报》第7卷第33期《采风录》第1页。

虞和寅(1884—1959)

字自畏，浙江镇海人。大阪高等工业学校采矿冶金科毕业。中国地质学会、中国工程师学会、中国天文学会会员，中国博物馆协会发起人之一，1949年后曾任安徽工业厅厅长。译有日本《普通教育动物学教科书》，著有《博物学教科书》。

山　海　关

平生足迹遍峥潺，又出卢龙渤澥间。边堞斜行横袭海，朔云高矗乱依山。荒村日冷孤烟暮，古木风寒独雁还。此景凄清信难得，谁搜佳句压雄关。

注：录自《矿业报告第三册：临榆柳江煤矿报告》(农商部矿政司印行，1936年3月)。

汤泉行赠曹子敬

玄冬踏雪临榆道，闻说林泉北西好。乘兴遂欲穷幽冥，风飙肃肃吹凝皓。

徐山居士曹子敬，偏与旅人契幽性。闻我远来迎不及，追我直过徐山竟。

并辔垂鞭行复行，穿林跨谷探云程。林断谷开古寺出，短垣逦迤饶榛荆。

门前下马相将入，禅舍小憩旅情缉。嗟我东西南北人，喜君此地随缘集。

忆昔观日扶桑边，乱山到处惊泷悬。朅来故国空怀念，十年今日访汤泉。

炎液瀎潏沵喷吐，明珠跃水粲堪数。撷青分碧同欢赏，一洗身心脱尘土。

天寒日暮迷归路，回望温谷足烟雾。他年游览应有人，愿君畚揭加修护。

注：录自《矿业报告第3册：临榆柳江煤矿报告》(农商部矿政司印行，1936年3月)。

袁克定(1878—1955)

字云台，别号慧能居士，河南项城人。袁世凯长子。曾任农工商部参议、右丞，开滦矿务总局督办。新中国成立后任中央文史馆馆员。

海滨怀大方

晋有大陆宋大苏，数至有清大方著。大方之笔大如王家之铁枪，荡扫千军如行无人处。丽辩之文殊师利，妙吟之寒山拾得，其才其机不足语。先生自负吉金癖，冥搜周秦古今器。非如今之南潘与北陈，盂鼎毛鼎夸幽閟。汾阴意不惬，骊山心不寄。逐朝剩得买春钱，换来龟贝鹅眼伴清睡。今朝得一枚，明朝得一枚，攒来离离千万数，智永笔瓮成二堆。余退海滨，君謫天津。大狮子吼，不得与闻。告君海上多奇珍，宫桃钟李比目鳞。海中夥奇状，琼女紫姑千百伉。时当卓午沧海浴，日焞玉肤银波漾。先生自以曼倩况，胡不衔风来相访，偷桃王母之席上。

注：作于1929年。其弟袁克文寒云跋“右大兄怀地山师诗也，大兄诗不多见，此今夏居北戴河所作，亟录刊之”。录自1929年12月3日《北洋画报》第405期。

曾习经（1867—1926）

字刚甫，一作刚父，号刚庵、蛰公，别号蛰庵居士。广东揭西人。曾任户部主事、度支部右丞、法律馆协修、大清银行监督、税务处提调、印刷局总办等职。著有《蛰庵诗存》《秋翠斋词》等。

寄题陈简老角山亭

万山表海烟尘隔，九月微霜塞草青。间却行边旧持节，百金新筑角山亭。

注：录自1906年《国粹学报》第18期。

曾学孔（1904—1967）

字少鲁、小鲁，四川筠连人。曾就职于贵阳县署，任蒙藏委员会委员、总务长，新疆省秘书长等职。

仲涛仁兄正

行尽芳堤第七桥，精蓝一角矗山腰。吟诗独据莲花石，放眼晴空望海潮。

注：原诗无题，以落款代之。录自手迹。北京翰海拍卖有限公司2020秋季拍卖会中国近现代书画（二）。

张祖铭（1897—？）

字织云，江苏铜山人。关赓麟妻，清同治年间云贵总督张亮基孙女。著有《琴风馆诗钞》《饴乡集》等。

北戴河海滨

万卷惊涛接碧穹，海光山色淡空蒙。一弯钓石寒云外，三径人家密雨中。天际归帆疑白鹭，林端疏籁度征鸿。游人寥落园林寂，惟有秋花遍地红。

注：录自1920年《铁路协会会报》第9卷第3册《文苑 诗录》第2页。

章士钊(1881—1973)

字行严，笔名黄中黄、青桐、秋桐，湖南善化人。曾任北京大学教授、北京农业大学校长、司法总长、教育总长、政府秘书长、东北大学教授、上海政法学院院长、国民政府参政员等职。新中国成立后任全国政协常委、政务院法制委员会委员、中央文史研究馆馆长等职。著有《柳文指要》等。

庚寅夏馆蠖公存素堂中，公出此卷属题。二律欻成，恣意挥洒，风趣殊不减大朝街鸠首时，然屈指已五十年矣

倦旅颓阳喜蹔闲，重游燕市抵乡关。诗名纵谢崔黄叶，艺事犹崇朱碧山。赖有交情堪尔汝，搜来残卷称坚顽。蠡天倘得壶天阔，距跃从公定不还。

赌墅当年问水滨，簸钱驰马旧纷纷。先生却得闲中趣，别馆堪增日下闻。顾我向稽东海客(吾从未到北戴河)，累人不用北山文。披图借展仇池穴，林里山王剩几君(题者唯吴达诠尚存)。

注：题蠡天小筑图。录自《"吉光片羽人文岭南"嘉和居藏岭南名贤书画选集》(崇源艳趣拍卖公司，2008年版)。

赵元礼(1868—1939)

字体仁，又字幼梅，号藏斋。曾任天津育婴堂负责人、工艺学堂庶务长、滦州矿地公司经理、直隶省国会参议员、直隶省银行监理官、天津造胰公司经理、中国红十字会天津会长、济良所董事、崇化学会董事。著有《藏斋集》《藏斋诗话》等。

寄怀逸塘洛声北戴河用逸翁均

海滨避暑当浮家，阅世真教两眼花。五夜波寒龙欲醒，千山松静鸟无哗。温□梦境余良酝，澄澈诗心仗苦茶。忆否故人寓楼屋，晴窗拨闷剖

秋瓜。

注：□似为縻。录自1932年12月9日《益世报》第10版。

寄怀周缉之北戴河

眯眼尘沙不可收，空山天气易清秋。好从北戴河边住，一洗南冠座上愁。苍狗白云知变幻，荷衣蕙带与赓酬。海波潮汐今何似，试向沧溟弄钓舟。

注：录自1927年《国闻周报》第4卷第36期《采风录》第2页；另刊《采风录》（国风社编纂，1932年1月出版）上册诗类第1卷第34页。

周　馥（1837—1921）

字玉山，谥悫慎。安徽东至人。曾任直隶按察使、甲午战争前敌营务处总理、四川布政使、代理直隶总督兼北洋通商大臣、山东巡抚、两江总督、两广总督等职。创办天津武备学堂。遗著有《玉山诗集》《易理汇参臆言》《负暄闲语》《周悫慎公全集》等。

泛七里海（在昌黎县时筹边备过此）

积沙枕海渍，冈陇纷起伏。西留卌里湖，清荡豁心目。扼险提一旅，万骑不敢扑。土人足鱼虾，终岁资事畜。垂杨荫门巷，稚子戏相逐。夜暖一灯明，百蟹竞趋簏。谋生术诚巧，竭泽毋乃蹙。群动日相欺，强食困弱肉。大哉圣人道，服人使自服。

注：录自《玉山诗集》卷之一（《清代诗文集汇编》736，上海古籍出版社）。

与卢龙张恭和大令谒夷齐庙

独石障洪流，高台凌绝壑。崇祠石崖上，寂寞可罗雀。我来秋雨霁，寒风起丛薄。凛凛清正气，顽夫望犹却。从古乱贼生，情因迷好爵。至道有经权，当为伪者托。夫子拒新朝，介然何踸踔。此心孤日悬，千载尚落落。贤宰荐蘋蘩，馂余乱杯杓。遥望首阳山，夕阳逗崖崿。

注：录自《玉山诗集》卷之一（《清代诗文集汇编》736，上海古籍出版社）。

登碣石

清晨登碣石，浓露犹滴林。枣实已纂纂，覆檐十亩阴。山顶天桥柱，古人遗足音。茫茫大禹迹,何人为追寻。平沙渺以远,沧海阻且深。滔滔不可挽,惜此牛蹄涔。一苇将何去,感叹发长吟。

注:录自《玉山诗集》卷之一(《清代诗文集汇编》736,上海古籍出版社)。

周干庭(1875—1957)

字树桢,山东安邱人。历任淄川县长、山东高等师范学校学监、山东省立女子师范校长、齐鲁大学国文系主任等职,新中国成立后,被聘为省政协特邀委员。

北戴河杂咏

西莲峰下起高楼,夏暑时光却似秋。浩瀚波涛千万顷,海风吹水过滩头。

开关荆榛已廿年,西人先至后华官。东西各有山环抱,地势南濒渤海湾。

蜂窝攒簇海滩前,席木成棚不一般。每到夕阳海浴去,人人各带小蒲团。

虬松鸟道几回环,袖拂白云欲上天。日夕遨游何处好,西莲山下有公园。

唱诗乞祷乐融融,仲夏登临眼界空。徐总统碑高立处,众松苍翠夕阳红。

注:录自《齐大心声》第 2 期 29 页《及时吟》。

月夜听潮

明月天际圆,屈指已十五。雨过剩残云,地净无纤土。因风怒涛生,声声冲耳鼓。始讶鼋鼍鸣,继疑鱼龙舞。顷刻夜潮退,礁石可历数。日前肆滂沱,而今晴如许。运行大能力,万物皆归主。灵性得涵濡,意念多感触。敬谢彼苍天,于我岂小补。

注:录自《齐大心声》第 2 期 29 页《及时吟》。

周学熙(1866—1947)

字缉之,别号止庵。安徽东至人。曾任直隶工艺总局督办、按察使。

民国后任财政总长、华新纺织公司总经理、中国实业银行总经理、实业总汇处理事长等职。先后创办启新洋灰公司、滦州煤矿公司、耀华玻璃公司、京师自来水公司等。著《止庵诗存》《东游日记》《西学要领》《文辞养正举隅》等。

题焯儿及孙男女重游北戴河诗册二首

回思卅载侍严亲(丁巳随侍先公避暑北戴河,寓太平石。时公年八十一,犹能骑驴游海。余今才七十九,竟衰颓不能远步。焯儿率诸孙往游,归以诗告,且慰且愧),矍铄驴鞍放海滨。今日烟波属儿辈,好诗还慰卧游人。

当年海宇尚清平(当时海外无事,而内地连年直奉直鲁战争不息,故先公诗有龙蛇起陆之句。今日欧战方酣,避暑游人绝迹。不知明年能否重游,殊劳梦想),遍地金戈已屡惊。准拟明年携旧侣,笔床茶灶一舟轻。

注:录自《止庵诗选》(《安徽东至周氏近代诗选》第二分册)下卷第108页。

周学渊(1878—1953)

原名学植,字立之,号息庵,晚年自号息翁,安徽东至人。曾随醇亲王出使德国,历任山东候补道,山东高等学堂、山东师范学堂监督、校长,山东调查局总办等。著有《晚红轩诗存》。

游莲峰观音寺

荒刹穷林再问津,眼中沧海几扬尘。丹楼碧阁须臾事,毕竟莲峰是主人。

注:外多误为周学熙作。录自《北戴河海滨志略》(管洛声编纂,1925年版)《艺文一》第117页。

秦皇岛古诗三首今注与书法欣赏

王红利　孙　勇　潘　磊　徐向君

（秦皇岛日报社；秦皇岛海阳镇中学；

秦皇岛市计量测试研究所；秦皇岛美音艺术培训学校）

山　海　关

（明）闵珪

幽冀东来第一关，襟澄沧海枕青山。
长城远岫分高下，明月寒潮共往还。
贡入梯航通异域，天开图画落尘寰。
老臣巡历瞻形胜，追想高皇创业艰。

【注释】

1. 闵珪：字朝瑛，号孺山，浙江乌程县织里镇晟舍人，祖籍山东济宁。闵珪于明朝天顺八年（1464）登甲申科进士，授御史，出京巡按河南。成化六年（1470）擢拔为江西副使，再改为广东按察使。后来又以右佥都御史巡抚江西、平定盗乱，升为广西按察使。明宪宗继位后，升为右副都御史，巡抚顺天。后升刑部右侍郎，进右都御史。弘治七年（1494）以功迁南京刑部尚书，不久召为左都御史。弘治十一年加太子少保，弘治十三年为刑部尚书，正德六年（1511）十月卒。卒赠太保，谥庄懿。

2. 幽冀：幽州和冀州的并称。幽州和冀州皆为古九州之一，不同典籍关于九州的具体所指不同。

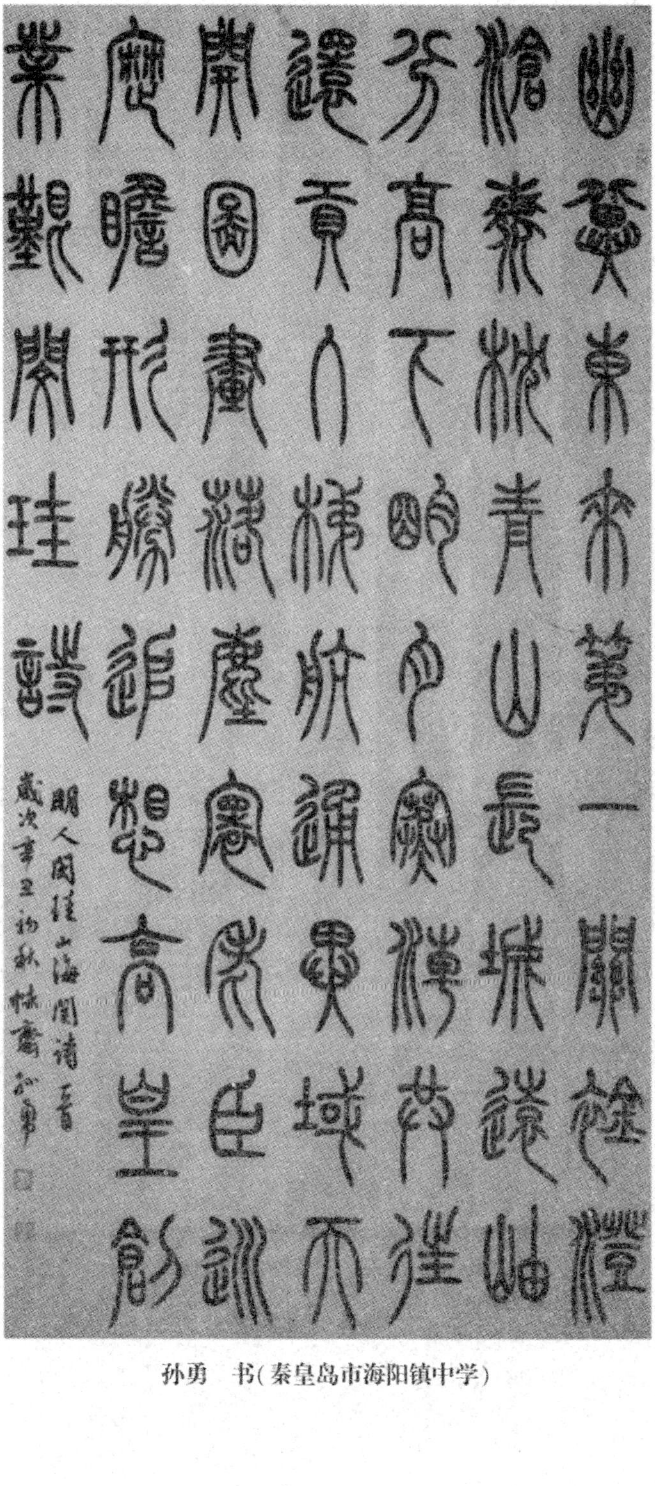

孙勇　书(秦皇岛市海阳镇中学)

3. 襟澄:胸襟沉静。

4. 远岫(xiù):远处的峰峦。

5. 寒潮:寒凉的潮水。

6. 往还:去和来。

7. 贡:献东西给上级,古代臣下或属国把物品进献给帝王。

8. 梯航:亦作“梯杭”。“梯山航海”的省语。比喻历经险阻的长途跋涉。

9. 异域:外国。

10. 天开图画:形容自然景色美好,如天生的画图。

11. 尘寰(huán):人世间。

12. 老臣:年老之臣的自称。这里是闵珪的自称。

13. 巡历:指巡行视察。

14. 形胜:山川壮阔优美。

15. 高皇:指明太祖朱元璋。朱元璋,明濠州(今安徽凤阳)人。幼曾为僧,后投郭子兴的红巾军反元,子兴卒,受诸将拥戴,称吴王。灭元后即帝位而为明太祖,年号洪武,建都应天,卒谥高皇帝。

【说明】

诗人首句点明山海关的形胜,依青山,襟沧海,所谓第一关是因为山海关在当时被视作明长城的东起点。长城在崇山峻岭之间迤逦远去,蜿蜒盘旋,高低错落。长空皓月与大海潮水一样循环往复,永无止休。藩属国到京城朝贡多经山海关,山海关地理位置十分重要,且交通发达,有“扬帆直指”“四海咸通”之誉,“天开图画”是说山海关的景色优美如同一幅天生的画图。尾联即所谓卒章显志,点明作诗的缘由,自己身为老臣巡历至此,目睹山海关之海天壮丽,山川形胜,不禁回想起明太祖朱元璋当初开创大明江山之艰难。

秦总镇邀饮界岭正观楼得才字

(明)刘景耀

城头碣石郁崔嵬,倚槛春风塞外来。
三辅河山时对酒,九边烽火共登台。
秦皇岛上仙云散,姜女祠前新月回。
莫道书生无侠骨,毛锥元负佩刀才。

城頭碣石鬱崔嵬倚檻春風塞
外來三輔河山時對酒九邊烽
火共登臺秦皇島上仙蹤散姜
女祠邊新月四莫道書生無俠
骨毛錐元負佩刀才
右錄明劉景耀秦總鎮邀飲界
嶺正觀樓得才字辛丑潘磊

潘磊　书(秦皇岛市计量测试研究所)

【注释】

1. 秦总镇:秦翼明,四川忠州(今重庆忠县)人,秦邦屏之子,明朝末年著名女将秦良玉之侄。崇祯三年(1630),后金皇太极率兵从蓟镇入关,永平四城失守,良玉与翼明奉诏勤王,出家财济饷。崇祯六年,参与收复永平四城,后秦翼明驻守京师。崇祯七年,流贼陷河南,秦翼明升任总兵官,督军赴讨,后因故被劾解官。崇祯十六年冬,朝廷有意起用秦翼明为四川总兵官,奈何因道路不通,命不达。

2. 刘景耀:号嵩曙,河南省河南府登封县(今河南省登封市)人,天启二年(1622)登进士。历任大城知县、兵部车驾司主事、郎中,升山东按察司佥事,备兵永平。适宦者高起潜监遵永军,威胁诸道臣如属吏,景耀抗礼长揖,旋上章争之,被降二级。崇祯十二年,担任佥都御史、山东巡抚。

3. 界岭:即界岭口,位于今秦皇岛抚宁。明朝洪武十四年(1381)正月,大将徐达率领燕山等卫屯军一万五千人修建永平界岭等三十二关。界岭口关是蓟镇最为重要的关隘,清顾祖禹《读史方舆纪要》称界岭口为蓟镇“三十三关,此为最要”。

4. 碣石:碣,特立之石也。并非指昌黎碣石山。

5. 崔嵬:高峻、高大的样子。

6. 倚槛(jiàn):犹倚栏。

7. 塞外:通称长城以外我国北边地区。

8. 三辅:汉代治理京畿地区的三个职官,即京兆尹、左冯翊、右扶风。后泛称京城附近地区为三辅。

9. 九边:本谓明代设在北方的九个边防重镇,后为边境的泛称。

10. 姜女祠:即姜女庙,又称“贞女祠”,为纪念孟姜女而修建,位于山海关东十三里的望夫石村北凤凰山上。建成于明万历二十二年(1594),清代重修。1956年,被公布为河北省第一批重点文物保护单位。

11. 侠骨:勇敢、仗义助人的气魄。

12. 毛锥:毛笔的别称。因其形如锥,束毛而成,故名。这里代指文人。

13. 元:本来;向来;原来。

14. 佩刀才:即武将之才。

【说明】

通过题目可以看出这是一首分韵赋诗之作，秦翼明作为总兵官邀请诗人到界岭口宴饮，当时在宴会之上有人提议分韵赋诗，诗人分得“才”字，即作诗须以“才”字为韵脚。诗人登上界岭口的正观楼，楼上有巨石高耸，诗人斜倚栏杆，举目远眺，感受到塞外吹来的春风拂面，甚是惬意。明代把长城沿线划分为九个防守区段，称为九边。每边设镇守(总兵官)，谓之九边重镇。“庚戌之变”后，蓟州镇战略地位凸显，一跃成为九边最重。界岭口属蓟镇，担负着拱卫京师的重要职责。饮宴之事并不多见，在烽火狼烟之际大家共聚界岭口，恐怕也不单是为了饮酒取乐，而是为了共商御敌大计。颈联宕开一笔，看似写景，秦皇岛上云起云散，姜女祠前月圆月缺，实则有时间流逝之叹，更深一重的意思则传递出在这种看似平静的景色背后其实隐藏着的正是前线将士的日夜守卫，浴血奋战。因此尾联作结说，不要看轻我等书生，虽然平素手中握着的是一管毛笔，但是同样胸怀报国之志，杀敌之心。全诗洋溢着诗人心头的那份自信与豪情。

游双泉寺

(清)辛大成

数年绝游迹，今复快登临。
一水清尘抱，层峦豁远心。
路穿高鸟外，杖入乱云深。
恨少惊人句，峰头恣啸吟。

【注释】

1. 辛大成：字展亭，号萝村，又号达夫，先世山东蓬莱人，仕于直隶，遂占籍卢龙，寄居抚宁台头营。性沉静，嗜读书。清朝乾隆三十一年(1766)进士，授四川冕宁县令，施政有方。四十七年拟升会理州知州，因丁母忧，回籍守制。大成性情恬淡，喜爱出游，平生所历山水皆有题咏。

2. 双泉寺：初名隐泉庵，明崇祯初始建于秦皇岛抚宁天台山之巅，后移址于东麓，因寺内有泉，故得名。

3. 游迹：犹游踪。

4. 登临：登高望远。

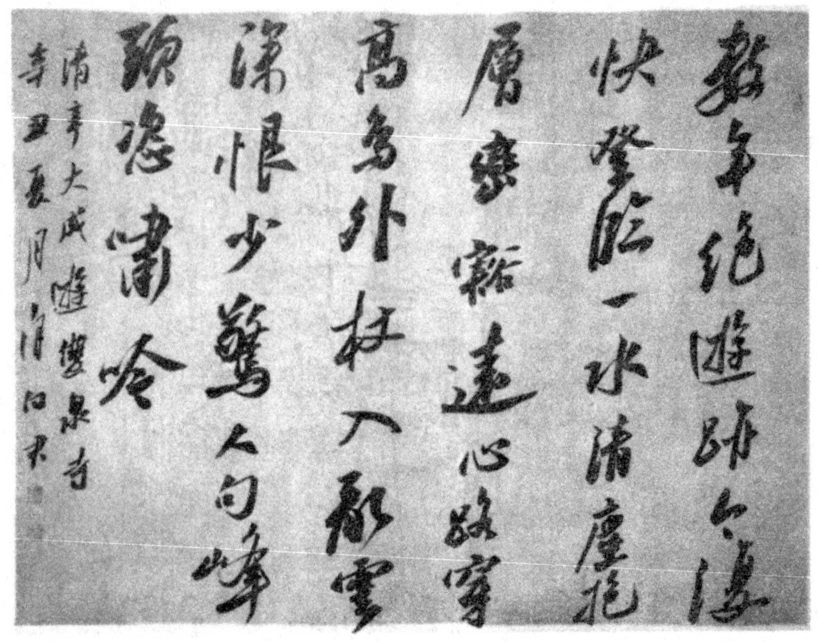

徐向君　书(秦皇岛美音艺术培训学校)

5. 尘抱:即尘襟,世俗的胸襟。

6. 层峦:重叠的山岭。

7. 远心:离散之心。

8. 惊人句:令人吃惊的佳句。杜甫《江上值水如海势聊短述》:“为人性僻耽佳句,语不惊人死不休。”

9. 恣(zì):放纵,无拘束。

10. 啸吟:犹啸歌,即长啸歌吟。

【说明】

诗人首联说自己已经好几年没有出游过了,这次游览双泉寺十分快意。颔联说双泉寺的风景宜人,可以豁人眼眸,一洗尘心。颈联说山势高耸,山路崎岖,自己拄杖行走山林,但见林壑幽深,高云舒卷。尾联是诗人感叹自己虽然很少有惊人的佳句,但面对双泉寺这样的美景还是忍不住想要长啸歌吟一番,当然,这只是诗人一种自谦的说法。

近代档案整理与研究

民国时期京津冀地区工业的发展与衰落

——以耀华玻璃公司为例

彭　博

（吉林大学　马克思主义学院）

历史上，京、津、冀绝大部分时间是作为一个整体而存在的。[①] 该地区的近代工业兴起于晚清，到民国时期，得到了快速的发展，但在发展的同时也存在许多问题。学界关于民国时期京津冀地区工业的探讨，多聚焦于北京、天津及河北各地区各自的工业发展，将京、津、冀作为一个整体，研究整个区域工业发展的论著较少。[②] 本文将在前人研究成果的基础上，对民国时期京津冀整个区域的工业发展与衰落的状况进行梳理，并以耀华玻璃公司为案例，深入、具体地探讨民国时期京津冀地区工业发展的实质。

---

① 从地缘来讲，今天北京的郊区县、天津、河北同属于清代直隶省的辖区。北洋政府时期，北京属于京兆地方，天津和河北属于直隶省。到了南京政府时期，又将北京、天津、河北合并，统称为河北省。从文化来讲，京津冀大部分地区都受海河哺育，具有共同的文化根源，向上可以追溯到先秦时期的燕赵文化，发展到元、明、清时期演变成稳固的京畿文化。由此可见，京津冀地区自古以来就是地域一体、文化一脉的一个整体，不可分割。

② 研究民国时期北京、天津及河北各地区工业发展的较具代表性的研究成果有：李淑兰《北京近代工业的产生和发展》（《北京师范学院学报》1991 年第 3 期）、果鸿孝《清末民初北京的工商业》（《北京社会科学》1993 年第 2 期）、宋美云《北洋时期官僚私人投资与天津近代工业》（《历史研究》1989 年第 2 期）、陈静《近代工业在天津的兴起和工业城市地位的形成》（《天津经济》2013 年第 7 期）、王士立《唐山近代工业的兴起和发展》（《唐山学院学报》2019 年第 4 期）等等。

一、民国时期京津冀地区工业发展的概况

从民国建立到20世纪30年代初期,是京津冀地区工业发展环境相对稳定的时期,出现了多次工业发展的高潮,不同的工业部门都取得了相应的发展。

(一)民国时期京津冀地区工业发展的概况

民国时期京津冀地区工业发展以1927年南京国民政府成立为标志,划分为两个时期,即1921—1927年为一个时期,1927年后为一个时期。该地区近代工业的发展在前后两个时期具有不同的特点。

1. 1912—1927年京津冀地区大型工业企业纷纷建立

1912—1927年是北洋政府统治时期,京津冀地区的工业取得了长足发展。这时期,军阀、政客以及商人纷纷投资工矿企业,所涉行业包括纺织业、面粉业、火柴业、化学工业、精盐和食品工业、制革业、玻璃、电力、水泥、机器工业、造纸印刷、陶瓷业、矿业等。[①] 北洋政府时期京津冀地区历年所设工矿企业的行业分布见表一。

表一　　京津冀地区历年所设工矿企业的行业分布(1912—1927)

行业	企业家数		资本额	
	实数(家)	百分比(%)	实数(万元)	百分比(%)
纺织业	13	7.74	2598.5	33.76
染织业	10	5.95	63	0.81
呢绒与其他纺织业	7	4.17	515.5	6.70
面粉业	20	11.90	544	7.07
火柴业	5	2.98	142	1.84
造纸业	4	2.38	86	1.12
卷烟业	1	0.59	5	0.06

① 根据刘国良的《中国工业史(近代卷)》对近代中国工业资本的划分,军政官吏、地主仕绅及买办的工业投资与一般工商业者的工业投资一样,同属于私人工业资本,都是"名义上的商办"的投资活动,加入了近代经济结构的形成过程。

续表

行业	企业家数		资本额	
	实数(家)	百分比(%)	实数(万元)	百分比(%)
机器工业	4	2.38	35	0.45
制革业	10	5.95	183	2.38
水泥玻璃	8	4.76	166.5	2.16
化学工业	13	7.74	157	2.04
水电业	18	10.71	152.9	1.99
建筑业	3	1.79	83	1.08
木器与其他杂项工业	5	2.98	24	0.31
采煤业	25	14.88	2250.5	29.24
其他矿业	8	4.76	513	6.66
航运业	5	2.98	59	0.77
合计	159	100	7577.9	100

资料来源:根据杜恂诚所编的《民族资本主义与旧中国政府》和中国第二历史档案馆编的《中华民国史档案资料汇编》数据整理而得。

由上表可以看出,1912—1927 年京津冀地区新设的注册资本在 1 万元以上的工矿企业共 159 家,总注册资本额为 7577.9 万元。同时期全国创办的资本额在 1 万元以上的工矿企业约 1984 家,创办资本总额约为 45895.5 万元。京津冀地区的企业数与资本额分别占同期全国的 8.01%和 16.51%。具体而言,北洋政府时期京津冀地区设立的工业企业主要集中于纺织(包括染织、呢绒及其他纺织业)、煤矿、面粉、水电、化学这五大行业。从总资本额来看,纺织业和煤矿业占了一半以上。这时期京津冀地区注册资本达百万元以上的大型企业有斋堂煤矿(900 万)、龙烟铁矿(500 万)、华新纺织公司(津厂和唐厂共 420 万)、宝成第三纺织公司(300 万)、裕大纺织公司(300 万)、怡利矿务股份有限公司(300 万)、直隶华昌织呢厂(300 万)、大建煤矿公司(250 万)、大兴纺织公司(210 万)、华业产业有限公司(182 万)、耀华玻璃厂(120 万)、丹华火柴公司(110 万)、裕丰制革厂(100 万)等;注册资本在几十万至 100 万元之间的中型企业有民丰面粉公司(60 万)、庆丰面粉公司(60 万)、嘉瑞面粉公司

(50万)、大丰机器面粉厂(50万)、裕和面粉厂(50万)、中华化学制品厂(50万)、三星面粉公司(40万)、永利制碱公司(40万)等[①]。无论是从总注册资本额还是大中型企业集中的工业部门来看,这时期京津冀地区形成了以轻工业和煤矿业为主的工业生产格局。

值得注意的是,上述这些大型企业大部分是由周学熙、龚仙舟及倪幼丹等军政官吏投建的,企业集中分布于北京、天津和以唐山及秦皇岛为主的冀东地区。这些企业间关系错综复杂,一个资本家往往在几个工厂都有投资。[②] 由于这些企业中股东们关系密切,因此这些企业间的资金往来及产品输送也较为频繁。如此便加强了京津冀各地区间的工业联系,将京津冀连成一个整体,带动了整个京津冀地区共同发展。

2. 1927年后京津冀地区中小型工业企业发展迅速

如果说京津冀地区的工业在1912—1927年期间是由官僚资本所主导,那么1927年后便是由私人资本所主导。总体来看,主要表现在万元以下的中小型企业发展较快,工厂数明显增加。资料所限,本文仅以1929年和1933年两年的数据予以简单说明。据统计,1929年河北省近代工业共有45个行业,工厂总数为55235家,工人总数为395627人,资本总额为18632068元。[③] 京津冀地区近代工业发展的一个特点就是数量较少的大型企业占据了大部分的工业资本。从上述统计数字也可以看出,1929年河北省每个工厂平均注册资本额为337.32元,足见这时期京津冀地区中小型企业发展较快。据《中国工业调查报告》统计,1933年全国16个主要工业行业的工厂总数为2435家(不包含矿业、航运业),资本总额达406872634元,京津冀地区的工厂总数为206家,资本总额为63647128元,分别约占全国的8%和16%。[④] 20世纪30年代初京津冀地区近代工业发展能够排在全国前列,属于经济较发达地区。

---

① 杜恂诚:《民族资本主义与旧中国政府(1840—1937)》,上海社会科学院出版社1991年版,第251—487页。

② 据《中国近代工业史资料》(第一辑)记载,华新纺织厂、裕元纺织厂、裕大纺织厂、启新洋灰公司、寿丰面粉公司、耀华玻璃厂、丹华火柴厂、石景山炼钢厂等企业中的大股东基本为周学熙、王克敏、龚仙舟、陆宗舆、倪幼丹、袁心武、卢开瑗等人。

③ 数据来自河北省实业厅视察处编:《河北省工商统计》(1929年度),德泰中外印字馆1931年版,第3—22页。

④ 李文海主编:《民国时期社会调查丛编》(二编)《近代工业卷》(上),福建教育出版社2014年版,第159—188页。

具体而言,这一时期纺织业、化学工业、矿业、面粉业等部门都取得了一定的发展。纺织业的发展主要表现在中小型纺织工厂总数的增加,1929 年河北省共有中小型纺织工厂 33001 家,占当年全省工厂总数的 59.9%。[①] 这一时期建立的较具代表性的纺织企业有仁立毛纺公司、东亚毛呢纺织公司、达生制线厂等。另外,此前建立的纺织公司也取得了进一步的发展,如华新纺织公司 1929—1932 年年均盈利在 30 万元以上[②]、大兴纱厂 1929 年资产增值达 110%[③]。化学工业主要有火柴、制碱、玻璃、制革等 10 余个行业。据不完全统计,1929 年省内化学工业共有 1560 家工厂[④],多为中小型企业。其中发展较好的大型企业——耀华玻璃公司,在 20 世纪 30 年代初期年均盈利可达 50 万元以上,1931 年年盈利最高,达到 80.24 万元。[⑤] 1928—1931 年是河北矿业的发展时期,这期间全省新注册 32 家矿,其中煤矿 26 家,磁土矿 3 家,银矿 1 家,石英矿 1 家,重水晶矿 1 家。[⑥] 面粉业发展缓慢,但也有所发展。据统计,1933 年河北省面粉业的资本总额为 3290660 元,占全国资本总额的 12.58%;产品总值为 19819953 元,占全国总值的 11.79%。(统计地区包括天津、获鹿、邢台、清苑、唐山、邯郸、正定、宁晋、张家口)[⑦]

(二)民国时期京津冀地区工业发展的主要原因

民国前中期京津冀地区的工业得到快速的发展,主要得益于这时期较好的工业发展环境。国家与地方对发展工业的鼓励及军阀、政客等大量地投资工业使得这时期京津冀地区的工业企业林立,一战及 1929 年的经济危机客观上又为其发展营造了相对稳定的外部环境。

1. 国家与地方对发展工业的鼓励

1912 年中华民国成立,"在资产阶级共和国的旗号下,中国资产阶级

---

① 苑书义等编:《河北经济史》第四卷,人民出版社 2003 年版,第 246 页。

② 苑书义等编:《河北经济史》第四卷,第 248 页。

③ 李静:《大兴纱厂绪论》,河北大学 2005 年硕士学位论文。

④ 数据来自河北省实业厅视察处编:《河北省工商统计》(1929 年度),1931 年 5 月出版。

⑤ 耀华玻璃厂志编撰委员会:《耀华玻璃厂志》,中国建筑材料出版社 1992 年版,第 153 页。

⑥ 苑书义等编:《河北经济史》第四卷,第 268 页。

⑦ 中国第二历史档案馆:《中华民国史档案资料汇编》第五辑第一编《财政经济(五)》,江苏古籍出版社 1994 年版,第 243—244 页。

的政策需求获得了合理的依据和实现的可能”[①]。无论是北洋政府颁布的《暂行工艺品奖励章程》《公司条例》《商人通例》《公司保息条例》等，还是南京国民政府修订的《工业奖励法》《工厂法》《公司法》等，都激发了民族资产阶级兴办企业的积极性，对全国工业的发展起到了巨大的推动作用。直隶地方政府积极响应国家制定的系列经济政策，给予境内工业企业免税权、专利权、保息贷款等政策优惠，创办《实业杂志》《直隶实业公报》等十余种报刊鼓励本地工业发展，建立专门学校培养工业人才等等。

晚清京津冀地区工业的初步发展带来的铁路的修建与城市化的演进、天津和秦皇岛两港通商等为民国时期京津冀地区工业的快速发展奠定了良好的基础。民国建立后国家与地方为鼓励工业发展所施行的政策及措施更是为京津冀地区工业的发展提供了一个良好的环境，促进京津冀地区工业快速地发展。

2. 军阀、政客的投资

军政官吏和在野豪绅的工业投资是民初京津冀地区有别于全国其他地区的工业发展动因。北京、天津是军政官吏及在野豪绅的聚居地，他们聚敛钱财投向利润颇高的工商业。可以说，在纺织、面粉、火柴、化工、采矿等行业中的大型企业，几乎都有他们直接或间接地投资。尤其是在纺织业方面，这些资本具有压倒性优势。1922年，天津共有6个华商纺织公司，其中由这些政客豪绅出资创办的就占4个。[②] 政客豪绅投资工业企业，为这些企业在纳税、专利等方面带来很多特权。1919—1923年是京津冀地区近代工业发展的第二个高潮期，此时正值军阀混战时期，京津冀地区工业发展不衰反盛，可见政客豪绅的投资对境内工业企业来说具有非常大的保护作用。

民初京津冀地区大型工业企业基本是由周学熙、龚仙舟和倪幼丹等为首的资本家投建的，他们都在北洋政府内手握实权。政治上的相关性及对利益追求的一致性，造成了这些工业企业间错综复杂的关系。他们在彼此的企业中都有投资，且出任董事。以这些资本家为纽带将他们投

---

① 吴承明、江泰新：《中国企业史(近代卷)》，企业管理出版社2003年版，第371页。

② 据《中国近代工业史资料第一辑》记载，这4个纺织公司分别为安福派投资的裕元纺织厂，以直隶派曹锟为代表的恒源纺织厂，以王克祥、屠振鹏、吴鼎昌为大股东的裕大纺织厂和周学熙、杨味云派的华新纺织厂。

资的工业企业串联成一个庞大的利益相关体，通过企业间援助互建等方式，加强了京津冀各地区间的工业联系，进而带动了围绕天津为中心的整个京津冀地区的共同发展。

3. 一战为民族工业的发展提供契机

一战是公认的民族工业发展的“黄金时期”。一战期间，国内洋货输入量大量减少，国货出口量骤增，中国民族工业的发展有了一个相对宽松的外部环境。此时京津冀地区近代工业发展的形势与全国基本保持一致。京津冀地区历年所设工矿企业数见表二。

表二　**京津冀地区历年所设工矿企业数（1912—1927）**

年份	1912	1913	1914	1915	1916	1917	1918	1919
企业数	8	4	12	9	7	9	9	13
年份	1920	1921	1922	1923	1924	1925	1926	1927
企业数	14	19	16	13	10	9	10	6

资料来源：根据杜恂诚所编的《民族资本主义与旧中国政府》和中国第二历史档案馆所编的《中华民国史档案资料汇编》数据整理而得。

由上表可以看出，京津冀地区第一次工业发展高潮出现在1914年，即一战开始的第一年。第二次工业发展高潮出现在战后，1919—1923年。战后出现高潮的原因之一是部分工厂从国外订购的机器设备，因战争无法外运，只能等战后运回国内，投入使用，开工生产。

4. 1929年世界经济危机为民族工业的发展带来短暂空隙

1929年资本主义世界爆发严重的经济危机，几乎席卷全球。由于南京国民政府实行银本位制的货币制度，故在危机爆发初期中国并未受到波及。由世界经济危机导致的外货滞销，为民族工业的发展带来了一个短暂的空隙。如前所述，1929—1930年是京津冀地区工业发展较快的时期，尤以纺织业和化学工业为主的轻工业发展最为迅速，短期内新设诸多工厂，且都盈利颇丰。这时期京津冀地区工业发展稳居全国前列，属经济较发达地区。

二、民国时期京津冀地区工业衰落的概况

民国前中期京津冀地区的工业快速发展,但看似繁荣的表面并不能掩盖京津冀地区工业扭曲发展的现实。到了20世纪30年代中期发展则极其缓慢,几近停滞。

(一)民国时期京津冀地区工业衰落的概况

民国时期京津冀地区的工业,初期属于自由发展阶段,存在盲目性。前期工业发展缺乏合理的规划,导致后期无法持续发展,在种种因素作用下,逐渐走向衰落。

1. 前期工业畸形发展为后期的衰落埋下伏笔

1912—1927年是京津冀地区工业发展较繁荣的时期,但这时期京津冀地区工业资本额分配不均匀,行业分布畸形。1912年到1927年京津冀地区工矿企业资本额分布情况见表三。

表三　京津冀地区历年所设工矿企业的资本额分布(1912—1927)

资本额大小(万元)	家数		资本额	
	实数	百分比(%)	实数(万元)	百分比(%)
1—4.9	28	18.67	50.9	0.66
5—9.9	26	17.33	164.2	2.13
10—49.9	61	40.67	1093.8	14.21
50—99.9	13	8.67	775	10.07
100以上	22	14.66	5614	72.93
总计	150		7697.9	

资料来源:根据杜恂诚所编的《民族资本主义与旧中国政府》和中国第二历史档案馆编的《中华民国史档案资料汇编》数据整理而得。

从上表可以看出,1912—1927年京津冀地区新设的工矿企业中将近85%为中小型企业,但资本占有额仅为27.07%,大型企业虽少,但掌握了大部分工业资本。大中小企业资本配额极其不合理。这也是京津冀地区近代工业发展的特点之一。后期这些中小企业纷纷破产,大企业也难以

维持，京津冀地区近代工业体系面临崩溃。

前文提及，1912 年到 1927 年间，京津冀地区出现了两次工业发展的高潮，但资本家盲目投资，导致京津冀地区轻重工业发展不均衡，工业生产重心一边倒向轻工业，而轻工业中又以纺织业最为集中。京津冀地区纺织业的龙头企业，华新纱厂、宝成第三纱厂、裕元纱厂、裕大纱厂等先后成立于两次工业发展的高潮时期。但好景不长，这些纱厂不久便因经营不善，纷纷向外资借款，最后甚至被收购。其中裕大纱厂于 1925 年被日本东洋拓殖机构接受经营；唐山华新纱厂于 1936 年被日厂接收；宝成第三纱厂因厂主无力清偿债务，被东拓及伊藤合组的天津纺织公司买去；裕元纱厂和天津华新纱厂因积欠债款几百万元，被拍卖与日本钟渊纺织会社，分别改成公大六厂和公大七厂。[①]

除纺织业外，这时期工业投资较集中的还有煤矿业，情况也不容乐观。京津冀地区最大的铁矿——龙烟铁矿就是一个典型的失败案例。龙烟铁矿成立于 1919 年，该公司系官督商办，官股由农商部和交通部出资，商股多为徐绪直（徐世昌之子）、梁士诒、陆宗舆、靳云鹏等 30 多个军阀、政客投资。因此，该公司具有免纳各种捐税等特权。但该矿矿石还在试炼阶段便遭逢铁价暴跌，旋即停产，各种原因导致该矿直到 1937 年都没有正常生产。后被南京国民政府收归国有，七七事变后被日本霸占。

2. 民国中后期京津冀地区工业逐渐走向衰落

南京政府建立初期，京津冀地区近代工业虽然取得了一定的发展，但发展速度较缓慢，且无论是从新设企业数量还是工业发展规模来看都不如北洋政府时期。总体来看，从 20 世纪 30 年代开始，京津冀地区的工业发展出现了明显的衰退。主要表现是新设的企业很少，之前建立的企业经营困难，纷纷面临减产、改组、破产的情况。以天津为例，1929 年天津市企业数为 2191 家，资本总额为 3173.3 万元，工人 47724 名，到 1933 年分别减少为 1233 家、3005.3 万元、39260 名。[②] 这些减少的企业绝大部分为上文提及的中小企业。1936 年全国登记工厂数为 2441 家，其中新设厂 193 家，河北省仅占 2 家，排名和山西相同，为倒数第 2 名，而山东则达 40 家，上海为 36 家，浙江为 26 家。抗日战争时期，京津冀地区的工业更

① 严中平：《中国近代经济史统计资料选辑》，中国高等教育出版社 2012 年版，第 96—97 页。

② 罗澍伟：《近代天津城市史》，中国社会科学出版社 1993 年版，第 505 页。

是遭受了毁灭性的打击。据统计,1933年天津和北京境内的工厂分别为1224家和1171家,占全国的13%和12%,仅次于上海(36%),在全国排名第2、第3。但到1947年,两地的工厂数分别下降为1211家和272家,占全国的9%和2%,排名第2和倒数第2。① 从数据可以看出,北京的工业衰落尤为明显,工厂数缩减了近77%,占全国比例下降8%,排名也从前3名滑至倒数第2。虽然天津的工厂缩减幅度较小,但依然处于衰退的状态。

就具体行业而言,南京政府成立初期征收麦粉特税,再加上这时期洋粉大量倾销,京津冀地区面粉业发展尤为困难。"民国十七年度之天津面粉业可谓衰极,全年六家面粉公司所出产量不过三百二十八万四千六百四十八袋,以与十六年比较不及其三分之一,除一两家外,余均岌岌可危,几有不能维持之势"②。20世纪30年代初火柴业发展也开始出现明显的衰退。据统计,河北省火柴业产销量,1931年产46822箱,销34317箱;1932年产97182.416箱,销113761箱;1933年上半年产46849箱,销23810.286箱。1933年开始出现明显的滞销,生产过剩将近50%。③

抗战爆发后,京津冀地区一些重大工矿企业,如前文提到的久大精盐厂、井陉煤矿、龙烟铁矿等,都处于日本侵略者建立的兴中公司直接或间接控制下。1939年日本北支那开发株式会社将兴中公司所控企业全部接收,统一实行所谓的"工业开发计划",其实质就是为其侵华战争提供能源资源和经济支持,达到以战养战的目的。除被北支那开发株式会社控制的企业外,京津冀地区其他工业企业几乎都在日本的军管统治下经营,日本侵略者垄断原料,导致工厂生产极其困难,且高额的利润盘剥无异于釜底抽薪,将京津冀地区的民族工业企业逼入绝境。1941年后日本虽将极少数企业发还民营,但仍采用各种方法对其控制,这些企业依然无法得到发展。④

抗战结束后,国民党对京津冀地区的敌伪工矿企业进行全面接收。接收后的工矿企业绝大部分变成国民党中央政府的官办企业。但战后国

① 严中平:《中国近代经济史统计资料选辑》,中国高等教育出版社2012年版,第79页。

② 《十七年度天津面粉业概况》,《银行月刊》1928年第12期。

③ 苑书义等编:《河北经济史》第四卷,人民出版社2003年版,第258页。

④ 据《河北经济史》记载,到1941年底,全河北省仅有11家工厂被发还,它们是石门市的聚丰面粉公司、石门新记电灯公司、大兴纺织厂、邯郸的怡丰面粉公司、磁县的中国棉业公司(磁县操棉厂)、正定操棉工厂、顺德同仁面粉工厂、保定电灯公司、晋县电灯厂、丰润操棉工厂、高阳操棉公司。

统区很快发生严重的财政危机，这些被接收的工矿企业再难得到发展。至新中国成立前，京津冀地区工业并未得到恢复，几乎处于瘫痪状态。

（二）民国时期京津冀地区工业衰落的主要原因

民国时期京津冀地区的工业逐渐走向衰落的原因，包括内外两个方面。前期不合理的工业生产格局导致该地区的工业发展缺乏后续动力，国家垄断资本的扩张极大地挤压了中小工业企业的生存空间，外资的渗透及日本的侵略更是对这一时期京津冀地区的工业发展带来致命的打击。

1. 前期未形成合理的工业生产格局

一战期间列强们虽然放松了对中国的经济侵略，但并没有放弃。尤其是未受战争波及的日本更是加紧了对中国市场的抢占，这时期日货在京津冀地区大量倾销，直接制约和影响该地区民族工业的发展。此外，一战期间民族资本家盲目投资，资本争相涌入同一地区的同一行业。1915—1922 年就有 6 家棉纺织企业同时落户天津，相互之间竞争激烈。在这个民族工业发展的“黄金时期”，京津冀地区并未形成合理的工业生产格局。这些都为京津冀地区近代工业扭曲发展埋下伏笔。

2. 国家垄断资本的扩张

政权更迭，南京国民政府取代北洋政府统一全国，政治中心从北京转至南京，国家投资重点是长江流域各省和西部各地区。同时，南京政府看似扶持工业发展的政策也在执行的过程中因种种原因流产了，并没有给予近代工业发展实质性的帮助。另外，南京政府声言发展国家资本主义，节制私人资本。1931 年成立全国经济委员会，1935 年发起“国民经济建设运动”，声言一切人、财、物力都要在中央政府整个国策与全盘计划之下，严密地统制起来。国家垄断资本的扩张改变了该地区大型企业和中小型企业的比例。前文提及，1927 年后京津冀地区建立的多为中小型工业企业。但这些中小型工业企业风险承受能力较弱，到 20 世纪 30 年代中期纷纷破产，导致京津冀地区工业体系濒临崩溃。

抗战前国民政府还只是对全国重工业实行垄断政策，抗战胜利后将纺织行业也划归经济部接收。然而，这些收归的企业名义上由国家资本经营，实际上却成为“蒋、宋、孔、陈”四大家族的私有物，变成了官僚资本。以天津的纺织业为例，1947 年天津市共有纱锭 390589 枚，布机

8840台,其中中纺公司[①]的纱锭为332872枚,布机为8640台,分别占总量的85.2%和97.7%,几乎垄断了天津纺织业的发展。[②] 且中纺公司的实际大权是操纵在宋子文的手中,由垄断带来的巨额利润大部分都收归宋子文囊中。国家资本转变为官僚资本,对京津冀地区民族工业的发展无疑是雪上加霜。

3. 外资对华的经济渗透

1929年爆发世界经济危机,到1931年对中国资本主义工商业的影响才逐渐显露出来,主要表现为外资对华投资的增加。就天津而言,到1936年,外商在天津的投资总额已经超过1亿美元。其中尤以日资为甚,这时期日本一年在天津纺织业的投资额达585万日元,在普通工业的投资额达470万日元。[③] 外资对京津冀地区的经济渗透严重影响了该地区民族工业的发展,并为日本后来侵占掠夺京津冀地区的工业企业埋下伏笔。

4. "华北事变"后日本的经济侵占与掠夺

九一八事变后,京津冀地区的商品输往东北三省的路径被阻断,失去这个大市场,对该地区部分工业企业的发展是一个沉重的打击。1933年《塘沽协定》签订后,日本即开始对华北地区进行大规模的经济调查,制定《华北经济调查计划》,旨在掠夺华北资源,打造"日满华北经济势力圈"[④]。1935年12月,兴中公司成立,它是日本控制华北经济的重要实体。此后,京津冀境内绝大部分民族工业均遭到日本侵略者的蚕食侵占。到1936年,日本已控制天津棉纺织业"北洋六厂"中的四家,拥有的纺锭和布机数,分别占天津全市的71.7%和76.3%。[⑤] 至1938年,京津冀地区一些重要企业,如井陉煤矿、正丰煤矿、龙烟铁矿、保定兵工厂、久大精盐厂、耀华玻璃公司等,均在日本的直接或间接控制之下。日本侵略者的经济渗透与掠夺,对京津冀地区近代工业的发展造成了毁灭性的打击。

---

① 中纺公司全称为中国纺织建设公司,是1945年国民党接收日本人在华的纺织企业建立的,在天津分公司下辖七个厂。

② 严中平:《中国近代经济史统计资料选辑》,中国高等教育出版社2012年版,第112页。

③ 李文海:《民国时期社会调查丛编》(二编)《近代工业卷》(中),第14页。

④ [日]浅田乔二等著,袁愈佺译:《日本在中国沦陷区的经济掠夺1937—1945》,复旦大学出版社1997年版,第99页。

⑤ 王桧林:《中国现代史》,高等教育出版社2015年版,第245页。

三、民国时期京津冀地区工业发展实质的全面评析

有所发展但未能充分发展是对民国时期京津冀地区工业发展的本质概括，也是对民国时期中国工业发展的本质概括。民国时期京津冀地区工业的发展与衰落具有自身特性的同时，也具有时代的共性。

1. 民国时期京津冀地区工业有所发展但未能充分发展

民国时期京津冀地区形成了以轻工业和煤矿业为主的工业生产格局，建立了工业的低级体系雏形。相较于晚清，民国时期京津冀地区工业发展更具有资本主义色彩。但在内外因素的压迫下，工业发展呈现畸形态势，且无法持续稳定发展。有所发展但未能充分发展，这是对民国时期京津冀地区工业发展的本质概括。

"要肯定近代中国资本主义不能充分发展，首先应该肯定它有所发展"[①]。总体而言，民国时期京津冀地区，主要经济指标仅次于上海、江苏等地，在国内属于经济比较发达的地区。京津冀地区近代工业发展的一个重要表现是工业资本的迅速积累。以周学熙集团经营的一系列工矿企业为例，包括启新洋灰公司、华新纺织公司、耀华玻璃公司等，周学熙集团一共创办或参加投资的工矿企业共计 15 个单位，资本达 1600 万元。其创办的系列工矿企业资本积累虽然迅速，但同时也应该看到，周学熙本人是一个官僚，他在北洋军阀统治时期做过袁世凯政府的财政部部长。他的资本，有很大一部分是出自"宦囊"。民国初期京津冀地区资本主义工业发展的主体是政客和士绅，除周学熙外，王郅隆、王占元、陆宗舆、段祺瑞、曹锟等 18 名军阀、政客在京津冀地区的华新纺织公司、耀华玻璃公司等 16 家大型企业中均有大量投资。[②] 这些军阀、政客当政时为其所创办的企业保驾护航，在一段时间内保证了京津冀地区工业的繁荣发展。但在北洋政府垮台后，这些官僚资本家失去靠山，他们所投资的企业也随之陷入困境。对官僚资本的过度依赖导致京津冀地区近代工业的发展具有"非理性、不稳定因素"[③]，无法长期持续发展。

---

① 汪敬虞：《中国近代经济史 1895—1927》，人民出版社 2000 年版，第 75 页。

② 魏明：《论北洋军阀官僚的私人资本主义经济活动》，《近代史研究》1985 年 2 期。

③ 彤新春：《华北近代买办企业与政府的两难互动——以周学熙企业集团为视角的历史考察》，《中共宁波市委党校学报》2005 年第 5 期。

京津冀地区近代工业发展的另一个重要衡量指标是机器动力机的数量。1929年《工厂法》颁布,规定"凡用机器发动力之机器工厂"才能认定为"工厂"。据统计,1933年京津冀地区符合《工厂法》规定的工厂共206家(不包含矿业、航运业),动力机设备共290台,总马力为49413.83,基罗瓦特为31668.88。同时期全国2435家工厂,动力机设备共2972台,总马力226085.45,基罗瓦特105831.47。[①] 京津冀地区的动力机设备、马力、基罗瓦特分别占全国的9.76%、21.86%、29.92%。从数据可以看出,民国时期京津冀地区工业发展的动力机设备较好,处于全国前列。工厂生产设备与工厂效益成正比,这也从侧面证明了民国时期京津冀地区近代工业发展一度呈现的良好势头。然而总体发展形势大好,但各行业间的差异较大,发展程度参差不齐。单从京津冀地区各行业动力机设备的数量分布来看,家具制造业3台、机械及金属制造业11台、交通用具制造业65台、土石制造业25台、水电业14台、化学工业20台、纺织工业77台、皮革及橡胶制造业1台、饮食品制造业48台、造纸印刷业26台。动力机基本集中在纺织工业、交通用具制造业、饮食品制造业这三大行业中。行业之间发展不平衡,且偏重轻工业部门,导致民国时期京津冀地区近代工业结构不合理,根基薄弱,发展畸形。

2. 民国时期京津冀地区工业发展和衰落具有时代共性

京津冀地区的近代工业,不同于西方资本主义国家通过产业革命实现工业近代化,而是通过引进国外机器设备和生产技术,在官方主导下发展起来的。相比于中国传统封建经济生产关系,京津冀地区近代工业的发展代表了一种新的生产关系的出现,但在内外因素的作用下,不发展也是历史的必然。京津冀地区近代工业发展和不发展既具有区域特点,同时又具有时代共性。"上海的工业资本额占全国的40%,是近代中国最大的工业中心"[②],但到新中国成立前也并没有建立起完整、合理的工业产业结构;武汉依靠制造业成为长江流域的工业重镇,但在近代中国复杂的军事政治斗争以及多变的经济格局等因素的影响下,工业发展的道路也充满了坎坷,"1949年武汉解放前夕,全市工业固定资产仅有7000万元"[③];抗战时期工厂内迁,西南地区近代工业得到快速发展,"这一时期

① 李文海:《民国时期社会调查丛编》(二编)《近代工业卷》(上),第217—273页。

② 邱国盛:《20世纪北京、上海发展比较》,四川大学2003年博士学位论文。

③ 程利、李卫东:《武汉近代制造业盛衰的历史原因和现实启示》,《历史教学》2011年第20期。

重庆成为中国最为重要、最为集中,大后方唯一门类齐全的综合型工业区"[①],然而抗战结束后,重庆的近代工业快速地由盛转衰,面临崩溃。京津冀地区近代工业的发展状况是近代中国工业发展的缩影,有所发展但未能充分发展,中国工业近代化的发展道路步履维艰。

四、民国时期京津冀地区工业发展与衰落的案例分析
——以耀华玻璃公司为例

20世纪初期是京津冀地区近代工业发展的高潮时期,涌现出了一批如龙烟铁矿公司、华新纺织公司、裕大纺织公司、保定乾义面粉公司、丹华火柴公司等先进的工业股份制企业。在创办工业企业浪潮的影响下,耀华机器制造玻璃股份有限公司(以下简称"耀华玻璃公司")于1921年筹建,初期注册资本120万元,很快便增资扩股,注册资本变为250万元,在民国时期京津冀地区属大型工业企业。民国初年京津冀地区轻工业已取代重工业成为该地区的主导工业产业,尤其是以生产日用消费品为主的轻工业企业,在此后数十年取得了较快速的发展。耀华玻璃公司主营日用玻璃生产制造业务,很快便发展成为近代中国玻璃行业的龙头企业。可以说,耀华玻璃公司是顺应京津冀地区轻工业发展的潮流而建立的,与该地区工业发展趋势相契合。

前文提及,军阀、政客乃至国民党政府及日本侵略者都对京津冀地区近代工业的发展产生了极大的影响。在这样的时代背景下,耀华玻璃公司从创办至新中国成立前,27年的时间共经历了中比合办(1922—1936)、中日合办(1936—1945)和官商合办(1945—1949)三个时期。从商办到被日本侵占最后由国民党接收,民国时期耀华玻璃公司具有自身发展特点的同时,其发展历程与境内大部分工业企业的发展历程是相似的,呈现出鲜明的时代烙印。

总而言之,耀华玻璃公司的发展状况与民国时期京津冀地区工业发展状况基本一致,可以说,耀华玻璃公司的兴衰发展过程就是民国时期京津冀地区工业兴衰发展的缩影。

---

① 李东芝:《近代重庆城市经济近代化研究(1876—1949)》,西南大学2007年硕士学位论文。

(一)耀华玻璃公司的创立与经营

1. 耀华玻璃公司的创立

耀华玻璃公司筹建于1921年。是年,由发起人所推李伯芝、王少泉、李希明[①]三人代表的中国资本团(甲方)与罗遮、瓦尔德那森、乔治那森代表的秦皇岛玻璃有限公司(乙方)订立《耀华机器制造玻璃股份有限公司华洋合股合同》。双方集股创办耀华机器制造玻璃股份公司,并在北京农商部核准注册为中国股份有限公司。耀华玻璃公司成立时资本额为120万银元,中比各占50%。中方股金主要是开滦矿务局各股东积累的"新事业开发基金"拨交。比方股金由"弗克法"专利权等抵充。耀华玻璃厂于1922年破土动工,1924年1号窑点火投产。

耀华玻璃公司出产的玻璃面向家庭日用和商用两部分,其宣传广告文案中将其用途介绍得较为详细:"耀华玻璃品质纯洁,早已驰名,如家庭中用此项玻璃装镶梳头桌、高等面镜、壁镜各式便桌屏架及配镶地板、装潢厅堂,极为清洁美观;此外,如在茶几、书桌各种家具上加盖一层玻璃砖,尤能避免污秽水渍;厨房浴室凡关于卫生之处装潢设置尤所必需。商店门面内外一切装饰用此种玻璃更为光丽夺目,焕然一新。"[②]

耀华出产的玻璃市场定位准确,受众较广,又因其成色美满,价格实惠,很快便打开了国内外的市场。国内主要销往北京、天津、烟台为主的华北地区,上海,奉天及满洲等地;国外主要出口至小吕宋、日本、美洲及太平洋沿岸。耀华玻璃公司甫一开局便形势大好,"出货数量及货品成色均超乎公司技师意料之外"[③]。1924年末直奉战毕,商贸逐渐恢复,玻璃行情看涨,最重要的是耀华出产的玻璃经批准得以免税,因此众股东均十分看好公司的发展前景。事实也正是如此,除极少数年份亏损外[④],耀

---

① 除此三人外,耀华的中方发起人还包括龚仙舟、袁心武、卢开瑗等人,他们均系周学熙实业集团的重要成员。除耀华玻璃公司外,他们也是启新洋灰厂、华新纺织公司等周氏实业集团的大股东。

② 《耀华玻璃之特色》,《大公报(天津版)》,1931-03-08。

③ 秦皇岛市玻璃博物馆藏《耀华玻璃公司第四次股东常会议事录》第二册。

④ 1924年工厂甫一建好便逢直奉战事,遂即停工,全年只工作月余;1926年5月1号窑即停产冷修。且据《耀华玻璃公司第五次股东常会议事录》(1926年)记载,国内新建筑经济困难大为减少,致使玻璃销量锐减。且日本、比利时进口玻璃低价竞争导致公司亏本销售;1936年耀华玻璃公司变为中日合办,应日方要求工厂于1937年9月开始对2号窑进行停工改造,至1938年继续改造,且10月1号窑又停产关闭,故该年亏损。

华玻璃公司从1927年开始持续盈利,1931年达到中比合办时期的最高值,即年利润80.24万元。此后到中日合办时期,虽受战事影响且被日方把控,但总体也处于盈利状态。抗战后期即1944年开始,国内通货膨胀日渐严重,物价飞涨,在大部分民族工业企业纷纷停产停工甚至倒闭的情况下,耀华玻璃公司不仅能够继续生产还稍有余利,实属难得。耀华玻璃公司历年盈利见表四、五、六。

表四　　中比合办时期耀华玻璃公司盈利表(万元)

年份	1924	1925	1926	1927	1928	1929	1930
盈利(银元)	-20.79	2.76	-3.50	20.93	34.10	34.93	51.03
年份	1931	1932	1933	1934	1935	1936	合计
盈利(银元)	80.24	57.18	59.15	32.29	12.26	36.78	397.36

表五　　中日合办时期耀华玻璃公司盈利表(万元)

年份	1937	1938	1939	1940	1941	1942	1943	1944	1945	合计
盈利(联银币)	48.62	-3.11	81.31	263.48	306.04	157.48	184.86	731.89	982.27	2752.84

表六　　官商合办时期耀华玻璃公司盈利表(万元)

年份	1946	1947
盈利(法币)	31945.07	1421881.71

注:因1948年数据缺失,故未列出总和。资料来源:根据《耀华玻璃厂志》数据整理而得。

不止公司内部,外界亦对耀华玻璃公司的创立及发展寄予厚望。耀华玻璃公司成立之前,在湖北武昌、山东博山、江苏宿迁也创建过玻璃作坊和工厂,但因制作工艺落后,不如舶来品优良,故当时国内的玻璃大多进口于欧洲和日本,每年“进口金额达三百五十六万两之巨”①。耀华玻璃公司成立后,引进比利时先进的“弗克法”生产玻璃。时人对其评价是“今苟有大规模之玻璃工厂出现,亦塞漏卮之一道也”②,“为东亚最新之玻璃厂”③等。耀华亦不负所望,正式投产第一年就有4000余箱出口美国,以后又扩展到东南亚,每年出口1万标准箱,其中1927年出口5万标准箱,占当年产量的四分之一。④ 耀华玻璃公司在中比合办的后期,市场占有率达到60%—75%,成为近代中国玻璃行业的龙头企业。即使到了官商合办时期,国内通货膨胀严重,耀华在困境中艰难维持,但在玻璃行业依然具有举足轻重的地位。1946年9月耀华玻璃厂2号窑冷修停产期间,玻璃价格飙升,更有甚者一周上涨近三分之一。⑤ 1947年3月耀华玻璃厂开工后,外界纷纷看好,认为耀华玻璃公司生产的玻璃又可供应华北甚至全国需要,“并可平抑目前玻璃之黑市云”⑥。就连国外的报纸都认为耀华玻璃公司的建立“开创了中国玻璃制造的新纪元”⑦。此外,耀华工厂落成后,“特请上海各玻璃商前往参观”⑧。除上海外,豫省府为了改进玻璃工业,也曾特派技士蔡宪元赴秦皇岛玻璃工厂参观学习⑨。

2. 耀华玻璃公司的经营

耀华玻璃公司作为股份制企业,股东大会是最高决策机构。《耀华机器制造玻璃股份有限公司章程》(以下简称《章程》)规定:“股东会无论甲种乙种股票,每股有一选举权。到会之股东或其代表逾股份全额三分之二以上,始能开会。所议事件或选举以列席股权三分之二以上之多数决之”。⑩ 股东大会又分常会和临时会,常会于每年年终决算后半年内召开一次;临时会由经董事会决议、监察人认为必要,或有十分之一以上

---

① 《秦皇岛玻璃工厂之扩充》,《晨报》,1924-06-25。

② 《秦皇岛玻璃工厂之扩充》,《晨报》,1924-06-25。

③ 《耀华玻璃工厂》,《中国矿业纪要》,1929年地质专报丙种3。

④ 耀华玻璃厂志编纂委员会:《耀华玻璃厂志》,中国建筑材料出版社1992年版,第6页。

⑤ 据《征信新闻(南京)》(1946年第99期)的报道《耀华停工玻璃市况剧升》:最近玻璃市价狂升,已较前周上涨三分之一,闻经济部接管之秦皇岛耀华玻璃厂,近告停工,又以本市经济部所存玻璃,虽曾出售一批,但为少数投机商赚去,期待善价,再行抛出,致市货轧缺……。

⑥ 《耀华玻璃公司复工或可平抑玻璃黑市》,《天津工商日报》,1947-04-17。

⑦ *New Era Has Opened In The Manufacture Of Glass In China*,The China Press,1926-05-14。

⑧ 《参观秦皇岛耀华玻璃厂工作记》,《中华工程师学会会报》1925年第11/12期。

⑨ 《豫省府改进玻璃工业派技士蔡宪元赴秦皇岛参观》,《青岛时报》,1936-08-24。

⑩ 耀华玻璃厂志编纂委员会:《耀华玻璃厂志》,第538页。

股东申请时召开。民国时期耀华玻璃公司历届股东大会所处理的主要为涉及公司根本、关系股东利益、关乎公司发展的事宜。具体如下：

修改公司章程。章程是公司组织与行为的基本准则，是公司的根本大法。耀华玻璃公司历届股东大会中讨论次数最多的就是关于修改公司章程的问题。其中最主要的就是关于《章程》中的第五条及第六条，即公司股本及甲乙双方普通股优先股问题的规定。耀华玻璃公司初期注册股本为120万银元，后感资金不足，又募债50万元。1922年第一次股东临时会决议将募债改为添招股本50万元，《章程》中公司股本一项随即改为170万元。1924年第三次股东常会上又增资为250万银元，《章程》第五条随之修改为"本公司股本定为通用银元250万元，内计普通股一万七千股，优先股八千股，共为两万五千股，每股银元一百元，股票均为记名式，如需添招股本时，应由股东会开会议决之。第六条应修正如下：普通股年均分为甲、乙两种，每种八千五百股。……又优先股平均分为甲、乙两种，每种四千股"[①]。前文提及耀华玻璃公司需付予比方专利酬金40万元，经双方协商，以给予比方37万优先股的形式偿还（另3万元以现金偿付），故《章程》第五条修改为"本公司股本定为中国通用银元二百八十七万元，内计普通股一万七千股，优先股一万一千七百股，共为二万八千七百股，每股银元一百元"[②]。但因当时政局混乱，故并未报部登记。至国内政局稳定时，酬金已偿还完毕，"经十八年三月间，第四十七次董事会议决，仍按实收资本二百五十万元报部，业经奉部令照并发执照在案，前项股本总额自应仍改回二百五十万元，以照实在"[③]。流动资金不足一直是困扰耀华玻璃公司发展的一大难题。1939年公司盈利颇丰，故于1940年第十八次股东常会上决议扩充股本50万元，其中40万元以当年盈余抵充，余下10万元由甲乙双方股东各自补缴。基于此，《章程》第五条拟改为"本公司股本总额定为国币三百万元，每股一百元，共三万股，内分优先股八千，计八十万元，普通股二万二千股，计二百二十万元"[④]。但"嗣因种种困难未能实行"[⑤]。20世纪40年代中后期，国内通货膨胀严

---

① 秦皇岛市玻璃博物馆藏：《耀华玻璃公司第三次股东常会议事录》第二册。

② 秦皇岛市玻璃博物馆藏：《耀华玻璃公司第六次股东常会议事录》第二册。

③ 秦皇岛市档案馆藏：《耀华玻璃公司第十届股东会记录》，档案号：183-1-161-2。

④ 秦皇岛市档案馆藏：《耀华机器制造玻璃股份有限公司第十八次股东常会议事录》，档案号：183-1-349-4。

⑤ 秦皇岛市玻璃博物馆藏：《耀华玻璃公司第十九次股东常会议事录》第七册。

重,耀华玻璃公司短期内多次增资扩股。1944年股东临时会上宣布"兹经董事会议决将原有股本二百五十万元增加至一千万元"[①];1946年股东临时会上决议"势非增加资金难期周转,兹援改订公司资本总额为两亿元(法币)"[②];1947年又增至100亿元(法币)。章程亦随之修改。

股东大会除商议修改《章程》中关于公司股本的规定外,为与1931年7月1日起实行的《公司法》保持一致,还曾修改关于公司公积金的规定。"本公司章程因与新颁公司法有抵触之处,势须修改以符合法令,兹已将章程中第十三条关于公积金一项,由二十分之一改为十分之一;第十四条由四分之一改为二分之一"[③](第十四条原为公积金提存至资本四分之一以上时由股东会另议之)。1944年公司增资扩股修改章程之际,股东们提议"趁此机会将章程第一条中之机器制造四字取消,以期简便"[④],故公司名称改为"耀华玻璃股份有限公司"。1946年公司成为官商合办企业后,"嗣奉社会局及资源委员会与经济部先后指令"[⑤],对《章程》进行大幅修改,以符合国民党政府的相关规定。

盈余分配。耀华玻璃公司由于前期资金紧缺,流动资金不充足,故虽从1927年开始获利,但直至1931年第十届股东常会上才首次宣布,发息20万元(股本总额250万元,按8厘付息)。1932年首次发放股本红利,即在盈余中减去十分之一公积金及八厘股息后,所剩金额以六成相近之数为股本红利,剩下四成以二成为特别公积金,以二成为董事、监察人、职员等花红。此后亦照此进行盈余分配。中日合办后期,物价飞涨,股东们皆提议多派股息。故"兹拟定三十三年度股东特别分配金二分,按老股每股二十元、新股每股十元发给,由特别公积金及股息平衡准备金项下提出约一百二十五万元充之"[⑥]。通货膨胀、成本提高这种情况至官商合办

---

① 秦皇岛市档案馆藏:《耀华玻璃股份有限公司股东临时会议事录》(1944年5月2日),档案号:183-1-478-2。

② 秦皇岛市档案馆藏:《耀华玻璃股份有限公司股东临时会决议录》(1946年12月17日),档案号:183-1-584-7。

③ 秦皇岛市档案馆藏:《耀华玻璃公司第十一次股东常会记录》,档案号:183-1-179-2。

④ 秦皇岛市档案馆藏:《耀华玻璃股份有限公司股东临时会议事录》(1944年5月2日),档案号:183-1-478-2。

⑤ 秦皇岛市档案馆藏:《耀华玻璃股份有限公司股东临时会议事录》(1946年12月17日),档案号:183-1-584-7。

⑥ 秦皇岛市档案馆藏:《耀华玻璃股份有限公司第二十三次股东常会议事录》,档案号:183-1-528-2。

时期更为严重,未免股息受通货贬值的影响,股东会决议"拟于发给三十六年度红利同时预借三十七年度股息百分之十六,按资本额一百亿元,计为十六亿元",同时"至董监事及职员之酬劳并拟一并比例借发,以示公允"①。

董监事换届。董事会是公司生产经营的决策机构,代表公司处理内外重大事项,由股东大会选举产生。《章程》最初规定,董事会设董事七人,甲种四人,乙种三人。后来由于工厂扩建,公司事务增加,"且中国政局变化不定,公司董事似宜加增名额,俾与各方均可接洽"②。故第十一届股东常会决议,将董事增至十五人,其中甲种八人,乙种七人。"董事任期定为三年,任满仍可续举,自第一次股东会之后届任期满三年应另举时,用抽签法留任五人,满四年时,仍用此法于五人中留任三人,以后照此轮流退职"③。《章程》中虽然规定董事由投票选举,但实际上,耀华玻璃公司创办初期并未照章办事,董事选举一直使用推举法,此举引起乙方股东不满,故于第十届股东常会上改变从前的抽签及推举法,"兹照章概用票选"④。值得注意的是,《章程》中并未明确规定甲乙方董事由哪方股东选举,此前依习惯是甲方董事由甲方推选,乙方董事由乙方推选。针对这个问题,第十一届股东常会议定,"甲方选甲方之董事,乙方选乙方之董事,各别分选明载章程中,以免再有误会发生。又原章程甲方选总董事,乙方选协董,但总董遇有缺席时由协董代之,兹亦改为总董缺席由甲方董事代理,协董缺席时由乙方董事代理,明定清晰矣"⑤。除董事外,公司监察人亦由股东大会选举产生,负责于每届股东大会上查核公司账目等工作。《章程》规定,公司设监察人三人,其中甲种一人,乙种两人。与董事选举一样,初期使用推举法,从第十届股东常会开始改为票选法。此后董监事即照章选举,未有大的变动。1945 年耀华成为官商合办企业后,应国民党政府要求改组董事会,改为"本公司设董事十七人,甲种八人,乙

① 秦皇岛市档案馆藏:《耀华玻璃股份有限公司第廿五届股东常会决议录》,档案号:183-1-862-3。

② 秦皇岛市档案馆藏:《耀华玻璃公司第十一次股东常会记录》,档案号:183-1-179-2。

③ 耀华玻璃厂志编纂委员会:《耀华玻璃厂志》,中国建筑材料出版社 1992 年版,第 539 页。

④ 秦皇岛市档案馆藏:《耀华玻璃公司第十届股东会记录》,档案号:183-1-161-2。

⑤ 秦皇岛市档案馆藏:《耀华玻璃公司第十一次股东常会记录》,档案号:183-1-179-2。

种九人"[①],且甲股变为官股,乙股变为商股。另外,"甲种监察人由官股指派,乙种监察人由乙种股东选举"[②]。

关于公司发展的其他事宜。委托开滦代管日常业务,是耀华玻璃公司股东常会经常商讨之事。耀华玻璃公司第三、七、九、十、十一、十二、十五届股东常会都曾谈及委托开滦代管日常业务、续订代管合同的问题。耀华开办初期,开滦总经理尚需在股东常会上向列席股东们汇报公司营业情况。后随着开滦与耀华合作日久,且公司逐渐走上正轨,开滦总经理只需在董事会上汇报营业情况,后由董事部汇成报告书呈交股东会审阅即可。1942年第二十届股东常会上宣布"查本公司营业向系委托开滦矿物总局代为管理,上年十二月八日取消管理合同,收回自办"[③]。工厂扩建,为耀华玻璃公司的发展带来巨大的转折。董事部于第八届股东常会上首次提交工厂扩充计划,旨在"以一百万元之投资即可获加倍出货之利益"[④]。至第九届股东常会上股东们就扩充计划详加讨论,众无异议后付诸实施,1932年底扩建完成。此后耀华出货量倍增,市场占有率也逐年扩大。除此之外,历届股东常会还曾商议诸如建设职工住宅、聘请会计师、改造锅炉、清偿债务等公司发展相关问题。

(二)耀华玻璃公司发展的困境

1. 资金困难导致多次借款

初期股息分文未发,几至倒闭。尽管耀华玻璃公司采用当时最先进的工业生产技术,并得到开滦多方面的协助,自1927年后也一直保持盈利状态,但"因起初生疏,费用太大几至倒闭",且"公司设立将及十载,股息分文未发"[⑤]。造成这种现象的原因,一是实收资金不足。公司注册股本总额名义上为120万元,但比方股金由专利权等抵充,公司初建时期实

① 秦皇岛市档案馆藏:《耀华玻璃股份有限公司股东临时会议事录》(1946年12月17日),档案号:183-1-584-7。

② 秦皇岛市档案馆藏:《耀华玻璃股份有限公司第廿五届股东常会决议录》,档案号:183-1-862-3。

③ 秦皇岛市档案馆藏:《耀华机器制造玻璃股份有限公司第二十次股东常会议事录》,档案号:183-1-391-4。

④ 秦皇岛市档案馆藏:《耀华机器制造玻璃股份有限公司第八次股东常会议事录》,档案号:183-1-128-2。

⑤ 秦皇岛市档案馆藏:《耀华机器制造玻璃股份有限公司第九次股东常会议事录》,档案号:183-1-149-1。

存资金只为中方筹集的60万元。后经多次协商筹集,股本扩充至250万元。但资金依然紧缺,“虽实收资本250万元,然专利权及开办费已占去一百三十余万”[①],余下的100多万元全用于工厂建设也并不敷用,在开滦的扶助下才勉强将工厂建成。二是工厂扩建,金价上涨。工厂勉力建成后,每年还需停工冷修两个月,且受战事及进口玻璃低价竞争等因素影响,公司前期处于亏损状态,直至1927年方开始获利。但获利后仍未发息,股东会以“专利之款太重,此一厂担负仍嫌过重”[②]为据,决定暂不发息,将盈利用于扩充工厂。然而扩充工厂预算本为100万元,“今因金价增涨加为一百五十万元”[③],公司负担更重。三是高额的专利酬金。耀华玻璃公司引进当时最先进的“弗克法”生产玻璃,除合同规定的专利费抵充股本外,耀华还须付予比方专利酬金98万元,后经多次协商减至40万元。最终以给予比方37万优先股外加3万元现金的形式偿付。此项酬金欠款及利息直至1932年才彻底还清。

流动资金不充足,多次借款。流动资金不足是近代中国民族工业企业发展过程中的一大难题,耀华也不例外。耀华玻璃公司前期曾因无周转资金,“须将全厂抵押,方能借款”[④],足见其捉襟见肘之困境。公司渡过前期困难期,开始盈利后仍存在流动资金不足的问题,股东们的股息花红难以分发,“兹不得已采用存单办法,不计利息,何时有款即正式通知,如数发付”[⑤]。耀华玻璃公司因“缺乏流动资金,以致积欠甚巨,存欠相抵,欠人之数竟达八十余万元”[⑥]。抗战胜利后,耀华玻璃公司的日方股份被国民党资源委员会接收,耀华变为官商合办企业。但即使有政府托底,耀华玻璃公司依然外债高筑,甚至到了“拆东墙补西墙”的地步。

---

① 秦皇岛市档案馆藏:《耀华机器制造玻璃股份有限公司第八次股东常会议事录》,档案号:183-1-128-2。

② 秦皇岛市档案馆藏:《耀华机器制造玻璃股份有限公司第八次股东常会议事录》,档案号:183-1-128-2。

③ 秦皇岛市档案馆藏:《耀华机器制造玻璃股份有限公司第九次股东常会议事录》,档案号:183-1-149-1。

④ 秦皇岛市档案馆藏:《耀华机器制造玻璃股份有限公司第九次股东常会议事录》,档案号:183-1-149-1。

⑤ 秦皇岛市档案馆藏:《耀华机器制造玻璃股份有限公司第十七次股东常会议事录》,档案号:183-311-1。

⑥ 秦皇岛市档案馆藏:《耀华机器制造玻璃股份有限公司第十五次股东常会议事录》,档案号:183-1-252-3。

1947年《金融周刊》刊载“耀华玻璃公司前以流动资金不敷,曾先后奉准向天津中国银行押透六亿元及贴现三亿元。兹该公司以秦皇岛工厂复炉,开工需资,更因迩来原料工资增涨,商以房屋机器及成品材料作抵,押借四十亿元,经津外处审查拟准照贷。押还旧欠中国银行借款”[①]。企业适当借款有助于扩大生产经营规模,但负债率过高则可能导致资不抵债,最终宣告破产。耀华玻璃公司幸赖多方资金援助,才能勉力维持。开滦曾多次帮助耀华解决资金问题。1937年工厂2号锅炉改造用款65万余元,因日本侵华,此时耀华又为中日合办企业,故银行拒绝借款。该工程款是由“开滦垫付国币三十万元,乙方筹措日金三十万元”[②],方才凑齐。除此之外,上文提及耀华欠款80余万也是开滦及江南水泥厂垫借之款,利息较银行为轻,仅6万余元,“如当时均向银行息借,则利息一项尚须远超出于此数”[③]。由于耀华玻璃公司诸多股东是周学熙实业集团的重要成员,故包括天津盐业银行、天津中国实业银行、启新洋灰公司(后期将耀华所欠债款转与江南水泥厂)等周氏企业都曾先后低息借款与耀华,帮助其渡过难关。此外,耀华玻璃公司针对自身流动资金不足的问题也做出了应对之策,第十五届股东常会决议在盈余中“先提十分之一为公积金外,再以十万元为‘股息平衡准备金’”[④],望以促进资金流动,保证股东利益。但短期内未见成效,依然出现了前文提及的因流动资金不足股息无法发放的问题。

2. 时局动荡下无法安稳发展

民国时期耀华玻璃公司历届股东大会会议记录中出现频率最高的词语即是“时局”。“时局不靖”对耀华玻璃公司的发展产生了许多负面的影响,如“至营业方面,愧不能达到希望者,因时局不靖,市面受其影响,国内新建筑亦因经济困难大为减少故也”[⑤];“大局不定,致外来玻璃竞售甚烈。比国仍按极低之价输入中国,吾人如欲推销势,须减价竞争,是以

---

① 《耀华公司请准押借三十亿元》,《金融周刊》1947年第8卷第20期。

② 秦皇岛市档案馆藏:《耀华机器制造玻璃股份有限公司第十七次股东常会议事录》,档案号:183-311-1。

③ 秦皇岛市档案馆藏:《耀华机器制造玻璃股份有限公司第十五次股东常会议事录》,档案号:183-1-252-3。

④ 秦皇岛市档案馆藏:《耀华机器制造玻璃股份有限公司第十五次股东常会议事录》,档案号:183-1-252-3。

⑤ 秦皇岛市玻璃博物馆藏:《耀华玻璃公司第五次股东常会议事录》第二册。

各处稍有损失"①;"现在北方时局不定,公司不得不购原料以备非常,故公司现金状况甚形拮据"②;等等。

耀华玻璃公司从建立以来,历经两次直奉战争、华北事变、抗日战争、解放战争。工厂所在的秦皇岛地区多次成为战区,受战事波及,耀华玻璃公司的发展也受到很大的影响。1922年耀华工厂破土动工,但开工不久便"关内外遽起战端,百务停顿"③,厂房建设不得不延期进行。1924年工厂落成后,"制货未久而直奉战事发生蔓延几及厂门,不得已遂停止工作"④,幸得当时已产出玻璃八千箱,损失不致过重。直奉战争后,该地区社会环境相对较平稳,耀华玻璃公司趁此时机快速地发展。然而好景不长,1933年《塘沽协定》签订后日本势力便开始在京津冀地区渗透,至1935年华北事变后,日本对京津冀境内的民族工业产业进行大规模侵占,中日关系十分紧张。比方对此持悲观态度,遂于1936年将比股秘密出售与日方,至此,耀华玻璃公司从中比合办变为中日合办。⑤"此仅有之企业。又将归于外人之手云"⑥,报纸报道这是"华北经济总崩溃"⑦的表现之一。1937年抗日战争爆发后,耀华玻璃公司"讵料事变以还。蒙受影响。销路呈锐减。一落千丈。迭经该厂设法挽救。以复旧业。无如时势趋使。无补实际"⑧。进入1944年抗日战争后期,战争造成的破坏日益严重,生产所需原燃料供应极度困难,加之战乱年代各种经济建设无法正常进行,玻璃需求锐减;再加上职工生活无保障,正常生产无法维持,产量大幅度下降。1944年玻璃产量只有30.7万标准箱,只及1943年的54%。1946—1948年是官商合办时期,此时适逢解放战争,耀华的物资渠

① 秦皇岛市玻璃博物馆藏:《耀华玻璃公司第六次股东常会议事录》第二册。

② 原耀华玻璃公司档案室藏:《耀华机器制造玻璃股份有限公司第十二次股东常会议事录》,档案号:4-1-196。

③ 秦皇岛市档案馆藏:《耀华玻璃公司第一次股东临时会议事录》,档案号:183-1-11-1。

④ 秦皇岛市玻璃博物馆藏:《耀华玻璃公司第四次股东常会议事录》第二册。

⑤ 比方初期流露出将比股转售与日方时,中方股东曾将此事上报与国民党政府,寄希望于政府出面予以干涉。据耀华档案4-4-263号《实业部来电》记载,国民党政府外交部曾致电比方政府交涉,饬令比方"切勿将股出让",但比方政府回复"因该公司系私人组织,按照比国法律不能强制执行"。故最终也未能阻止比方将股份售与日方。

⑥ 《耀华工厂将由日人接办》,《新天津》,1936年10月19日。

⑦ 据《南宁民国日报》(1936年10月19日)的报道《秦皇岛耀华玻璃厂拟让与日商——华北经济总崩溃》:"天津十七日电:秦皇岛耀华玻璃厂,近因业务不振,环境又成困难,近有让与日商经营之意,该厂董事会定十九日在津开滦矿务局开设股东会商讨一切。"

⑧ 《耀华裁工人,给予工资四月》,《新天津》,1938年10月5日。

道、产品销售地区继抗日主战场后又成为内战的主要战区。耀华被资源委员会接管后,“接收三年的营业情形,却有‘王小二过年,一年不如一年’的情势。”[①]这三年耀华玻璃厂共生产玻璃 66 万余箱,年均产量仅 22 万箱,与中日合办时期年均 35 万标准箱、历史上产量最高的 1940 年 56.9 万标准箱,以及技术改造前中比合办时的年均 25 万箱相比,官商合办的三年是生产水平最低的时期。[②] 战乱频仍,耀华玻璃公司不得不在动荡的环境下勉力维持,其艰难可见一斑。

(三)对耀华玻璃公司兴衰发展的评析

1. 耀华玻璃公司是京津冀地区较成功的工业企业之一

耀华玻璃公司顺应京津冀地区工业发展潮流而建,其出产的玻璃曾被视为“国货之光”。民国时期耀华玻璃公司的发展主要表现在,一方面公司采用先进的“股份制”企业模式,股东大会作为最高决策机构,遵章办事,科学有效地领导公司,另外,公司股东大多为周氏实业集团的骨干成员,因此公司无论是在资金还是运营方面都得到周氏旗下其他企业的颇多帮助;另一方面公司日常业务委托开滦代管,借用开滦成熟的管理机构、团队及销售渠道等,加之自身引进比利时先进的工业生产技术,实现了“现代化”经营管理与“现代化”生产技术的完美结合。耀华玻璃公司不仅在短期内实现了一个飞速的发展,成为近代中国玻璃行业的龙头企业,长期保持领先地位,且公司成立后,大幅减少了外来玻璃的进口额,其出产的玻璃还大量出口东南亚、日本及美国等地。耀华玻璃公司可以说是近代京津冀地区较成功的工业企业之一。

耀华的成功发展道路,也基本反映出了民国时期京津冀地区大部分工业企业的成功发展道路。耀华玻璃公司的创立之基在于对国外先进玻璃生产技术的引进,运用最新技术生产的玻璃质优价廉,很快便打开了销路,占据市场优势。与此同时,政府鼓励工业发展的政策及当时较好的工业发展环境,都有利于其发展壮大,背靠北洋军政资本,更是在一定时期内为企业的发展保驾护航。

---

① 《烽火边缘的两厂矿 耀华玻璃公司销路日减 长城煤矿捧着金碗要饭》,《大公报(天津版)》,1948-03-25。

② 孙宝存、赵维舟:《中国耀华玻璃集团公司》,当代中国出版社 1994 年版,第 9—10 页。

2. 耀华玻璃公司未能充分发展具有区域共性

尽管民国时期耀华玻璃公司取得了较大的成绩,但其并未能充分发展,主要表现在,一方面是由资金短缺造成的债台高筑,公司资金周转不灵,几次险些破产;另一方面是因时局动荡导致公司无法持续稳定发展,经常停产停工,销量大幅下滑。这两个方面不仅是耀华玻璃公司无法充分发展的主要表现,民国时期京津冀地区大部分近代工业企业亦是如此。1928 年以后天津各纱厂生产经营日益艰难,各大型工厂无不靠贷款勉强维持生产。永利制碱是近代京津冀地区著名的化工企业,到七七事变前该公司向银行透支借款已经高达 970 多万元。周氏实业集团旗下的华新纺织公司是近代京津冀地区最大的纺织企业,1933 年《塘沽协定》签订后,冀东沦为日本侵略者势力范围,加之该地区走私日益严重,盈利日渐下降,1935 年仅盈利 2.945 万元。

资金短缺不仅是耀华玻璃公司一家如此,民国时期京津冀地区绝大部分民族工业企业,甚至全国的民族工业企业都面临这样的问题,究其根本,在于近代中国的资本主义并非内部自发而成,而是外部“嫁接”而来,封建土地所有制依然占据主导地位,在传统观念的影响下,投资工商业风险较大,土地投资仍然是首选。因此,民族工业资本筹措困难,工业发展资金不足是常态。此外,耀华虽是中外合办企业,但初期比方以玻璃生产技术入股,并未投入资金,在中方资本筹措困难的情况下,耀华自然资金周转不灵。引进国外先进技术进行生产是民国时期大部分民族工业企业采用的办法,这样省时又省力,能够快速盈利。但以耀华为例可以看出,这样做极大地限制了企业的后续发展,再加上时局动荡,对外部发展环境的过度依赖,工业发展缺乏核心竞争力,最后走向衰落也是可以预见的。

结　语

以耀华玻璃公司为案例来具体深入地分析民国时期京津冀地区工业的兴衰发展历程,可以看出,有所发展但无法充分发展,是民国时期京津冀地区工业发展的本质特征。放眼全国,这也是民国时期整个中国工业发展的现实写照。民国时期中国工业发展曾有过几次短暂的黄金时期,但终因各种限制因素而无法发展壮大,甚至走向衰落。究其根本,如毛泽东所述,“这是帝国主义制度和封建制度压迫中国的结果,这是旧中国半殖民地和半封建社会性质在经济上的表现”[1]。在内外因素的作用下,民国时期中国工业有所发展但却无法充分发展是历史的必然。只有挣脱帝国主义和封建主义对中国的束缚,中国的工业才有充分发展的可能。

① 毛泽东:《毛泽东选集(第四卷)》,人民出版社1991年版,第1430页。

《秦皇岛港藏民国时期开滦英文人事档案整理与研究》评介

王莲英　赵玉荣

（东北大学秦皇岛分校　马克思主义学院；

东北大学秦皇岛分校　外国语言文化学院）

近年来，近现代档案文献的整理出版形成了一定的高潮，其中工业企业档案文献的整理更是独树一帜，硕果累累。2020 年 8 月由中国财政经济出版社出版的《秦皇岛港藏民国时期开滦英文人事档案整理与研究》（以下简称《整理与研究》），可谓地方企业专门类外文档案整理与研究一个新的尝试。该书对藏于秦皇岛港的部分近代开滦及秦皇岛港英文人事档案进行整理和中译并展开相关研究，对史料多元化和开滦研究专门化产生一定的贡献。作为 2015 年度教育部人文社会科学研究青年基金项目的结项成果，该书的研究价值和学术创新主要体现在如下方面。

一、"滦外档"利用与开滦研究的创新

开滦煤矿是近代中国历史上首屈一指的大煤矿，它的兴建和经营创下了若干个第一，如首次使用机器开采煤矿、发行首张股票等，并催生了冀东地区唐山、秦皇岛等城市的兴起。1900 年开始，开滦由英国管理达半个世纪之多，此间少数档案以中文记录，90%的档案以外文记录（其中 90%为英文，其余为法文、日文记录），因此开滦外文档案一般被简称为"滦外档"。"滦外档"不仅记录了开滦当时的生产经营状况，而且因为开

滦“企业办社会”的特点,档案内容兼及教育、医疗、文化生活等若干方面,近代中国错综复杂的社会形势在档案中亦有体现。因此,开滦外文档案是研究近代冀东地区乃至近代中国的重要史料,在学界一直受到持续关注。

“滦外档”呈现三个比较显著的特点。第一,档案体量庞大,保存相对完整。唐山开滦档案馆内保存的开滦外文档案,数目达41507卷,而作为当时开滦隶属单位的秦皇岛港所存的外文档案也达2815卷之多。旧开滦历来重视档案保存,开平煤矿创办人唐廷枢及后来滦州煤矿创办者周学熙,都重视档案的保管工作。1949年6月底时,开滦档案处的职员曾多达41人。为管理好档案,旧开滦还曾聘请过美国档案专家斯诺进行一系列改革,使档案管理适应近代资本主义企业发展。《整理与研究》所翻译和整理的档案就是选自秦皇岛港藏的开滦外文档案。第二,档案内容包罗万象,是企业经营管理的记录,也是当时社会的缩影。“滦外档”包括文件、信函、报告、计划、契约合同、会议记录等类型,内容涵盖矿权、财务、投资、管理、人事等企业管理的方方面面。除此之外,档案中呈现的开滦中外经营者的个人生活,与中国社会的互动,对国内外政治经济环境做出的反应等,证明开滦历史研究可以扩展的空间和领域非常之大。第三,“滦外档”的编纂和利用产生了一批优秀成果。《开滦煤矿矿权史料》(熊性美、阎光华著,南开大学出版社1994年)、《开滦煤矿档案史料集1876—1912》(李保平、邓子平、李小白主编,河北教育出版社2012年)、《开平煤矿珍稀史料研究》(王天根编著,安徽大学出版社2017年)、《秦皇岛港口志》(王庆普主编,大连海事大学出版社1997年)、《秦皇岛港口史料汇辑1898—1953》(王庆普总编,秦皇岛港务局史志编审委员会2000年)等史料集和志书,为开滦研究提供了大量宝贵资料,学界也基于开滦档案展开了相关研究。现实中也不乏以开滦历史档案为依据将争议进行妥善处理的例子,如北京绒线胡同开滦房产的纠纷和老股票持有者的纠纷等。

但是,也需看到,“滦外档”的学术利用仍有空间,记录文字为外文一定程度上阻碍了开滦外文档案的利用。在既有开滦研究的基础上,《整理与研究》的作者将藏于秦皇岛港的开滦英文人事档案进行翻译和整理,既是对“滦外档”专门性和具体性的利用,也属对开滦人事相关档案较成体系和非常直观的呈现。《整理与研究》专门汇辑了人事管理的相关档案,内容具体到人物履历、合同、工资等级、人事任免、福利发放等若干细节,较成体系地展现了开滦和秦皇岛港在民国时期的人事管理规章制度,对开滦人物和开滦人事管理展开的相关研究,丰富了近代开滦研究的成果。将所辑英文档案翻译成中文,消除了外文档案利用过程中的困难,极大提高了档案的直接利用率。从开滦研究和开滦外文档案利用的角度评价这本著作,其专门性、细节性、体系性和直观性的特点非常鲜明。

二、史料的拓展和内容的专精

《整理与研究》一书分为上、下两编,上编为人事档案的整理,下编为人事相关的研究。上编汇辑与整理的人事档案内容举要如下:第一章《人事、行政类经理通告》是藏于秦皇岛港的 1927 年至 1948 年间开滦总经理通告和秦皇岛港经理通告,内容除了人事管理政策,财务、福利等相关通知,如紧缩银根、防疫检查、整治贿赂,也与人事息息相关。除横向关联内容外,人事管理制度和政策上的纵向延续和变化也有所展现,比如年终花红发放,既有若干年来的传统延续,也有因为时局、经济形势等,在春节年终花红政策上出现的调整。第二章《员司人事档案》是关于高级员司雇用申请和答复以及一卷高、中级员司的人事档案。在秦皇岛港供职和欲在秦皇岛港求职的员司的履历,体现了民国时期冀东几座城市的人才水平和上海、天津、唐山、秦皇岛等地人才的流动。高、中级员司人事档案首先是关于秦皇岛经理处副经理顾振在秦皇岛任职的人事安排。这位副经理后来官至开滦矿务总局总经理,是开滦矿务总局首位与英人总经理平级的华人,作者在本书下编中对他的相关资料进行了梳理,全面展示了这位民国时期经世致用的知识分子的生平。高、中级员司档案中还涉及民国时期在开滦秦皇岛女校做教师和在办公室从事打印工作的两位中国女性,从她们的经历可见当时冀东地区女性的求学和工作情况,以及教育、家庭、人际关系等对她们的影响,实属有一定代表性的材料。第三章《员司福利相关档案》包括开滦秦皇岛经理处对老员司鲍尔温晚年的照顾和秦皇岛员司俱乐部放映电影两方面内容。鲍尔温作为秦皇岛港首任经理,为秦皇岛港的建设和早期经营作出了重要贡献,晚年因战争等原因几近破产,开滦秦皇岛经理处承担了对这位老员司的照顾,由开滦牵头、秦皇岛经理负责,人性化、网格化地解决了鲍尔温的养老问题。秦皇岛员司俱乐部电影放映的档案为部分翻译和整理。第二次世界大战期间开滦的电影放映出现了中断,需要维护设备以重启开滦唐山、秦皇岛和天津等地的电影放映。这些放映电影和电影设备维护的档案不仅有助于我们了解开滦企业的福利政策,也可一窥当时开滦职工的生活和北方城市的发展。上编附录是1899年刊载于《字林西报》、由英国人撰写的北戴河作为疗养地的介绍,从题目看貌似与本书关系不大,但因为北戴河与秦皇岛的相邻地理位置关系和近代以来北戴河作为对外国人开放的避暑疗养地的地位,文章从英国人的视角看北戴河、看休闲并涉及秦皇岛港开埠,实属开滦秦皇岛研究重要的背景资料。

下编第四章《人事档案解读及研究》,作者解读了部分人事档案,对开滦秦皇岛员司和人事制度进行了初步研究,并从社会学角度依托档案和相关史料对开滦的经营政策展现出的本土化倾向进行分析。第五章《民国时期秦皇岛港经理人物研究》和第六章《顾振相关访谈及资料汇编》,研究聚焦开滦人物,并通过访谈拓展了人物研究的边界,扩大了已有史料的范围。作者对开滦人事管理的关注点,比较系统地集中在开滦秦皇岛经理人物的研究上,首先是对开滦老员司和秦皇岛港建设的创始人之一鲍尔温进行了初步考证和梳理。作者基于秦皇岛港藏的开滦外文档案,从鲍尔温本人和他晚年时与之互动的秦皇岛经理处工作人员的视角,呈现了对秦皇岛港选址和早期经营建设发挥关键作用的人物鲍尔温的生平,其间也提及了鲍尔温与时任开平矿务局总办张翼的往来。作者聚焦的第二个人物是开滦首任华人总经理、曾任秦皇岛经理处副经理的顾振。顾振是庚款留美学生,在美国康奈尔大学获工程硕士学位后回国,曾参与中国科学社、中国工程学会等民国时期重要的学术团体,是《独立评论》创刊的资助者和最早的一批撰稿人,在路政界参与了东北“打通铁路”的建设,并努力提高了中国人在英人主导的铁路中的地位。顾振进入开滦后逐步走入权力中心,成为中国人在开滦的最高代表,在开滦企业管理中发挥了重要作用。更为突出的是,顾振发挥自己的才干,在国民政府资源委员会任职,负责铁路方面的摸底工作,代表国民政府出访德国,成功签订《中德信用贷款合同》,为抗日战争和国民政府经济建设争取到了急需的武器和技术。顾振在开滦乃至民国的历史上,都是非常典型且重要的角色,与诸位民国名流人士如胡适、翁文灏、刘鸿生、徐新六等均有交际。作者很详细地梳理了顾振的家世和一生,并对顾振人生几个关键时期进行分析，体现了用心和功力。可以说，《整理与研究》的作者深化了开滦人物的研究，希望由此可以促进开滦人物研究的进一步扩展。

我们还要看到的是，作者在聚焦人物研究的同时，展现出较强的问题意识。作者为搜集顾振资料、完善顾振研究，与顾振的外孙女蔡缨取得了联系。蔡女士与她的母亲，顾振次女、已故的北京大学生物学系顾孝诚教授，非常关心家族历史，也非常注重资料的收集。作者在与蔡缨女士、云妍女士（中国社会科学院近代史研究所副研究员、《近代开滦煤矿研究》一书的作者）一起拜访顾振长女、北京化工学院退休教授顾乐诚后，获得了顾振的影像和家庭相关信息，在顾振生平研究上取得了很大突破。更为可贵的是，作者将顾振资料进行汇编并整理了顾振年谱，为相关研究提供了可资借鉴的史料。两篇人物访谈不仅是开滦研究史料的重要拓展，更是将静态的档案史料进行了动态的延伸，形成了新的史料。

三、英文档案中译——外语专业服务社会的典型

《整理与研究》的另一个值得称道之处就是作者在整理档案的同时，进行了高质量的翻译。通过消除语言障碍方便档案利用，通过语言转换形成新的史料，是英语专业教师服务社会的典型范式。

作者一共整理并翻译了6卷藏于秦皇岛港的英文人事档案，按照自然时间顺序进行了重新排列和内容整合，翻译字数达22万字。开滦外文档案翻译的难点除体量之外，主要在于对旧时英语使用习惯及对人事管理、财务等专业知识和时代背景等相关知识的把握。在“编写说明”部分，作者详细介绍了档案资料的来源和整理与翻译的原则。翻译过程中，在查阅大量资料的基础上，作者采用了归化和异化的翻译策略，既契合档案原貌，也方便读者阅读。对专有名称，作者保留了当时的习惯用法，但对出现频率非常高的地名，如“秦皇岛”，作者并未沿用当时的名称“秦王岛”，这是符合当代读者阅读感受的。作者对过去与现在语言使用习惯的统一整合，对税收、会计等专业知识的恰当呈现，对档案中专有名词的处理和对时代背景知识的准确把握，最终呈现了较高质量的档案译文。

综上，东北大学秦皇岛分校外国语言文化学院英语教师张阳依托教育部人文社会科学青年基金项目，从语言翻译到历史研究，再到《整理与研究》这一著作出版，可说是圆满完成了研究任务。对非历史专业出身

的她来说,不仅发挥了外语语言专业的优势,其初步开启的历史研究也属提交了令人满意的答卷,做到了考证有据、论证有理和引用规范,难能可贵。当然,如果可以更加深刻地进行开滦人事管理的相关论证并拓展人事领域的研究,会令本书更加增色。希望作者继续努力,深化与开滦相关的近代历史与文化研究,在今后的教学与科研中取得更大进步。

1942年开滦秦皇岛经理处放映电影事
——“滦外档”选译兼解读

张　阳　崔海玲

（东北大学秦皇岛分校　外国语言文化学院；

秦皇岛市新世纪高级中学）

近代开滦修建了各级俱乐部和一些娱乐场所，开始主要为高级员司服务，后也为中级和低级员司提供相关福利。1901年，开平矿务局“唐山俱乐部”始建，1929年改名为“唐山高级职员俱乐部”，因为有专门饮酒的地方，一般被人们称为“开滦酒店”。天津的开滦矿务总局员司俱乐部建于1923年，虽没有高级员司俱乐部之名，但实为高级员司俱乐部，很是豪华。开滦林西矿还有一处林西宴客厅，约建于20世纪初，专供外国员司和中国高级员司（或官员）消遣娱乐。“开滦最早的中级员司俱乐部是于1922年在赵各庄、马家沟、林西设立的。……1927年9月唐山矿也修建了一所员司俱乐部，初建时名为‘开滦华员俱乐部’，1931年10月正式改名为开滦中级员司俱乐部，即西山口员司俱乐部。在俱乐部外面修建了两个网球场和一个篮球场”。[①] “1932年以前唐家庄矿也建立了中级员司俱乐部……1931年夏，由矿务局辅助成立的‘惠工事业促进社’在唐山、赵各庄分别建立了一所工友俱乐部”。[②] “到1938年，马家沟、林西、唐家

---

① 开滦矿务局史志办公室编：《开滦煤矿志（1878—1988）》第5卷，新华出版社1998年版，第347—348页。

② 《开滦煤矿志（1878—1988）》第5卷，第348页。

庄矿也相继建立了工友俱乐部”。[①]在开滦秦皇岛经理处,“1919年港口建成南山俱乐部,亦称高级员司俱乐部,专供高级员司享用。1927年,又建成员司俱乐部,供港口职员专用;在港口工人的要求下,1928年港方才给工人建筑起1座400平方米的俱乐部,即劳工俱乐部,除年节职工自己演出一些文艺节目外,平时很少活动”。[②] 关于开滦员司俱乐部及俱乐部活动,《开滦煤矿志》第5卷记载,“解放前,开滦建有高级员司、中级员司和工友俱乐部。高、中级员司俱乐部每周放映电影一次;每月演出中国戏剧两次,每次约五、六天。”[③]据中华民国三十年(1941)六月一日施行的《秦皇岛开滦矿务局员司俱乐部章程》第25条规定,“本部备有以下各种消遣用品及各种娱乐方法:1.各项书报 2.科学玩具 3.运动设备 4.戏剧电影”[④]。1946年4月30日“五一”劳动节纪念大会开滦矿务局代表致辞要点还提及,“本局自建劳工俱乐部,有……阅览室等设备,并有国剧社、话剧社等组织。事变前,每星期演电影两次,每次两场,现正企划恢复”。[⑤]下面的统计表体现了当时秦皇岛开滦矿务局俱乐部的基本情况。

秦皇岛开滦矿务局俱乐部基本情况(1949年7月31日)

名称	成立年代	房子间数	设备	管理	备注
员司俱乐部	成立于1927年1月1日	共计29间	国剧服装及用具、电影、台球、乒乓球、图书馆阅览室、理发室、网球场、篮球场、足球场、排球场、滑冰场	以经理为会长,例常事项由干事会管理	电影早已停止,台球、乒乓球设备不全
劳工俱乐部	成立于1932年1月1日	大小共计25间	国剧服装及用具、电影、台球、话剧用具、中国武术用具、中国魔术、下棋游戏、至于各球类运动共用员司俱乐部球场	同上	电影早已停止,台球设备不全

① 《开滦煤矿志(1878—1988)》第5卷,第349页。

② 王庆普主编:《秦皇岛港口志》,大连海事大学出版社1997年版,第431页。

③ 《开滦煤矿志(1878—1988)》第5卷,第246页。

④ 王庆普总编:《秦皇岛港口史料汇辑1898—1953》,秦皇岛港务局史志编审委员会,2000年,第584页。

⑤ 《秦皇岛港口史料汇辑1898—1953》,第584页。

续表

名 称	成立年代	房子间数	设 备	管 理	备 注
秦皇岛俱乐部		大小共计20间	电影、台球、图书馆、网球场等原系一部高级职员自行组织,尚有消费合作社等项,后来因故停顿	由董事部分管各项事务	1948 年 11 月 27 日被抢一空

资料来源:《秦皇岛港口史料汇辑 1898—1953》,第 585 页。

基于以上背景,本文翻译了 1942 年开滦秦皇岛经理处俱乐部放映电影的相关档案并对之进行简要解读。档案来源于秦皇岛港藏开滦英文档案,案卷标题为"为员司放映电影事 1942—1947",选取时间段为 1942 年 2 月至 1942 年 7 月。

档案译文及解读

一

{译文}

1942 年 2 月 5 日 天津总部　秦皇岛

电 影 放 映

博伊科维奇先生(Mr. Boicovitch)昨天来到秦皇岛,想将投影仪撤回天津,我建议他暂时还是将投影仪放在这里,因为中西的分队(Nakanishi Unit)给我们俱乐部提供电影,目前为止我们已经放映了两场。他们说自己在找更多的节目,以使我们一个月最少能看两场电影,直到我们自己的发行工作恢复。我将这种情况告知了博伊科维奇先生,他非常愿意让我们继续使用他的设备和操作员,但是需要我们支付一定的报酬。他的意见是每月 400 元,我觉得这个费用比较合理,我想知道是总局支付这笔费用,还是由俱乐部自己承担。如您所知,我们当前在劳工俱乐部、员司俱乐部和秦皇岛俱乐部的电影放映是不收取任何入场费的。

经理 哈里·傅克纳

{解读}

1941 年 12 月 8 日太平洋战争爆发,日军迅疾占领了开滦各矿和秦皇岛港,开启了日本军管理开滦煤矿和秦皇岛港的阶段。本信写作时,秦皇岛港经理仍然是英国人傅克纳,1942年4、5月间,开滦总经理、后被日本委派为开滦最高顾问的那森·爱德,秦皇岛经理处经理傅克纳等英籍员司向日本驻华北派遣军司令部有末副参谋长提出辞职。在1943年1月的电影事交涉信件中,秦皇岛港经理署名就是日本人柴田一美,时任秦皇岛港务局长。本信中给秦皇岛各员司俱乐部提供电影的中西,职位为上校,应为日本军队人物。博伊科维奇先生为中华影机电器公司经理[①]。关于秦皇岛经理傅克纳信中的最后一句话,"不收取任何入场费",《开滦煤矿志(1878—1988)》第5卷中也有提及,"矿务局每月给予各矿中级员司俱乐部补助金600元。……提供的电影不收费"。[②]

二

{译文}

1942年2月10日　　给秦皇岛经理的备忘　　天津0042

主题　电影放映

回复您1942年2月5日编号为3045的备忘,总局指示,同意将放映设备继续留在秦皇岛,但相关安排属于博伊科维奇和你经理处之间的事情,费用请各俱乐部自行支付。

总局 □□

三

{译文}

1942年2月13日　秦皇岛3045

天津　维多利亚道237号

N. M. 博伊科维奇先生　中华影机电器公司

亲爱的先生,

---

① 黄光域编:《近代中国专名翻译词典》,四川人民出版社2001年版,第259页。North China Theatre Supply Co.,1944年前后称"中华影机电器公司",1944年后称"中美影机电器公司;中美公司"。

② 《开滦煤矿志(1878—1988)》第5卷,第348页。

关于近来提及的将放映设备撤出秦皇岛一事，很遗憾我无法支付使用租金，我想这种情况您还是按原计划撤走设备。

您诚挚的 傅克纳经理

四

{译文}

1942年3月16日 给唐山秘书主任的备忘 天津0042

主题 电影

博伊科维奇先生来访，建议未来我们高级员司俱乐部只放映美国电影，其他俱乐部只放映中国电影。他说，这样的话，我们最多5天就可以看到新的美国电影，合并成本并不会增加。

如果我们接受这一提议，他将设法尽快放映中国电影。

关键在于低级员司俱乐部是更喜欢中国电影还是美国电影。

请您尽快告知我们员司对这个提议的看法。

总部 □□

五

{译文}

1942年3月17日 给天津总部的备忘 秦皇岛

电 影

关于编号0042您3月16日写给唐山秘书主任的信件，我处低级员司俱乐部的意见是，他们更喜欢好的中国电影。

我认为耀华工人俱乐部不包括在我们的项目之内，他们应承担的花费需单独考虑。

经理 傅克纳

{解读}

开滦的低级员司均为中国人，因为语言与文化所以更倾向中国电影。“耀华工人俱乐部不包括在我们的项目之内”，这个说法的背景是1941年太平洋战争爆发，耀华委托开滦代管的关系就此终止，此前1922年至

1936年,耀华的经营管理一直由开滦代管。结合第二、三份档案“费用请各俱乐部自行支付”“无法支付使用租金,我想这种情况您还是按原计划撤走设备”,可见经费问题也是影响和制约此类福利政策的一个要素。

六

{译文}

1942年3月19日　　给天津总部　　唐山

电　影

我已收到您1942年3月16日编号0042的备忘录,非常感谢。我已与矿区主任和经理商量。

但是,我们决定,因为政策原因,在矿区高级和低级员司俱乐部不放映任何电影。

秘书主任 □□

七

{译文}

电影院通知

因中西上校美意,明晚(5月6日)七点秦皇岛俱乐部将上映电影。盛情邀请高级员司及其家属和秦皇岛俱乐部会员前来观看。放映电影如下:

华北新闻	3部分
南方的悲哀(德国电影)	9部分
蚂蚁的一生(教育电影)	1部分
日本铁业	3部分

经理　傅克纳

{解读}

1941年12月8日太平洋战争爆发当日,日军对秦皇岛港开始了“军管理”,由柴田一美担任首席监督官。1942年1月21日,“开滦秦皇岛经理处”改称“军管理秦皇岛港务局”,9月份傅克纳“辞去”经理职务时,柴田一美兼任经理，后改称“秦皇岛港务局局长”。1943年2月，一批日本人充任秦皇岛港务局各处室的助理，后改任副处长，掌握各处实权。其实日本人在占领秦皇岛之前就已经开始渗透影响，早在1918年10月，日本三菱洋行、松昌洋行就在秦皇岛南山设置了办事处。1933年4月，秦皇岛沦陷，大批日本军警在港域驻守。1936年9月，日本人荒木忠次郎充任开滦秦皇岛经理处员司，同月，日本购得耀华比方乙种股票，耀华由中比合资变为中日合资。1937年7月7日，日军封锁海面，秦申航线中断，10月8日，日军在秦皇岛港设“联络室”，派驻武官办理侵华军运事宜。1939年7月，日本海军在港设立“海军武官室秦皇岛分室”。1940年11月10日，日本特务机关6人进驻秦皇岛经理处，充当日本军方联络官。秦皇岛港在运输、军事等方面都对当时的日本侵略者发挥重要作用，也因此有若干日本人驻扎，这或为矿区不放映电影，秦皇岛却因“上校美意”放映电影的一个重要原因。

八

{译文}

1942年6月17日　　给唐山秘书主任　　天津0042

1942年6月15日1661号给经理的信，关于给矿务局低级员司俱乐部放映中国电影一事，希望你们包括秦皇岛在内，抓紧按照一月两部影片的标准做出一个放映表。

我们也希望知晓关于矿区和秦皇岛俱乐部补贴问题的意见。

急切期待回复。

总局 □□

九

{译文}

1942年6月20日　　给天津总部　　秦皇岛3045

电　影

关于您1942年6月17日给唐山主任秘书的信件0042，我已收到副本一份。我认为我们的员司和工人俱乐部每月放映两部影片，每部影片放映两场,可以保证140元。

经理 傅克纳

十

[译文]

1942年6月23日　　天津总部　　唐山1661

电　　影

关于您1942年6月17日的备忘,我随信附上一份每月放映2部电影的排班表。我还没有和相关俱乐部商量这件事情,因为在他们确认需要的场次数量、俱乐部可能需要的影片数量之前,他们需要知道即将放映什么电影。因此,可否给他们一份电影名单供他们选择?

如果全部放映中文电影,可能租赁费用要比美国电影低得多。

基于以前每月放映8部影片时俱乐部的供款,如果每月放映2部的话,供款比例大致如下:

唐山　　低级员司俱乐部　50元
马家沟　员司俱乐部　　　30元
赵各庄　低级员司俱乐部　25元
唐家庄　低级员司俱乐部　25元
林西　　低级员司俱乐部　25元

俱乐部供款来源于向会员收取的会费,数额取决于影片的种类。

秘书主任　□□

十　一

[译文]

开滦电影院放映表

每月两部电影

A轮	第一部电影	第二部电影
唐山　低级员司俱乐部	第一个星期三　17:15	第三个星期三　17:15
	20:30	20:30
马家沟　员司俱乐部	星期四　17:45	星期四　17:45
B轮		

续表

A轮	第一部电影		第二部电影	
林西 低级员司俱乐部	星期五	17:45	星期五	17:45
		21:15		21:15
唐家庄 低级员司俱乐部	星期六	17:15	星期六	17:15
		21:15		21:15
赵各庄 低级员司俱乐部	星期日	17:45	星期日	17:45
		21:15		21:15
C轮				
秦皇岛员司俱乐部	星期二	17:30	星期二	17:30
		20:00		20:00

十 二

{译文}

1942年6月25日　　秦皇岛　　给天津总部

电　影

再及我1942年6月20日的信件3045,我要说明,我们可以保证的收入是在每月放映2部影片、每部在我处员司和劳工俱乐部放映2场的情况下的最大收益。如果只考虑在员司俱乐部放映,于我们是极为不便的。

经理　傅克纳

十 三

{译文}

部门间备忘　　给唐山秘书主任　　0042　　天津　　1942年7月25日

主题　电影

回复您1942年6月23日的备忘,我们现在给您随附一份巡回放映的电影名单。尽管只有中文电影在映,但这些都是优质电影,研究过这份放映名单后,我们也希望您重新考虑每月的供款,对我们来说是偏低的。五家俱乐部总共145元,秦皇岛两家俱乐部就140元。

您提供的放映日期看上去很合理,但是您没提秦皇岛劳工俱乐部。为什么这家俱乐部不能周一放映?哪天可以放映?

总局 □□

十　四

{译文}

天津总部　　唐山　　1942年6月29日　　1661

电　影

回复您1942年6月25日的0042号备忘,关于上述主题,我们已经和各个俱乐部沟通了每月供款问题,他们一有回复我将和您进一步商议。

关于您这封信中第二段提到的秦皇岛劳工俱乐部,我想说的是放映时间表中我们是有意将秦皇岛劳工俱乐部从放映计划中除去的,因为在您1942年6月17日0042号备忘录中要求我们只在低级员司俱乐部放映电影。

我的建议是,如果秦皇岛经理同意,可以修改一下提议的放映时间——秦皇岛的第一场安排星期一在员司俱乐部放映,第二场安排星期二在劳工俱乐部放映。

秘书主任 □□

十　五

{译文}

天津总部　　秦皇岛　　1942年7月1日

电　影

关于秘书主任1942年6月29日第1661号信件,我已收到副本一份。我的意见是,如同您所建议的一样,周一在我们的员司俱乐部放映2场,周二在劳工俱乐部放映,这对我们来说非常合适。

经理 傅克纳

十　　六

{译文}

唐山秘书主任　天津　　1942 年 7 月 28 日

关于放映中国电影的协商已经完成，第一部电影将于 8 月 2 日星期日在唐山放映。这个日期与 1942 年 6 月 23 日 1661 号备忘中的并不一致，原因是电影公司希望每月而不是每周固定日期放映。因此，第一部电影将于 8 月 8 日结束在秦皇岛劳工俱乐部的放映。下一部电影将于 16 日或 17 日放映，在此之前，我们一定要将每月两次的放映日期固定。

第一部电影为《胭脂》，第二部为《满庭芳》。

博伊科维奇先生今天下午将去往唐山，对放映员的工作做出必要的安排。

总部　□□

抄送林西 M I 和秦皇岛经理

十　　七

{译文}

开滦电影院放映表

每月两部电影

A 轮	第一部电影		第二部电影	
唐山　低级员司俱乐部	每月 2 日	17:15	每月 17 日	17:15
		20:30		20:30
马家沟　员司俱乐部	每月 3 日	17:45	每月 18 日	17:45
B 轮				
林西　低级员司俱乐部	每月 4 日	17:45	每月 19 日	17:45
		21:15		21:15
唐家庄　低级员司俱乐部	每月 5 日	17:45	每月 20 日	17:45
		21:15		21:15

续表

A轮	第一部电影		第二部电影	
赵各庄　低级员司俱乐部	每月6日	17:45	每月21日	17:45
		21:15		21:15
C轮				
秦皇岛　员司俱乐部	每月7日	17:30	每月22日	17:30
		20:00		20:00
秦皇岛　员司俱乐部	每月8日	17:30	每月23日	17:30
		20:00		20:00

{解读}

根据译文十一、十六和十七可见,电影放映时间在调整后明显更利于放映管理,因为开滦员司俱乐部分散在各地,电影要分轮次放映,如果是按照星期几来安排,则不如具体到日期更加便于识别和记忆。

需要注意的是,此处两部电影均为"满映"制作的电影。"满映"指"株式会社满洲映画协会",成立于1937年8月,是伪满洲国对电影进行全面统治的特设机构,既从事影片的发行放映,又从事故事片和新闻纪录片的制作,并具有一部分国家对电影进行管理的政权职能。①

《胭脂》拍摄于1942年,是由日本导演大谷俊夫导演策划的一部古装爱情片,故事情节波澜起伏,戏剧性很强,是一个典型的中国民间化的爱情传奇故事。为了摆脱"国策片"的尴尬,1939年"满映"文艺课就提出了要把《胭脂》拍摄成电影的想法。为此大谷俊夫等人并非为了国策和麻醉,而是为了电影艺术和票房价值,有意利用和开掘中国本土的文学文化资源,拍摄受中国人欢迎又有市场价值的电影,在年代和民俗的考证及摄影技术上下了很多功夫,终使影片大获成功,受到观众和批评界的好评,被认为是有价值的伪满时期的影片。《满庭芳》是1941年由张我权编剧,王则导演,徐聪、孟虹等人主演的影片。1940年到1942年,"满映"共出品故事片64部。《胭脂》因为没有明显的宣传意图且符合中国观众的欣赏趣味,受到了大众的好评。

结合档案所见,1942年7月秦皇岛港放映的两部电影均产生于"满

① 李道新著:《中国电影史(1934—1945)》,首都师范大学出版社2000年版,第246页。

映”故事片生产明显发展的阶段，日本占领秦皇岛港期间所放映的电影也以“满映”出品的居多，反映出“满映”存在期间的活跃，“国策”电影则彰显出日本进行文化侵略的本质。

保定商会档案之婚书类档案选编

崔玉谦　徐　舒

（保定学院　文物与博物馆学院，河北师范大学　文学院；

宁夏大学　新闻传播学院）

保定市档案馆馆藏的保定商会档案，是保定商会自1908年至1956年近半个世纪从事经济、政治、文化、教育及社会活动的珍贵记录，是研究保定城市史、商会史乃至抗日战争史、中华人民共和国史的重要历史文献。但在《保定商会档案》[①]中也夹藏有部分与保定、保定商会没有直接关联的档案[②]，婚书类档案即是其中一类，笔者依据影印图版将部分档案选编整理。

河北省各县商家承售官制婚书暂行办法[③]

一、各县发售官制婚书，除依照修正河北省各县发售官制婚书办法办理外，并依照本暂行办法行之。

※　本文系保定学院保定历史文化研究中心资助科研项目阶段性成果。

①　鉴于保定商会档案极大的学术价值，为改变这批历史文献藏在深闺人未识的状况，自2008年11月起，在保定市政府和河北大学有关机构的支持下，经过专家论证和对编纂体例的讨论后，由保定市档案局提供档案支持，河北大学宋史研究中心组织师生数十人进行了大量繁复的命名、分类、编排和数番校对修订，历时五年时间，先后于2012年5月由河北大学出版社出版了《保定商会档案》（20册），于2013年12月由北京燕山出版社出版了《保定商会档案辑编》（25册）。

②　截至目前关于《保定商会档案》《保定商会档案辑编》，学术界关注焦点基本集中在商会类档案本身，除此之外，大量与商会自身没有直接关联的档案没有引起足够的关注，其中包括大量反映保定城市民众日常生活的档案，婚书类档案即是其中的一部分。

③　《保定商会档案》第19册，第423页。

二、发售婚书机关,除依修正河北省各县发售官制婚书办法第三条之规定办理外,并由县分发境内指定商号分售之。

三、发售婚书以人民购用便利为原则,乡镇、商号均可。责令经售应由县公署与商会联络指定并由商会保证之。

四、官制婚书每份应购贴印花税票四角,由经售商号皆饬照数贴定,再行售给。

五、各县公署发商经售婚书,每份准提支八厘办公费,以四厘留县公署,以四厘提给原经售商号,并准于报解价款时扣支。

六、凡经售商号须将婚书价目贴于门首书明(官制婚书每份国币四角,另贴印花税票国币四角)无论何人不得私自加价,违者依法惩罚不贷。

七、经售婚书商号每届月终应将经售婚书份数及价款数目列表,连同书价(除留支四厘外)一并报解清楚不得拖欠,其表示另定之。

八、各商号请领官制婚书以及报解书价,或直接县公署、或由何处请领承转便利,应由各县察酌地方情形指饬遵办。

九、本办法各市局、处署均适用之。

十、本办法自公布之日施行。

河北省各县商家承售官制婚书暂行办法修正条文①

一、中心二十八年八月四日公布之修正河北省各县商家发售官制婚书办法。

第五条原文　官制婚书每份售国币四角,另照章购贴印花税票四角。

修正条文　官制婚书每份售国币四角,另照章购贴印花税票八角。

二、三十一年二月六日公布之河北省各县商家承售官制婚书暂行办法。

第四项原文　官制婚书每份应购贴印花税票四角,由经售商号督饬照数贴定再行售给。

修正条文　官制婚书每份应购贴印花税票八角,由经售商号督饬照数贴定再行售给。

第六项原文　凡经售商号须将婚书价目贴于门首书明(官制婚书每

① 《保定商会档案》第19册,第429页。

份国币四角,另贴印花税票国币四角),无论何人不得私自加价违者依法惩罚不贷。

修正条文　凡经售商号须将婚书价目贴于门首书明(官制婚书每份国币四角,另贴印花税票八角),无论何人不得私自加价违者依法惩罚不贷。

河北省商家承售官制婚书报解表式样及填表说明[①]

河北省 县(市)(局)(处)(署)月份商家承售官制婚书报解表　民国　年　月　日造送

商号名称	地址
旧管婚书份数	
新收婚书份数	
开除婚书份数	
实存婚书份数	
本月售出书价	
应留四厘经手费	
实解书价洋	
某某商号(盖章)	

填表说明:

1. 商号名称即填经售婚书之商号。
2. 地址应填明某区某乡某镇或某村。
3. 旧管婚书份数应填上月表内所列实存之数。
4. 新收婚书份数应填本月领到婚书之数。
5. 开除婚书份数应填本月售出婚书之数。

① 《保定商会档案》第19册,第448—449页。

6. 实存婚书份数应填除本月售出之外尚存之数。

7. 应留四厘经手费每售婚书一份按书价四厘计算，应留经手费洋一分六厘计，本月售书若干份即照此提留经手费若干。

8. 实解书价洋即除留经手费之外，每一份应解三角八分四厘，售出若干份即照此数。算明价款填入并应将价款随表解清。

张金龙教授新著《宋武帝传》学术特色笔谈专栏

古代帝王传记的经典之作:《宋武帝传》

卫　丽

(西北农林科技大学　人文社会发展学院)

一、作者、其书及其魏晋南北朝史研究

为历代帝王作传,是传统史学的核心内容之一,也是现代史学的重要研究任务。半个多世纪以来,许多重要的帝王传记已渐次出版。魏晋南北朝是一个群雄并起、豪杰辈出的时代,不过,史学界多将注意力集中于三国西晋时期,曹操、刘备、孙权、司马懿等帝王备受瞩目,而关于东晋南北朝时期,则在很长时间内鲜有像样的帝王传出版。《宋武帝传》(人民出版社 2020 年版)的出版可以说是对这一局面的突破,填补了一大空白。

作者张金龙先生三十多年的学术生涯大部分都是围绕魏晋南北朝史研究展开的,从《北魏政治与制度论稿》(甘肃教育出版社 2003 年版)和《北魏政治史》(甘肃教育出版社 2008 年版)开始,其研究重点可以说都在魏晋南北朝的政治、制度史等领域。尤其是《魏晋南北朝禁卫武官制度研究》(首版为中华书局 2004 年版,2020 年由中国社会科学出版社再出修订本)开创了中国古代武官制度史研究领域的兴盛局面。此后,《治乱兴亡——军权与南朝政权演进》(商务印书馆 2016 年版)的出版,更是在制度史及军权问题研究的基础上提出了中国历史的"治乱兴亡论",通过大量史论史实,对魏晋南北朝的时代特征作出了深刻论断:"魏晋南北朝是一个霸政时代,这一时期的政权大多是靠武力建立和维系的","魏

晋南北朝时期几乎所有政权都是以武力和强权为后盾建立的"[1],"纵观南朝四代的兴亡治乱,与武力或者说军权息息相关"[2]。在《宋武帝传》中,作者同样一再强调"宋武帝帝业的确立,武力和军权无疑是第一位的要素,政治与军权可以说如影随形,其依存关系就如事物之正反两面,须臾不可分离"[3]。

刘裕是南朝宋的开国皇帝,是魏晋南北朝时期最杰出、最具影响力的帝王之一,是东晋南朝三个世纪"政坛第一人","四、五世纪之交复杂动荡时代的历史解铃人"(《宋武帝传》封面勒口内容简介),刘裕政坛影响力的前提当然也是武力与军功。因此,围绕军事与军功演进展开研究,无疑是深入理解刘裕及其时代的最佳途径。作者正是将刘裕一生的重要生平事迹置于晋宋之际的重大历史问题之中进行考察与论述,特别展示了他通过军功创建南朝帝业的曲折历程。可以说,着力于军功、军权分析,这是本书研究的基石。同时,作为多年学术研究的结晶,《宋武帝传》凝聚了作者诸多心血,涉及政治、军事、制度、社会、民族、宗教等多个领域研究。

历史人物传记的写作具有很大的难度,能做到不虚美,不隐恶,从史实出发,如实书写,实属不易。《宋武帝传》将宏观历史评论与微观史实考订、史料批判,以及历史述论相结合,最大限度地做到了还原刘裕生平及其所处时代的历史真相。同时,本书文笔十分流畅,情节安排得当,读来引人入胜,且章节题目统一为四八言,整齐划一,而每章都以对仗工整的五七言诗作为始终,这一创新性的叙述方式,使本书文质兼备,雅俗共赏,读来耳目一新。

二、体例创新、雅俗共赏

本书每章首以五言诗开篇,作为本章小引,点明该章内容;末以七言诗收尾,概括本章内容。诗句朗朗上口,朴实平易,形象易懂。且首尾相映成趣,简洁明快,既能引导读者简要了解本章内容,又可起到令读者加

① 张金龙:《治乱兴亡——军权与南朝政权演进》,商务印书馆2016年版,第28页。

② 张金龙:《治乱兴亡——军权与南朝政权演进》,第31页。

③ 张金龙:《宋武帝传》,人民出版社2020年版,第455页。以下涉及本书引用在正文中径注页码。

深印象之效。同时,既有古典文学的形象、形式之美,又是严谨的历史学学术著作,读来雅俗共赏,轻松愉悦。

试举一例。第十三章写刘裕在北伐占据洛阳和长安两大重镇之后,正为是否南归犹豫不决时,留守建康的心腹重臣刘穆之突然病故,刘裕不得不迅速南下还朝。而镇守关中的诸将之间却爆发了互相残杀的悲剧,致使北方赫连勃勃政权趁机占据了长安,坐收渔翁之利。作者在该章前这样写道:

长安席未暖,
刘裕速凯旋。
诸将相残害,
赫连据长安。

这首小诗简洁明快,生动形象地反映了当时情势,极易读懂。读完此诗,对本章的主要内容已能体察。在正文中经过一系列复杂系统的考证论述之后,作者在结尾处又用诗句总结道:

刘裕得入长安宫,三秦父老寄厚望。
急欲禅代速回程,次子义真留守镇。
父老失望民心散,赫连勃勃强兵侵。
安西司马王镇恶,指挥抗击欲保境。
中兵参军沈田子,谋害镇恶逞其凶。
长史王脩杀田子,诸将杀脩更内讧。
刘裕急遣朱龄石,回天无力大溃败。
长安失守诸将没,义真奔窜仅免死。

如果不看正文的具体内容,而只看这首诗,对于诸将相互残害以及刘裕在紧张局势中的对策及结局,都已略知大概。返回头再读正文,便有了提纲挈领之作用。

本书共十五章,加上结语,共十六章内容,每章皆依这一体例。日本吉川幸次郎说南宋诗人陆游几乎是以写日记的方式在写诗[1],是说陆游的诗作量大,几乎每日都有,且其语言平实易懂,就如日记。金龙先生对《宋武帝传》的书写也几乎是同一方式,语言运用之纯熟、平易,由此可见一斑。所有诗句信手拈来,简明扼要,一语中的,自然而然。又如"桓玄仓皇弃建康,义军大步入石头",同样生动形象地表现了义军问鼎建康的气势。在殷实厚重的历史语言之中,给人一种视觉和节奏的轻松愉悦之感,达到举重若轻、四两拨千斤之效果,让读者读后几乎可以对内容过目不忘。

然而,体例的创新并不会有任何哗众取宠之嫌,正所谓文不害意。因为本书的主体内容丝毫不会受外在形式的影响,而是依然极具学术性,严格遵照"论从史出"的原则,使书中的每一句话每一个判断都有理有据,对宋武帝的生平做到了接近真实的还原。历史著作中,人物传记之所以难写,是因为语言文学化、个人情感过多,容易写成文学作品;反过来,历史考证过多,又容易影响可读性。而《宋武帝传》却通过体例的创新,把文学的灵活与历史学的严谨完美地结合起来,真正做到锦上添花、恰到好处、相得益彰,实为现代史书书写之一大创举!

此外,本书虽然不是历史小说,但其情节环环相扣,跌宕起伏,甚至高潮迭起,引人入胜,这是因为本书在章节安排上也是颇费了一番心思的。作者以刘裕一生建功立业的大事为重点,以刘裕的个人发展史为线索来安排章节,每章的落脚点都在最关键的事件节点上,既凸显了刘裕不同时期军功之取得,又客观地分析其成败之因由。比如第四章,桓玄被杀后,尽管刘毅在荆湘二州的平定中建立了巨大的军功,且刘毅本人也流露出独断专行的权力欲望。但是,由于荆州刺史司马休之的临阵逃亡,使刘裕阵营获得了控制荆州的机会。于是,刘裕任命魏詠之为荆州刺史、持节、都督六州,领南蛮校尉,但他任职不久就去世了,这更使刘裕获得了天赐良机,让其弟刘道规继任,如愿将长江上流军政大权交到了最可靠的人手中。作者在这里停顿,作为第四章的结束,并在下一章一开始分析刘裕出镇京口,但"不受"都督中外诸军事、录尚书事二要职,认为"刘裕拒受录

① 见吉川幸次郎著,李庆等译:《宋元明诗概说》,中州古籍出版社1999版,第118页;中国学者林岩也有这一说法,见林岩《晚年陆游的乡居与自我意识——兼及南宋"退居型士大夫"的提出》,载《陆游与南宋社会——纪念陆游诞辰890周年国际学术研讨会论文集》,中国社会科学出版社2017年版,第131页。

尚书事表明他不愿跟王谧(录尚书事的担任者)争权,意味着他对前此王谧作用和地位的肯定,而在当时刘裕羽翼还不十分丰满,赢得高门士族的支持自然颇为必要。都督中外诸军事自曹魏出现以来即由权臣包揽,担任者几乎都会走向篡位一途,刘裕拒受此职是为了不授人以柄,意在显示他并无篡夺东晋皇位的政治野心"(第116页)。由此,读者对刘裕最后的成功已有了基本认识,刘裕的成功,有天赐良机的因素,不过,其自身的军事才干、胆识谋略、政治素养当然更为重要。而刘裕正是在一次次机遇与历练中,见机行事,步步为营,一步步走向篡位之途。因此,回头再看,第四章的结尾便是恰到好处,既符合历史事实事态发展的趋势与脉络,具有节点性意义,同时,对读者而言也起到了意犹未尽、引人入胜的效果,另外也使作者获得了喘息机会,文末的诗句得以顺理成章地吟咏而出。

三、竭泽而渔、论从史出

将史考、史论、史评密切结合,这是本书最大的特色,也是金龙先生一贯的学术底色与治史方法,且常能在他人难以发现的细微之处做出文章。作为严肃的历史学著作的坚实基础,书中一以贯之的做法是言必有据,随时对史籍所记载的所有相关史实进行充分的考证与辨析,包括人名、官职、时间、地名、事件过程等等。这些考证在行文中或通过大段页下注得以呈现自不待言,书中还不时会有"※"号出现,"※"号后面往往是未经史学界讨论的"新名词",当然也是重要的考证,一般篇幅较长,与正文关系又极为密切,为了不打断正文的叙述节奏,常放在文末或文中衔接之处。例如第六章讲北伐南燕时,提到一种魏晋南北朝时期比较常见的疾病"脚弱病"(第159页),作者利用当时及历史上的医药书,认为这实际上就是"饥寒交迫状况下人们饥不择食和营养不良等所引发的中毒和虚脱症状",推测其爆发的原因是"广固围城经历了夏、秋、冬、春四季,特别是围城中后期经过了整个秋季和冬季,严重的营养不良,加上风寒湿痹的侵袭,使得守城官兵和民众多半患上了脚弱病",并最终导致"战斗力尽失,束手就擒也就不足为奇了"。(第160页)又如第九章讲到刘裕派王镇恶与蒯恩西征刘毅,其中出现"能细直吏快手"或"快手"一词,作者征引从魏晋直到明清的所有相关史料,对词义演变的来龙去脉做了全面梳理(第

249—252 页)。对于刘裕的死因,史书记载只有"疾甚",却未交代是什么疾病。作者广泛搜集材料,认为刘裕早年在平定孙恩、卢循之乱时曾多次受伤,即所谓"金创",一直没有痊愈,且与其终身为伴,其"所患'热疾'应该就是伤口感染所引起的发烧,大概随着免疫力的强弱而波动,进入老年后体质下降"(第 22 页),最终导致疾甚而亡。总之,作者通过对纷繁复杂,分散凌乱的文献资料进行考证辨析,探赜索隐,建立广泛联系,纵横捭阖,环环相扣,最后将一部精彩纷呈的帝王传记呈现于读者面前,可谓殚精竭虑。

作为历史人物传记,对历史人物和历史事件的评价当然是题中应有之义。作者对刘裕的评价完全遵循论从史出的原则,在每一个具体的事件中因事而评,而非大而化之。也不会因为研究之而有所偏袒,而是一切从史料和史实出发,公正客观地进行分析,真正做到"不虚美,不隐恶"。作者从刘裕参与平定孙恩之乱崭露头角开始,梳理其举义反玄、匡复晋室、北伐南燕、剿灭卢循、征讨刘毅、控制荆湘、收复巴蜀、再度北伐、占领洛阳、消灭后秦、占据长安、建立刘宋的经过。在此过程中,作者大力彰显了刘裕审时度势、高人一筹的军事才能,但同时也揭露了刘裕"肆意杀戮"、阴暗狠毒与老谋深算的一面。

刘裕在对待桓玄及其残余势力、司马氏宗室、刘毅等异己势力方面,心狠手辣表现得尤为突出。为清除桓玄残余势力,不惜制造莫须有的"骆冰谋反"事件以构陷桓胤及殷仲文兄弟等与桓玄关系密切的人,可谓不择手段。对东晋皇室,几乎将其消灭殆尽,甚至连患有严重智障,无行为能力的晋安帝也不放过。对早年与之共同举义、协助创业的刘毅,也是宿怨早结,处处提防,认为他"傲很凶戾",挑战自己的权威,尤其害怕刘毅在西部地区战功卓著影响力超过自己,进而对其未来的篡位造成威胁,因而以晋安帝名义下诏讨伐刘毅,而且亲自率兵征讨,而刘裕此前仅在北伐南燕和追剿卢循时有过两次亲征经历,表明他必欲灭之而后快的决心。最终刘毅走投无路,于江陵城外自杀。而刘裕惯用诈术,在对付卢循进攻建康时,敌我兵力悬殊,使用诈术当然起到了很好的溃敌效果。但是,在对待刘毅及诸葛长民时,他同样采取了"一贯的'诈术'伎俩"(第 260 页),足见刘裕对"兵者诡道也"这一军事精髓运用之纯熟(第 249 页)。对待东晋以来的高门士族,刘裕同样毫不留情。刘裕出身低级士族,凭借自己的才干与军功控制了东晋最高统治权力,他对"凭借世资,超蒙殊遇"

的谢混等高门士族依靠门第攫取高位的制度与社会现实不予认同,或极为不满,除非这些高门士族诚心支持与拥戴刘裕。对于异己者无论其出身多高贵,都会严惩不贷,诛杀谢混即属典型事例。作者认为"诛杀谢混也可以看作是刘裕对抱有二心的高门士族阶层敲响的警钟,具有杀一儆百的震慑作用"(第243页)。关于这一点,从作者对刘裕临终时对谢晦猜疑的分析中也能得到证明,作者认为"在四人(檀道济、徐羡之、傅亮、谢晦)中只有谢晦出身于一流高门士族,如果宋武帝的临终交代确定无误,则表明他一直到死都没有放松对高门士族的防范"(第454页)。后人对刘裕的评价,认为他开启了"旧时王谢堂前燕,飞入寻常百姓家"的时代,实际上这正是武力强权与门阀政治相较量的结果。"对刘毅和刘藩、谢混的诛杀表明,无论何种资历,也无论什么样的出身,若胆敢挑战刘裕的威权,都将会是死路一条。推翻了桓玄,消灭了南燕,打败了卢循,如此显赫的战功,使得刘裕有着十足的底气可以为所欲为,对东晋统治集团成员发号施令而无所顾忌。至此,东晋的江山已是刘裕的天下,他所缺的唯有头顶的皇冠而已。"(第255页)作者的这一论断无疑是对刘裕最公允的判断。

当然,刘裕不是一个冒进者,他对存在了近百年的东晋政权以及西晋司马氏王朝的影响力有充分的认识,因此,对取而代之的行动也是"慎之又慎,缓步徐行,综合考虑各种因素,方可确保万无一失"(第256页)。刘裕在杀戮异己之后所采取的分割荆州,设置湘州,诛杀诸葛长民、控制豫州,讨伐司马休之,以及占领巴蜀,乃至于再度北伐,都是其步步为营、扩大控制力与影响力的表现。对于刘裕北伐占领洛阳,作者更是发出"时势造英雄,英雄造时势"的感叹,对政治家刘裕的成熟稳重与深谋远虑,还是给出了公正合理的分析。班固在《汉书·司马迁传》中对司马迁的评价是:"善序事理,辨而不华,质而不俚,其文直,其事核,不虚美,不隐恶,故谓之实录。"金龙先生对刘裕的功过评论,诚如斯言!人们常说读史使人明智,这里的"史"是史书、史著,尤其是历史人物传记备受青睐,然而,中国的史书可谓汗牛充栋,人物传记类著作也常常良莠不齐,因此读"史"是要有所选择的,而如《宋武帝传》这样凝结了作者多年心血的上乘之作不正是极好的选择吗?

四、正本清源、实事求是

刘裕是南朝宋的开国皇帝,是魏晋南北朝具有重要影响力的政治人物,历史上的史学家们当然也对他给予了广泛的关注与研究。优秀的史学著作必然重视对先贤学者先见卓识的继承、批判,与史家及其历史著作对话、评议。

历史上刘裕的传《宋武帝纪》载于《宋书》,《宋书》的作者沈约为东晋南朝的江南大族吴兴沈警之后,他在《宋书》中不仅记载了刘裕及刘宋的历史,更在书末《自序》卷中,对沈氏家族尤其是祖父沈林子及其兄沈田子参与刘裕创建帝业的历史大加书写。沈警家族"家世富殖,财产累千金","为东南豪士",作为道教世家,其全家参与了孙恩之乱。沈约祖父沈林子及其兄沈田子在孙恩之乱中归降刘裕,并跟随刘裕参加过举义反玄、北伐南燕、抗击卢循、征讨刘毅及司马休之、北伐后秦等战役,可以说是刘裕创建帝业的见证者与参与者,他们的事迹对于研究刘裕具有重要的史料价值与参考意义。然而,沈约对沈田子和沈林子兄弟的记载却多有刻意夸耀粉饰之处,甚至歪曲历史,而后代史书又不加考证,致使以讹传讹。因此,作者在本书中对沈氏兄弟的历史进行了系统考证,并对沈约的诸多不实记载一一加以批驳与纠正。

例如,在第一章所附"吴兴沈氏与孙恩之乱"一节中,作者考证了沈约在《宋书·自序》中对沈林子年龄的不实记载,指出"对沈林子年龄如此混乱的记载,令人不得不怀疑沈约是有意为之,意在向读者极力传递夸大和加工过的先世光辉业绩的同时,不经意间却要回避其先世不光彩的历史",因此提醒读者"在引用《宋书·自序》相关记载时应多加留神,必须进行甄别与取舍"(第26页)。关于沈林子在抗击卢循、保卫石头城的战役中的身份,作者通过刘裕当时的将军号是中军将军,反驳了沈约在《宋书·自序》中关于沈林子的身份为"行参镇军军事",以及向刘裕及其参军徐赤特提出作战建议的不实记载。认为沈林子当作为低级军官参与了此次石头城保卫战,但绝无可能参与刘裕最机密的军事决策。又,关于沈田子、沈林子兄弟在征讨司马休之之役中的表现,《宋书·自序》说"高祖每征讨,林子辄摧锋居前,虽有营部,至于宵夕,辄敕还内侍",意思是说沈林子不仅作战勇猛,而且受到刘裕的特别亲信。作者认为"多半是沈约为了夸耀其祖父的功业而有意夸大其词,未必完全反映历史的真实”(第280页),并以《南史》的相关记载加以佐证。另外,对于沈林子弟兄二人在北伐后秦时“进攻仓垣城”的表现,作者一方面肯定了二人所创奇功,但也批判了他们擅杀在战役中作出巨大贡献的投降者董神虎,指出“这种滥杀行为将会失去当地民心,不利于北伐成果的巩固,从长远来看危害甚大”(第336页)。同样,对于沈林子和沈田子在中路北伐军的潼关战役中所取得的战绩,作者根据《晋书》《资治通鉴》等书判断沈约在《宋书》中的记载夸大事实。诸如此类,不用一一枚举已能感受到沈约对其祖先的夸饰。

而最关键的是,沈田子在刘裕东归建康,而他随王镇恶以有限的兵力镇守关中,抗击赫连夏趁机南下的紧要时刻,竟然杀害了总指挥王镇恶,导致安西长史王脩再杀沈田子,而长安诸将之间又起内讧,终使胜利成果被赫连勃勃窃取。对这一恶性事件,沈约的解释是沈田子“卒(忽)发狂易”所致,但作者通过分析沈约所撰《宋书·王镇恶传》的不实记载,认为“关于王镇恶被杀的原因,沈约的记载存在明显的偏袒其伯祖的倾向”(第403页)。进而从当时的宏观局势说明“沈田子的目的就是要毁灭刘裕北伐的成果”(第405页),并从作为宗教徒的沈田子家族的悲惨经历与心理特征出发,指出这“是一个曾经遭到巨大心理创伤的宗教徒为了向刘裕实施报复而采取的极端行为”(第406页)。这一论断可谓振聋发聩!但正是通过作者的慧眼,才使读者对作为史学家的沈约及其《宋书》中的相关记载,以及对刘裕北伐失败的原因有了深刻而不同寻常的认识。

作者对史书的评议,不仅表现在对沈约及《宋书》的讨论上,还包括相关联的其他史书。例如关于刘裕诛杀诸葛长民,作者对比《魏书·岛夷刘裕传》和《晋书·刘裕传》,认为《晋书》“代表了刘宋建立后官方史学的立场,并不能够反映历史的真相。唐初官修《晋书》时不加分析而照搬宋修晋史的记载,虽然不符合史家求实的精神,但却保留了刘宋官方史学的真实面貌”(第260页)。又如,在分析战争情况时,指出“报道时常常夸大敌方伤亡人数,减少甚至不报道己方伤亡人数,这是中国古代史书有关战争纪事的一大特色,也可以说是一大缺陷”(第321页)。作者对古代史学的这些评论极具批判意义。

同样,作者还对历史上不同时代史学家关于刘裕功过的评论进行了整理与批判,包括南朝的沈约和裴子野、唐代的朱敬则、宋代的李焘和吕祖谦,以及明清之际的王夫之,对他们评价中的可取之处一一给予肯定,也对其存在的问题一一加以修正。特别值得关注的是王夫之的评论,王夫之对刘裕的功过是非,有很多卓越之论,但也有不少非持平之论。王夫之给予刘裕极高的评价,认为刘裕是“立大功于天下者”,拥有“不可测之神智”,为“闲世英杰”,在“一统天下”上取得了独特的功业,进而认为刘宋是汉唐之间唯一一个有资格作为“中国主”的政权。作者分析王夫之“生活在满族侵占华夏土地、故国明朝因之覆亡的时代,基于强烈的民族意识,他在历史认识上严守华夷之辨,不问青红皂白而是华非夷,对于刘裕消灭北方胡族政权的功业充满了同情之理解,因而给予了高度肯定”(第478页)。针对刘裕杀害东晋末代二帝的恶劣行径,王夫之作为正统儒家思想的坚定信奉者,也明确而坚决地表达了彻底谴责的态度,并且认为这种行为开了一个恶劣的先例,给后来者提供了糟糕的榜样,即“萧道成继起而殄刘氏之血胤,又何怪乎?”而王夫之同时又认为“司马氏投夷狄以亟病中夏,刘裕之穷凶以推刃也,亦有辞矣”,也就是说司马氏残余势力逃亡后秦政权而对汉人政权构成威胁,刘裕弑杀晋帝行为在一定程度上还是情有可原的,作者认为王夫之同样是基于现实中他对清廷坚决排斥和抗拒,认为凡是投降“夷狄”或与“夷狄”政权合作者都应一概予以否定,这又体现了王夫之对刘裕的“理解之同情”(第480—482页)。

同时,作者还一一指出了王夫之的错误论断。例如,王夫之认为“刘裕之篡,刘穆之导之也;其杀刘毅,胡藩激之也”,作者根据书中一系列考证,提出“刘裕若无篡位企图,刘穆之也不可能撼动其心”,刘穆之只不过在刘裕篡位目标“实现过程中出谋划策添砖加瓦而已”(第472页);“对刘裕而言,作出诛杀刘毅和实施篡位这样重大的决策,绝非仅仅是胡藩和刘穆之所激、所导的结果。观其一生行事,只要与刘裕有仇隙或有竞争、妨碍其称帝野心实现者,一律都在清除之列,绝无宽贷可言”(第474页)。对于王夫之以正统儒家标准判断刘裕的篡位乃“君臣义绝,廉耻道丧”,“天良灭绝之已极”,作者从刘裕篡权行为得到了当时所有臣僚的一致拥护的事实出发,严正指出“殊不知一个政权若为整个统治集团所抛弃,不管基于何种理由,其存在的合理性已荡然无存”(第475页)。另外,王夫之认为刘裕建立帝业的重要心腹徐羡之、傅亮、谢晦三人“皆轻躁而无定情者”,尤其对刘穆之充满偏见,作者认为“处于明清易代之际乱局中的王夫之,秉持儒家道统理念,对于历史上的篡位一概持否定态度,尽管他对刘裕篡位的批判并非十分强烈,但毕竟不是给予肯定评价,而刘穆之作为刘裕创建帝业的第一功臣,对刘裕篡位发挥了无与伦比的作用,因而也就成为其重点批判的对象。就正统儒家士大夫的标准来看,刘穆之自然也是格格不入的劣等人物”(第485—486页)。又,王夫之认为刘裕的北伐不单单是积累政治资本,而是其有志于中原的“初心”体现,作者根据刘裕老谋深算、成熟稳重、独断专行、务求实际等特点,指出“表面看刘裕放弃关中南下是幕僚劝阻的结果,实际却是刘裕斟酌形势后的自觉认识,体现了他内心真实的想法”(第489—490页)。

作者在书的最后,基于全书的分析以及对上述史学家们铿锵有力的批判,对刘裕作出了高屋建瓴、全面完整、公正客观而又令人信服的总结与评价。这一切都是建立在作者对史料挖掘的精深与运用的纯熟,及其史学思维的严谨缜密,其问学精神的锲而不舍之上,令人赞叹!

总之,本书可说是经典上乘之作。金龙先生在学术研究中十分重视出土文物资料的使用,遗憾的是,截至《宋武帝传》出版,尚无相关考古发掘资料可资利用。据报道最近南京疑似发现刘裕墓,如果属实,那么,历史上真实的刘裕即将与世人见面。《宋武帝传》在北京的出版、刘裕墓在南京的发掘,这一南一北几乎同时出现,或许是冥冥之中注定的缘分。我们期待刘裕墓的发掘与《宋武帝传》一起,还原一个最真实的宋武帝刘裕,令世人大开眼界。

历史人物传记与史学研究相结合的典范之作

——读《宋武帝传》

张　锐

（山东社会科学院　历史研究所）

魏晋南北朝是我国历史上一个重要的历史时期，介于汉唐之间，具有承上启下的作用。魏晋南北朝是一个分裂与动荡的时代，战乱频仍，政权更迭频繁。在激烈的政治与军事冲突的刺激下，魏晋南北朝时期涌现出了许多具有杰出军政才能，创造了不凡功业的枭雄豪杰，刘宋王朝的建立者宋武帝刘裕就是其中的佼佼者，甚至可以说是魏晋南北朝时期最杰出的政治军事人物之一。魏晋南北朝史一直是学界研究的重点，成果丰硕。魏晋南北朝时期杰出历史人物的传记也为数不少，但是长期以来，尚未有一部兼具学术价值和通俗科普功能，且有分量的宋武帝刘裕的传记，这不能不说是一个遗憾，幸而2020年出版的《宋武帝传》填补了这一空白。

《宋武帝传》于2020年9月由人民出版社出版，作者是首都师范大学历史学院张金龙教授。全书共十五章，四十余万字，作者用细腻的笔法、严谨的考证，将宋武帝刘裕的家世、功业、历史地位与时代背景娓娓道来，描绘了刘裕气吞万里如虎的壮阔一生。更难能可贵的是，是书不仅是一部内容翔实、极具分量的历史人物传记，也是一部晋末宋初政治史、军事史方面的研究巨著，作者将自己对晋宋之际政治军事历史的整体认识和对历史细节的具体考证融汇到了对刘裕生平事迹的叙述之中。对于读者来说，阅读《宋武帝传》不仅可以比较详细地了解传主刘裕，还可以提高对晋宋之际政治史、军事史的认识，可谓一举两得。

具体而言,《宋武帝传》一书有以下特色:

1. 考证精严,细致入微。一部优秀的著名历史人物的传记,如果考证不够精细,就不能具体地说明传主的生平事迹,无法将传主的形象鲜活地展现在读者面前。《宋武帝传》在这方面处理得非常成功,对许多史实细节进行了考证。例如是书第 81—83 页,对刘裕驱逐桓玄、入主建康后的将军号进行了精细的考辨,指出刘裕当时既担任镇军将军,又担任领军将军,有助于读者更好地认识刘裕此时的权力地位和施政的重点。又如是书第 130 页,通过史料辨析,指出《南史 · 张邵传》:"刘毅位居亚相,好士爱才,当世莫不辐凑,唯邵不往。亲故怪而问之,邵曰:'主公命世人杰,何烦多问。'刘穆之言于帝,帝益亲之,转太尉参军,署长流贼曹。"这段记述中的"刘毅"乃是"刘裕"之讹,不仅澄清了史实,也有助于读者加深对刘裕的认识。更为难能可贵的是,《宋武帝传》的考证并不局限于传主刘裕的直接活动,亦兼及其他方面,如当时的制度、名物、地理、军事组织、社会生活等等。如书中第 159—160 页对脚弱病的考证,指出脚弱病是"饥寒交迫状况下人们饥不择食和营养不良等所引发的中毒和虚脱症状","饥饿过度所致营养不良也会使包括钙在内的人体所需各种营养素严重缺乏,导致浮肿脚弱等综合病症"。这段考证为晋军攻克南燕都城广固的胜利原因增添了重要的一条,即"守城官兵和民众多半患上了脚弱病,战斗力尽失";而且有利于增加读者在古代疾病方面的知识。再如第 249—252 页对"快手"的考证分析,指出"快手当即快射手之省称",并对"快手"一词的含义演变进行了梳理。作者此处对"快手"的考证辨析,有助于读者对东晋南朝的军队构成有更好的认识,更易理解精锐弓箭手在东晋南朝军队中的重要作用。《宋武帝传》中诸如此类的细节考证比比皆是,这些考证既是读者阅读的"抓手"和"拐棍",又具有较高的史学价值,部分较长的考证段落,如果单独抽出,完全是优秀的史学札记。这些严谨的考证,充分体现出作者深厚的考据功底和扎实的学风。

2. 条分缕析,一针见血。《宋武帝传》将对史实的分析融入叙述之中,夹叙夹议,议论精到,往往一针见血,使读者豁然开朗。既有体现全局思考和开阔视野的分析总结,也有对史料细致入微的剖析。试各举一例:是书第 294—296 页对刘裕北伐后秦的原因进行了分析归纳,总结为三条:①后秦内忧外患,局势动荡,国力大损;②后秦多年来支持刘裕的敌对势力,接纳反对刘裕的桓氏、司马氏流亡者,多次骚扰乃至蚕食东晋西北边地;③刘裕希望收复被后秦占据的洛阳,“修复山陵”,从而提高自己的政治声望。其中第一条是刘裕北伐最重要的原因。作者对刘裕北伐后秦原因的分析非常到位,在明确后秦自身陷入内忧外患是刘裕此次北伐后秦的主要原因的基础上,注意到后秦是刘裕主政以后各种反对派势力的重要支持者,同时亦对东晋的西北边地多有侵扰,可以说是刘裕的宿敌。就刘裕的性格来说,只要时机成熟,必然是要除之而后快的。而在东晋的特殊主政环境中,收复洛阳,进而“修复山陵”,具有重大的政治象征意义,对于提升刘裕的政治威望具有巨大价值。因此,第二、第三条理由虽非刘裕北伐后秦的主要原因,但也不容忽视。而是书第438—439页对《宋书·傅亮传》中一段材料的分析则可谓精彩绝伦,切中要害:

> 从还寿阳。高祖有受禅意,而难于发言,乃集朝臣宴饮,从容言曰:“桓玄暴篡,鼎命已移,我首唱大义,复兴皇室,南征北伐,平定四海,功成业著,遂荷九锡。今年将衰暮,崇极如此,物戒盛满,非可久安。今欲奉还爵位,归老京师。”群臣唯盛称功德,莫晓此意。日晚坐散,亮还外,乃悟旨,而宫门已闭,亮于是叩扉请见,高祖即开门见之。亮入便曰:“臣暂宜还都。”高祖达解此意,无复他言,直云:“须几人自送?”亮曰:“须数十人便足。”

对于这段史料,作者分析认为,刘裕的这段话,先总结自己的丰功伟绩,然后说要功成身退,颐养天年,可以说是匪夷所思,但是“奉还爵位,归老京师”这句话曲折反映了刘裕的真实想法。作者指出:“‘奉还爵位’意谓不再为‘臣’,以刘裕的功业当然也不可能为民,只能是再上层楼,戴上皇帝冠冕,黄袍加身,以使其掌握的最高权力名正言顺。为臣年老要致仕回乡(府),而‘归老京师’表明其不愿继续待在寿阳,当然也不是回到京口老屋,唯有身在御座才能保证终老京师。”这段分析一针见血,可以说是基本还原了刘裕的真实想法与语言技巧,从这段话的上下文来看,事实也确实如此,刘裕并不是要辞官归隐,而是想要正式代晋称帝,傅亮参悟了其中奥妙,所以去而复返。作者继而对刘裕的这种做法进行了评价:“刘裕的这种做法可以说是历史上专权者和独裁者所惯用的伎俩,部属若不能领会其真实意图,被骗人的鬼话所蒙混,则要大上其当,甚至付出惨重的代价。”分析透彻,以小见大,从一个具体历史事件中归纳出具有普遍意义的结论,发人深省。

3. 破除史书虚饰,还原历史真相。宋武帝刘裕作为刘宋王朝的开国皇帝,历史上的“胜利者”,史书对其不乏溢美之词。尤其是对于研究刘裕来说最重要的史料《宋书》,是作者沈约在徐爰所撰刘宋“国史”的基础上修成的。《宋书·自序》称徐爰撰刘宋“国史”“起自义熙之初,讫于大明之末”,可知《宋书》中与宋武帝刘裕有关的部分是以刘宋“国史”为基础的。刘宋“国史”作为刘宋王朝的本朝史,自然会对刘裕的事迹有颇多讳饰。因此,是否能够运用严谨的分析与辨别,破除史书虚饰,尽力做到求真求实,就是对刘裕传记的一个重要评判标准。《宋武帝传》一书在这方面可以说做得非常到位,拨开了围绕在刘裕身上的虚美光环,在现有史料条件下,尽力做到了还原一个真实的刘裕。这方面的例子在全书中俯拾皆是,试举一二:是书第14—15页,在分析刘裕早期与孙恩的一次作战时指出,虽然《宋书·武帝纪上》称此战海盐令鲍陋之子鲍嗣之不听刘裕的部署,结果导致战败,但是“从战斗经过来看,刘裕乃是按自己的战术指挥战斗的”。《宋武帝传》认为,晋军先胜后败,主要原因是“刘裕年近不惑方有机会领兵作战,急于建功立业以求闻达,不顾敌我力量极度悬殊的现实,轻敌冒进,结果导致全军覆没”。《宋书》写刘裕与孙恩作战,极力夸饰刘裕的算无遗策,所向无敌,然而事实上刘裕当时打得极为艰苦,险象环生,但正是这种艰难的战争环境磨砺了刘裕的意志,锻炼了刘裕的能力。能否正确认识和评估刘裕早年与孙恩的作战,是认识和理解刘裕性格与成长历程的关键,《宋武帝传》在这方面显然为读者尽力还原了一个真实的刘裕。是书第119—124页分析所谓“骆冰谋反”事件时,通过对相关史料的细致比对与严谨考证,指出所谓骆冰谋反是莫须有之罪,是由刘裕一手策划的。刘裕兴此大狱的目的则是“构陷桓胤以及殷仲文兄弟等原本与桓玄关系密切的人”。还原了历史上刘裕狠辣果决的手腕和对政敌斩草除根的政治风格。刘裕虽然是一位杰出的历史人物,但毕竟是人而不是神,作者将刘裕从初出茅庐时的急功近利,到手握权柄时的冷静铁腕,这一人物成长脉络基本还原出来,破除了刘裕身上开国皇帝的神圣光环,将他还原为一个活生生的人。此外,是书还注意破除《宋书》在其他方面的虚饰,例如《宋书》作者沈约对其祖父沈林子,沈林子之兄沈田子的战功多有夸大,又为沈田子擅杀王镇恶的罪行进行粉饰,《宋武帝传》针对这些问题进行了细致深入的辨析,正本清源,还原了历史真实。

4. 评价传主,客观公正。作为一部历史人物传记,对传主一生的功过和历史地位作出评价是题中应有之义。而对于传主的评价是否客观公正,不虚美,不隐恶,也是评价传记好坏的标准之一。《宋武帝传》在对刘裕的评价上,不仅做到了全面准确,客观公正,而且择要评述了历代史家对刘裕及其时代的评论。这又往往是其他历史人物传记不具备的。是书第十五章系统梳理了沈约、裴子野、朱敬则、李焘、吕祖谦、王夫之等传统史家对刘裕的评价,并对他们的观点进行分析和评论,若单独抽出,即是一篇精要独到的"刘裕评价史"研究。尤为重要的是,作者以王夫之的评论为例,提出了评判古代历史人物的原则,指出"在历史评判中,若持有先入为主的态度,或被某种意识形态所左右,即便像王夫之那样精通历史的正人君子,也会得出不符合历史实际的错误结论"。作者的这一观点对于历史人物研究和历史传记撰写,具有普遍性的指导意义。至于《宋武帝传》对刘裕的评价,作者提出,刘裕"创造了个人辉煌的历史,也改变了中国历史的走向,成为东晋南朝也是整个魏晋南北朝时期数一数二的杰出政治人物",点明了刘裕的历史地位和历史功绩。在评价刘裕之外,《宋武帝传》还对辅助刘裕建宋代晋的主要功臣进行了评述,刻画了一幅晋宋之际杰出文臣武将的群像。作者还更深一层,把在出身上同刘裕有一定相似性的开国皇帝刘邦、刘秀、陈霸先、朱元璋放在一起进行比较。作者在全书的结尾指出,"在东晋高门士族一统天下的时代,出身低级士族的刘裕要想脱颖而出,其难度不亚于其他时代的被统治阶级的人物。不管怎样,如果没有社会动荡急需英雄豪杰力挽狂澜的大的时代背景,三刘一朱(刘邦、刘秀、刘裕、朱元璋)这样的历史人物绝难有上升的机会,更不要说走向最高层,成为新王朝的建立者,正所谓时势造英雄,英雄造时势也"。这不仅是对刘裕的准确评价,也是对与刘裕经历有类似之处的其他古代杰出历史人物的精准洞见。

5. 附文附录,诗歌增辉。《宋武帝传》有两处较长的附文,分别是第一章末尾附的"吴兴沈氏与孙恩之乱"和第八章末尾附的"剿灭五斗米道残余的反抗活动",两篇附文都与晋宋之际的五斗米道活动有关,但与刘裕的生平事迹没有直接关系,所以作为附文出现。然而这两处附文并非赘余,通过两篇附文不仅有助于读者了解晋宋之际五斗米道活动的始末全貌,更有利于加深对刘裕的认识,因为刘裕的崛起与剿灭五斗米道孙恩、卢循的战争关系密切。《宋武帝传》在全书末尾还有附录"宋武帝生平大事年表”。该表按年排序,并标明此年刘裕的年龄。在每一年下,又按照月份列出与刘裕相关的大事,并尽量精确到日,在年号纪年和农历日期后括注公历年份和日期,一目了然,方便读者快速查阅刘裕的生平大事,使用非常便捷。此外,《宋武帝传》还有一个特色:每一章的开头和结尾各有一首诗,对这一章的内容概况进行提炼,例如第一章的开头诗是“孙恩乱浙江,东南震八郡,刘裕初为将,位卑建奇功”,结尾诗则是“天师道首曰孙恩,会稽起义反朝廷。数十万众欲逆天,东南八郡多响应。内史谢琰竟身死,孙恩气势衰复兴。北府名将刘牢之,受命东征欲平定。刘裕方入牢之府,小队人马建奇功。京口阻击挽狂澜,头角崭露立威名”。而在《宋武帝传》的正文最后还有一首长诗,对刘裕的生平事迹进行了概括和评价。这些诗既提高了全书的文学性,又起到了提纲挈领的作用,可以帮助读者更好地记忆正文内容,可谓一举两得。

宋武帝刘裕是一位以军功起家的开国皇帝,历经多次大战。《宋武帝传》对刘裕参与、指挥的一系列战事做了详细的考证、评述。但可惜的是,书中没有为刘裕一生中的重大战事配备作战图或态势图,这不能不说是一个遗憾。不过这属于白璧微瑕,些许瑕疵不能掩盖《宋武帝传》重要的文史价值与填补相关空白的地位。总体来说,《宋武帝传》既内容翔实,又主线突出;既考证严谨,又语言平实;体量适中,可读性强;通俗科普功能和研究价值兼备,足可称为历史人物传记与史学研究相结合的典范之作。

《宋武帝传》评介

黄　伟

（首都师范大学　历史学院）

魏晋南北朝时期风云跌宕数百年，虽处乱世兵燹，但却英雄人物辈出，刘宋开国之君宋武帝刘裕当属其一。可与魏晋南北朝时期的其他人物相比，学术界对刘裕的关注似乎并未深入，鲜有不虞之誉，尤其是系统而又专业性的传记类著作更是屈指可数。首都师范大学历史学院张金龙教授所著《宋武帝传》（420 千字，人民出版社，2020 年 9 月第 1 版）对传主刘裕辉煌曲折的一生进行了系统综合性的研究，是中古时期人物传记研究领域不可多得的佳作。本书学术价值斐然，主要有如下数端：

（一）宏观运笔，考察刘裕的政治和军事生涯，勾画出他波澜壮阔的一生；不落细微，通过具体事件来研究刘裕的人物性格和不为人知的一面。双管齐下，本书全方位、多角度还原出一个真实而又丰满的宋武帝形象。

本书以时间为线，贯穿成文。细致还原了刘裕参平孙恩、举义反玄、攻伐南燕、剿灭卢循、西收巴蜀、北伐入洛和荡平后秦等丰功伟绩，记录了他通过东征西战、建武军功，逐步从一介低级武将到最终建刘宋以启南朝以及刘宋立国后俭约勤政的全过程。在门阀政治格局，高门士族一统天下的背景下，“贵仕素资，皆由门庆。平流进取，坐至公卿”，出身低级士族的刘裕要想位列朝堂都实属不易，遑论起兵阃外，入主台城。在如此困难的情况下，刘裕仍能突破万难登临绝顶，足见他的成功并非侥幸，而是多种因素合力使然：

第一，生逢乱世得遇良机，再加上自身卓越的军事和政治才能，最终得以践祚江左。“在士族高门当政的东晋晚期,刘裕以出身低级士族的一介中下级军官,因时际会,建立了不朽功业。”(第495页)刘裕出身寒微,并无祖上余荫作为依靠,由于生逢乱世巧遇时机,方才建功立业。时势造英雄固然不假,但前提是英雄本身必须具有过硬的综合素质。刘裕一生开疆拓土,鲜有败绩,他的军事能力自然毋庸置疑,同时他的政治才能亦不遑多让。试列举数条:(1)“骆冰谋反”事件中,刘裕巧施一石二鸟之策以诛杀桓玄亲姻桓胤及殷仲文兄弟,既铲除了仍在东晋任职的桓玄旧亲信集团成员,又废除了曾由刘毅主导发布的特赦桓胤的晋安帝旧诏,致使桓氏余党及其潜在的支持者再难进行复辟活动。作为一个政治家,一个谋略若只发挥单一的作用往往不被他们所乐见,一石二鸟才是他们惯用的伎俩和追求的结果,刘裕政治手段的高明由此可见一斑。(2)刘裕在论功行赏之时的表现亦能反映出他过人的政治能力。面对晋廷赠予的高官厚禄,他再三推让而不受。这意在显示自己并不恋权位,起义反玄只为匡复晋室,无疑能够赢得更高的社会声望。再者,亦可借此机会试探朝臣对自己专权的真实态度和底线,确保做到稳中求胜。足见刘裕既能把握政局,又懂政治试探,深知在仕途平顺之时绝不贪功冒进的生存之道,不因一时之利而迷失初心。(3)此外,刘裕在政治上还深谙欲取先予之道,这在第九章诛杀刘毅和第十章第三节征伐司马休之等事件中均能体现,对于政治权谋之术的运用已至炉火纯青的地步。

第二,刘裕的成功和他自身鉴裁有决、刚毅果断的性格密切相关。卢循复叛之时,时任尚书左仆射的孟昶得知刘毅战败后,不但没有及时组织力量护卫京师,反而选择自杀。过激之举,必有其因。本书认为原因可能有三:其一,孟昶主张逃亡江北,刘裕坚决反对,孟昶以死相争;其二,刘裕北伐后燕之举,孟昶是为数不多的支持者,若无北伐则无卢循复叛,因此他要以死谢罪;其三,王谧去世时,孟昶曾与刘毅等人反对刘裕入京,两人之间存有旧隙。所以孟昶要么是畏惧自杀,要么是被刘裕谋害。无论其死因为何,有些蛛丝马迹还是可以透出诸多信息的。不管是刘裕坚持己见,极力反对逃亡江北之举,还是在晋室大臣多数反对刘裕北伐之时,他仍能继续我行我素,从侧面反映出其时刘裕在东晋朝堂已经具有绝对的领导地位以及他作为一个政治家而具有的果断独裁的一面。同时亦表明义军阵营的内部关系并不和谐,这对了解刘裕与刘毅之间后来的兵戎相见以及刘裕大刀阔斧对阵营内部人员的清洗都有帮助。

第三,除却自身因素以外,刘裕亦善于借助外力。成大事者必善用人,单枪匹马难以成就王业。刘裕所借助的外力大致可分为两种。第一种是高门士族,如王谧和谢裕(景仁)等人。刘裕对于拥戴他的高门士族一贯采取投桃报李的态度,对他们予以足够的信任和重用。刘裕举义反玄之时,王谧正担任录尚书事,积极协助刘裕执掌朝政,他是拥护刘裕的高门士族的代表人物,在稳定东晋政局和取得平玄胜利等方面委实功不可没。安帝反正回归京师以后,刘裕甚至拒受录尚书事的任命,因为他深知自己的羽翼尚未丰满,还需继续赢取高门士族的支持,此时与王谧争权于己不利。谢裕(景仁)在刘裕幕府任职多年,不仅是刘裕的心腹,也是他的亲家。闻知谢裕(景仁)死讯时,刘裕哭之甚恸,"正是这种和高门士族人物的惺惺相惜,使得刘裕能够建立起广泛的支持基础,成就他创造新帝国的伟业"。(第243—244页)第二种是同宗心腹,如刘道规和刘穆之等。刘道规是刘裕同父异母的弟弟,血脉相连,自然会委以重任。刘穆之可以说是刘裕麾下第一谋士,凡是刘裕进行的重大军事或政治行动,刘穆之几乎都参与其中,与裕密谋。如果没有他们的帮助,刘裕孤身一人很难应付其时复杂诡谲的局面。"一个伟大政治家的成功,其雄才大略固然最为根本,但拥有若干忠心耿耿的杰出谋士为之划策亦不可或缺。刘裕的成功自然也不例外。"(第497页)正是由于这些士族和心腹的倾力辅佐,刘裕才能做到对外征战、屡立功勋,对内也得以党同伐异、扫平异己,从而把握绝对的政治话语权。

刘宋建国以后,刘裕并没有因为新朝已定便开始声色犬马,而是继续勤勉为政。他不仅废除诸多不合时宜的旧规,还特意下诏增加官吏俸禄、释放奴婢、减轻地方力役征发、降低市税、抚恤北伐战死将士家属。此外,刘裕还实施了停止"冬使"行为、关注司法刑狱、改革禁卫武官制度、省并分合若干州郡以及明确规定地方州府将吏人数等诸如此类的措施。本书认为其中多项措施颇为紧要,甚至力开先河。如"在尚书省设置专门负责司法刑狱的分部尚书,这在历史上还是第一次"。(第443页)又永初二年二月戊申颁布的"制中二千石加公田一顷"措施,"这一规定可以看作是后世公廨田制度的先声,是一大创举"。(第448页)

在本书结束语的开始部分,张金龙教授便用一首五言诗对刘裕的传奇生涯进行了盖棺定论,既明确指出刘裕诛杀异己有失大道,同时亦认为刘裕虽出寒门却胸怀大志,所立功绩乃实至名归。其诗文仅四十字,却言简而赅博，对刘裕并没有一味地贬低，也没有一味地美颂，评价颇为肯綮。结束语中还提到：“刘裕作为南朝的第一代皇帝，既是南朝历史的开创者，也是东晋门阀政治的掘墓人。”（第 494 页）其时政局复杂诡谲，暗流涌动，刘裕却能力挽狂澜，仅用二十余载，不仅实现自身凭陵登顶、江左称尊，甚至还改变中国历史的走向，成为魏晋南北朝时期数一数二的政治人物，即便贯览整个中国历史，也是最为杰出的英雄人物之一。

本书在宏观上叙写了刘裕一系列的政治和军事活动，再辅以细微的具体事件加以刻画，真实还原出一个能征善战、坚忍果断、胸有丘壑和勤俭修政的有血有肉的宋武帝形象。

（二）《宋武帝传》爬罗剔抉，利用大量真实可信的史料，通过精审考辨，辅以合理推测，在订正脱、误、衍、倒的基础上，还进一步提出真知灼见，发前人所未发。

其例不胜枚举，兹举数条如下：

（1）关于“骆冰谋反”事件，本书不囿成说，给出了异于前人的观点。作者认为“骆冰谋反”是莫须有之罪，刘裕谋划此次事件其实是为了构陷和诛杀桓胤以及殷仲文兄弟等，防止桓氏残余势力再次复辟。作者一方面从桓胤等人的任职情况入手，以此来窥探刘裕的真实想法；同时又另辟蹊径，从地理位置角度出发，以桓胤等人所在州郡之间的水陆距离为线索，最终得出桓胤等人之间难以暗通款曲，密谋造反实非易事。作者敢于发前人所未发的治学精神值得我们学习，另辟蹊径的论证方法亦值得我们借鉴。

（2）《南史》卷三二《张邵传》：“及王谧为扬州，召邵为主簿。刘毅位居亚相，好士爱才，当世莫不辐凑，唯邵不往。亲故怪而问之，邵曰：‘主公命世人杰，何烦多问。’刘穆之言于帝，帝益亲之，转太尉参军，署长流贼曹。”本书认为“亚相”地位仅次于王谧，其时唯有刘裕能够符合，“好士爱才”和“主公命世人杰”等褒奖之语不会是指后来被刘裕诛杀掉的刘毅，传中“刘毅”必为“刘裕”之误。同时，本书还指出司马光在编著《资治通鉴》时也察觉到矛盾所在，王谧担任扬州刺史时，刘毅正任豫州刺史，不可能“位居亚相”，为了调和矛盾，故将史实时间放在刘毅担任卫将军、开府仪同三司之后。但此番改动依旧存有扞格，因为其时王谧已死，刘裕任扬州刺史，所以“位居亚相”非刘裕莫属。

(3) 卢循复叛时,为防叛军进攻京师,刘毅与诸葛长民"屯于北陵,以备石头"。《宋书·州郡志一》:南徐州南彭城郡北凌县,"《晋太康地志》属下邳。本名凌,而广陵郡旧有凌县,晋武帝太康二年,以下邳之凌县非旧土而同名,改为北凌"。本书认为此北凌并非刘毅等人屯兵之处,二人驻扎之北陵当为东晋皇陵区。作者并未点到即止,而是继续以《景定建康志》和《宋书》中的有关史实为依据,将东晋众多皇陵区中的钟山陵区和鸡笼山陵区排除掉,进一步指出刘毅和诸葛长民所镇之北陵当为幕府山陵区。整个考辨一气呵成,毫无破绽,不仅充分体现出作者严谨的治学态度,也反映出作者熟稔古代历史地理,拥有深厚的学术功底。

(4) 本书通篇运用大量史料,虽基数过大但绝不随意,作者对每则史料都加以严格审查和求证,以确保其可靠性。本书对凡是出现干支纪年的史料,不仅注明农历日期和公历月日,同时还对一些错讹予以更正。如刘裕抵达洛阳和从洛阳出发西征的时间,仅见于《建康实录》载:"五月戊午,帝次洛阳。"作者认为义熙十三年(417)五月无戊午,疑为戊子之讹。同时根据其他史料进行考证,指出《晋书·安帝纪》所载刘裕五月身在潼关存在错误,当在洛阳。再以第十二章第三节《沈约记事,夸饰先祖》为例,作者指出沈约在记载先祖功绩时,多处进行粉饰修改,有些甚至到了夸张失实的地步。北伐后秦之时,沈田子所率部众仅有数百人,本为疑兵。但在记载青泥(尧柳)之役时,后世史家却因袭沈约之说,"沈田子以千余人败姚泓数万之众",这本身就有悖常理。更为匪夷所思的是,沈田子不仅打败了姚泓,还让他丢弃乘舆服御,仓皇奔逃。本书证之以《南史》《魏书》《太平御览》和《资治通鉴》有关史料,得出亲青泥(尧柳)之役并非沈田子一人之功,傅弘之亦有参与,至于数万秦军败于青泥(尧柳)之事完全是无稽之谈。无独有偶,沈约在记载其祖父沈林子事迹之时亦有粉饰,对于沈林子功绩的记载则更为夸张,"林子声威远闻,三辅震动,关中豪右,望风请附",此番言论若置于刘裕之身,应无疑议,但沈林子绝对难以担此评价。此处仅以此两例为证,但本书不限于此,其例俯拾皆是,作者对所用史料中诸如此类的记载都一一进行了筛查和考证,并指出失实之处所在,治学之严谨可见一斑。

(三)《宋武帝传》真正做到了举一反三,触类旁通,对于研究刘裕时所衍生出的问题或者与之相关的时政大事以及人物关系也都付之笔墨,将刘裕

置于外界的多重背景下加以研究，既能更好地认识刘裕，对于了解晋宋之际的政治格局和社会情况亦有帮助。

本书以刘裕一生的发展脉络为主线，但行文时又不局限于刘裕本身，尤其注意将刘裕和当时外界环境中的人或事联系起来，做到内外结合去审视刘裕。这不仅更有利于塑造出一个丰满真实的宋武帝形象，同时也有助于我们了解晋宋之际的政治局面和社会情况。兹举数例，以证其言：

（1）本书第一章结尾部分作者增加了《〔附〕吴兴沈氏与孙恩之乱》，此处并非赘余，反而不可或缺，透露出诸多信息：刘裕是因参平孙恩才得以崭露头角，开始他的军政生涯，此部分便于我们更好地了解刘裕早年的情况；解释了因刘裕拯救了沈林子兄弟，所以他们在后来刘裕建立帝业的过程中愿意为其卖命；作者还指出沈氏兄弟的身份应是刘裕的户下奴客或军户，刘裕承诺事成之后免其低贱身份并能回乡复仇。同时从刘裕未加制止沈氏兄弟的复仇之举也表明刘裕的政治立场已与晋室存在分歧。

（2）刘裕举义反玄能够一举成功，除了刘裕充分的谋划和正确的引导外，更离不开众人的鼎力相助。本书不仅对起义者的个人生平一一做了考证，以便我们掌握义军阵营的成员构成情况以及举义的相关细节。尤为值得一提的是，作者还用适当笔墨描写了两位杰出女性，一位是孟昶之妻周氏，另一位是何无忌之母刘氏。前者侧重于物质上的支持，后者侧重于精神上的支持。这不仅表明刘裕等人的起义之举是民心所向、众望所归，拥有一定的群众基础，同时表明其时女性在一些家庭事务中具有一定的发言权甚至决定权，这对于我们了解魏晋南北朝社会中女性的地位大有裨益。

（3）在刘裕平定桓玄及其余党之时，王谧担任录尚书事，协助刘裕执掌朝政。王谧其时得以继续身居高位，一方面是因为他出身琅邪王氏，刘裕需要笼络和借助他的力量；另一方面是王谧曾对刘裕有恩，刘裕早年家贫位微，欠刁逵社钱三万，王谧不仅未曾白眼相待，反而替他偿还债务。对于此处涉及的社钱，作者没有视而不见，而是通过对《南史》《魏书》《资治通鉴》《续资治通鉴长编》和《歧路灯》中的有关史料进行梳理和比照，得出社钱具有社区公共经费的性质。这既有助于我们了解刘裕的早年生活状况，也能窥探出当时民间基层社会的一些情况。

(四)《宋武帝传》不仅学术价值斐然,同时对中古时期人物传记的研究,甚至是整个古代人物传记类的研究都极具参考价值。

本书作为人物传记,虽以传主生平事迹为主,却并非平白直述,在很多问题上既有深入的分析,又有独到的见解,蕴含极高的学术价值。

对于刘裕北灭后秦之举,书中指出,以外而言,当时后秦内部纷争不息,国力渐衰,再加上赫连夏的侵袭使得后秦统治基础逐步瓦解,恰好给了刘裕合适的北伐之机。北魏虽国力强盛,但出于四面受敌的现实情况和坐山观虎斗的心态,亦不会插手。以内而言,其时东晋内政几乎不存后顾之忧,正是解决后秦问题的最佳时机。刘裕此前的诸多功绩已经奠定了他在东晋朝堂之上乾坤在握的地位,在政治上具有不可撼动的发言权,可也恰好处于一个瓶颈期,若要再进一步,北伐势在必行。所以刘裕的北伐之举并非单纯地急于建功立业,从而一时兴起而仓促出兵,他所选的时间和契机都拿捏极准,显然是经过深思熟虑的。也正因如此,他才能荡平后秦,兵临北土,创下这不朽的功业。

关于刘裕攻占长安、消灭后秦的北伐功绩,对于江左大多数只会简单而又流于形式的新亭对泣,以示心忧故国,却很少敢于真正地厉兵秣马、饮马淮汉之北的士族而言,刘裕的北伐成功可以说是一个奇迹。但本书并没有停留在对刘裕个人的颂扬之上,而是将其置于大格局之下,上升到南北对立和华夷之辨的高度来看待。"在以后南北分立的场合,再也没有出现南方政权的君主或权臣以胜利者的姿态踏上北方政治中心地区的情形。也可以这样说,刘裕第二次北伐是中国历史上的一个分水岭,此前南北分裂时代还曾有过政治和军事上的南北均势甚至南强北弱的局面,此后就再也没有出现过这种情况。而刘裕这次北伐的成功正是南强于北的标志,或者说是历史上唯一的实例,其重大意义于此亦得以凸显。后世史家在评论刘裕功过时大多都会关注这一条,尤其秉承儒家纲常和华夷之辨的正统思想家,对此尤为重视,甚至认为刘裕北伐之功可减轻其篡位之过,因而也就成为魏晋以来篡位之君中最具肯定价值的一位。"(第380—381页)此番言论高屋建瓴,将晋宋之际的刘裕置于整个历史背景下,以对中国的统一是否作出贡献视为判断个人功绩优劣的标准,肯定了刘裕在历史上的成就和地位。

本书不仅把刘裕置于整个历史长河中去看待,还两次将历史上的同类型人物与其对比,进一步去评价他的是非功过。其一,"虽然汉魏、魏晋和晋宋革命有如此之大的差别，但其共同点也颇为明显，即三次易代都是以武力和军权作为后盾，没有高人一筹的军事才能和盖世功勋绝难成就其大业。曹操统一了北方，结束了汉末以来三十余年的动荡局面，奠定了曹魏政权的基业；司马氏在控制曹魏朝政后，又出兵灭蜀，为全国统一打下了坚实基础；刘裕消灭桓玄和卢循，掌握了江南局势，通过两次北伐先后使南燕和后秦亡国，具有青齐和关河之地，这是南迁汉人政权在百年之后第一次将原北方政治中心区域长安和洛阳纳入领土版图。”（第458页）通过与曹操和司马氏的比较，不仅反映出魏晋刘宋政权之间的继承和更迭，也对刘裕的功绩再次予以肯定。其二，作者认为在中国历史上，只有汉高祖刘邦、光武帝刘秀、陈武帝陈霸先和明太祖朱元璋这几位开国之君与宋武帝刘裕经历相似。同时也指出刘裕与他们的不同之处，刘邦、刘秀和朱元璋是以农民起义军领导者的身份，经过一次次沙场喋血，最终在众多的起义领导人中脱颖而出而得以开国立庙。而刘裕的情况和他们有所差别，“纵观刘裕的政治生涯，他是在维护东晋统治的过程中不断瓦解东晋政权，最终在确保万无一失的情况下以篡位的方式完成了政权更迭。这也是由魏晋南北朝时期改朝换代的基本特点所决定的”。（第511页）除了与同类型人物相比较外，本书还博采历代史家对刘裕所做的评价，例如裴子野、朱敬则、李焘、吕祖谦和王夫之等人的论断。众人所论褒贬不一，作者兼而看之，让我们对刘裕的个人形象和历史地位有了更加清晰的认识。

此外，本书在目录部分也另辟蹊径，通篇采用四字两句格式分别归纳出主、分标题，提纲挈领，一目了然。每节末尾又通过一首七言诗对前文加以总结，新颖之余又显精炼赅博，足见作者深厚的文学功底。同时，这两点在以往的人物传记中鲜有出现，别具一格。

本书无论是学术价值，还是研究方法，或是体例设计，都有它由表及里、富有创见的一面。同时在魏晋南北朝的资料极其有限的情况下，本书仍能爬梳剔抉、抉隐索微，完成了这样一部系统综合性的人物传记，令人叹为观止。这对中古时期人物传记的研究，甚至是整个古代人物传记类的研究都极具参考价值。

学术著作评介

评黄楼博士《神策军与中晚唐宦官政治》

焦　烨　刘啸虎

（湘潭大学　碧泉书院；湘潭大学　哲学与历史文化学院）

学界常将中晚唐政治史概括为藩镇割据、牛李党争与宦官政治三大主题，并以此为中心产生了大量论述。如此虽对中晚唐政治史进行了分方面的概括，却难以体现唐代中后期政治演进的整体历程，难免有割裂之感。黄楼《神策军与中晚唐宦官政治》（中华书局2019年版）一书则独辟蹊径，将神策军、宦官集团、外廷政治与地方政局相联系，从宦官政治的角度切入，为安史之乱后的唐代政局建构起一个崭新的中晚唐政治史解说体系。[①]

作者黄楼，安徽蒙城人，多年就读于武汉大学，2009年博士毕业后留校任教，先后出版专著《唐宣宗大中政局研究》（天津古籍出版社2008年版）、《碑志与唐代政治史论稿》（科学出版社2017年版），在《史林》《史学月刊》《敦煌研究》《西域研究》《魏晋南北朝隋唐史资料》等刊物发表学术论文近50篇。显然，作者本人已

① 黄楼：《神策军与中晚唐宦官政治》，中华书局2019年版，第3页。

对唐后期政治有较为精进的研究,本书即在作者博士学位论文《中晚唐宦官政治》的基础之上形成。

《神策军与中晚唐宦官政治》一书,学术探讨部分共四编十五章。全书由梳理神策军的建立及神策城镇的兴起而始,分析宦官如何通过"四贵"来掌握神策军、操控政权直至左右皇帝废立,揭示甘露之变、牛李党争等皆是宦官政治在内外廷中的体现,最后以监军使将宦官政治与地方政局相联系,构建出一方全新角度下的中晚唐政局。

本书内容充实严谨,逻辑环环相扣,以下几点需格外指出:

第一,作者在探讨神策军如何演变成为禁军并为宦官所用时,另分析了中晚唐南衙诸军流变,并试图探求南衙诸军未在唐后期历次政变中发挥作用的原因。

第二,有关神策军的人员构成问题,除何先成曾提到有方镇节帅、刺史、军校及地方军,四夷质子、蕃人及没蕃人,京畿恶少、白身及市井富商等[①]之外,黄楼在本书中又指出:神策军之构成,另有射生军与防秋兵。安史之乱后禁军体系溃散,肃宗自骁勇中挑选千人组成"衙前射生",护卫皇帝安全。后组建精锐亲军,也冠以"射生"之名,德宗时更赐名"神威军"。[②] 射生军后并入神策军,成为神策军的重要组成部分。射生军起于内廷,是主掌禁中宿卫的亲信禁军。而射生军并入神策军后,其殿前宿卫的职能由神策军继承。神策军从而有更多机会接近皇帝,其势力进一步向内廷扩张。这便是神策军得以废立皇帝、左右政局的关键所在。[③]

第三,对于宪宗被弑和宣宗即位,黄楼提出了自己的推论:穆宗并非弑逆宪宗的幕后主使,盖为宣宗所织构;弑逆者实为王守澄等不堪宪宗因服食丹药而脾气暴躁反常的宦官。宪宗被弑后,左军中尉吐突承璀因受宪宗喜爱而坚持讨贼;右军中尉梁守谦等人则担心,追查弑逆一党会牵出自己欲立澧王反穆宗之阴事,遂诱杀吐突承璀。为掩盖这场弑逆,梁守谦等人只好又拥立穆宗。而为向穆宗表示诚意,梁守谦等人又杀澧王。[④] 至此,元和宦官集团开始控制神策两军,操纵皇位继承。

关于宣宗即位一事,黄楼认为:宣宗并非仅仅是被宦官拥戴登基,而

① 何先成:《中晚唐神策军的兵源问题再探讨》,《天中学刊》2016年第1期。

② 黄楼:《神策军与中晚唐宦官政治》,第19页。

③ 又可参见黄楼:《唐代射生军考》,《史林》2014年第1期。

④ 黄楼:《神策军与中晚唐宦官政治》,第175页。

是自身韬光养晦,秘密与仇氏宦官集团、后妃等多番谋划,借助种种异事谣谶自我神话,最终在宦官的拥立下即位。[①] 黄楼之论绝非空言,而是在熟练运用传世文献与出土墓志等史料的基础上进行的合理推衍。如有关宣宗之异事谣谶,可见《太平广记》卷第一百三十六“迎光王”条:

> 太子宾客卢真,有犹子,曾为沙门。会昌中,沙汰归俗,荫补为光王府参军。一日,梦前师至其家而问讯焉,卢则告卑。官屑屑然,非其愿也,常思落发,再披缁褐。师曰:“汝诚有是志,像教兴复,非晚也。”语未竟,俄四面见日月旌旆,千乘万骑,喧言迎光王即皇帝位。未几,武帝崩,光王果即皇帝位。至是竟符其事焉。[②]

此段材料的政治意图相当明显。借太子宾客卢真之侄的梦境,宣扬“迎光王即皇帝位”。不久武宗去世,光王果然应验即位——这显然是刻意为之的宣宗即位神话,以此佐证宣宗统治天下的合法性。类似史料颇多,此处不一一赘举。

第四,黄楼提出了“近幸文人集团”概念,并从这一角度重新阐释了甘露之变。有关甘露之变,部分学者曾认为李训、郑注互为仇家。如史净罡指出,李训以剿除宦官为己任,而郑注除宦消极;直到王守澄死后,郑注才表现出积极除宦的态度,这导致李、郑二人因争功而最终分裂。[③] 黄楼则认为,李训与郑注是合作关系,郑注不是因与李训有嫌隙而被贬,反是两人为诛除宦官而故意为之。[④]

第五,从宦官政治的角度重新审视了牛李党争。黄楼认为,牛李党争是元和朝官僚集团党派分野的延续和扩大化,牛李党争的根源在宫廷内部,实质是内廷控制外廷的过程。宪宗遇弑,穆、敬、文、武四帝皆为元和宦官所立。皇权不振,为宦官集团所侵夺,使官僚集团成为朋党的温床。[⑤] 宦官集团大权在握,官僚集团为自身的政治诉求而结交宦官,党争的成败便也由宦官决定。

---

① 黄楼:《神策军与中晚唐宦官政治》,第202—216页。

② (宋)李昉等:《太平广记》,中华书局1986年版,第977页。

③ 史净罡:《甘露之变再研究》,山西大学2015年硕士学位论文,第11页。

④ 黄楼:《神策军与中晚唐宦官政治》,第294—295页。

⑤ 黄楼:《神策军与中晚唐宦官政治》,第269页。

牛李党争自元和年间而始,历穆、敬、文、武四朝。至宣宗时,因宣宗即位乃内廷密谋,故宣宗亲近宦官,忌惮宰相李德裕,不预其事者皆不信。[①] 牛党本多苟且偷安之人,政治上更易妥协于内廷,遂为宦官集团所接受。同时因武宗末期李德裕"政出中书"的政策威胁到宦官权力,故李德裕及其一党遭贬斥。牛党官员则因多与宦官交好而被召回朝廷,牛李党争遂以牛党的胜利告终。牛党的胜利则进一步巩固了宦官政治,促使大中以后形成了内外大臣"共治天下"的政治格局。[②]

第六,对于前人未论及或有争议之处,黄楼多方论证,尤其重视运用出土文献如墓志铭来破解问题。如前揭宣宗即位一事,史书多讳莫如深。黄楼捕捉到《唐故振武麟胜等州监军使孟秀荣墓志》中"为王妃连累"一语,结合史书中所载宣宗即位后孟秀荣追禄前功飞黄腾达事,广搜史实,互为论证,推论出宣宗即位谋划已久,非史书所记仅为宦官拥戴登基。也正因为如此,大中年间宦官广泛参与各种政治事务,颇为跋扈。[③]

第七,多方考证,订正史书中的贻误不实之处。如《新唐书》卷一六九《裴垍传》载裴垍与李吉甫不和,黄楼通过与新旧《唐书》其他卷目内容及《册府元龟》比对,指出裴垍与李吉甫并未有冲突,概为牛党挟私伪史。[④] 这体现出作者严谨的治史风格。

本书另有七个附录,以表与文字相结合的形式呈现,表为主,文字作为解释与补充。分别为:中晚唐(肃宗至德元载后)宰相年表;唐代宦官两军中尉、枢密使、宣徽使年表;唐代宦官监军使年表;唐代宦官诸司使年表;唐代宦官家族世系表;唐代宦官官名题衔品阶对照表;唐代宦官封爵表。每附录之前,皆对表进行详细说明,如就两军中尉、枢密使、宣徽使、监军使发展演变过程进行再阐释。再如宦官家族世系表,表前还有对各宦官家族兴起衰亡的梳理。说明完成之后,再总结前人研究成果,后附作者本人整理表格,从而做到图文具体,条理清晰。

本书旁征博引,除传世典籍与出土文献外,更博采名家论断。如田余庆先生《东晋门阀政治》提出,东晋门阀政治是皇权的变态,门阀政治从

---

① 黄楼:《神策军与中晚唐宦官政治》,第319页。

② 另可参见黄楼:《论晚唐"内外大臣共治天下"格局的形成》,《西部学刊》2013年第9期。

③ 另可参见冻国栋、黄楼:《唐宦官集团与大中政局》,《武汉大学学报(人文科学版)》2005年第4期。

④ 黄楼:《神策军与中晚唐宦官政治》,第247—248页。

皇权中来,最后回归到皇权中去。黄楼据此将中晚唐的宦官政治视为中国古代皇权政治的另外一种变态形式。该书结尾更与中古社会的转型相联系,指出监军、枢密使等皆为宋代所继承,成为加强中央集权的手段。

总之,本书章节分明,语句精炼。作者运用史料丰富,观点清晰,展现出其对于唐代中后期政治转型的独到见解,从宦官政治的角度建构起一部焕然一新的中晚唐政治史。

军民何以一体？

——评郭红《明代卫所“民化”：法律 · 区域》

叶 鹏

（复旦大学 历史地理研究中心）

早在20世纪80年代顾诚先生便曾指出，明帝国的疆土管理存在军民二元体系，[①]卫所不仅具有军事功能，还涉及政治、经济、社会多个层面，研究卫所制度之嬗变乃是我们全面了解明代体制不可或缺的一环。近几年，卫所“民化”问题得到了学界的高度关注。“民化”，顾名思义就是卫所与一般州县趋于一致，原本独立的军政轨道被纳入到了州县行政体系之中，具体表现为：卫所逐渐政区化，淡化军事功能；军户逃脱军役，与民户消弭界限；卫所屯田、屯粮无论是科则分派或是实际征解，都与一般民田越发相似。总体而言，种种趋势就是卫所渐渐地转变为普通州县，故而也有卫所州县化的说法。

---

① 顾诚：《明前期耕地数新探》，《中国社会科学》1986年第4期；顾诚：《明帝国的疆土管理体制》，《历史研究》1989年第3期。

目前对卫所"民化"的研究主要集中在制度变革和基层社会变动两个层面，从事历史地理学、历史人类学等研究的学者均颇为重视这一话题。例如针对南岭山地卫所的研究表明，当地军户在明清军政制度、户籍赋役制度变革的过程中，重新建构了族群认知，改变了原有的社会结构，卫所制度成为塑造社会形态的重要推力。① 关于福建一些卫所的研究则展示了卫所归并州县前后，军户通过寻找共同"祖先"搭建户籍合法性的过程。② 具体的卫所体制变化，也有不少学者着眼。③ 但整体上看，相关研究多集中于清初卫所大规模归并州县时期，对明代卫所"民化"的研究相对较少。④

上海大学历史系郭红副教授带领的研究团队，近来出版了新作《明代卫所"民化"：法律·区域》，从卫所法律文献及多个区域案例入手，提出了卫所"民化"趋向自明初便已出现的观点，颇具新意。全书除去引言、结语，共有六个章节，下面分别简介之：

首章研究了国家层面律法对卫所制度的设计及其演变。《大明令》颁布于洪武元年(1368)，是明初颁行的重要法典，此时卫所制度尚处于成形阶段，令文中仅有一些因事而设的条款。与之同一时期颁布的《大明律》则经多次修改，到洪武三十年事实上成了国家各项制度的法律总则，其中严格规定了卫所职权。洪武年间颁布的《御制大诰》四编、《诸司职掌》等文献中也有条款对卫所制度加以规范。至明中叶以后，卫所军制相关的律例文献有所增加，正统年间颁布的《军政条例》、弘治年间颁行的《问刑条例》中，对逃军、清军等问题日益重视，但由于军户潜逃、屯

---

① 相关研究代表如谢湜：《"以屯易民"：明清南岭卫所军屯的演变与社会建构》，《文史》2014年第4期；吴滔：《县所两相报纳：湖南永明县"四大民瑶"的生存策略》，《历史研究》2014年第5期；谢湜：《清代前期南中国乡村社会的再结构》，《北京大学学报》2018年第5期。

② 刘永华、郑榕：《清初中国东南地区的粮户归宗改革——来自闽南的例证》，《中国经济史研究》2008年第4期；郑榕：《14—18世纪闽南的卫所、户籍与宗族》，闽南师范大学2017年博士学位论文。

③ 毛亦可：《清代卫所归并州县研究》，社会科学文献出版社2018年版；杨园章：《清代福建卫所屯粮征收机构的变化》，《福建师范大学学报》2019年第2期；杨园章：《顺治初年卫所制度的变革》，《历史档案》2020年第2期。

④ 明代卫所与州县关系的最新研究还可以参考郑宁：《卫所与州县：明代淮泗地方行政及社会秩序研究》，复旦大学2019年博士学位论文；[加]宋怡明著，钟逸明译：《被统治的艺术：中华帝国晚期的日常政治》，中国华侨出版社2019年版；郑榕：《从乡贯意识转变看明代卫所的地方化——基于闽南卫所的考察》，《中国社会经济史研究》2019年第2期。

田抛荒,“民化”势不可挡,卫所职能渐被州县侵夺,尤其是卫所武官行政权、司法权的弱化,使得卫所独立性日渐消减,国家法典在一定程度上被迫接受了这一事实。

国家立法较为宏观,具体的军法文献能更好地反映卫所“民化”的进程。在第二章中,著者指出除了业已提及的《军政条例》之外,尚有《兵部武选司条例》《军政事宜》《巡抚事宜》《浙江总兵肃纪维风册》《军政备例》等重要文献值得留意。书中紧接着以《军政条例续编》为中心,讨论了“远军改编近卫”这一重要政策。按明初规制,为防止军士逃亡,往往需要采取“南北人互易”的办法,令军人远离家乡服役,但事实上这一政策却加剧了逃军现象。故从宣德至嘉靖年间,朝廷多次力求改革,但因军户制度未变,实际上的军士派遣模式也只能因循守旧。朝令夕改之间,军政更为混乱,不仅逃军现象严重,军事能力下降,戍卫任务只能寄希望于雇佣营兵,而且不少卫所涉足经济贸易,参与到商品流通过程中,军户间贫富分化加剧,维系卫所制的军、粮、役等环节皆趋于崩溃。

法律文献中的军人形象如何演变是第三章着力解决的问题。从明代判牍中可以发现,明初军人形象一般表现得比较老实,到明中后期,刁军悍卒盛行,惯于诬告的军人形象逐渐增多。由于大量军户在经济上被盘剥,生活贫困化,“贫军”字眼也多见于纸端,尤其是在地理环境较差、经济发展水平较低的沿边卫所,这里的戍边军士更是“劳苦较之内军百倍”。而在较为富庶的东南地区,卫所军户生活相对宽裕,“奸”的一面也就被放大了,文献中往往记录的是其狡黠诡诈的样貌。

第四章开始聚焦于具体地域,考察了明代江南卫所的“民化”历程。本章研究区域包含苏州、松江二府,即江南核心区,这里分布有太仓、镇海、苏州、金山四卫,以及下属南汇嘴中后所、青村千户所等多个守御千户所。四大卫所各有特色,苏州卫军弱民强、太仓卫乃军民同城、镇海卫镇守长江口、金山卫控御松江,形成了长三角地区密集的军事镇戍网络。在军民二元体制中,江南卫所并不占据上风,到弘治十年(1497)太仓州得以建立,行政区划上的变动进一步凸显了州县民制之盛。随着卫所制度的诸多弊端相继暴露,颇有积重难返之感,“民化”已是大势所趋,一方面出于现实的防倭需求,营兵制开始取代日渐废弛的卫所制,另一方面地方上的赋役改革刺激了军役折银的兴起,军户“民化”趋势更为强化。与此同时,卫所也促进了江南经济的发展繁荣,江南多市镇,苏松太诸卫所未与州县同城者大多亦形成了繁盛的市镇，这些“嵌入”州县的军事市镇极大程度推动了地方开发，更是深远地影响到了卫所撤废之后南汇、奉贤、金山等县的设置，成为地方秩序的重要塑造力量。值得注意的是，明后期卫所在田地、人户、钱粮等方面均已出现不同程度的“民化”，入清以后裁卫设县，正是对这一趋势的最终确认。

第五章的研究对象转至西南地区，考察了明代贵州各卫学的发展情况。贵州偏居西南一隅，至明代方才得到大规模开发，在洪武年间便设置了诸多实土卫所，有明一代共计有 27 卫之多，其中 18 处单独设立卫学，另外 9 处附入临近州县学校，这些卫学多集中设置于宣德、正统两朝。虽然由于地理位置偏僻，教官缺员现象较为严重，一些官学职能也被迫减省，但随着社学、书院的先后设立，三者共同构成了边疆卫所教育体系，仍极大程度地促进了当地文教发展。明初贵州并未单独开科，只能附湖广、云南考试，至嘉靖十四年(1535)才独立开科、设置解额，从实际中试者的背景观之，由卫学出身的举人、进士超过贵州全省总数的三分之一；从地域分布上看，大致上呈现普定卫、赤水卫、清平卫三个中心地点，而湘黔驿道周边则属于次一级文化发达区。

最后一章研究的是卫所与武术发展之间的联系。卫所武官及其子弟以武为业，日常操练、演习武艺，他们对武术的重视，使得卫所驻地成为明代武术发展的区域性中心。随着卫所军人的迁移，各地武术也得以相互交流，进而获得新的发展。而在明中叶以后，逃军愈盛，卫所日常操练都常常无法完成，军人“民化”的同时，也丧失了对武术的重视，转向科举成为一时之选，卫所武学之影响力亦逐渐式微。

根据本书意见，卫所军户的“民化”途径大概有驻地“民化”与逃亡“民化”两种，并且“民化”开端并非以往论者认为的明中叶，而是从明初就已出现，或可谓是卫所制度的固有弊端。当然，明初只能算作部分“民化”，这一趋势经过二百余年的不断发展，到清代才最终进入全盘“民化”时期。由于区域差异性较大，不同地区的“民化”过程也不尽相同：边地实土卫所的形态保存较好，“民化”较慢；沿海沿边卫所因人口、土地错杂，“民化”呈现出复杂样态；内地卫所军民杂处，“民化”速度最快。明代卫所“民化”具体表现在军户、军屯的独立性丧失，逐渐与民户、民屯混一，州县行政又逐渐渗入卫所系统，卫所脱离了原先的制度设计，“民化”趋势已然不可阻挡。清代通过卫所归并州县等手段，对新的军民关系加以确认,从制度层面完成了军民合一的历史进程。

该书对卫所相关规制、军人形象、官军武艺以及具体"民化"历程均有涉及,可谓体大思精,对明代军政制度研究颇有推进作用。广受关注的区域社会史研究强调利用民间文献,挖掘以往不受关注的制度运作细节,本书虽未深挖民间文献,但立足于扎实史料基础,所引卫所法律文献达十余种,大多是学界此前关注较少的珍贵资料,足堪称道。然而,或是因为合作作者共有五位之多,章节分工较细,全书结构略显杂乱,有不少精彩内容值得进一步阐发。下面根据笔者的研究兴趣略举一二。

讨论卫所"民化",首先应对明初的民如何"军化"加以检视。从较长时段来看,元代便已施行诸色户计,由不同户籍的人世代承充相应差役。明初沿袭这一治国思路,军户即是服兵役的户。那么,究竟是哪些人成为军户、如何成为军户呢?一些研究已然揭示了卫所勾军对区域社会历史的影响,例如明王朝最初进入广东时,大量疍民成为军户,而后又通过不同方式由军户转为民户,最终实现水上人"上岸"。[①] 对这些疍民而言,我们现在所谓的"民化",不过是他们完全成为国家编户齐民过程中的一个环节,卫所制的形成与崩溃均是塑造地域社会秩序的重要契机。当然,不同区域在进入"卫所时代"时面对的社会情境是千差万别的,卫所制对地域社会形态发生的影响作用自然也大相径庭。

不应忽视的是,卫所制度改变的同时,王朝其他制度也多有变化。明初画地为牢的政策实行百年后早已壅滞不堪,里甲制趋于崩坏,配户当差的制度设计难以继续推行,民众对国家的义务由人身被高度掌控的"纳粮当差"逐渐演化为仅在经济上被要求"完纳钱粮",[②]卫所军役折银,趋于"民化",正与这一整体态势相契合。军户"民化"的具体路径,实际上至少包括两种:一是由军户直接成为民户,二是由军户变成逃户。书中谈到了很多例子都与"逃军"有关,但限于资料,这些"逃军"的最后去向难以查考。有学者研究了广西"猺獞"的身份塑造,指出"在里甲制度里有身份的人群,就是民;在卫所体系之内的,就是军;在土司控制之下的,就

---

① 相关研究可参萧凤霞、刘志伟:《宗族、市场、盗寇与蛋民——明以后珠江三角洲的族群与社会》,《中国社会经济史研究》2004年第3期;科大卫著,卜永坚译:《皇帝和祖宗:华南的国家与宗族》,江苏人民出版社2009年版,第82—90页。

② 刘志伟:《从"纳粮当差"到"完纳钱粮"——明清王朝国家转型之一大关键》,《史学月刊》2014年第7期。

是土民；而大量不在这些体系之内、没有获得户籍登记的人，就成为了‘猺獞’。”[①]可以想见，“逃军”恐怕并不是顺从地又成了王朝子民，尤其在边疆地区，通过身份标签的变化，原来的军户可能已成了逃离统治的人。而对身处州县的军户来说，其先祖在明初始被勾军前有不少即是民户，那么“民化”无非是对卫所这一非常制的反动，重新回到州县行政的正常轨道上来。

总之，本书可谓明代卫所研究的又一力作，整体架构颇为宏大，足见作者希望对明代卫所“民化”问题加以通盘考察的意图，虽然章节间的逻辑略显松散，但都颇有亮点。就前瞻性而言，其实每一部分都有继续拓展、深入的价值，比如可以把江南卫所“民化”的研究推而广之，对湖广、山陕乃至九边都司卫所均做一番类似工作，在细致个案的基础上大概可以看出全国卫所“民化”之实态；又或可将研究贵州各卫学“民化”的方法在其余各省加以尝试，足可在蔡嘉麟《明代卫学研究》一书外再新添一部明代卫学“民化”之专著。当然，限于篇幅，这些工作还需留待将来继续完善。

① 任建敏：《猺獞与国家：宋至清桂东北国家权力的建立与地方族群的互动》，香港中文大学2016年博士学位论文，第219页。

一种社会关系与时空结构

——徐雪强博士《明清晋蒙交界区商业地理研究》评述

林　波

（厦门大学　嘉庚学院）

区别于社会学宏观的时空概念和建筑学微观的时空概念，区域历史地理关注的是中观的特定时空内自然和社会要素的结构化发展。二十世纪五十年代之后，区域研究受到社会学计量等其他学科交叉的影响而逐渐转型[①]。尽管"时空社会学"概念在社会学中尚待学术论证和理论接纳，但在地理学或者是历史学中却一直被涉及，并将时空分别确定为时期和区域这两个紧密联系的常用概念，可见，更为广泛意义的地理学对于时空的客观对待程度要比社会学更

※ 本文为湖南省教育厅优秀青年项目"日常生活史视野下的唐代西北军人研究"（1913538）阶段性成果。

① 成一农：《当代中国历史地理学研究》，中国社会科学出版社2019年版，第109页。

为深入和全面,因为在历史地理学的视阈中,“时空”(时期和区域)不仅仅是纯内生的变量,而且还是研究历史变迁和社会结构的关键①。陕西电子科技大学徐雪强博士的著作《明清晋蒙交界区商业地理研究》(以下简称《研究》)由中国社会科学出版社于 2019 年 8 月出版,《研究》以系列独特的研究手段,清晰描绘了一定历史时期内相对特殊的晋蒙交界区域商业发展的地理脉络,从历史商业地理学的角度分别考察该区域商品生产、贸易、运销和商路变迁以及商贸市场的时空结构化变动的过程,并由此揭示这一特殊区域的历史商业活动与空间地理环境之间的内在关系。由于区域的主要特征“并不是内部的同质性,而是功能上的差异性”②,所以《研究》在具体的研究区域方面对历史商业地理研究范围进行了有效扩充。

一、《研究》的主要特色概述

我国主流的区域商业地理学集中研究商业地理的某个要素或重点关注政治经济核心区域,与其明显的不同点在于《研究》的主要研究对象不仅仅局限于商业市场这一个要素,并且将商品生产及其区域特征、商路变向和商品运销等要素综合为一个整体来考虑,且晋蒙交界区作为有别于一般性的内地行政单元的特殊区域,地理上是黄土高原和蒙古高原的过渡带,历史上是民族交错带和政权交界区,汇集混合了多种丰富的人文要素,其商业地理的特点呈现出完全不同于政治经济核心区域的特征,值得深入研究。对于历史地理这样一个交叉领域而言,《研究》充分吸纳了历史学和地理学的先进研究范式,将地理信息技术方法与丰富的史料相结合,实现了研究思维层次、科学制图技术、史料分析角度等三个方面的突破。作者强调并力图揭示的问题主要在两个方面:一是概括和展现明清时期晋蒙交界区商业地理发展的总体特征;二是在学术的层面试图通过多个学科的角度阐释《研究》乃至历史商业地理研究中如何选择研究区域的问题。这样看来,《研究》成功地展现了区域商业历史地理学的两

① [英]德雷克·格利高里、约翰·厄里著,谢礼圣、吕增奎等译:《社会关系与空间结构》,北京师范大学出版社 2011 年版,第 6 页。

② [美]罗威廉:《导言:长江下游的城市与区域》,载于[美]林达·约翰逊主编,成一农译:《帝国晚期的江南城市》,上海人民出版社 2005 年版,第 1 页。

个重要内涵——即区域意义上的商业社会关系和时空结构。

二、体现区域社会关系

全书二十余万字,除了绪论与结论外共有五章,分别介绍和研究明清时期晋蒙交界区的具有区域特征的主要商品生产、商路拓展、市场的发展、商贸格局演变、大宗商品的运销,无论从整体还是单个的篇章来看,其贯穿的主线都是明清该区域的社会发展变化,虽然这些变化也受到自然地理环境的影响,但是自然地理环境对该区域的社会发展影响不是首要决定性的。界定的区域是“由一些层级地位发生变化的地区所组成的系统,它们是一种建立在相互依赖的交换关系上的较强的模式”[①],一般说来,在历史地理学的研究视野中,区域应该是由广泛多样的社会活动构成,这些活动具有外在或者内在的关联。

第一章重点分析晋蒙交界区在明清时期的主要商品生产的区域特征,以边墙为界,南北两侧的主要商品生产都与其人口密度和主要生产方式密不可分,不管从边墙南北商品输出地的转变、牧业商品总量增长以及煤炭开采趋势等时段特征还是边墙以南农牧兼营边墙以北牧业为主的区域特征来看,该区域商品生产的关键影响因素都是人文因素。第二章从政治、经济环境的角度分析明清时期晋蒙交界区的商路变迁,相比仅仅聚焦于商路的走向而言,该章节的研究分析显得更为充实丰满,再利用科学的地理技术方法对该历史时期的商路自然环境进行评估,更科学地揭示该区域在明清时期商路变动与地理环境的关系,使得相关史料分析具备了可视化的特点,在晋蒙交界区,明清时期的商路在官道的基础上形成,商业发展与官道建设相互促进,通过对商路的宏观和微观分析,得出的研究结论是:虽然明清时期晋蒙交界区商路有向北延伸推展的趋势,但是自然环境对商路分布的影响并非处于支配地位,人文社会环境却是影响该区域商路走向的主要因素。第三章以较大的篇幅分析了明清时期晋蒙交界区近三百年的商品交易场所的成长轨迹和空间变化过程,由于清朝蒙古的归附,晋蒙交界区在这个时期内经历了由边疆到内陆的政治区位切换,在这个切换下该区域内的人口分布和流动、城镇类型转化、交通

① [美]罗威廉:《导论:长江下游的城市与区域》,第1页。

路线调整等，都对本地区商贸市场的发展产生重大影响，从明代的马市和清朝曲折发展并向北拓延的商贸市场都可以看出，商贸市场的发展受到当地人们的生活方式、生产活动、行政状况、人员流动等人文社会因素的极大影响。第四章中通过考察边墙以南的大同和边墙以北的归化两个代表性区域贸易中心，《研究》提出：明清时期该区域商贸格局的演变与人文环境的关系同样密不可分，并且区域商业中心的变动反过来又产生了较为显著的区域性影响。明代的大同因为政治、军事和农牧经济的内需特点[①]，促成了其商业中心的地位，清代大同周边商品流通发生变化，军事消费带的消失导致其商品物资供应体系的瓦解，大同作为唯一商业中心的地位衰落；而归化由于政局变动的机遇，使得其商业迅速发展，最终成为与大同并列的两个区域商业中心之一。历史商业地理的重要研究内容之一就是大宗商品的流通，明清时期晋蒙交界区的布帛、皮毛牲畜和粮食作为该区域的大宗商品，其流通是体现该区域商业经济发展特征的重要表征，《研究》的第五章清晰地阐明了晋蒙交界区作为农牧交错带，毛皮牲畜的北货南销和粮食的南粮北运是明代两类大宗商品的运销主流，到了清代，毛皮牲畜的运销中心和运销方向都因为政府的主导而发生了变化，同时，由于政治环境变迁导致的粮食生产改变，加上清朝黄河水运的开通，清朝后期粮食的运销还呈现出“北粮南运”和“西粮东销”的趋势。由于晋蒙交界区的自然地理环境和历来不善纺织的人文状态的共同作用，导致该区域内布帛生产受限，明清时期该区域一直是布帛输入地[②]，这体现了“时间地理学”意义上的“普通人的普通生活”产生了对整个社会体系组织的影响[③]。

《研究》再一次印证了明清时期晋蒙交界区如果作为一个研究对象，在历史商业地理的研究视野和成果输出中都不能仅将其限定于一个自然空间或者行政区域，而是应该全面关注该时空分区内承上启下并逐渐常规化的社会实践，区域历史商业地理的现象和特征都是地理环境和社会关系共同作用的结果。

---

① 徐雪强：《农牧交错带军事性聚落分布及其环境因素：以明前中期大同府为例》，《西北大学学报（自然科学版）》2016 年第 4 期。

② 任根珠点校：《山西旧志二种 · 附录》，中华书局 2006 年版，第 512 页。

③ Hägerstrand T, “What about People in Regional Science?” Papers and Proceeding of the Regional Science Association, 1970, Vol. 24, p. 8.

三、强调区域历史地理的时空结构

综合的地理学学科意义在于除了对地球自然环境的关注外，还将地球上人类的活动和客观影响纳入研究范畴，历史地理学和经济地理学等地理学分支都是着重考虑了人类社会活动区别于自然的时空复杂性，因为无论在怎样的区域环境中，人类社会因素、组织、关系的跨越时代和距离的联合正是历史地理学研究对象进行时空重组的过程。自然地理条件分异直接导致土地利用分异和人口承载力分异，因此人口稠密区和稀疏区的空间分异形成相对稳固的状态。《研究》进行历史商业地理剖析的晋蒙交界区域，属于典型的农牧交错带，而中国人口疏密区的分界线就是中国农牧区的分界线[①]，因此晋蒙交界区域也正与中国人口稠密区和稀疏区的交界空间重合，在这样的分异化区域内，其市场结构必然不同于中心地带。

大宗商品的生产体现了不同的空间分工形式，这是一种特定的经济重组的结果，并体现出特定的市民商业活动在一定的时间空间内结构化的方式。《研究》挖掘了丰富的史料，揭示出晋蒙交界区的大宗商品生产体现了边墙南北的农业经济差异，并随着明清两个朝代的更迭和人文环境的变化又有新的趋势调整。商业地理紧紧围绕着市场与流通的空间特征而展开[②]，而这些与商品生产流通有关的所有活动都在时间和空间中进行，尤其是通过文献与科学地理制图技术的取长补短，《研究》引人入胜地对晋蒙交界区域的商路拓展脉络和影响因素进行了还原论证，这就是对明清时期晋蒙交界区商业活动的一种时空结构考察，这对于解释和理解明清时期该区域的商业活动和自然人文地理的交互关系意义重大。同时，由于商贸市场参与了空间的商品生产，塑造不断演变的空间性并同时被其塑造，这使得某种时空结构确立的商业行为和商业关系得到了具体化，《研究》对晋蒙交界区的马市、军事城镇的商业化、边墙南北商贸市场和商贸中心的演变等进行了到位的剖析，可以看作对当时的时空社会

---

① 龚胜、陈云:《中国人口疏密区分界线的历史变迁及数学拟合与地理意义》,《地理学报》2019年第10期。

② 张萍:《区域历史商业地理学的理论与实践——明清陕西的个案考察》,三秦出版社2014年版,第3页。

进行了商业视角的具体展示。最后,由于空间分布和地理情景会塑造现存的商品流通分工,对于晋蒙交界区而言,明朝和清朝时期各自的时代特征还是清晰的:明代该区域的商品南北向流通和清代的商品多元化流通,不单是因为行政区域层级的变化,还体现出经济多元发展以及商品在更大区域上流通的现代化趋势。

可以说,《研究》对于历史商业地理的研究对象的拓展,是在一种综合视阙下对明清时期晋蒙交界区域内时空结构在商业发展方面的梳理和集中展示,正体现了一种对"时空社会学的"①的响应,这是对于我们对中观的特定时空内的自然、人文、经济地理要素进行分类研究的一次大胆尝试,客观上提供了一种新的历史地理研究需求,这既是特定区域研究的特色体现,也应该是划分区域进行历史地理研究论证的意义所在②。

四、《研究》带来的启示与尚可以继续探讨的问题

由于商业地理学研究历史时期地球表面人类商业活动与地理环境要素相互关系③,《研究》认为历史商业地理学进行区域研究的关键目的是必须界定其商业地理区,并在结论部分力图解释一个关于区域划分和定位的概念,并希望能够区分学术意义上的区域和一般地理学意义上的区域,并强调《研究》所选择的研究区域并不属于既定的商业地理区,而是基于学术研究的一种主观性选择,诚然,地理学进行区域选择的核心必须保证该区域的自然环境完整性④,但是更为开放和发展意义上的地理科学的研究目标"更加强调陆地表层系统的综合研究,其研究范式经历着从地理学知识描述、格局与过程耦合,向复杂人地系统的模拟和预测转变"⑤,因此,作者不应该担忧(或者是介意)该书没有严格遵循一般地理学原则来划定研究区域的问题,因为《研究》已经通过论证揭示了明清时期晋蒙交界区这个特殊的"商业地理区"的显著特征——正是由于受地

---

① [英]德雷克·格利高里、约翰·厄里著,谢礼圣、吕增奎等译:《社会关系与空间结构》,第93页。

② 成一农:《当代中国历史地理学研究》,第109页。

③ 张萍:《历史商业地理学的理论与方法及其研究意义》,《陕西师范大学学报》2012年第4期。

④ 鲁西奇:《历史地理研究中的"区域"问题》,《武汉大学学报》1996年第6期。

⑤ 傅伯杰:《地理学:从知识、科学到决策》,《地理学报》2017年第11期。

理和政治环境制约,商品生产力和消费力低下的社会关系和时空结构导致该地区长时间难以形成稳定的"区域",而真实的区域本来就是"单纯依据关于必然关系的理论知识'事先'无法知道其内容"的[①],因为区域的活动构成是广泛而多样的。

在参考文献部分,《研究》将文献分类为历史资料、今人论著、数据资料三类,但是在第二大类今人论著中把萨囊彻辰的《新译校注〈蒙古源流〉》(道润梯步译校)与另外三部外文译著一起归为与中文著作相并列的译著类别似有不妥,另外在众多的参考专著和论文中,由于部分文献的作者已经去世,因此将这第二大类参考文献"今人论著"改为"著作与论文"似乎更为合适,至于参考文献列表中出现的徐雪强本人的另一本著作《民国时期包头同业公会研究》,用"拙作"二字来代替作者本人的姓名固然体现了作者的自谦,但在格式上就与列表中其他文献不一致,影响统一性。不过这些微小的瑕疵尚不足以影响整体的研究价值和学术贡献。

《研究》扩充了历史商业地理学的研究区域,延伸了商业发展史学的关注视野,不管从学术文献的挖掘还是从研究思路的独特性上看,都可谓一部历史商业地理学领域中的开创性著作。本书既可以作为历史学领域明清时期特定区域商业发展的重要史料汇总,又是从区域商业地理学角度对复杂边缘地带"时空社会学"的一次重要探究,来自历史学、地理学、社会学、民族学乃至环境设计学等交叉领域的读者应该都会从书中得到启发。

---

① Sayer A. "Explanation in Economic Geography: abstraction Versus Generalisation". Progress in Human Geography, 1982, Vol. 6, p. 79.

“继述修史”以冀“王政复古”

——评张光宇博士《朝鲜王朝正祖时期的官方史学研究(1776—1800)》

吴东铭

(南开大学　历史学院暨韩国研究中心)

张光宇著《朝鲜王朝正祖时期的官方史学研究(1776—1800)》2019年于上海三联书店出版,煌煌四十余万字,足见作者在此研究问题上所付出的心力。作者于2012年入业师孙卫国先生门下,从事中韩史学比较方向的研究,着眼于朝鲜王朝正祖时期,历时七载,乃有是著刊行。该书既是国内首部研究朝鲜王朝断代史学史的专书,也是首部研究朝鲜半岛古代官方史学的专著,具有开辟草莱之功。

一、内容介绍

该书由导论、主体部分、结论和附录四项内容构成。在导论部分作者阐明开展此项研究所具有的五点意义,并尽可能地穷尽中韩两国学术界既有学术成果。

主体共设七章,而这七章大致可以分为三个部分:

第一部分(第一章),对朝鲜王朝英祖、正祖时期复杂的政治、文化背

※ 本文系国家社会科学基金青年项目“朝鲜王朝官方史学研究(1392—1910)”(20CSS002)阶段性成果。

景做基本的梳理和阐述,分析正祖成为“学者型”君主的成长经历与学术性格,并宏观介绍这一时期官方史学的地位和成就。

第二部分(第二章),对朝鲜正祖时期设立奎章阁的有关文化背景、建置、人员等作全面考察。正祖通过设立奎章阁,将“右文政策”推向顶峰,目的是扭转社会矛盾,荡平党争,重塑王统,稳固王权,加强统治。奎章阁成为承载正祖期望的实体机构,几乎垄断了正祖时期官修书籍的编印任务,其中的阁臣、检书官等兼带史官头衔,直接参与各类史书的编修。透过主要目录书以及《奎章阁志》《内阁日历》和《日得录》的修撰,旨在“进一步认清奎章阁的书籍编印职能”,“深入理解奎章阁在正祖朝官方修史活动中的地位”[①]。奎章阁成为当时书籍生产和流通的中心,大量的官修史书由此也得以广布并产生影响。部分官修史籍由奎章阁直接负责纂修,“体现了奎章阁修史对朝鲜传统史馆修史、史官记史模式的一种挑战。”[②]

第三部分(第三至七章),作者拣选若干重要的史籍作具体化的分析,试概括于下:第三章系统讨论正祖时期编年体修史项目《日省录》的发端原因、纂修定式、体例、内容、影响、价值和局限性等相关问题。第四章从细节上梳理并厘清续修《英祖实录》和修正《景宗实录》的编纂过程。第五章集中论述正祖时期续补《国朝宝鉴》的背景、过程、影响等若干问题。第六章拣选正祖时期的“义理史书”,讨论其自身的体例、内容、纂修过程以及与朝鲜王朝政治文化生态之间的关系等问题。第七章简要介绍了正祖时期对中国史书的改撰、抄圈与利用情况,借此揭示中国史书对朝鲜政治文化的深刻影响。

结论部分基于全书论述,系统总结朝鲜王朝正祖时期官方史学的十

---

① 张光宇:《朝鲜王朝正祖时期的官方史学研究(1776—1800)》,上海三联书店2019年版,第146页。

② 张光宇:《朝鲜王朝正祖时期的官方史学研究(1776—1800)》,第161页。

大特点、五点积极影响和四项局限,并在中韩史学比较的视野下,更为具象化地呼应了导论中所提出的五点意义,使全书的结构更为紧凑、意旨更为鲜明。附录中列述正祖时期奎章阁参编书籍情况和官方史学大事年表,配合该书主体部分,起到了查核、辅助的工具性作用。

二、综合评价

从全书结构来看,《朝鲜王朝正祖时期的官方史学研究(1776—1800)》一书,暗含着一条通贯全书的主线,使看似互不统属的章节紧密凝结在一起,即朝鲜王朝正祖国王希望通过主导官方修史活动,将其治国理念和宣传教化蕴含其间并广布于臣民,在朝鲜王朝"王与士大夫共天下"的政治模式中,攫取政治话语的主导权,且在具体的修史活动当中,以"小中华"之"君师"自居,时时处处要法"中华正统"和"继述"先王故事,借此宣扬其得位的正当性和王统的合法性,进而巩固和夯实其王政运营。发掘出这一线索,有助于深刻领会和系统把握全书的主旨,充分地理解作者的写作意图。主体中每一章都紧密围绕研究主线的某一个或几个侧面展开。最具代表性的是第六章正祖时期"义理史书"的纂修,乃是为了突破其王统的三重"义理"困境而作。正祖修《原续明义录》以彰显踵续英祖的王统之正;修《庄陵配食录》与《庄陵志(史补)》是为化解其祖上世祖国王"弑君夺位"的"义理"困境,进而得到士林的拥护,使自身摆脱"原罪";修《尊周汇编》是为了表明朝鲜"得国正大",承续"中华正统",进而表明其王统的天然合法性,不仅关涉到全书的研究主线,三部"义理史书"之间也体现着"由近及远、先朝鲜而后中国"的时空逻辑顺序。

该书在东亚史、史学史等研究领域都有着重要的学术意涵。

从研究意义来看,首先,本书为东亚文化圈"五要素说"增添了新的实体研究注脚,进一步夯实这一理论的研究基础。日本学者西嶋定生先生早前曾总结归纳出东亚文化圈构成四要素——汉字、儒教、佛教(汉传佛教)、律令制度。[①] 高明士先生将"传统科技"增为第五要素。[②] 除去佛

---

① 西嶋定生:《西嶋定生東アジア史論集 第三巻 東アジア世界と冊封體制》,岩波書店 2002 年版,第 101—103 頁。

② 高明士:《东亚古代的政治与教育》,台湾大学出版中心 2004 年版,第 255—265 页。

教之外,其他要素在该书中皆展露无遗。作者在系统分析朝鲜王朝正祖时期官方史学的过程中,深嵌于朝鲜王朝性理学强调“大义名分”“春秋笔法”的政治文化背景之下,对大量的朝鲜汉文史籍做了题解,其中不乏归属于政书类史书的朝鲜“事大交邻”文书《同文汇考》和朝鲜王朝法典《大典通编》;尤为值得注意的是,在第二章介绍正祖时期的书籍编印活动时,作者用相当的笔墨罗列介绍这一时期的书籍印刷,在厘清上起太宗、下迄正祖时期,朝鲜王朝铸字活动大致脉络的同时,也提供了传统科技——印刷术在中朝之间流传的个案分析。凡此种种,都为东亚文化圈“五要素说”的史实论证书写了浓重的一笔。

其次,该书是官方史学在朝鲜史学史领域的延展,为官方史学后续的研究开拓了更为广阔的空间。南开史学史学人逐渐推进、构建起一套较为完整的中国古代官方史学的研究体系。[①] 作者踵接学门前辈的研究理路,将官方史学的范式移入朝鲜王朝正祖时期的史学史研究范畴当中,并因地制宜地进行了改造,巧妙糅合“后代学人研究前代历史”和“传统史家研究范式”两种研究角度,集南开史学史特色之大成。该书选取的研究对象由以往中国情境下抽象的朝廷转移到朝鲜境况中具象的国王,[②] 且不似以往通代式的研究断限,只聚焦到朝鲜王朝正祖国王一个世代,对既有的官方史学研究方式做到在模仿中创新,成功地将官方史学研究方法嵌套在朝鲜王朝史学史当中,为官方史学的延展性研究增添了一抹靓色。

再次,该书综合中韩两国学界已有之学术成果,为两国学界在史学史乃至中韩关系史、朝鲜半岛史领域的交流互鉴提供了参考。除常用的《朝鲜王朝实录》《影印标点韩国历代文集丛刊》等基础文献之外,作者能够紧跟学术研究前沿动态,将新近出版的《域外汉籍珍本文库》《域外汉

---

① 其中代表性著作有乔治忠:《清朝官方史学研究》,文津出版社1994年版,后出修订本《增编清朝官方史学之研究》,天津古籍出版社2018年版;岳纯之:《唐代官方史学研究》,天津人民出版社2003年版;王盛恩:《宋代官方史学研究》,人民出版社2008年版;段润秀《官修〈明史〉的幕后功臣》,人民出版社2011年版;杨永康:《明代官方修史与朝廷政治》,人民出版社2015年版。

② 孙卫国先生指出:“如果说中国古代官方史学中的‘官方’,仅指朝廷,还是一个相对模糊的概念,那么正祖朝的官方史学中的‘官方’,则可以明确是指正祖国王本人。……某种意义上说,如果离开了正祖国王本人,正祖朝的官方史学无从谈起,这是毋庸置疑的。”(孙卫国:《朝鲜王朝正祖朝官方史学的特色》,《中华读书报》2019年11月6日第10版)是故,该书的研究名为断代史学史研究,实则具象于从史学史角度对正祖国王进行剖析。

文史籍丛刊》等文献资料都引入研究,并在具体过程当中,针对新刊文献的部分提要做出合理的考辨。该书参考、引用韩文著作19种、期刊论文60种、学位论文29种,凡108种,使读者可以通过本书的译介掌握韩国学术界相关研究的焦点与观点,在该书中与中国学术界的既有研究成果相映生辉。一定意义上,这部专著是关涉正祖时期历史研究的成果,在中韩两国学界"广泛对话"基础上熔炼而成的、具有国际视野的学术专著,为日后类似研究的展开树立了典范,有发凡起例之功。

从研究方法来看,本书汲取朝鲜半岛政治文化史、版本学、目录学以及心态史等领域的方法,拓宽了研究的深度和广度。该书虽为史学史研究专著,但已然关注到了史学与朝鲜王朝其他社会要素的联系和相互影响,注重将朝鲜王朝的政治文化生态考察引入史学研究之中,体现出"文本阅读为基础,史学发展为线索,政治文化为辅翼"的研究路线,横纵经纬地多层次勾勒出正祖时期的修史画卷。譬如,"党争"是朝鲜王朝后期政治文化当中的一大特征,在阐释正祖时期修正《景宗实录》时,作者将之与英祖、正祖时期党争各派势力的消长结合起来考察,对修正前后的两版《景宗实录》的内容进行对比,使得编史活动所展现的朋党斗争跃然纸上,也将正祖君臣的政治博弈充分体现。该书涵盖数以百计的正祖时期编修的史籍,作者在充分进行解题、提要的基础上,对每一章节涉及的重点史籍,都做了版本的考释、成书时间的考证、刊行与否的考察,无一遗漏。在揭示正祖生平、《原续明义录》所涉宗亲外戚反叛以及对于唐人陆贽的个人情感方面,作者都透过正祖的言语来分析其心理活动,将早年丧父且强敌环伺之际,正祖的惴惴;宗亲外戚反叛之际,正祖不忍杀之又逼不得已的纠结无奈;以及唐德宗弃置陆贽这般贤才于不顾,正祖的愤懑和对陆贽的惋惜都勾勒得惟妙惟肖。

除上述而外,笔者则另有如下几点思考:

其一,本书结论不够凝练,还有待于进一步升华。在全书的结论部分,作者条分缕析地阐述了这一时期官方史学的十大特点、五个优点和四项局限,这固然是通盘考量这一时期史学成就的总结,但更为精要的理论升华,未能在该书中找出答案,换言之,该书还带有些许学位论文的痕迹,还需进一步加深思考与提炼。

其二,关于正祖时期官方修史模式"双轨制"的问题。本书的研究指出,正祖时期,朝鲜王朝官方史学出现了国王直接干预指导下的另外一种修史模式,这迥异于前代,是正祖在“继述”的旗号之下所进行的一种创新,亦即在传统的官方修史形式、修史制度之外,衍生出的“第二条道路”。作者指出,这是基于对传统修史制度的不满,正祖君臣所做出的抉择,且新兴的官方修史模式对传统修史制度形成了冲击和挑战。然而,正祖时期,虽然奎章阁官员兼带史职,直接参与官方修史工作,但这一时期并没有废除传统修史模式,这一定程度上可能是顾虑到“祖宗之法不可变”,有碍“继述”主张。但毋庸讳言,朝鲜王朝正祖时期的官方史学实际上出现了“双轨制”现象,新兴的正祖主导的官方修史,既对传统修史形成了挑战,但也对其形成了补充,二者之间存在着矛盾复杂的关系,更深层次的二者互动,甚或可以看作是国王主导下的新兴官方修史模式和“士林政治”主导下的传统官方修史模式之间的博弈,这类似于中国古代官方史学和私家修史之间的关系,但具体情形为何,还有进一步讨论的空间。

其三,对于正祖时期传世的实录类史料真伪问题的辨析。本书在研究中指出,在纂修《英祖实录》时,凡关涉英祖朝敏感年份、敏感事件,完全是由正祖心腹近臣李徽之私修而成,听凭正祖的个人意志进行删削。所以,在今天参看这一部分史料时,只能反观正祖的心态,但想通过其参考、分析诸如“壬午祸变”等敏感事件,则难上加难。同理,后世纂修的《正祖实录》有别于前代实录,不仅参考《时政记》,更是大段抄录《日省录》等正祖御制或命撰的史籍资料,想要凭此研究正祖时期的真实境况也需要经过一番辨伪。本书的研究如果在这一方面能够提供一些方法论层面的指导,则会显得更加完备。

总而言之,瑕不掩瑜,本书不仅横向照顾到中韩两国的研究现状,而且纵向梳理了朝鲜王朝正祖时期官方修史活动的流变情况,在几近芜杂的领域夯实了研究基础,为后来者提供了借鉴与指导,具有开辟草莱之功。期待张光宇博士在此领域持续深耕,嘉惠学林。